글로벌 주식 투자
빅 시프트

글로벌 주식 투자 빅 시프트

초판 1쇄 2025년 7월 12일
　　4쇄 2025년 8월 20일

지은이　　｜메리츠증권 리서치센터

펴낸곳　　｜에프엔미디어
펴낸이　　｜김기호
편집　　　｜백우진, 양은희
기획관리　｜문성조
디자인　　｜채홍디자인

신고　　　｜2016년 1월 26일 제2018-000082호
주소　　　｜서울시 용산구 한강대로 295, 503호
전화　　　｜02-322-9792
팩스　　　｜0303-3445-3030
이메일　　｜fnmedia@fnmedia.co.kr
홈페이지　｜http://www.fnmedia.co.kr

ISBN　　　｜979-11-94322-11-5 (03320)
값　　　　｜33,000원

* 파본이나 잘못된 책은 구입한 서점에서 바꿔드립니다.

글로벌 주식 투자
빅 시프트

핵심 산업 밸류체인 판이 바뀐다

메리츠증권 리서치센터 지음

에프엔미디어

추천사

대전환 시기의 필수 투자 맵

우리는 전례 없는 대전환의 시대를 맞이하고 있습니다. 인구 감소, 저출생·고령화, 글로벌 경제의 구조적 변화, 그리고 기술 혁신의 가속화는 한국 사회와 경제를 근본적으로 바꾸고 있습니다. 저출생과 고령화로 노동인구가 줄고 경제 성장 동력이 약화되면서 기존의 팽창사회 모델은 더 이상 지속 가능하지 않습니다. 한국이 '수축사회'로 진입하고 있다고 경고한 이유입니다.

기회도 있습니다. AI, 반도체, 전기차, 바이오 등 첨단 산업의 성장은 글로벌 밸류체인 재편을 가속화하고 있습니다. 경제를 반영하는 거울인 주식시장의 변화에 귀를 기울여야 하는 시기입니다. 주식시장은 단순한 자산 증식의 장을 넘어, 이러한 변화를 이해하고 대응하는 핵심 플랫폼이 되고 있습니다. 과거에는 예금과 부동산이 자산 증식의 주요 수단이었지만, 오늘날 주식시장은 경제적 기회와 위험을 동시에 보여주는 거울이자 미래를 설계하는 무대입니다.

이러한 변화는 투자자가 제대로 대응해야만 큰 기회로 다가옵니다. 단기적 이익이나 투기적 접근에 치우치지 않고 장기적 시각과 깊은 분석을 바탕으로 접근하는 투자가 요구됩니다. 글로벌 경제와 산업 흐름을 읽는 넓은 시야와 기업의 본질적 가치에 대한 체계적 평가가 필요합니다. 특히 최근 몇 년간 글로벌 경제는 미·중 패권 경쟁, 지정학적 갈등, 공급망 위기, 그리고 기술 혁신의 가속화로 인해 더욱 복잡해졌습니다. 이러한 환경에서 한국 투자자들은 단순히 국내 시장의 동향에만 의존할 것이 아니라, 글로벌 경제의 큰 흐름 속에서 한국 기업들의 위치와 잠재력을 정확히 파악해야 합니다.

이 책《글로벌 주식 투자 빅 시프트》는 이런 시대적 요구에 부응하는 중요한 도구로 자리 잡을 수 있습니다. 단순한 데이터나 산업 보고서가 아닙니다. 이 책은 글로벌 경제의 복잡한 연결고리를 체계적으로 분석해, 투자자들이 세계 시장의 흐름을 한눈에 이해할 수 있는 지도를 제공합니다. 반도체, 배터리, 전기차, 바이오 등 첨단 산업부터 전통 제조업까지 각 산업의 밸류체인이 어떻게 상호작용하는지 명확히 보여줍니다.

예를 들어 반도체 산업에서는 칩 설계부터 생산, 그리고 이를 활용하는 전자기기 제조까지 이어지는 공급망의 각 단계에서 어떤 기업이 어떤 역할을 하는지, 그리고 이들이 글로벌 시장에서 어떤 경쟁 우위를 점하고 있는지를 구체적으로 분석합니다. 또한 전기차 산업에서는 배터리 소재, 제조 공정, 완성차 생산, 그리고 충전 인프라까지 이어지는 생태계의 상호작용을 조명하며 각 단계에서 한국 기업들의 강점과 약점을 명확히 드러냅니다. 이는 투자자들이 개별 기업의 주가가 아니라 산업과 기업이 글로벌 경제에서 어떤 위치를 차지하는지, 그리고 그들이 어떤 기회와 위험에 직면하는지 이해하도록 돕습니다.

더 나아가 이 책은 투자자들에게 시야를 넓히는 통찰을 제공합니다. 글로벌 밸류체인은 전통 경제에서 벗어나 새로운 산업 등으로 빠르게 변화하고 있습니다. 예를 들어 AI 기술의 발전은 데이터센터, 클라우드 컴퓨팅, 자율주행 등 다양한 산업에 걸쳐 새로운 기회를 창출하고 있으며, 이는 반도체와 소프트웨어 기업들의 가치를 재평가하게 만듭니다. 동시에 지정학적 갈등으로 인해 글로벌 공급망이 재편되면서 특정 국가나 기업에 대한 의존도가 낮아지고 새로운 시장과 기회가 부상하고 있습니다. 금융 산업도 예외는 아닙니다. 스테이블 코인이 통화 주권을 위협할 수 있다는 우려 또한 도사리고 있습니다.

국내 투자자들이 이런 변화에 뒤처지지 않으려면 국내 시장뿐 아니라 글로벌 시장의 흐름을 이해하고 이에 맞춘 투자 전략을 세워야 합니다. 《글로벌 주식 투자 빅 시프트》는 이러한 필요를 충족하며, 세계 경제 속에서 한국 기업의 기회와 도전을 읽는 통찰을 제공합니다. 이를 통해 투자자들은 단기적인 시장 변동에 휘둘리지 않고, 장기적인 관점에서 산업과 기업의 가치를 재평가할 안목을 갖추게 될 것입니다.

올해 들어 많은 것이 변하고 있습니다. 국내 주식시장은 다시 힘을 내고 있고, 글로벌 경쟁력이 있는 기업들이 새로운 주도주로 나서고 있습니다. 역사적으로 공급망과 정책이 크게 변할 때가 '골든타임'입니다. 새로운 기회가 주어지고 변화에 성공하거나 리더십을 가진 기업이 크게 성장합니다. 지금 그 시기가 도래하는 것 같습니다.

한국 주식시장은 오랜 정체기를 겪었습니다. 주식시장의 규모는 커졌지만 기업이 주식시장을 대하는 태도와 행태는 과거에 머물러 있고, 내부적으로는 단기적 이익 추구와 투기적 거래가 시장의 변동성을 키웠습니다. 이제는 바뀌어야 합니다. 주식시장에 대한 정책은 일관되어야 하며 장기 투자 문화가 자리 잡을 수 있도록 체계화된 교육과 제대로 된 가이드가 만들어져야 합니다.

메리츠증권 리서치센터가 '글로벌 밸류체인 맵'을 통해 보여준 노력은 국내 증권사 리서치의 새로운 이정표입니다. 과거 국내 증권사 리서치센터는 주로 개별 기업 분석이나 단기 시장 전망에 집중해왔습니다. 하지만 이번 프로젝트는 글로벌 경제의 구조적 변화를 체계적으로 분석하고 이를 투자자들에게 제공함으로써 리서치센터의 역할을 재정의하는 중요한 시도입니다. 이는 단순한 정보 제공을 넘어 한국 투자문화의 성숙과 주식시장의 글로벌 경쟁력 강화를 위한 초석이 될 것입니다. 메리츠증권 리서치센터의 이번 노력이 한국 투자자들에게 새로운 시대에 맞는 새로운 시야를 열어주고 주식시장 활성화의 성장 동력으로 자리 잡는 계기가 되기를 바랍니다. 나아가 국내 증권사 리서치센터들이 이런 선도적 역할을 지속적으로 수행하며 한국 금융시장의 글로벌 경쟁력을 높이는 데 앞장서기를 기대합니다.

  이 책을 통해 모든 투자자가 보다 현명하고 책임감 있는 투자 여정을 시작하기를 진심으로 기원합니다.

홍성국
전 대우증권 CEO, 21대 국회의원

차례

추천사 대전환 시기의 필수 투자 맵 _ 홍성국　　　　　　　　　　　004
서문 글로벌 투자의 '새 지도'를 그리다 _ 이진우　　　　　　　　　016

1부 | 첨단·기술주: 큰 기회가 열린다

1장 모빌리티　　　　　　　　　　　　　로보택시가 온다

삶의 연결고리 이동에 몰아닥칠 '혁명'　　　　　　　　　　　　　024
물리 인공지능 개발의 시작점, 자동차 산업　　　　　　　　　　　026
자율 이동 능력에 근거한 첫 사업 모델　　　　　　　　　　　　　033
선도 업체들, 다음 목표는 물리 인공지능 로봇　　　　　　　　　　039
디플레이션 레볼루션의 시대　　　　　　　　　　　　　　　　　044
▶ 모빌리티 밸류체인　　　　　　　　　　　　　　　　　　　　046
▶ 모빌리티 밸류체인 맵　　　　　　　　　　　　　　　　　　　048

2장 로봇　　　　　　　　'노동하는 기계'에서 '영리한 로봇'으로

필연적인 로봇 시대의 도래　　　　　　　　　　　　　　　　　052
로봇, 달라진 노동 대체의 개념　　　　　　　　　　　　　　　　055
휴머노이드, 환상인가 현실인가?　　　　　　　　　　　　　　　058
휴머노이드의 필수 요소, 물리 인공지능　　　　　　　　　　　　064
▶ 로봇 밸류체인　　　　　　　　　　　　　　　　　　　　　　068
▶ 로봇 밸류체인 맵　　　　　　　　　　　　　　　　　　　　　070

3장 우주   통신과 산업에 우주가 성큼 들어오다

인류의 마지막 개척지 우주	074
우주 산업의 발전	075
스페이스X의 등장과 함께 시작된 뉴스페이스	083
6G 네트워크의 핵심이 될 저궤도 위성통신	089
성장 잠재력이 높은 글로벌 우주 산업	093
▶ 우주 밸류체인	094
▶ 우주 밸류체인 맵	096

4장 에너지   AI는 전기 대식가… 무엇으로 AI를 먹일까?

AI는 왜 전기를 많이 쓸까?	100
전력의 해답: 자체 발전소(On-site)	102
빅테크가 선택하는 자체 발전소	105
AI 에너지의 글로벌 밸류체인	110
한국의 도전과 기회	113
▶ 에너지 밸류체인	118

5장 전력 인프라	전력망의 '심장'과 '혈관'이 매우 부족하다

전력, 동력에서 지능으로	122
'노후화된 거인' 글로벌 전력망의 고뇌	124
전력망의 심장: 변압기	128
전력망의 혈관: 전선	132
전력망 인프라 확충은 불가피한 시대적 과제	141
▶ 전력 인프라 밸류체인	142
▶ 에너지 & 전력 인프라 밸류체인 맵	144

6장 이차전지	한국 '고밀도', 중국 '저가'를 이길까?

중국의 배터리 굴기, 최종 승자 될까?	148
전기차시장 개화와 배터리의 진화	149
배터리 사업에 진심이던 LG그룹	153
전기차 시대, 제2의 석유 '리튬'과 포스코	157
배터리 소재 공급망시장도 동반 성장	161
▶ 이차전지 밸류체인	164
▶ 이차전지 밸류체인 맵	166

7장 반도체   반도체, 특히 후공정으로 완성되는 AI

디지털 두뇌 반도체의 진화
  모든 전자제품의 핵심 부품   170
  인공지능, 반도체 집적도 향상으로 탄생   173
  한국 반도체가 나아갈 길   176

느려진 혁신, 돌파구는 새로운 기술에 있다
  한계에 다다른 미세화   178
  유리기판: 소재를 통한 성능 개선   179
  첨단 패키징: 재평가되는 후공정의 역할   183
  기술적 돌파구를 찾기 위한 다양한 시도   194

▶ 반도체 밸류체인   196
▶ 반도체 밸류체인 맵   198

8장 전기전자   AI가 세트와 부품도 바꾸고 있다

새 패러다임이 요구되는 즈음   202
온디바이스 AI, 세트시장의 중심으로   204
AI가 부품 업체에 미치는 영향은?   209
온디바이스 AI와 새로운 폼팩터의 등장   211

▶ 전기전자 밸류체인   218
▶ 전기전자 밸류체인 맵   220

2부 | 전통·소비주: 새로운 시장의 규칙

9장 금융 — 0.1조각의 세상, 누구나 투자자가 된다

디지털 자산은 왜 피할 수 없는가	226
비트코인이 증명한 변화의 현실	228
거래소는 은행이 되고, 코인은 돈이 된다	231
과거의 암호화폐와 다른 현재의 암호화폐	232
디지털 금융 생태계의 핵심, 코인베이스	236
디지털 자산, 흐름이 아니라 구조다	245
▶ 금융 밸류체인	248
▶ 금융 밸류체인 맵	250

10장 게임 — 코로나 이후 정중동(靜中動)

게임의 룰이 바뀌고 있나	254
숏폼의 나비 효과, 모바일로	256
'스팀' 플랫폼, 더 뜨거워진다	258
AI가 게임 개발에도 뛰어들었다	262
▶ 게임 밸류체인	266
▶ 게임 밸류체인 맵	268

11장 엔터테인먼트   음악 IP 기업들, 슈퍼팬에 러브콜

음악, 산업이 되다   272
글로벌 음악 밸류체인과 주요 기업들   274
슈퍼팬 산업의 부상과 음악 비즈니스의 진화   278
▶ 엔터테인먼트 밸류체인   284
▶ 엔터테인먼트 밸류체인 맵   286

12장 조선   LNG 추진력에 미국 바람, 순항은 계속된다

조선업 활황 계속 활활   290
LNG선 타고 숨 고르기 국면 탈출한다   292
LNG 벙커링시장의 의미 있는 개화   295
미국의 SOS, K조선엔 청신호   298
대규모 수혜 분기점에 주목하라   301
▶ 조선 밸류체인   305
▶ 조선 밸류체인 맵   306

13장 운송 　　잔잔한 흐름 아래 구조 변화가 꿈틀댄다

진입장벽 높은 경기순환주　　　　　　　　　　　　　　　310
해운, 공급 조절 변수에 주목하라　　　　　　　　　　　312
택배 속도전의 근본 이유　　　　　　　　　　　　　　　315
대한항공발 하늘 시장 재편　　　　　　　　　　　　　　320
▶ 운송 밸류체인　　　　　　　　　　　　　　　　　　324
▶ 운송 밸류체인 맵　　　　　　　　　　　　　　　　　326

14장 제약 　　제약은 고위험·고수익, 다층적 이해가 필수

신약 개발, 어디까지 왔을까?　　　　　　　　　　　　　330
임상시험 수탁기관 M&A 바람　　　　　　　　　　　　335
위탁 개발·생산 각광　　　　　　　　　　　　　　　　　338
신약 허가 프로세스의 이해　　　　　　　　　　　　　　339
미국 약품 유통, 구조를 알아야　　　　　　　　　　　　342
미국 의료비가 비싼 진짜 이유　　　　　　　　　　　　347
약값은 왜 떨어질까?　　　　　　　　　　　　　　　　349
▶ 제약 밸류체인　　　　　　　　　　　　　　　　　　352
▶ 제약 밸류체인 맵　　　　　　　　　　　　　　　　　356

15장 화장품 — K뷰티의 봄, 글로벌 화장품 강국으로 도약

K뷰티의 오래된 미래	360
K뷰티를 장밋빛으로 전망하는 이유	366
미국은 넓고 팔 곳은 많다	370
유럽과 러시아, 중동까지 확장 중	378
K뷰티, 세 가지는 분명히 알자	383
▶ 화장품 밸류체인	388
▶ 화장품 밸류체인 맵	390

16장 식음료 — K푸드가 쓰고 있는 새로운 성공 공식

'글로벌 네트워크'를 움직여라	394
한국 식품 산업의 단계별 업그레이드	397
식품 업종 주가를 움직여온 변수들	400
식품절벽을 넘어서 도약할 발판은 수출	402
'트레이딩 다운'은 오히려 기회	406
글로벌 네트워크 효과, 앞서거니 뒤서거니	409
▶ 식음료 밸류체인	412
▶ 식음료 밸류체인 맵	414

찾아보기   416

서문
글로벌 투자의 '새 지도'를 그리다

해외 주식시장은 더 이상 낯선 투자 영역이 아니다. 최근 몇 년 새 필수적인 투자 대상으로 자리 잡았다. 글로벌 주식시장의 규모가 134조 달러에 달하는 반면, 한국 시장은 2.10조 달러로 전체의 1.6%에 불과하다(2025년 6월 30일 기준). 국내 시장에만 머무르는 투자는 효율적일 수 없는 이유다. 플랫폼이 발전해 투자 접근성이 높아진 것도 해외 투자 활성화의 배경이다. 요컨대 해외 주식 투자는 시대의 흐름이자 숙명이다.

그러나 해외 투자 활성화 수준에 비해 제대로 된 투자 가이드는 부족하다. 정보는 있지만 산발적이고, 투자의 핵심 포인트를 제대로 짚고 있는지 의문이다. 사정이 이렇다 보니 테슬라나 엔비디아 같은 대표 기업의 이름은 익숙할지 몰라도, 실체에 대한 충분한 이해 없이 막연한 기대나 조급함에 의해 투자 결정을 내리는 경우가 적지 않다.

물론 일반 투자자가 펀드매니저나 애널리스트처럼 기업의 재무 상태를 정밀하게 분석하기는 어렵다. 하지만 자신이 관심을 갖고 있는 산업과 기업이 있다면 적어도 해당 산업의 밸류체인, 즉 기업 간의 연결 구조와 흐름에 대한 밑그림 정도는 그릴 수 있어야 한다. 그래야 특정 기업이 왜 시장의 변화와 함께 성장하거나 주춤하는지, 새로운 기회와 위기는 어디에서 비롯되는지 맥을 짚을 수 있다. 시장이 흔들리더라도 중심을 잡는 힘 또한 밸류체인을 파악하는 데서 나온다.

우리의 고민은 이 지점에서 출발했다. 투자자들에게 애널리스트로서 어떤 차별화된 가치를 제공할 수 있을까? 실시간 시장 뉴스와 기업 실적 속보는 이제 유튜브나 소셜 플랫폼을 통해 손쉽게 접할 수 있게 되었다. 그러나 산업과 기업에 대한 깊이 있는 인사이트, 그리고 애널리스트가 가장 잘 아는 정보를 정제하고 구조화하여 공유하는 일은 리서치센터의 전문 분야다. 여러 애널리스트가 고민해서 《글로벌 주식 투자 빅 시프트》를 펴낸 배경이다.

지금은 AI, 로봇, 원전 등 새로운 산업과 밸류체인이 전 세계적으로 태동하거나 본격 확산하거나 고도화하는 시기다. 이러한 거대한 흐름을 따라잡는 것은 전문 투자자에게조차 결코 쉬운 일이 아니다. 산업을 가장 깊이 이해한 가운데 기업과 직접 소통하며 맥락을 읽어내는 애널리스트야말로 가장 정밀하고 실질적인 투자 가이드를 제공할 수 있을 것이다.

혹자는 묻는다. "왜 번거롭고 수익과 직결되지 않을 수 있는 작업에 나서는가?"라고 말이다. 물론 이 작업은 상당한 시간과 노력을 요구하며, 단기적인 이익으로 연결되기 어렵다. 하지만 우리는 반문한다. "누군가는 반드시 이 일을 시작해야 하지 않겠는가?"

지금 이 시기가 제대로 된 해외 투자 가이드를 절실히 요구하고 있다. 증권사는 수익을 추구하는 조직이지만, 동시에 성숙한 투자 문화를 정착시키는 데 기여할 책무도 지니고 있다. 단기적인 시장 호황에 편승해 방관하다가 투자 기반의 내실을 소홀히 했던 과거 행태를 되풀이해서는 안 된다.

해외 투자가 본격화되는 지금, 투자자와 증권사의 건강한 상생 구조를 만들어가야 한다. 시장과 내부 여건을 탓하며 기회를 외면할 것인가, 아니면 변화의 물결 속에서 새로운 기준을 만들어갈 것인가? 주식은 장기 투자에 적합하지 않다는 고정관념은 국내에만 해당되지는 않을 것이다. 이런 고정관념을 없애는 첫걸음으로 메리츠증권 리서치센터는 《글로벌 주식 투자 빅 시프트》 출간을 선택했다.

이 책은 글로벌 시장에서 전개되는 16개 핵심 산업의 흐름을 한눈에 조망할 수 있는 밑그림을 제공한다. 엔비디아로 대표되는 AI 반도체시장의 구조와 참여 기업들, 테슬라를 중심으로 한 모빌리티와 로봇, 원자력과 전력 산업의 전개 양상과 주요 글로벌 기업들을 명확히 정리했다. 아울러 우주와 이차전지, 금융, 게임, 엔터테인먼트, 조선, 운송, 제약, 화장품, 식음료 등 주요 산업을 망라했다. 투자자의 관심도가 높은 산업들을 앞에 배치하고, 내수 시장 비중이 큰 산업들은 뒤에 놓는다는 기준으로 전개했다.

특별 부록으로 제공하는 총 16개 산업의 '글로벌 밸류체인 맵'은 일반 투자자부터 전문 투자자에 이르기까지 폭넓은 층에게 실질적인 참고서 역할을 할 것이다. 시기와 상황에 따라 관심 있는 산업들을 골라서 붙여놓고 볼 수 있도록 낱장으로 제공한다. 해외 투자 활성화와 성숙한 투자 문화 정착에 조금이나마 의미 있는 기여를 하길 바란다.

끝으로 촉박한 일정에도 전폭적으로 지원해준 에프엔미디어 출판사, 바쁜 일정에도 귀한 추천사를 써주신 홍성국 의원님께 고마움을 전한다. 아울러 리서치센터에 변함없는 신뢰를 보내주시는 장원재 사장님, 김종민 사장님, 언제나 중심을 잡아주는 이경수 전무님께도 감사드린다.

향후에도 우리는 올바른 해외 투자 문화를 정립하는 데 도움이 되도록 투자자들과 함께 고민하고 공유하고자 한다.

이진우
메리츠증권 리서치센터장

일러두기

1. 섹터별 밸류체인 표의 상장기업은 블룸버그(Bloomberg)를 기준으로 티커와 국가 코드를 적었고, 비상장기업은 본사가 있는 국가 이름을 병기했다.

국가	코드	국가	코드	국가	코드	국가	코드
네덜란드	NA	미국	US	영국	LN	프랑스	FP
노르웨이	NO	베트남	VN	이탈리아	IM	필리핀	PM
뉴질랜드	NZ	벨기에	BB	인도	IN	한국	KS
대만	TT	브라질	BZ	일본	JP	호주	AU
덴마크	DC	스웨덴	SS	중국	CH	홍콩	HK
독일	GR	스위스	SW	캐나다	CN		
말레이시아	MK	싱가포르	SP	폴란드	PW		

2. 밸류체인 맵에는 기업 이름 옆에 국가 이름 약자를 적었고, 스위스와 스웨덴처럼 약자가 같은 국가가 둘 이상인 경우에는 국가 이름 전체를 적었다. 맵에 수록된 기업들 중에서 독자가 주목할 만한 핵심 기업은 굵은 글씨로 표시했다.

3. 특별 부록 '한눈에 들어오는 글로벌 밸류체인 맵'은 독자가 편하게 활용할 수 있도록, 본문 각 장 말미의 '밸류체인 맵'에 '방위산업'을 추가해서 낱장으로 제작했다.

4. 표와 그림의 출처는 표와 그림 아래에 표시했고, 출처를 밝히지 않은 자료는 메리츠증권 리서치센터에서 작성한 것이다.

5. 이 책의 내용은 특정 종목에 대한 매수·매도 추천이 아니고, 투자 결과에 따른 법적 책임 소재의 증빙 자료로 사용할 수 없으며, 투자 판단에 대한 모든 책임은 투자자 본인에게 귀속된다.

BIG SHIFT

1부

첨단·기술주
: 큰 기회가 열린다

1장　　　　　　　　　　　　　　모빌리티

로보택시가 온다

김준성
자동차·모빌리티

삶의 연결고리 이동에 몰아닥칠 '혁명'

우리는 끊임없이 이동한다. 그 누구도 삶의 흐름 속에서 멈춰 있을 수 없다. 삶을 지속하기 위해 우리는 이동한다. 아침에 눈을 뜨면 출근 준비로 분주해진다. 침실에서 화장실로, 화장실에서 주방으로, 주방에서 옷장으로 이동한다. 출근 준비를 마쳤다. 이제 자가용을 운전하거나 지하철, 버스, 기차를 이용해 직장으로 이동한다. 업무가 시작된다. 자료를 준비한 뒤, 발표를 듣거나 발표를 하기 위해 회의실로 이동한다. 점심시간이 되면 식사를 위해 식당으로 이동한다. 음료를 즐기기 위해 카페로 이동한다. 업무를 마친 후에는 휴식을 위해 집으로 이동한다. 가족이나 친구와 만나기 위해 약속 장소로 이동한다.

우리의 삶을 유지하는 데 필요한 사물들도 끊임없이 이동한다. 어제 주문한 책, 장난감, 식품, 화장품은 택배회사를 통해 집으로 배송되고 있다. 공장에서 생산된 제품들은 판매를 위해 소매상, 도매상, 물류창고로 이동한다. 제품 제조에 필요한 부품과 소재 역시 작업 현장으로 운송되고 있다. 작업자들이 주문한 식사와 간식도 배달 중이다. 식당 운영에 필요한 고기, 생선 등 식료품도 이동하고 있다. 레시피가 담긴 요리책은 서점으로, 책 제작에 사용할 다양한 규격과 재질의 종이는 인쇄소로 운송되고 있다.

이처럼 인간의 삶은 사람과 사물의 '이동'과 '연결'로 영위되고 있다. 여기에는 필연적으로 비용이 따른다. 우리가 일상생활을 유지하는 데 필요한 다양한 비용을 사용 비중에 따라 가중 평균하여 나타낸 대표적인 지표가 바로 소비자물가지수다. 이 소비자물가지수에서 약 20%에 달하는 비중은 이동과 관련된 비용이 차지한다. 지수의 약 절반을 구성하는 거주 비용에 이어 두 번째로 큰 비중이다. 이를 일반적인 소비 환경에 적용해보자.

미국 가구당 연간 평균 소비지출은 약 52,542달러(한화 약 7,500만 원)에 달한다. 이를 단순화하여 직관적으로 계산해보면 각 가구는 연간 약 1,500만 원에 가까운 금액을 이동에 지출하고 있다. 이 수치는 평균값이고, 가구가 이동을 위해 지출하는 비용은 다양하게 구성된다. 예를 들면 택시를 이용하거나, 우버(Uber)나 리프트(Lyft) 같은 새로운 서비스를 호출하거나, 투로(Turo)와 같은 카 셰어링 플랫폼을 활용하거나, 렌터카를 이용한다. 이에 비해 상대적으로 낮은 비용이 요구되는 기차, 지하철, 버스, 트램, 비행기 등 대중교통 수단도 이용한다. 또한 차량 제조·판매업체로부터 현금, 할부, 리스 등의 방식으로 차량을 구매해 소유권을 확보하고 자신의 노동을 통해 이동하는 방식 역시 빼놓을 수 없는 요소다.

1~2인 로보택시 전용 모델인 사이버캡 (출처: Tesla)

이처럼 우리 삶에는 이동이 필수적이다. 그리고 이동에는 비용이 따른다. 오늘 우리는 이 이동 비용을 극도로 줄일 수 있는 디플레이션 기술에 대해 논의하고자 한다. 물리 인공지능 기술 상용화의 출발점, 바로 로보택시다.

물리 인공지능 개발의 시작점, 자동차 산업

2025년 1월 CES 기조연설에서 엔비디아(NVIDIA)의 CEO 젠슨 황(Jensen Huang)은 인공지능의 발전 과정을 네 단계로 구분했다. '인지 인공지능(Perception AI) → 생성형 인공지능(Generative AI) → 에이전트 인공지능(Agentic AI) → 물리 인공지능(Physical AI)'이다.

엔비디아 CEO 젠슨 황이 설명하는 인공지능 발전의 네 단계

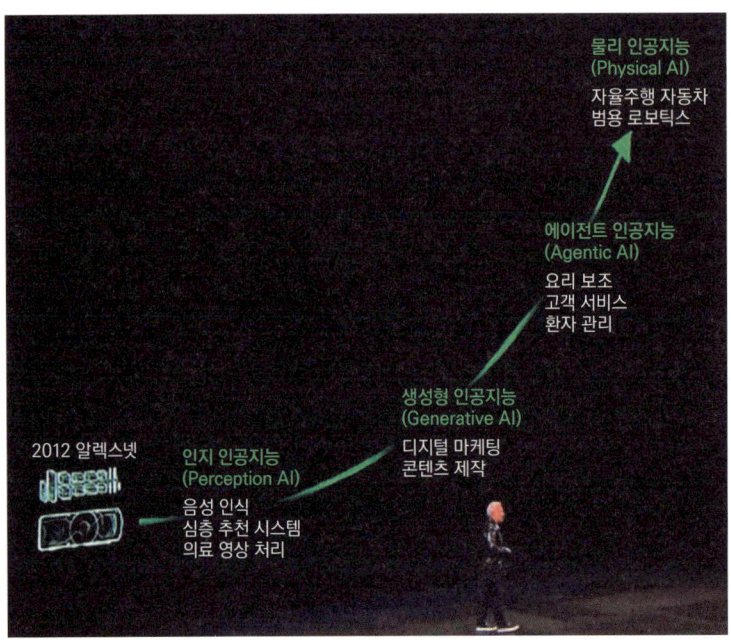

출처: CES 2025

인공지능 개발의 신기원이자 기술 표준은 앞서 2012년에 만들어졌다. 이때 토론토대학교 제프리 힌턴(Geoffrey Hinton) 교수와 그의 제자들이 심층신경망 학습 방법(딥러닝)을 통해 만들어낸 알렉스넷(AlexNet)이 이미지넷 경진대회에서 압도적인 성적으로 우승한 것이다. 알렉스넷은 인공지능의 시작점인 인지 인공지능에서도 시초가 되는 모델이었으며 객체 분류 작업에서 탁월한 역량을 발휘했다. 인지 인공지능에서 성공적 개발을 일궈낸 딥러닝은 이후 생성형 인공지능, 즉 프롬프트에 대응해 비디오, 텍스트, 오디오, 이미지 등 다양한 범위의 새로운 데이터를 제시할 수 있는 단계로 진화한다.

이 단계에서 우리는 생성형 인공지능을 통해 무엇이든 빠르고 정확하게 만들어낼 수 있다는 자신감을 확보했다. 원하는 특정 정보의 획득에서도, 특정 정보의 가공에서도, 특정 정보의 구현 형태에서도, 사용자의 요구에 부합하는 적합한 대응이 손쉽게 이루어지는 상황이 상식이 되었다.

이제 인간은 더 높은 편의성을 추구한다. 에이전트 인공지능의 부상이다.

LAM, LLM, 에이전트 인공지능으로 구성되는 자율 인공지능 시스템

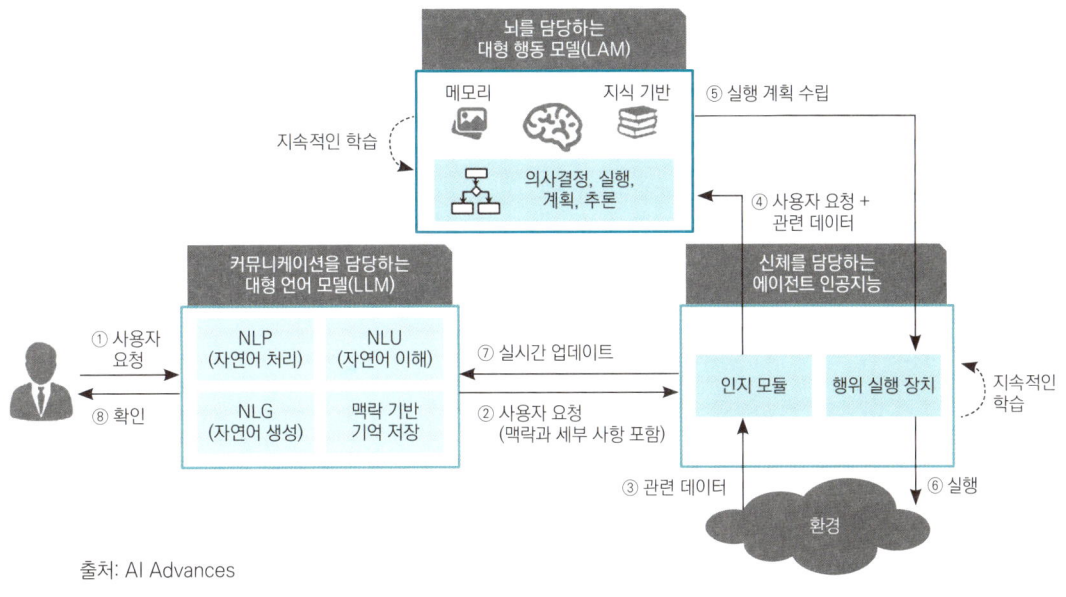

출처: AI Advances

생성형 인공지능이 명령에 응답하는 수동적인 정보 전달 역량을 지녔다고 정의한다면, 에이전트 인공지능은 능동적이다. 정보 전달을 넘어 실질적인 명령 지시와 행위 수행이 가능하다. 단순한 이메일 작성과 배포, 특화된 정보 검색과 대응(사용자 특화 레스토랑 검색과 예약, 새로운 일정의 최적 배치 등), 제조·설계·유통·금융 등 다양한 산업 내 업무 흐름과 인력 배치 점검 및 최적화 전개 구현까지 가능하다. 개인에게는 디지털 비서가 생기는 것이며, 개별 기업에는 즉시 업무 현장 반영이 가능한 전용 컨설턴트가 상시 구동되는 모습이라 정의할 수 있다.

가속화되는 인공지능의 진화

이제 인공지능은 기술 진화의 최종 단계로 나아간다. 에이전트 인공지능의 능동적 성격이 디지털 환경에 국한되었다면, 물리 인공지능은 디지털에 머물지 않고 현실 세계에서 움직인다. 중력·관성력·마찰력 등 물리 법칙에 대한 이해를 바탕으로 시시각각 변화하는 주변 환경에 유기적으로 대응하며 주어진 목표를 수행한다. SF 영화에서 자주 보아왔던 것처럼 인간이 수행할 수 있는 모든 역량의 대리 수행이 가능한 객체인 로봇의 등장이다.

로봇이란 인공지능 개발의 최종 단계로, 인간이 수행할 수 있는 거의 모든 종류의 비물리적·물리적 행위의 대체 및 제거가 가능한 에이전트다. 이 같은 정의에서 바라본다면 로봇의 경제적 가치는 얼마나 넓은 범위로 인간의 노동 행위를 대체할 수 있는지에 따라 크기가 달라질 수 있다. 금전적 대가가 주어지지 않는, 때에 따라서는 오히려 대가를 치르는 비노동 행위를 위해서는 로봇이 개발되지 않는다. 간혹 기량을 보여주기 위한 목적으로 특정 행위 수행 역량이 장착되기도 한다.

수많은 행위 중 한 가지를 대신하는 이른바 산업용 로봇은 이미 존재한다. 그러나 제한된 공간 범위 안에서 다양한 동작을 수행하는 산업용 로봇은 아직 개발되지 않았다. 치킨가게를 예로 들면, 배송된 생닭을 냉장실에 넣고, 튀김 용기의 가스 불을 켜고 가열한 뒤, 주문에 따라 생닭을 꺼내고 튀김가

루를 묻히고, 튀기고, 양념을 뿌리고, 포장하는 수십 가지 동작이 이루어져야 한다. 따라서 산업용 로봇이 확산되려면 전체 노동 중 일부를 대체하는 것이 아니라 모든 과정을 대체할 수 있어야 한다. 그리고 이 같은 역량 수행을 위해 꼭 필요한, 반드시 선제적으로 개발되어야 할 행위가 있다. 그것이 바로 이동이다.

이동 데이터를 확보하기까지의 과정

우리 스스로가 각자의 하루를 다양한 행위들로 연결해서 살아가기 위한 기본적 역량도 이동이며, 로봇이 우리의 연속된 노동 행위를 대리 수행하기 위해 필요한 기본적 역량 또한 이동이다. 5억 5천만 년 전 방사대칭동물이 좌우대칭동물로 신경학적 진화를 이루며 만들어낸 이동성 개선과 탐색 및 조정 역량 진화가 인간 지능 개발의 초석을 다졌듯이, 200만 년 전 호모 에렉투스가 직립 보행을 완성하며 확보한 손의 자유와 시각의 확장이 인간 지능의 사고 판단 역량 강화로 이어졌듯이, 딥러닝을 통해 기술적 진화를 거듭해온 인공지능의 이동 역량 확보는 우리 인간의 삶을 바꿀 새로운 기술 혁명의 시작점이다.

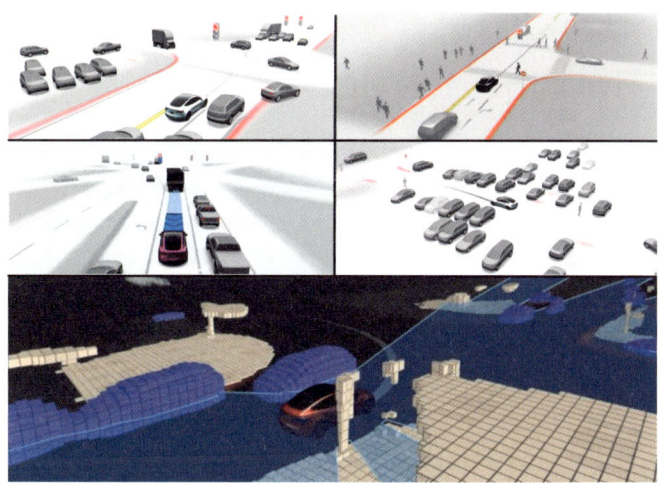

테슬라 운전 로봇의 자율 이동 역량 (출처: Tesla)

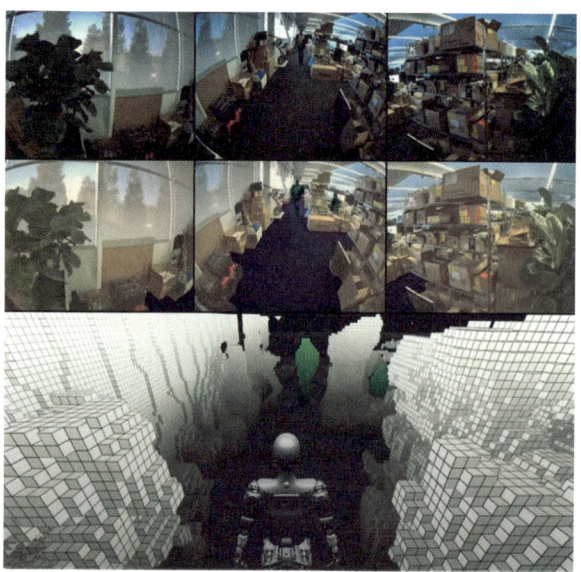

테슬라 범용 로봇의 자율 이동 역량 (출처: Tesla)

이동 역량을 확보하는 방법은 이미 우리에게 익숙한 개념이다. 인간의 언어 능력을 초월한 언어 모델들이 방대한 언어 데이터를 수집하고 이를 기반으로 학습함으로써 개발되었듯이, 자율 이동 능력을 구현하는 이동 모델을 개발하려면 훈련의 핵심 자원인 이동 데이터가 필요하다.

그러나 이동 데이터의 확보는 결코 쉬운 과제가 아니다. 최근 다양한 제약이 증가하고 있지만 언어 데이터는 여전히 인터넷에 접속하기만 하면 무한에 가깝게 수집할 수 있다. 이는 지난 30년 이상 인간이 PC, 스마트폰, 태블릿, 노트북 등 언어 데이터 생성 기기를 사용하며 꾸준히 축적해온 결과다. 반면, 물리적 이동 데이터는 어디에도 체계적으로 축적되어 있지 않다.

이동 데이터란 이동 행위를 수행하기 위한 '인지-판단-제어'의 전 과정을 의미한다. 우리는 이동을 시작하기 위해 먼저 주변 환경을 인지한다. 환경 내 다양한 객체를 동적 객체와 정적 객체로 구분하고, 동적 객체들의 이동 궤적을 개별적으로 예측한다. 이러한 객체들과의 상호작용 속에서 최종 목적을 달성하기 위한 최적 경로를 선택한다. 그리고 팔과 다리에 제어 명령을 전달한다. 걷는 경우라면 두 다리에 전달되는 제어 명령이고, 차량을 운전하는 경우라면 팔과 다리에 전달되는 제어 명령이다. 이 모든 과정이 디지털화된 기록이 바로 이동 데이터다.

인간을 활용한 이동 데이터 수집은 비용 효율성이 매우 낮다. 인간을 고용하는 과정 자체가 상당한 비용을 수반하기 때문이다. 한 사람이 이동 데이터 수집을 위해 고용되었다고 가정해보자. 우선 이동 경로상의 모든 외부 환경 정보를 입력 받아야 한다. 또한 외부 환경을 인지하는 센서인 눈이 어떤 대상을 주시하는지 추적해야 한다. 더불어 눈이 관찰하는 수많은 객체에 대해 이동을 위한 어떤 판단이 이루어지는지도 기록해야 한다. 이러한 객체들과의 상호작용 속에서 충돌을 피하며 목적지로 향하는 최적 경로를 선택한 과정 역시 기록이 필요하다. 이 모든 과정은 대뇌피질과 소뇌의 시냅스 활성화, 그리고 팔과 다리로 전달되는 전기 신호를 통해 이루어진다. 이 정보 또한 디지털화해야 한다.

이러한 작업을 수행하려면 인간은 수많은 입력, 처리, 저장, 출력 장치를 온몸에 착용한 채 이동해야 한다. 이는 매우 고된 노동이다. 고된 만큼 막대한 자본 지출이 요구된다. 게다가 한 사람을 고용하는 것만으로는 충분하지 않다. 언어 데이터와 언어 모델의 사례를 다시 떠올려 보자. 전 세계 수많은 사람이 자신의 비용으로 데이터 생성 기기를 구매하고, 자발적으로 하루 종일 언어 데이터를 생산해 업로드하며, 다른 이의 언어 데이터를 공유하기 위해 다운로드한다. 유의미한 이동 모델을 구축하려면 훈련에 필요한 원재료, 즉 데이터가 대량으로 필요하다. 한두 사람으로는 턱없이 부족하며, 수천 명을 고용해도 충분하지 않을 수 있다.

보다 비용 효율적이고 빠른 데이터 수집 수단이 필요하다. 2010년대에 들어서면서 언어 데이터처럼 자발적으로 데이터 생성 기기를 구매하고 하루 종일 데이터를 생산할 수 있는 수단이 뚜렷이 나타나기 시작했다. 고가의 내구성 소비재이자 삶을 유지하는 데 필수적인 성격을 띠는 자동차의 데이터 디바이스화다.

차량의 진화와 자율주행 생태계의 데이터 구축

현재 전 세계적으로 운행 중인 차량은 약 14억 대를 넘어섰으며, 이 거대한 이동 생태계를 지속하기 위해 매년 약 9,000만 대의 신차가 판매되고 있다. 소비자 선택에 영향을 미치는 변수는 차량의 상품성인데, 예를 들면 넓고 편안한 실내 공간을 통해 사용자 경험을 향상시키고, 경쾌한 가속과 뛰어난 주행 역학으로 운전의 즐거움을 극대화하며, 세련되고 독창적인 외관으로 소비자의 미적 감성을 자극하고, 정숙하고 안락한 주행 환경으로 탑승자의 만족도를 높일 수 있다.

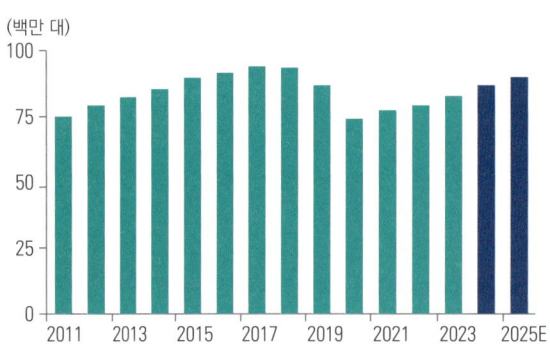

전 세계 신차 판매 대수(2011~2025)

출처: Wards Auto

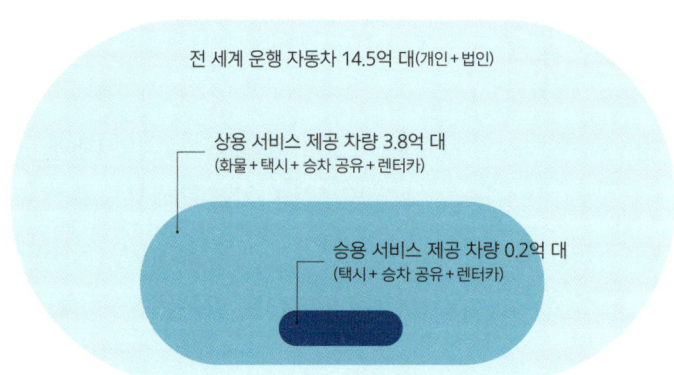

디플레이션 기술 혁명

이러한 상품성을 넘어 자율주행 기술의 상용화를 위해서는 필수적인 기술적 요소가 요구된다. 차량은 추론 소프트웨어를 실행할 수 있는 고성능 컴퓨팅 플랫폼과 이를 지원하는 전기 에너지 저장 장치를 탑재해야 하며, 이동 데이터의 실시간 전송과 훈련된 소프트웨어의 지속적인 업데이트를 가능케 하는 네트워크 시스템도 필수적이다. 이러한 기술적 기반은 데이터 중심의 자율주행 생태계를 구축하는 핵심 요소로 작용한다.

2025년, 완성된 학습 모델을 탑재한 자율주행 차량은 우리의 일상 속으로 본격적으로 침투할 것이며, 이 디바이스는 이동 데이터를 기반으로 최적화된 주행 성능을 제공해 소비자의 이동 경험을 재정의할 것이다. 자율주행 기술의 상용화는 차량시장의 경쟁 구도를 재편하고, 인간 삶의 이동 방식을 근본적으로 혁신할 새로운 전환점을 예고한다.

자율 이동 능력에 근거한 첫 사업 모델

로보택시의 가치를 이동 서비스의 소비자 관점과 생산자(제공자) 관점에서 정의해보자.

특정 재화와 서비스의 사업적 가치는 소비자로부터 선택받을 수 있는지 여부에 달려 있다. 이 선택의 기준을 우리 인간이 영위하고 있는 삶의 기본 구조에 기반하여 정의해보자. 5,000년 전 인간이나, 현재의 인간이나 삶의 기본적 구조는 동일하다. 대한민국에 거주 중인 우리나, 사회 정치 시스템이 다른 해외 국가에서 살아가는 그 누구나 삶의 기본적 구조는 유사하다. 인간이라면 누구나 시간 → 노동 → 자본 → 자원의 흐름으로 생을 이어간다.

인간은 생명을 부여받는 탄생의 순간에 하나의 자원을 갖게 된다. 바로 시간이다. 누구에게나 동등하게 하루 24시간의 시간이 주어진다. 그 시간을 우리는 둘로 나눌 수 있다. 노동 시간과 비노동 시간이다. 우리는 제한된 24시간의 일정 부분을 노동이라는 이름으로 사용한다. 자본 확보 필요성 때문이다. 노동의 대가로 우리는 자본을 얻을 수 있다. 그리고 이 자본을 지출하여 생을 이어가기 위한 유무형의 자원을 확보한다. 시간이 노동으로, 노동이 자본으로, 자본이 자원으로 전환된다. 이들 네 가지 구성 요소는 모두 같은 특징을 공유한다. 한정성이다.

노동은 한정된 시간의 배분이다. 하루 40시간의 노동은 불가능하다. 노동 이후 우리에게는 두 가지가 남는다. 노동의 대가로 얻은 한정된 자본과, 노동을 하고 남은 한정된 잔여 시간이다. 이 두 가지를 투하해 우리는 한정성을 지니고 있는 또 다른 대상인 자원을 소비한다.

예를 들어보자. 우리는 선택할 수 있다. 각자의 시간과 자본을 활용하여, 책을 구매해 읽거나, 유튜브를 시청하거나, 넷플릭스(Netflix) 등의 온라인동영상서비스(OTT) 콘텐츠를 구독해 즐기거나, 플레이스테이션(Playstation)과 PC를 이용해 게임을 다운로드하고 플레이하거나, 스포츠 경기나 뮤지컬이나 연극의 티켓을 사서 관람하거나, 근사한 식당에 가서 밥과 음료를 사 먹을 수 있다.

자신의 시간과 자본을 어떻게 소진할지 고민하는 소비자를 두고 셀 수 없이 많은 사업 모델이 경합 중이다. 더 많은 자본을 지출하면 더 나은 재화와 서비스를 얻을 수 있다는 것 또한 소비 환경 내 상식으로 자리 잡고 있다. 김밥 한 줄과 미슐랭 레스토랑에서의 한 끼는 이를 즐기기 위한 요구 자본의 크기에서 큰 차이를 보인다. 동일한 목적지를 향해 같은 비행기에 탑승했어도 이코노미 클래스와 비즈니스 클래스의 가격 차이는 상당하다. 모든 자원은 한정적이고, 우리 모두가 좋은 자원을 얻기 위해 기꺼이 더 많은 시간과 자본을 지출하고 있기 때문이다.

이 한정성에 근거해 재화와 서비스의 사업적 가치를 평가하는 잣대인 소비에 대해 정의할 수 있다. 소비는 세 가지 특징을 갖고 있다. 경제성(제한된 자본을 활용해 최대한의 효용 추구), 재미(제한된 시간을 활용해 최대한의 즐거움 추구), 편의성(자본과 시간 확보 및 소비 과정 속 편리한 전개 추구)이다. 그리고 이 같은 시각에서 정의한다면 인류의 역사는 더 높은 경제성, 재미, 편의성을 위한 기술 진화의 과정이라고 볼 수 있다. 이동 데이터의 확보와 훈련을 통해 만들어질 로보택시는 한정된 시간 소비와 한정된 자원 소비를 이어온 우리 인간이 누릴 새로운 세대의 기술이다.

로보택시는 경제적이다. 노동 제거와 에너지 비용 축소를 통해 극단적으로 낮은 사용 비용을 요구한다. 로보택시는 재미있다. 직접 운전을 한다면 이동 시간 중 99%는 오롯이 운전 행위에 집중해야 했다. 이제 그 시간을 다양한 여가 활동에 활용할 수 있다. 로보택시는 편리하다. 프라이빗한 공간을 홀로 누리며 A에서 B로의 빠른 이동을 제공한다. 기존의 이동 서비스와 비교한다면 우리는 더 적은 자본을 사용하면서 더 많은 시간을 얻게 된다. 이 같은 맥락에서 로보택시의 등장은 소비자가 취사선택할 수 있는 이동 옵션의 추가라고 보기 어렵다. 로보택시의 등장은 이동을 위한 다른 모든 선택지의 제거를 뜻한다.

택시 요금의 20%에 불과할 로보택시 요금

로보택시 서비스는 다양한 사업자를 통해 제공 가능하다. 다양한 개발 방법론이 공존하며, 방법론의 차이는 개발 원가와 서비스 비용의 차이로 이어진다. 주목해야 할 숫자는 두 가지다. 단위 거리당 서비스 비용(서비스 제공자 입장에서 매출)과 단위 거리당 이익률이다.

단위 거리당 서비스 비용은 로보택시 사업자 간 경쟁력 비교의 기준이다. 퇴근 시간에 근무지에서 집으로 이동하는 상황을 놓고 살펴보자. 버스를 타면 1,500원이 소요된다. 지하철을 타면 1,400원을 지불해야 한다. 소요 시간은 한 시간 정도로 비슷하다. 택시를 이용하면 요금 10,000원이 예상된다. 다만 소요 시간이 30분으로 단축되며, 뒷자리에 혼자 앉아 편하게 이동이 가능하다. 스마트폰이나 태블릿을 이용해 콘텐츠를 즐기기에도 버스와 지하철 대비 용이하다. 호출형 승차 공유 서비스를 이용하면 조금 더 비싸서 13,000원이다. 그러나 택시와 비교해 상대적으로 더 높은 편리성을 추구할 수 있다. 평점 시스템으로 검증된 운전자 선별이 가능하기에 이동 중 불편함이 줄어든다. 차종과 크기도 취사 선택이 가능하다.

마지막 옵션은 고정밀 지도 라이다 HD(Map-LiDAR HD) 기반의 로보택시다. 18,000원이다. 가장 비싸지만 편리성에서 비교우위가 명백하다. 일단 운전자가 동승하지 않기에 완벽한 프라이버시가 제공된다. 기계의 운전에는 감정이 없다. 기계의 가속과 감속, 제동과 조향 모두 일관된 작동 방식을 따르기에 매끄럽다. 출발지와 도착지를 어디로 설정하느냐에 따라 이동 서비스 목록에 기차, 트램, 비행기, 배 등이 포함될 수 있다.

수많은 이동 수단을 두고 비교 평가하여 최적의 대상을 선택해 이용하며 살고 있는 우리에게 새로운 옵션이 등장한다. 위와 같은 기준에서 2,000원에 이용할 수 있는 로보택시다. 다중 신경망과 일부 규칙 기반 로직을 결합한 모듈러 구조를 채택한 로보택시 업체들과 달리, 단일 신경망으로 입력부터 출력까지 처리하는 E2E 방식을 채택했다.

소비자의 선택을 쉽게 예상할 수 있다. 경제성, 재미, 편리성 어떤 기준에서도 고민의 여지가 없다. 더 적은 비용으로 더 편리하게 더 큰 재미를 추구하며 이동 가능한 선택지를 이용할 것이다. 로보택시의 편리성과 재미 요인은

다인 로보택시 전용 모델인 로보밴 (출처: Tesla)

상수다. 그렇기에 경제성을 판단할 수 있는 단위 거리당 서비스 비용 확인이 중요하다. 어느 정도 가격으로 대중 서비스를 개진할 수 있는지에 따라 기존 이동 서비스 제공 사업 모델들의 존속 여부가 결정될 것이다.

그리고 단일 신경망 기반 로보택시 상용화의 가장 중대한 산업 파괴는 이동 서비스들이 아니라 신차 판매 자동차 산업에서 발현될 것이다. 이른바 소유의 종말이다.

자가용 15만 km 주행 vs. 로보택시 요금 1억 원

2024년 전 세계 승용차 판매량은 집계 기관에 따라 다소의 차이가 존재하나 약 9,000만 대 수준이다. 같은 시기 전 세계 승용차 평균 판매 가격은 4,725만 원(환율 1,350원 기준)이다. 단순 계산으로 2024년 자동차 신차 판매시장의 매출 규모는 무려 4,253조 원에 달한다. 여기에 교체용 부품시장과 중고차시장까지 더하면 자동차 산업은 명실공히 전 세계 최대 시장 중 하나다.

그런데 우리는 왜 차량을 구매해서 사용하는 것일까? 집값 다음으로 비싼 소비재를 매년 9,000만 대씩 구매하고 있지만 실제 사용 가동률은 5%에 불과하다. 하루 24시간 중 1시간 조금 넘는 시간을 사용하면서 차량을 구매하고 소유하는 이유는 간단하다. 경제성 논리다.

차량을 이용해 이동하는 방법은 두 가지다. 스스로의 노동을 투하해 운전하는 것과, 다른 사람의 노동을 고용하고 대가를 지불해 이동하는 것이다. 후자의 대표적인 사업 모델이 택시라고 볼 수 있다. 택시를 이용해 1km를 이동하는 데 지불해야 하는 비용은 약 3,000원 수준으로 가정한다. 차량을 구매하고 폐차할 때까지 이용하는 거리는 약 15만 km이다. 이 거리를 택시로 이동한다면 4억 5,000만 원이 요구된다. 이 비용을 지불하고 차량을 이용한 이동 서비스를 이용하는 것보다, 10분의 1 정도의 비용으로 차를 구매하고 세금을 내고 기름을 넣고 보험에 직접 가입하고 자신의 노동을 투하하는 것이 경제적인 것이다.

물론 이 같은 산술 비교는 지나친 단순화가 전제되어 있다. 그러나 경제성

논리가 차량을 구매하고 소유하는 가장 큰 근거 중 하나임은 분명하다.

이 같은 상황에서 로보택시의 등장은 소비 결정에 큰 변화를 야기할 것이다. 4억 5,000만 원이 요구됐던 이동 서비스 비용 총액이 1억 원 이하로 조정된다면 어떻게 될까? (로보택시를 이용해 1km를 이동하는 서비스 요금은 700원이라는 가정에 따른 금액이다.) 우리는 소유에 대해 고민을 시작할 것이다. 그 고민 안에는 단순히 차량 보유 및 운행 비용뿐만 아니라 지금까지 0이라고 치부해왔던 스스로의 운전 노동 투하의 비용도 고려하게 될 것이다. 로보택시가 등장하는 시점에 점진적인 신차 수요 감소가 시작될 것이라 판단한다.

지금까지 로보택시의 단위 거리당 서비스 비용의 의미와 영향에 대해 논해보았다. 충분히 낮은 서비스 비용 제시가 이루어진다면 신차 소유 및 다양한 이동 서비스 사업 모델들로부터 대단위의 수요 이전이 시작될 것이다. 서비스 비용과 예상 이전 수요 규모를 곱하면 그것이 로보택시시장의 매출 크기다. 해당 수치에 단위 거리당 이익률을 적용한다면 그것이 로보택시시장의 이익 크기다.

간단한 계산을 시도해볼 수 있다. 2023년 기준 미국 택시시장 매출 규모는 32조 원(환율 1,350원 가정)이다. 같은 기간 차량 호출시장 매출 규모는 70조 원이었으며, 카 셰어링시장 매출 규모는 5조 원 수준으로 추산된다. 렌터카시장 매출 규모는 52조 원이었다. 이를 모두 더한 159조 원이 승용 차량을 이용한 이동 서비스시장 매출 규모다. 2023년 기준 미국 대중교통(지하철, 버스, 기차, 트램 등) 매출 규모는 70조 원이었다. 동일 기간 미국 2시간 이하 단거리 비행기 노선의 매출 규모는 68조 원이었다. 그리고 마지막으로 미국 신차 판매 매출 규모는 1,030조 원으로 계산된다.

각 분야에서 얼마나 많은 수요가 얼마나 빠른 속도로 이전될지는 아직 미지수다. 로보택시의 잠재 매출을 추정할 때 가장 큰 변수가 될 영역은 신차 구매 수요의 이전 부분이다. 이 영역이 신규 수요다. 기존에 이미 다양한 이동 서비스를 이용해왔던 수요가 아니라, 새롭게 더해지는 수요가 이 부분에서 창출된다.

너무나 많은 가정이 요구된다. 각 부분에 대한 가정의 강도도 전망을 진행하는 주체에 따라 크게 달라질 수 있음을 인정한다. 우리는 로보택시 사용이 성숙 국면에 진입할 시점에서 미국 시장 내 최소 매출 규모를 200조 원 이상으로 추정한다. 수익률 가정 또한 변수가 많다. 기존 승용차량을 이용하는 이동 서비스의 원가 중 가장 큰 구성을 차지하는 노동 비용이 제거되었고 보험료와 에너지 비용, 유지 관리 비용 또한 크게 축소될 것으로 전망한다. 우리의 수익률 전망은 20~30% 범위다.

선도 업체들, 다음 목표는 물리 인공지능 로봇

로보택시시장의 본격적인 개화를 앞두고 두 핵심 주체가 두각을 나타내고 있다. 테슬라(Tesla)와 중국이다. 테슬라는 독립된 기업으로서 오랜 시간 동안 자율 이동 기술을 뒷받침하는 다양한 가치 사슬을 통합적으로 구축하며 선도적 입지를 다져왔다. 중국은 정부의 전폭적인 지원 아래 다양한 기업들이 필수 기술들을 체계적으로 단계별로 정복하며 놀라운 속도로 발전을 거듭하고 있다.

자율주행 기술 개발의 핵심은 이동 데이터의 수집과 이를 기반으로 한 학습에 있다. 테슬라는 2014년부터 데이터 수집이 가능한 차량을 보급해왔다. 2024년 말 기준, 전 세계에 배포된 720만 대의 테슬라 차량은 데이터 수집 장치로서 기능하며, 축적된 주행 데이터는 약 50억 km에 달한다. 이는 경쟁사를 압도하는 방대한 양이다.

테슬라는 고속도로 운전 보조 단계인 오토파일럿(2016~2019년)을 거쳐 고속도로 자율주행(2019~2022년), 고속도로 자율주행 및 도심 운전 보조 FSD(2022~2024년), 모든 도로 자율주행 Supervised FSD(2024-2025년), 로보택시 서비스 Unsupervised FSS(2025년부터)의 다섯 단계를 거쳐 자율주행 기술을 발전시켜왔다. 현재 가장 진보된 FSD 기술은 미국과 캐나다에서 사용 중이며 멕시코, 푸에르토리코, 중국, 유럽으로 확장되고 있다. 새로운 시장으로의 진출은 신규 데이터 확보와 기본 교통 정보(지도 및 법규)에 대한 현지 규제 당국의 승인만 충족되면 신속히 이루어질 수 있다.

中 화웨이 연합, 美 테슬라와 경쟁

이 분야에서 두각을 나타내고 있는 중국 내 주요 기업은 화웨이(Huawei) 연합이다. 화웨이는 중국 데이터 기술 혁신의 핵심 주체로 자리 잡았다. 주요 기존 사업으로는 네트워크 장비, 스마트폰과 같은 에지(edge) 디바이스, 클라우드 서비스 등이 있다. 2010년대 초반부터 센서, 액추에이터, 배터리 관리 시스템, 열 관리 시스템, 디지털 패널 등 스마트카 양산에 필수적인 종합 부품 사업을 전개하며 로보택시 사업의 기반을 다졌다. 이후 2021년부터 중국 정부가 지분을 보유한 국영 자동차 기업들과 협력해 스마트카 솔루션 제공 사업으로 영역을 확장했다.

스마트카 솔루션 제공 사업은 자율주행 기술 개발의 전 영역을 포괄하며 화웨이가 기술적 주도권을 쥐고 있다. 이는 센서 설계, 주행 소프트웨어 개

자율 이동 운전 로봇을 개발하는 세 진영

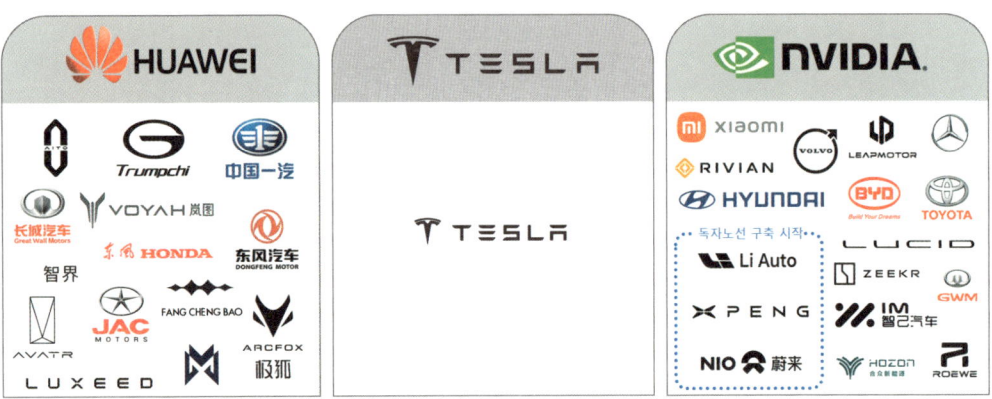

* 화웨이, 테슬라, 엔비디아가 이끄는 세 진영이 자율 이동 운전 로봇 개발을 놓고 경쟁하고 있다.
출처: 각 회사

발, 소프트웨어 구동용 추론 컴퓨팅 플랫폼 구축, 중앙 제어 아키텍처 및 분산 운영 체제, 구동계 및 섀시 설계, 네트워크 구성, 데이터 전송, 데이터 학습 인프라 구축 등을 포함한다. 파트너 기업들의 역할은 일부 제조에 국한되며 데이터 주도권은 화웨이가 확보한다. 이러한 연합 구조를 통해 화웨이는 데이터를 보다 신속히 수집하고 학습할 수 있다. 자동차 기업들은 스마트카 기술 부족으로 인한 상품성 약화, 판매 감소, 가동률 저하의 위험을 완화할 수 있다.

현재 화웨이 연합을 통해 양산 및 판매 중인 브랜드는 총 9개이며 이 중 가장 높은 판매량을 기록한 브랜드는 세레스(Seres)의 아이토(Aito)다. 2025년 상반기에 중국 최대 민영 자동차 기업인 BYD와의 협력을 시작했고, 2025년 4분기에는 중국 최대 국영 자동차 기업인 상하이자동차(SAIC)를 통해 신차를 출시할 예정이다.

화웨이 연합의 스마트카 판매량은 2021년 7,000대에 불과했으나 2022년 5만 4,000대, 2023년 15만 4,000대, 2024년 60만 대로 급격히 증가했다. 이는 브랜드 확장, 소비자의 스마트카 수요 증가, 그리고 화웨이의 기존 스마트 디바이스 판매 채널인 화웨이 스토어를 활용한 결과다. 2024년 말 기준 누적 데이터 디바이스 보급량은 81만 2,000대이며 2026년 말까지 300만 대에 이를 것으로 전망된다. SAIC를 통해 출시된 3,000만 원대 저가형 스마트카의 판매 호조와 중국 외 글로벌 브랜드의 화웨이 연합 참여 확대가 디바이스 보급 확장에 기여할 것이다.

샤오미·샤오펑, 저가 외에 기술도 업그레이드

중국에서 주목받는 또 다른 주요 기업으로는 샤오미(Xiaomi)와 샤오펑(Xpeng)을 꼽을 수 있다. 샤오미는 2024년 4월 스마트카 판매를 시작했다. 하이퍼캐스팅, 배터리를 차체에 통합하는 셀투보디(Cell-to-Body) 기술, 그리고 초고효율 자동화 제조 역량을 바탕으로 압도적인 가격 경쟁력을 선보이며 업계를 놀라게 했다. 2025년 SUV 신차 YU7과 2026년 저가형 신차 쿤룬

샤오펑이 다종 물리 인공지능 로봇 디바이스에 적용하겠다고 예고한 튜링 (출처: Xpeng)

(Kunlun)의 출시가 예정되어 있으며, 2024년 14만 대였던 판매량은 2025년 35만 대, 2026년 60만 대로 급격히 확대될 전망이다.

주력 판매 트림에는 508 TOPS(1TOPS는 초당 1조 번 연산)의 추론 컴퓨팅 플랫폼이 탑재되어 있으며, 이동 데이터 학습 인프라의 성능은 11엑사플롭스(EFLOPS, 1엑사플롭스는 초당 1경 번 연산)로 화웨이의 10엑사플롭스를 상회한다. 기존 스마트 가전 사업에서 창출한 풍부한 현금흐름을 활용해서 공격적인 투자 전략을 전개할 것으로 예상되며, 향후 자체 추론칩 양산을 통해 연산 효율성과 비용 효율성을 더욱 향상시킬 것으로 보인다.

샤오펑은 최근 비약적인 디바이스 판매 신장세로 눈길을 끌고 있다. 2025년 1월 30,350대로 전년 같은 달 대비 268% 증가, 2월 30,453대로 570% 증가, 3월 33,025대로 268% 증가하며 폭발적인 판매 성장세를 기록했다. 이러한 급성장의 배경에는 업계 최초로 500 TOPS 이상의 추론 컴퓨팅 성능을 갖춘 3,000만 원대 차량 출시가 있다. 508 TOPS를 기준으로 M03 모델은 155,800위안(약 3,076만 원), P7+는 186,800위안(약 3,688만 원), G6는 229,900위안(약 4,539만 원)으로 책정되었다. 이 세 차종은 동일한 추론 컴퓨팅 성능을 갖춘 중국 내 경쟁 모델 대비 탁월한 가격 경쟁력을 자랑한다.

또한 샤오펑은 자체 개발한 700 TOPS 연산 성능의 튜링(Turing) 추론 칩을 공개하며 기술력을 입증했다. 오랜 기간 적자를 감내하며 디바이스 판매를 지속해온 샤오펑은 데이터 학습을 통한 인지 소프트웨어 성능 향상으로, 기존에 인지 능력 보완을 위해 사용했던 라이다 센서를 제거하는 단계에 이르렀다. 화웨이, 샤오미와 함께 중국 로보택시시장 개화를 선도하는 주요 기업으로 평가된다.

6월 주행 시작하고 다음 목적지는 로봇

로보택시시장은 미국에서 테슬라가 가장 먼저 개척할 것으로 전망된다. 일론 머스크(Elon Musk) 테슬라 CEO는 2025년 6월 텍사스 오스틴에서 완전자율주행 로보택시 서비스를 시작했다. 테슬라는 초기 단계에서 기존 주행 및 주차 데이터 외에 승차, 하차, 호출, 배차, 무인 승객 관리, 무인 차량 관리(충전, 청소 등)에 대한 데이터를 수집하고 학습할 것이다. 이후 미국 내 보급 확대와 소비자 적응을 거쳐 대중화 단계로 접어들 것으로 보이며 이 과정은 1~2년가량 소요될 것으로 예상된다.

로보택시 서비스는 미국에 이어 중국에서 상용화될 것이며 이후 전 세계 대부분 지역으로 신속히 확산될 것이다. 국가 전체의 생산성 향상을 위해 이동 비용을 획기적으로 절감하는 기술 보급은 모든 국가에서 빠르게 도입하고자 하는 목표다. 늦은 도입은 경쟁력 약화로 이어지기 때문이다.

로보택시 대중화 과정에서 선도 기업들은 급증하는 영업현금흐름을 활용해 새로운 도전에 나설 것이다. 이는 자율 이동 능력과 범용 노동 행위 대체 역량이 융합된 물리적 인공지능 로봇 개발이다. 소비자에게 로보택시는 운전 로봇으로 인식되지만, 개발자에게는 다양한 폼팩터를 자유롭게 이동시킬 수 있는 물리적 역량을 의미한다. 인간이 자유로운 이동 능력을 바탕으로 연속적인 행위를 수행하듯, 로봇 개발의 핵심은 이제 이동 능력을 넘어 다양한 행위 수행 능력으로 확장되는 것이다.

이동 능력은 고도로 정교한 노동 행위로, 충돌 없이 모든 환경에서 이동하기 위해 처리해야 하는 데이터의 양은 친구에게 물잔을 건네거나 세탁물을 세탁기에 넣는 등의 비정교한 노동 행위에서 발생하는 데이터와 비교할 수

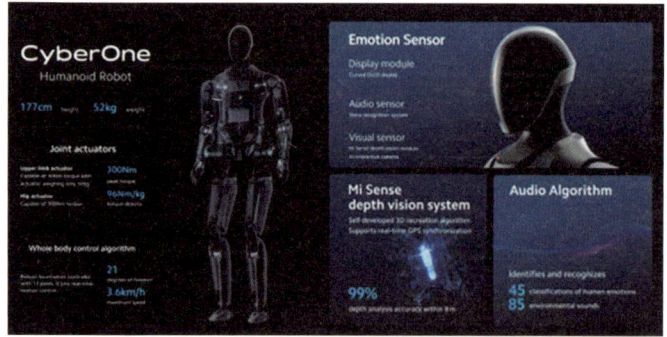

2022년 샤오미가 공개한 노동 대체 물리 인공지능 로봇 사이버원 (출처: Xiaomi)

없을 정도로 방대하다. 발생 가능한 에지 케이스의 범위에서도 큰 차이가 드러난다. 범용 노동 행위 수행 능력의 개발에서는 질적 강화보다 양적 확장이 더욱 중요할 것이다. 로보택시 개발을 선도한 기업들은 범용 노동 행위 개발의 빠른 진전을 위해 다시 치열한 경쟁에 돌입할 것이다. 이 모든 과정은 노동 대체와 제거를 통해 생산성을 획기적으로 향상시키는 디플레이션 기술 혁명의 시대라 명명될 것이다.

디플레이션 레볼루션의 시대

로보택시의 등장은 인간 삶의 이동 방식과 노동 구조를 근본적으로 변화시키는 디플레이션 기술 혁명의 출발점이다. 첫째, 인간과 사물의 끊임없는 이동은 삶의 핵심이며, 이동 비용은 소비자물가지수에서 약 20%를 차지하는 주요 항목이다. 로보택시는 노동과 에너지 비용을 극도로 절감해 경제성, 재미, 편의성을 제공하며 기존 이동 서비스를 대체할 잠재력을 지닌다.

둘째, 자율주행 기술은 인공지능 발전의 정점인 물리 인공지능의 시작점으로, 이동 데이터 수집과 학습을 통해 차량은 단순한 이동 수단을 넘어 안전하고 효율적인 모빌리티 솔루션으로 진화한다.

셋째, 로보택시시장은 소비자에게는 저렴한 이동 옵션을, 제공자에게는 단위 거리당 서비스 비용과 이익률을 기준으로 한 경쟁을 의미하며, 이는 신차 소유 중심의 자동차 산업에 '소유의 종말'을 초래할 수 있다.

넷째, 테슬라와 중국의 화웨이 연합, 샤오미, 샤오펑 등은 방대한 데이터와 기술 혁신으로 로보택시시장을 선도하며, 이들은 로보택시를 넘어 범용 노동 행위 대체가 가능한 물리 인공지능 로봇 개발로 나아갈 것이다. 이 기술은 이동을 넘어 다양한 노동 행위를 대체하며 생산성을 획기적으로 향상시킬 것이며, 이는 국가 경쟁력과 직결되는 글로벌 기술 보급 경쟁으로 이어질 것이다.

모빌리티 밸류체인

대분류	소분류	기업명	티커	사업 내용
소프트웨어	E2E 아키텍처	Tesla	TSLA US	FSD, 2020년 E2E 전환 가속화, 2024년 FSD v12부터 완전 전환
		Xpeng	XPEV US	XNGP, 2023년 개발 시작, 2024년 E2E 모델 공개
		Nio	NIO US	NOP, 2023년 개발 시작, 2025년 E2E 모델 배포
		Li Auto	LI US	AD Max, 2023년 개발 시작, 2024년 AD Max 전 차량 적용
		Xiaomi	01810 HK	HAD, 2024년 개발 시작, 2025년 NOA와 주차 기능 강화
		Geely	00175 HK	G-Pilot, 2024년 개발 시작, 2025년 H1 배포
		Jiyue	09888 HK	ASD, 2024년 E2E 구현했으나 현재 운영 완전 중단 상태
	모듈식 아키텍처	Waymo	GOOG US	EMMA(End-to-End Multimodal Model for Autonomous Driving) 연구 시작
		BYD	01211 HK	DiPilot 100·300, 저가형 모델 모듈식. Dipilot 600, 고가 모델 E2E 적용
		WeRide	WRD US	WeRide One, E2E 기술 개발 추진 중
		Leapmotor	09863 HK	유럽 시장에 진출할 일부 모델 중심으로 E2E 개발 시작
		Rivian	RIVN US	RAP, 고속도로 주행 기능 한정 E2E 적용 시작
		Lucid	LCID US	Dream Drive, 고속도로 주행 기능 한정 E2E 적용 시작
		Aurora	AUR US	모듈식 아키텍처. 차선 변경 예측 한정 E2E 적용 시작
		Pony.ai	PONY US	Pony Pilot+, 모듈식 아키텍처. E2E 전환 준비 시작
		Nuro	비상장(미국)	모듈식 아키텍처, 경로 예측 등 제한적 범위 내 E2E 도입 준비 시작
		Zoox	AMZN US	모듈식 아키텍처, E2E 도입 계획 없음
		TuSimple	TSPH US	모듈식 아키텍처, 성과 진전 부재로 2023년 개발 중단
	대형 언어 모델(LLM)	Open AI	비상장(미국)	Chat GPT, VW·Mercedes·GM·Stellantis·현대차그룹 적용 준비
		xAI	비상장(미국)	Grok, Tesla의 다양한 노동 제거 물리 인공지능 로봇 디바이스 적용 예정
		Alphabet	GOOG US	Gemini, BMW 적용 준비
		Meta Platforms	META US	Llama, 물리 인공지능 로봇 적용 계약 사례 아직 부재
		DeepSeek	비상장(중국)	R1, Geely·Dongfeng·Chery·Zeekr 등 다수의 중국 업체 적용 준비
		Alibaba	09988 HK	Qwen, BMW 적용 준비·Alibaba 자율주행 프로젝트 적용 준비
		Baidu	09888 HK	ERNIE, Jiyue 적용

모빌리티 밸류체인

대분류	소분류	기업명	티커	사업 내용
하드웨어	에이전트 생산	SAIC	600104 CH	중국 최대 관영 제조사. 2025년, Huawei Alliance 시작
		BAIC	600733 CH	2023년 12월, Stelato 브랜드로 Huawei Alliance 시작
		GAC	601238 CH	2025년 3월, Huawei와 HAT 설립, 스마트카 개발 계획
		FAW	000800 CH	Hongqi에 Huawei 자율주행 솔루션 탑재 계약 체결
		JAC	600418 CH	Huawei Alliance 브랜드 Maextro 2025년 3월 출시
		Dongfeng	00489 HK	Voyah와 M-Hero, Huawei 자율주행 솔루션 탑재 협력
		Changan	000625 CH	Huawei와 Avatr 공동 설립
		Seres	601127 CH	Huawei Alliance의 표준이 된 Aito 브랜드 출시
		Chery	비상장(중국)	Huawei Alliance 협력하에 Luxeed 브랜드 출시
		Toyota	7203 JP	Huawei 운영 체제와 추론 칩 탑재 스마트카 개발 진행
		Honda	7267 JP	Huawei 스마트카 솔루션의 Ye 브랜드 통합 계획 공개
		Nissan	7201 UP	Huawei Harmony OS 기반 지능형 시스템 도입 계약
		현대차	005380 KS	42dot, 자율주행 솔루션 개발 진행, 2029년 스마트카 상용화 목표
		기아	000270 KS	42dot, 자율주행 솔루션 개발 진행, 2029년 스마트카 상용화 목표
		Mercedes	MBG GR	Momenta 협력, 2027년 스마트카 상용화 목표
		GM	GM US	Cruise, 모듈식 아키텍처 자율주행 시스템 개발 중
		Ford	F US	Latitude AI, 모듈식 아키텍처 자율주행 시스템 개발 중
		Volkswagen	VOW GR	Cariad, 모듈식 아키텍처 자율주행 시스템 개발 진행
		Stellantis	STLA US	aiMotive, 모듈식 아키텍처 자율주행 시스템 개발 진행
		Vinfast	VFS US	자율주행 솔루션 확보 위한 협업 준비
		Polestar	PSNY US	자율주행 솔루션 확보 위한 협업 준비
	컴퓨팅 칩	Tesla	TSLA US	HW4, 500 TOPS(연산능력), 160W(전력 소비량)
		NVIDIA	NVDA US	Drive Orin X, 254 TOPS, 60W
		Qualcomm	QCOM US	Snapdragon Ride Flex, 24 TOPS, 130W
		Horizon Robotics	09660 HK	Journey 5, 128 TOPS, 10W
		Mobileye	MBLY US	EyeQ Ultra, 176 TOPS, 30W
	라이다 부품	Hesai	HSAI US	Nio·Li Auto·Xpeng 등 공급, 중국 라이다시장 선점
		Robosense	02498 HK	Zeekr·IM Motors·Rising Auto 등 이류 중국 스마트카 업체 공급
		Luminar	LAZR US	Volvo·Polestar·Daimler Truck 등 북미·유럽 프리미엄 브랜드 공급
		Innoviz.	INVZ US	BMW·VW 등 유럽 브랜드 공급
		Velodyne	비상장(미국)	Waymo·Motional 등 미국 브랜드 공급. 2023년 Ouster과 합병

인플레이션 기술 기반 이동 시장

소유

수동차(非스마트카)

내연기관차

현대차(한)	Toyota(일)
기아(한)	Honda(일)
GM(미)	Nissan(일)
Ford(미)	Volkswagen(독)
Stellantis(미)	Chery(중)
BMW(독)	FAW(중)
Mercedes(독)	Changan(중)
Renault(프)	Dongfeng(중)
Mazda(일)	BAIC(중)
Tata(인도)	SAIC(중)
Mahindra(인도)	JAC(중)
Proton(말)	GAC(중)

Huawei Alliance

전기차

Lucid(미)	BYD(중)
Rivian(미)	Hozon(중)
Fisker(미)	Aiways(중)
Proterra(미)	WM(중)
Nikola(미)	Leapmotor(중)
Canoo(미)	Lotus(영)
Nu Ride(미)	Rimac(크)
Lion Electric(캐)	Bollinger(미)
Faraday Future(미)	Mullen(미)
Aptera(미)	Vinfast(베)
Lightyear(네)	Geometry(중)
Arrival(영)	Skywell(중)

공유

공유

승차 공유

- Uber(미)
- Lyft(미)
- Via(미)
- Bolt(에)
- Empower(미)
- Meituan Dache(중)
- DiDi Chuxing(중)
- Ola(인도)
- Gojek(인도)
- Grab(싱)
- InDrive(러)

차량 공유

렌터카
- Enterprise(미)
- Hertz(미)
- Avis(미)
- Sixt(독)
- Europcar(프)
- CAR(중)
- eHi(중)
- Yongche(중)
- 롯데렌터카(한)
- SK렌터카(한)

카 셰어링
- Turo(미)
- Zipcar(미)
- Getaround(미)
- Share Now(독)
- ORIX(일)
- Zoom Car(인도)
- EVCARD(중)
- GoFun(중)
- 쏘카(한)
- 그린카(한)

택시

플랫폼 택시

- Curb(미)
- Arro(미)
- Gett(이스라엘)
- FreeNow(독)
- Careem(아)
- Japan Taxi(일)
- 카카오모빌리티(한)
- 타다(한)

전통 택시

기타

- 지하철
- 버스
- 트램
- 기차
- 고속 열차
- 고속버스
- 단거리 비행기

디플레이션 기술 기반 이동 시장

모빌리티

자동차(스마트카)

- Tesla(미)
- Xpeng(중)
- Li Auto(중)
- Xiaomi(중)
- Nio(중)
- Geely(중)

① 데이터 디바이스 제조·판매
② 추론(이동) 데이터 확보
③ 데이터센터 전송 및 훈련
④ 개선된 추론 모델의 디바이스 전송
⑤ 2~4의 무한 반복

로보택시

단일 신경망(E2E)·단일 센서

Tesla(Cybercab)(미)

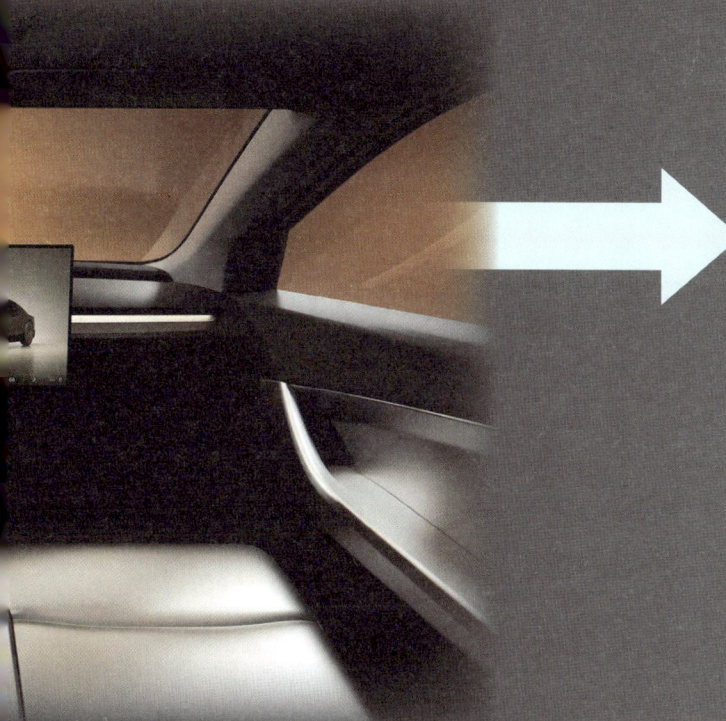

모듈러 아키텍처·다중 센서

종합 솔루션 제공

Huawei(중)
Huawei Inside·Smart Selection 제공
(추론 및 훈련 컴퓨터, 센서 설계 및 장착, 제어 아키텍처 설계, 섀시 부품 설계, 네트워크 시스템 설계 등 솔루션 일괄 제공)

비즈니스 플랫폼 개발

Waymo(미)	Baidu(중)
Zoox(미)	Pony.ai(중)
Motional(미)	WeRide(중)
TuSimple(중)	Auto X(미)
Aurora(미)	DeepRoute.ai(중)
Embark(미)	Nuro(미)
Cruise(미)	Beep(미)

고정밀 지도 개발

- Here Technologies(네)
- TomTom(네)
- Tencent(중)
- NavInfo(중)
- Sanborn Map(미)
- Nuro(미)
- 현대오토에버(한)

추론 컴퓨터 개발

- NVIDIA(미)
- Qualcomm(미)
- Intel-Mobileye(미)
- Horizon Robotics(중)
- MicroVision(미)
- NXP(네)
- Texas Instruments(미)

기타 센서 개발

- ON Semiconductor(미)
- Sony(일)
- OmniVision(미)
- Arbe Robotics(이스라엘)
- Bosch(독)
- Continental(독)
- Hella(독)

라이다 센서 개발

Hesai(중)	Innoviz(이스라엘)
Robosense(중)	Aeye(미)
Innovusion(미)	Luminar(미)
Leishen(중)	Velodyne(미)
Livox(중)	Ouster(미)
Benewake(중)	Scantinel(독)
Valeo(프)	Ibeo(독)

2장   로봇

'노동하는 기계'에서 '영리한 로봇'으로

이지호
로봇·방산

필연적인 로봇 시대의 도래

로봇의 정의와 범주 확장

로봇은 광범위한 개념으로 이를 정의하는 기관 혹은 단체에 따라 조금씩 다르게 정의된다. 공통적인 두 가지 키워드는 '기계장치'와 '자동'이다. 이 중 '자동'이라는 단어의 해석에 따라 차이가 발생한다. 주변 환경을 인식하고 스스로 판단하여 행동하는 것만으로 한정하여야 하는지, 혹은 컴퓨터로 사전에 프로그래밍되어 한정적인 기능만을 수행하는 것까지도 포함하여야 하는지에 대한 모호함이 존재하기 때문이다. 이에 사전 프로그래밍을 통한 작업만을 수행하는 로봇, 대표적으로 제조 현장에서 조립 등의 작업을 담당하는 기계장치에는 '전통'이라는 수식어를 추가해 전통 로봇이라고 부르게 되었고, 인공지능을 활용하여 스스로 환경을 인지하고 판단하여 행동하는 기계장치를 통상적인 로봇으로 부르게 되었다.

로봇은 용도·형태별로도 구분된다. 용도는 크게 산업용과 서비스용으로, 형태는 크게 바퀴형, 다족형(2족, 4족), 고정형 등으로 나뉜다.

로봇의 정의는 기관마다 일부 다르지만 사용되는 목적은 명확하다. 바로 '인간 노동의 대체'이다. 로봇의 어원이 '강제 노동' 혹은 '노동자'라는 점은 이를 뒷받침한다. 그러나 전통 로봇에서 현대 로봇으로 점차 발전하면서 대체되는 노동의 종류가 변화하고 있다.

로봇의 규정 범위와 용도별 분류

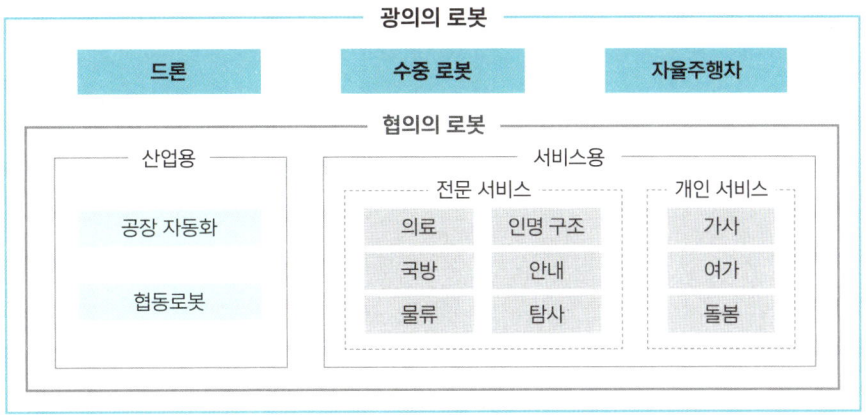

출처: IFR, KDI

과거 우리가 로봇에 열광했던 부분은 압도적인 하드웨어의 성능이었다. 인간이 낼 수 없는 근력과 속도를 구현하는 것이 가능했고, 이러한 부분을 확인할 수 있었던 분야가 바로 전통 산업용 로봇(이하 산업용 로봇)이다. 초기 산업용 로봇은 고중량의 물체를 고속으로 옮기는 업무에 투입되었고, 점차 인간이 투입되기에 위험한 업무 및 초미세 공정 등으로 적용처가 확대되었다. 현재 무거운 부품이 다수 사용되는 자동차·기계 제조업과, 인간보다 섬세한 작업을 요구하는 전기·전자 분야에서 다수가 사용되고 있다.

산업용 로봇은 대개 고중량·고정밀·고속의 작업을 수행하기 위해 규모가 크고, 안정적인 업무를 위해 지면에 고정되어 있으며, 로봇 팔 형태로 제작된다. 또한 기존에 프로그래밍된 작업만을 수행하며 작업 대상을 제외한 외부 환경 인식 수준이 낮아, 안전성 확보를 위해 인간 노동자와 업무 반경이 겹치지 않는 것이 중요하다.

이러한 산업용 로봇이 인간이 수행할 수 없는 노동 혹은 비효율적인 노동을 대체해왔다면, 최근 로봇 개발의 목표는 개인이 충분히 수행할 수 있는 업무를 지원하여 생산성을 높이는 데 맞춰져 있다.

우선 협동로봇은 인간과의 협업을 통해 제한적이나마 인간의 노동을 대체하기 시작했다. 협동로봇은 다수의 센서와 인공지능을 탑재해 인간과의 충돌을 방지하며, 탑재된 인공지능을 통해 가장 생산성이 높은 동선을 따라 작업자를 돕는다. 장기적으로는 다른 로봇 플랫폼과 결합을 통해 추가적인 생산 유연성의 확대가 예상된다. 보다 넓은 범위의 극단적인 인간 노동의 제거는 물리 인공지능의 발전과 함께 인간 형상의 휴머노이드 로봇으로 가능해질 것으로 예상된다. 휴머노이드에 대해서는 뒤에서 더 자세하게 논의한다.

인간과 로봇의 협업으로 높아진 생산 유연성

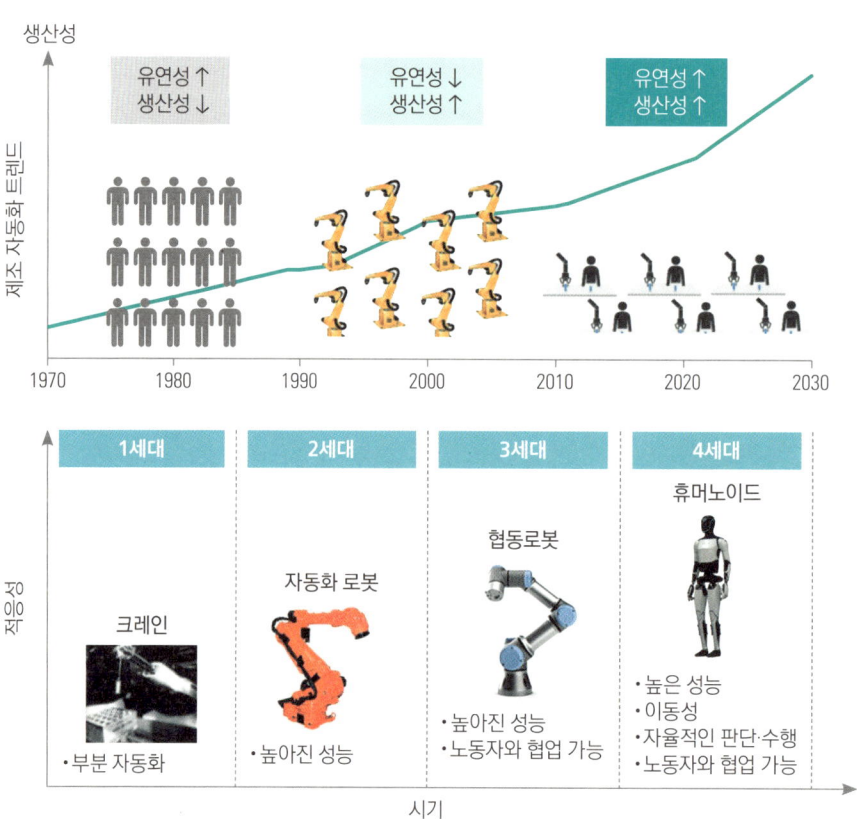

출처: 정용복, '협동로봇의 현황과 전망'

협동로봇과 전통 산업용 로봇의 비교

분류	협동로봇	전통 산업용 로봇
외관		
최상위 성능 지표	안전성, 외부 환경 인식	반복 정밀도, 속도, 중량
크기 및 구조	대부분 중소형, 유연한 구조	대부분 중대형, 강건한 구조
가반하중(Payload)	3~30kg	200kg
설치 환경	안전펜스 불필요, 유연한 재배치(고정 or 이동)	안전펜스 필요, 고정형
작업 환경	인간과 작업 공간 공유	인간과 작업 공간 분리
업무 지시 환경	온·오프라인 프로그래밍(+ AI, 상호작용을 통한 실시간 업무 지시 가능)	온·오프라인 프로그래밍
조작	태블릿PC, 펜던트로 원터치 조작	티칭펜던트, 초기 셋업 과정 복잡
공정	다품종 변량 생산에 적합	소품종 대량 생산에 적합
가격대	2,000~6,000만 원	6,000만 원~1억 원 이상(설치비용 발생)

출처: 한국무역협회, 중소벤처기업부

로봇, 달라진 노동 대체의 개념

산업용 로봇은 인간이 수행할 수 없는 업무, 혹은 다수의 인력이 필요했던 업무에 투입됨으로써 생산성 향상에 기여했다. 따라서 제조업에서 산업용 로봇에 대한 투자는 필수적인 자본적 지출로 자리 잡았다. 반면 협동로봇은 인간의 노동력이라는 대체재가 명확히 존재하기에 필수적인 투자의 영역은 아니었다.

미국의 통계를 보면 과거 로봇에 대한 투자를 포함한 제조업 시설 투자는 금리와 역의 상관관계를 보였다. 그러나 2021년 이후에는 금리가 꾸준히 상승하는데도 로봇 신규 설치 대수와 제조업 시설 투자는 증가하는 모습이 나타났다. 이와 같은 추세에는 협동로봇의 채용 증가도 반영된 것으로 보인다. 즉 전통 산업용 로봇은 높아진 임금 수준 대비 가격 매력도가 부각되며 추가 도입 유인이 발생하고 있으며, 선택의 영역에 존재하던 협동로봇 또한 성능이 일정 수준에 도달하며 노동 대체의 역할을 담당하고 있다고 추정된다.

결국 로봇이 인류의 노동을 대체하고 효율화하는 방식은 사뭇 달라지고 있으나 근본적인 유인은 경제성이다. 최근에는 경제적 측면뿐 아니라 인적 자원 관리 차원에서도 기업이 로봇을 도입할 유인이 점차 높아지고 있다. 노동자들의 평균 임금 수준이 선진국을 중심으로 빠르게 높아지고 있다. 현재 미국 노동자의 연평균 임금 수준은 매우 높아져, 로봇이 노동자를 대체하는 데 소요되는 투자 회수 기간이 짧게는 6개월 정도다. 이로 인해 노동자를 1년 고용할 비용으로 로봇을 1~2대 도입, 그보다 더 긴 기간 동안 운용하는 것이 합

금리와 무관하게 높아지는 미국의 제조업 시설 투자(Manufacturing PFI)

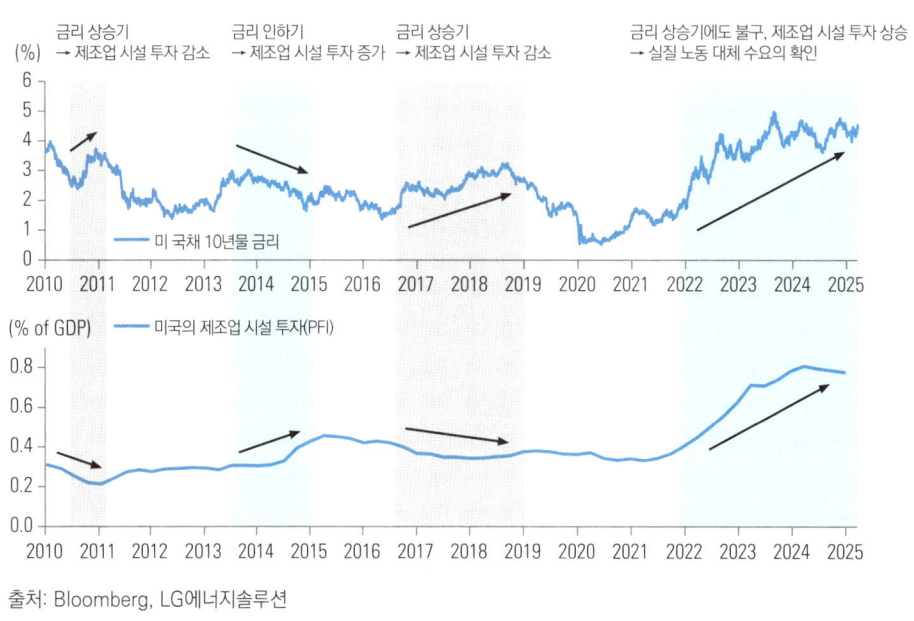

출처: Bloomberg, LG에너지솔루션

리적이라는 판단이 도출된다.

로봇의 가격은 점차 낮아지는 반면, 앞으로도 노동자의 임금은 꾸준히 상승할 가능성이 높다. 물론 현재의 로봇은 아직 인간을 완전히 대체할 수 있는 수준에 도달하지 못했지만 시간이 흐름에 따라 생산성 또한 인간 노동자를 추월할 것이다. 결국 인간에서 로봇으로의 채용 대체는 점차 가속화될 가능성이 높으며, 임금 수준이 높은 선진국을 시작으로 로봇 선택이 강요되는 환경이 지속될 전망이다.

또한 인류의 생산성 지표 성장세는 꾸준히 둔화, 2000년대에 들어 정체되었다. 이러한 추세는 선진국에서 더욱 크게 나타나는데, 이는 전통 산업용 로봇을 통한 자동화가 완숙한 수준에 접어든 영향으로 예상된다. 대표적인 예로 주요 자동차 생산 공장의 자동화율은 이미 95% 수준에 도달, 추가 생산성 향상을 위해서는 인력이 집중 투입되는 공정의 로봇 도입을 통한 추가적인 노동시장 효율화가 필요한 상황이다.

노동자의 인권이 높아지는 만큼 로봇의 매력도 또한 높아지고 있으며 로봇의 도입을 통해 인력 운영의 불안정성이 크게 해소될 수 있다. 코로나 팬데믹으로 인한 대규모 퇴사 이후 큰 폭으로 하락했던 미국의 노동참가율이 정상

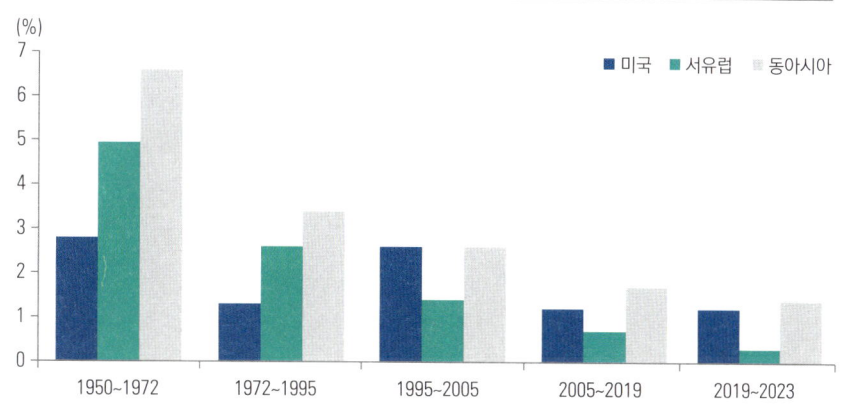

지역별 경제 생산성의 성장률 둔화세(1950~2023)

출처: Amundi Investment

2050년 한국의 인구 피라미드 전망

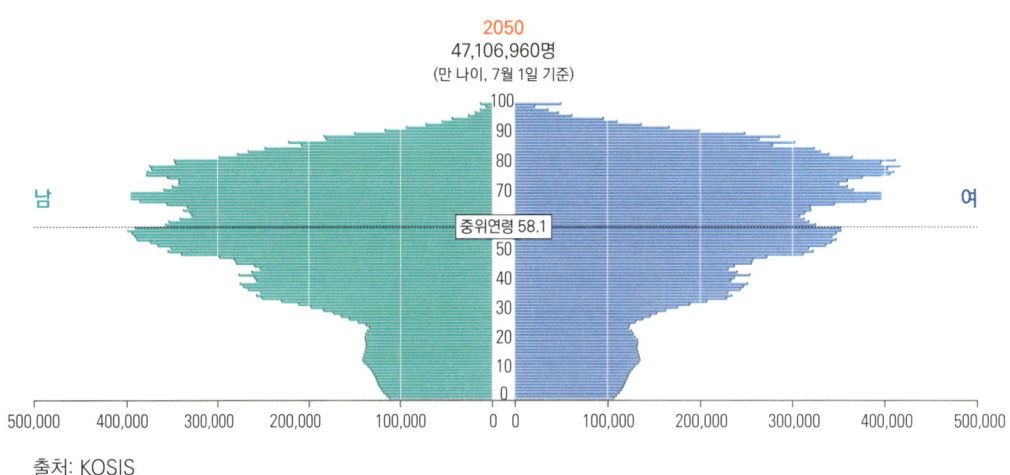

출처: KOSIS

화되는 데에는 약 3년 반이 소요되었으며, 최근 미국과 유럽에서는 잦은 파업으로 인해 경제적·사회적 손실이 대규모로 발생하고 있다. 또한 세계적으로 고령화가 매우 심각한 수준으로 확대되고 있으며 곧 생산가능인구 부족에 시달릴 가능성이 매우 높다. 한국을 사례로 들면 2000년 31.8세이던 중위연령은 현재 46.1세, 2050년에는 58.1세가 될 예정이다. 로봇은 점차 선택이 아닌 필수의 영역으로 옮겨가고 있다.

휴머노이드, 환상인가 현실인가?

왜 인간 형태의 로봇이 필요할까?

로봇이 인간의 노동을 대체하는 방향성으로 점차 발전하는 가운데 최근 가장 주목받는 유형이 휴머노이드다. 휴머노이드는 인간형 로봇을 지칭하는 용어로 높아진 관심도와 달리 아직 상용화 전 초기 단계에 위치하고 있다. 과연 휴머노이드는 혁신적인 형태의 로봇으로서 사회를 변화시키는 역할을 할까? 아니면 미디어가 만들어낸 오버 스펙의 사치품일까?

인간 형태로 제작되는 휴머노이드는 기존 로봇의 구조적 한계를 극복할 수 있다. 인류의 탄생 이후 대부분의 환경은 인간에게 가장 편리한 형태로 발전해왔기에, 기존에 구축되어 있는 사회 인프라를 로봇에 맞게 새로 설계하는 방향보다는 기존 환경에 최적화된 인간형 로봇을 개발하는 편이 경제적이고 실용적이다. 기존 로봇은 특정 작업에 최적화된 형태로 제작되는 반면 휴머노이드는 다양한 환경에 유연하게 대응할 수 있게 제작된다. 최대 장점인 '범용성'은 기술 발전에 따라 점차 확대되어 초기 시장인 산업 용도를 넘어 최종적으로 가정용까지 확산될 것으로 기대된다.

휴머노이드의 최대 장점이 범용성이긴 하나 초기에는 단일 용도의 휴머노이드, 즉 산업용부터 전개될 가능성이 높다. 즉 환경이 철저하게 관리되는 정형적인 공간에서 특정 작업만 수행하는 형태로 초기 성과가 확인될 예정이다.

휴머노이드의 범용성

	산업용	상업용	가정용
형상			
투입 업무	· 물류창고: 운반, 적재, 포장, 분류, 재고 실사 · 산업 현장: 운반, 조립, 검사, 위험 지역 작업	· 접객, 청소, 서빙, 보안, 교육 등	· 가사노동, 실버케어 등
필요 능력	· 반복 작업 수행 능력 · 공간 지각 능력 & 시각 데이터 처리(센서, 카메라 + 멀티모달 능력)	· 음성 명령 이해 및 처리(고정밀 센서 + 향상된 멀티모달 능력) · 작업 시간 확대(배터리 수명) · 발전한 보행 능력	· 인간과 안전한 상호작용(인간-로봇 상호작용 기술력) · 높은 수준의 제어(덱스터러스 핸드 제어 기술의 발전 등)

사진 출처: UBTECH, Tesla

휴머노이드 제조사와 자동차 제조사의 주요 파트너십 현황

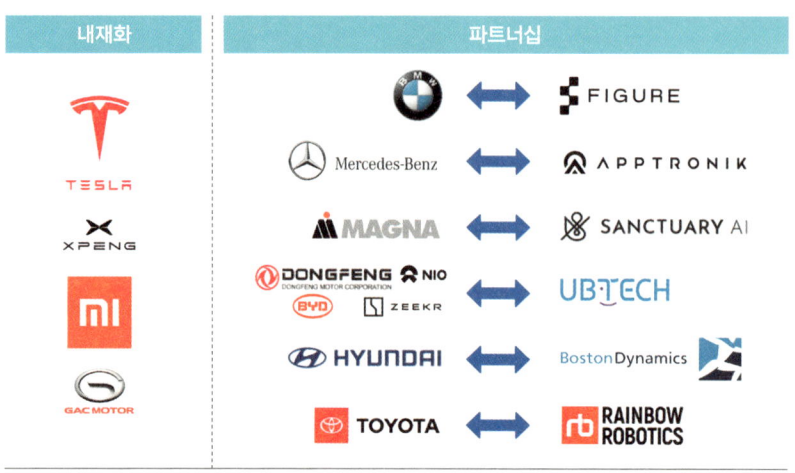

실제로 휴머노이드 산업은 다수의 제조업체, 특히 자동차 업체들과의 파트너십을 바탕으로 단기 노동인력 대체를 위한 개발을 이어가고 있으며 주요 전기차 기업들은 휴머노이드 내재화를 통한 인건비 절감을 목표로 하고 있다.

휴머노이드 상용화의 가능성

최근 휴머노이드 기업 다수가 개발 상황을 실시간으로 공유하며 빠른 발전 속도가 체감되기 시작했다. 인간과 의사소통하고 복잡한 업무 지시를 이해할 수 있도록 보다 발전된 HRI(Human Robot Interaction), 섬세한 작업을 가능하게 하는 인간 형태의 손, 마지막으로 완전한 자동화 구현을 위한 자기 교정·보정 기능 등이 확인되고 있다. 다음을 통해 휴머노이드 상용화가 다가오고 있음을 알 수 있다.

첫째, 의사소통 능력이 발전했다. 2024년 10월, 테슬라는 'We, Robot' 행사에서 자체 개발한 휴머노이드 옵티머스를 공개했다. 옵티머스는 청중과 상호작용하며 접객·응대 서비스를 제공했다. 특정 제스처를 보여주며 같은 포즈로 사진을 찍자고 제안하자 옵티머스는 정확하게 대응했으며, 접객을 담당한

로봇은 특정 종류의 음식을 요구하면 그에 맞게 제공했다. 음성을 통한 대화, 몸짓을 통한 비언어적 표현 모두 이해하는 모습을 보여주었으며, 점차 모델 고도화에 따라 추론 능력이 향상되면서 옵티머스는 더욱 고차원의 명령까지도 수행 가능할 것으로 예상된다.

둘째, 손의 '자유도'가 높아졌다. 자유도는 관절이 독립적으로 움직일 수 있는 방향의 수를 뜻하며, 로봇이 보유한 개별 관절의 자유도를 합산하여 높고 낮음을 판단한다. 자유도가 높을수록 동작 범위 및 작업 적응성이 높아지기에 점차 손의 자유도가 높아짐에 따라 대체 가능한 업무의 범위가 기하급수적으로 늘어날 것으로 예상된다.

인간의 손이 보유한 자유도인 27이 기준점으로 제시되고 있으며, 통상적으로 23에 도달하면 인간의 손을 활용한 주요 업무 대부분 수행이 가능할 것으로 예상된다. 최근 20 이상 자유도의 로봇 손 개발에 성공한 업체가 다수 등장하며 기대감을 높이고 있으나, 여전히 인간의 손을 모방한 형태의 로봇 손 구현이 어렵기에 집게 형태를 사용하는 업체도 다수 존재한다.

자유도는 높아지고 있지만 여전히 움직임을 구현하기 위한 소프트웨어는 상대적으로 미비한 상황이다. 현재 비정형 물체 혹은 학습되지 않은 물체에 대한 처리가 부족한 상황으로 소프트웨어 측면뿐만 아니라 센서와 액추에이터의 정밀도 향상도 필요하기에, 인간과 견줄 수 있는 수준에 도달하기에는

높은 자유도 구현을 위해 증가한 손가락 관절

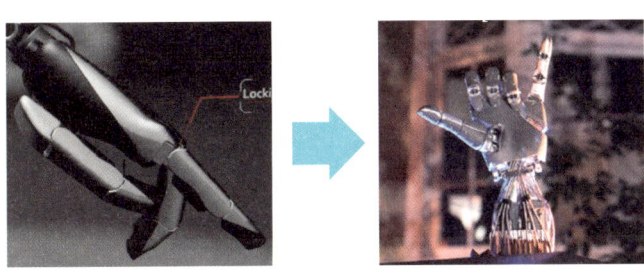

출처: Tesla

시간이 다소 필요할 전망이다.

셋째, 효과적인 자기 교정·보정 기능이다. 이는 기계적인 오차를 보정, 인공지능을 바탕으로 해서 자신의 행동이나 판단에 오류가 있음을 인식하고 이를 스스로 수정하는 능력이다. 대표적인 예를 들면 테슬라의 옵티머스는 접객 시연에서 처음에는 음료 노즐을 컵의 위치에 맞추지 못했지만 이내 정확하게 맞추어 음료를 따르는 데 성공했다. 유사한 사례로 BMW 공장에서도 공정 중 발생한 오류를 로봇이 스스로 수정하는 모습이 확인되었다.

로봇은 학습이 완료된 시뮬레이션 환경을 현실로 옮기는 과정에서 오차가 발생하고 있으며 실수가 발생할 가능성이 높다. 이는 아직 정교하지 못한 모델 시뮬레이션 플랫폼, 혹은 부족한 하드웨어의 성능 등 다양한 요소로 인해 발생한다. 이처럼 자기 교정·보정 기능은 로봇의 자율성과 적응력을 높이는 데 중요하며, 인간 노동을 대체하기 위한 필수 조건이다.

휴머노이드의 개선 필요 영역

이번에는 휴머노이드에서 개선이 필요한 영역을 살펴보자.

첫째, 하드웨어 성능 중에서 특히 보행 성능이 부족하다. 휴머노이드 제품 대부분은 인간의 평균 보행 속도인 초속 1.2~1.3미터에 근접하지 못한다. 인간보다 빠른 속도를 구현하는 제품이 일부 있으나 생산원가가 매우 높거나, 특이한 다리 형태 혹은 극도의 경량화 등 다른 기능과의 타협이 이뤄진 결과다. 이마저도 평평한 지형에서 최대 에너지 출력을 기준으로 측정된 수치일 가능성이 높다. 다양한 지형에 대한 낮은 적응성과 낮은 에너지 효율성 등 해결해야 할 문제가 다수 존재한다.

휴머노이드의 부족한 보행 능력은 어려운 발목 제어 기술에 기인한다. 발목은 휴머노이드의 무게를 지지하기 위해 높은 토크(Torque, 회전에 필요한 힘)를 요구하면서도, 균형을 유지하기 위해 작은 조정이 가능하도록 정밀도가 높아야 한다. 높은 기술적 난도로 인해 현재 로봇의 자유도는 대부분 인간의 발목에 미치지 못하며, 일부 기업은 보행 능력을 제거한 후 바퀴를 탑재하는

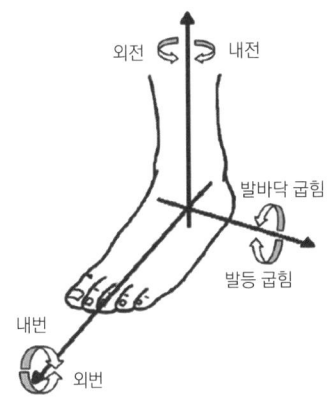
사람의 발목: 자유도 3 (출처: Research Gate)

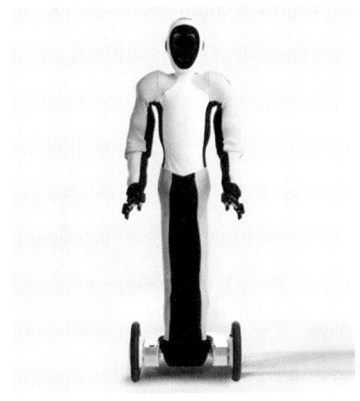
대안으로 제시되는 바퀴형 휴머노이드 (출처: 1X Technologies)

방식으로 대응하고 있다.

둘째, 높은 가격과 성능의 균형점을 찾는 문제다. 휴머노이드가 높은 가격으로 유지된다면 시장 침투율 확대에 제약이 걸릴 수밖에 없다. 현재 휴머노이드는 소매 판매가 제한적으로 이루어져 정확한 가격이 집계되지는 않으나 통상적으로 10만 달러 이상의 높은 가격대를 형성하고 있다. 연구 용도로 활용되는 고급 기종은 20만 달러를 상회하기도 한다. 가격이 이처럼 높은 것은 기존 로봇에 사용하는 부품 대비 소형·고정밀의 부품이 투입되며 개발 난도가 높기 때문이다. 이에 가정용 보급을 목표로 하는 기업들은 휴머노이드의 목표 가격을 보통 승용차 한 대 수준인 2~5만 달러 수준으로 발표하고 있으나, 아직 이를 달성하는 단계에는 이르지 못했다.

휴머노이드시장의 선제적인 락인 효과를 고려할 때 빠르게 양산 단가를 낮추어 시장 점유율을 우선적으로 확보하는 기업이 장기적으로 유리할 가능성이 높다. 대표적인 원가 절감 방법으로 제시되는 것은 부품 내재화 전략으로, 휴머노이드 제조 업체들은 부품을 자체 개발·생산해 원가를 절감하고자 한다. 시장의 잠재력이 큰 만큼 완제품뿐만 아니라 부품시장에도 기업 다수가 뛰어들고 있고, 밸류체인의 성숙에 따라 부품 가격은 자연스레 하락할 것으로 예상된다.

내재화 추진이 어려운 기업들은 높은 가격으로 인한 높은 진입장벽을 낮춰주는 로봇 리스·렌털 서비스를 추진하고 있다. 미국의 어질리티로보틱스(Agility Robotics)는 자사의 휴머노이드 디짓(Digit)을 시간당 30달러에 대여해 준다. 이 회사는 최종적으로 시간당 2~3달러 수준으로 낮추는 것을 목표로 하고 있다. 이를 통해 수요자 측면에서 휴머노이드 도입에 대한 진입장벽이 일부 해소될 것으로 보인다.

휴머노이드의 필수 요소, 물리 인공지능

로봇과 인공지능, 상호보완적인 관계

과거에는 로봇 개발의 초점이 압도적인 하드웨어 성능에 맞추어져 있었다. 주로 연구 용도로 활용되던 휴머노이드 분야에서는 이러한 경향이 더 크게 나타났다. 그러나 자율성이 결여된 휴머노이드는 기술력을 자랑하기 위한 기계장치에 불과하기에 로봇에 탑재되는 인공지능 모델은 실제 환경과 상호작용할 필요가 있다. 이에 환경을 이해하고 실시간으로 반응하는 물리 인공지능(Physical AI)이 필요하며, 더 나아가 물리적인 객체를 가지고 외부와 실시간으로 상호작용하는 체화 인공지능(Embodied AI)의 개발이 빠르게 이뤄지고 있다.

현재 물리 인공지능은 비물리 인공지능에 비해 발전 속도가 느린 편이다. 이는 학습에 필요한 데이터의 종류가 다양하고 수집이 어려우며, 하드웨어에 대한 높은 의존도 및 효율적인 학습 방법 등 여전히 해결해야 할 문제가 다수 있기 때문이다.

우선 인공지능의 학습을 위해서는 데이터가 필요하다. 비물리 인공지능 모델 대부분은 비교적 쉽게 대량의 데이터를 확보할 수 있다. 텍스트, 이미지, 소리 등의 데이터가 인터넷에 대량으로 존재하기 때문이다. 반면, 물리 인공지능 학습에 필요한 데이터는 기존에 축적된 공간이 없기에 한정적으로 존재

물리 인공지능과 비물리 인공지능 모델의 비교

	대형 언어 모델 (LLM)	대형 멀티모달 모델 (LMM)	대형 행동 모델 (LAM)	물리·체화 인공지능
정의	대규모 텍스트 데이터로 학습된 언어 모델	텍스트, 이미지, 오디오 등 다양한 모달리티를 처리하는 AI 모델	언어 이해를 넘어 실제 행동으로 옮길 능력을 보유한 AI 모델	물리적 환경과 상호작용이 가능한 체화된 AI 시스템
주요 입력 데이터	텍스트	텍스트, 이미지, 오디오, 비디오	사용자 행동, 작업 데이터, 환경 정보, 인터페이스	센서 데이터, 카메라 입력, 물리적 상호작용
주요 기능	텍스트 생성, 번역, 요약, 질문 답변	크로스모달 이해, 이미지 캡셔닝, 질문 답변	의사결정, 실시간 적응, 행동 실행	물리적 작업 수행, 환경 탐색, 의사결정
응용 분야	챗봇, 콘텐츠 생성, 언어 번역	이미지-텍스트 통합 작업, 비디오 분석	AI 비서, 프로세스 자동화	로보틱스, 자율주행, 스마트 홈
주요 학습 방법	지도, 자기지도 학습	멀티모달 자기지도 학습, 크로스모달 학습	강화학습, 모방학습, 지속적 학습	강화학습, 모방학습, 시뮬레이션 기반 학습
물리적 형태	없음(소프트웨어)	없음(소프트웨어)	없음(소프트웨어)	로봇, 자율주행차 등 물리적 형태
실시간 처리	제한적	제한적	필수적	필수적
환경 적응성	제한적(텍스트 기반)	중간(다양한 모달리티)	높음(실제 환경)	높음(실제 환경)
대표적 예시	GPT-3, BERT	CLIP, DALL-E	SIMA, MS LAM	테슬라의 FSD
주요 과제	편향성, 환각 현상 (hallucination)	모달리티 간 정렬, 계산 복잡성	계산 복잡성, 자율성과 책임 간 균형	안전성, 실제 환경 적응, 데이터 수집

하며, 직접 확보하는 과정에서 시간과 비용이 추가로 필요하기에 높은 진입 장벽이 된다.

물리 인공지능으로 가는 길

물리 인공지능의 학습에 필요한 데이터를 수집하기 위해 다양한 방식이 사용되고 있으며, 이를 활용한 학습 방법도 다양하게 시도되고 있다.

가장 직관적인 데이터 수집 방법은 실제 환경에서 센서·카메라 등을 활용하는 방법이다. 기업이 직접 혹은 사용자에게 전달받아 간접적으로 데이터를 확보할 수 있으며, 특수한 경우 전문가의 작업 수행을 기록하는 방식으로 진행된다.

예를 들면 테슬라는 자사의 휴머노이드인 옵티머스와 몸집이 비슷한 사람에게 센서와 카메라를 부착하여 데이터를 직접 수집하고 있으며, 구글 딥마인드는 로봇을 원격 조작하여 다양한 상황에 대한 실제 로봇 동작과 센서 데이터를 수집하고 있다. 그러나 이러한 직간접 방식의 실제 환경 데이터 수집에는 많은 시간과 비용이 투입된다. 대안으로 확보된 데이터를 시뮬레이션 환경에서 활용하거나, 생성형 인공지능을 통해 가상의 합성 데이터를 활용하는 방식도 혼용되고 있다.

수집된 데이터를 바탕으로 물리 인공지능을 학습시키는 데는 크게 모방학습과 강화학습이 사용되고 있다. 모방학습은 말 그대로 인간의 행동을 관찰하고 모방하는 형태의 학습이다. 실제 인간이 작업을 수행하는 방식을 따라하는 형태로 학습하기에 다른 학습 방법보다 초기 성장 속도가 빠르다. 그러나 모방 대상의 데이터에 대한 의존도가 높다. 즉 새로운 작업마다 그에 걸맞은 데이터를 투입해야 하는 번거로움이 있으며, 학습되지 않은 상황에는 대처가 어렵다는 단점이 있다.

강화학습은 환경과 상호작용을 통한 시행착오를 겪으며 학습하는 형태다. 상태에 따른 행동 선택 전략은 '정책(policy)'이라고 불리는데, 행동에 대한 보상을 최대화하는 정책을 학습하는 방식이다. 이에 보상함수의 설계에 따라 학습 수준이 결정된다고 볼 수 있다. 입력된 데이터를 모방하기보다 다양한 방식으로 접근하기에 학습 속도가 상대적으로 느린 대신, 입력된 데이터를 능가하는 결과도 기대가 가능하다. 하지만 보상함수 설계가 매우 어렵다는 단점 또한 존재한다.

이 두 가지 방식의 학습 방법을 혼용하는 경우도 다수 있으며, 장단점을 고려하여 특정 작업에 가장 적합한 접근 방식을 선택하게 된다. 더 나아가 이를 시뮬레이션 환경으로 확장, 그리고 합성 데이터와 함께 사용하여 반복 학습에 필요한 시간을 절약하고 환경을 조정해 다양한 시나리오를 테스트하는 것도 가능하다.

휴머노이드가 궁극적으로 다양한 분야의 업무에 투입되기 위해서는 일반화된 인공지능(Artificial General Intelligence, AGI)이 필요하다. AGI는 인간 수준의 인지 능력을 가진 소프트웨어를 가리키고, AGI가 결합된 휴머노이드는 인간이 하는 모든 작업을 수행할 수 있다. 현재 특정 기능을 수행하는 측면에서는 이미 인간 수준을 초월한 사례가 다수 있는 반면, AGI에서는 아직 초기 단계인 것으로 보인다. 그럼에도 최근 빠른 발전 속도로 인해 2030년 이전에 완전한 수준의 AGI에 도달할 것이라는 관측도 있다.

AGI에 도달한 이후, 휴머노이드에 이를 탑재하기 위해서는 하드웨어 기술력 발전도 필수적이다. 소프트웨어와 하드웨어의 균형 잡힌 발전이 필요하다. 물리 인공지능 측면에서도 AGI를 전부 구현할 수 있게 된다면 인류는 노동의 해방에 한 걸음 다가섰다고 할 수 있을 것이다.

로봇 밸류체인

대분류	소분류	기업명	티커	사업 내용
완제품	휴머노이드	Tesla	TSLA US	Optimus 개발·제조. 자사 공정 투입 예정(2025년 5,000대)
		UBTECH	9880 HK	Walker 시리즈 및 티엔궁 개발·제조
		Xiaomi	1810 HK	Cyberone 개발 중
		Xpeng	XPEV US	Iron 개발·제조. 자사 공정 투입 예정
		레인보우로보틱스	277810 KS	HUBO 시리즈 개발·제조
		Figure AI	비상장(미국)	Figure 시리즈 개발·제조. BMW 제조 공정 투입 예정
		Boston Dynamics	비상장(미국)	Atlas 시리즈 개발·제조. 현대차 공정 투입 예정
		Agility Robotics	비상장(미국)	Digit 개발·제조. 아마존 물류 공장 운용 중
		Apptronik	비상장(미국)	Apollo 시리즈 개발·제조. Texas Instrument, Benz 고객사로 보유
		1X Technologies	비상장(노르웨이)	EVE·NEO 개발·제조. 가정용과 산업용 제품군 나누어 개발
		Sanctuary AI	비상장(캐나다)	Phoenix 개발·제조
		Unitree	비상장(중국)	G1·H1 개발 제조. 연구용과 산업용 제품군 나누어 개발
		Agibot	비상장(중국)	A1·A2 개발·제조
		Fourier	비상장(중국)	GR 시리즈 개발·제조
	전통 산업용 로봇	FANUC	6954 JP	산업용 로봇, 협동로봇, 공작기계, 주요 부품 제조
		Yaskawa	6506 JP	산업용 로봇 및 주요 로봇 부품 제조
		Kawasaki Heavy	7012 JP	산업용 로봇 및 전기·제어 시스템 공급
		Omron	6645 JP	산업용 로봇, 협동로봇, AMR·AGV를 통한 자동화 솔루션 제공
		ABB	ABBN SW	산업용 로봇, 협동로봇, AMR 등 다종 로봇 제조
		KUKA	비상장(독일)	산업용 로봇, 협동로봇, AMR 등 다종 로봇 제조
		HD현대로보틱스	비상장(한국)	산업용 로봇 제조
	협동로봇	Universal Robots	비상장(덴마크)	협동로봇시장 글로벌 점유율 1위. 미국 Teradyne의 자회사
		FANUC	6954 JP	산업용 로봇, 협동로봇, 공작기계, 주요 부품 제조
		Techman Robots	4585 TT	협동로봇 제조
		두산로보틱스	454910 KS	협동로봇 제조
		뉴로메카	348340 KS	협동로봇 제조
		Dobot	2432 HK	협동로봇 제조 기업이며 휴머노이드 분야로 사업 영역 확대
		AUBO	비상장(중국)	협동로봇 제조
	4족보행	Boston Dynamics	비상장(미국)	Spot 개발·제조. 감시·정찰 업무 투입 목적
		Ghost Robotics	비상장(미국)	Vision 60 개발·제조. 군용 사용 목적
		Unitree	비상장(중국)	Go2, B2 개발·제조. 감시·정찰 업무 및 군용 사용 목적
	자율주행 이동로봇 (AMR), 무인 운반 차량(AGV)	Amazon Robotics	비상장(미국)	협동로봇·AMR 자체 개발, 물류센터 내 피킹·분류·이송 자동화
		Serve Robotics	SERV US	AMR 바탕의 라스트마일 배송로봇 제조
		Omron	6645 JP	산업용 로봇, 협동로봇, AMR·AGV를 통한 자동화 솔루션 제공
		로보티즈	108490 KS	AMR 바탕의 라스트마일 배송로봇 제조
	웨어러블	ReWalk	LFWD US	보행보조 웨어러블 로봇
		Cyberdyne	7779 JP	보행보조 웨어러블 로봇
		삼성전자	005930 KS	보행보조 웨어러블 로봇
		WI Robotics	비상장(한국)	보행보조 웨어러블 로봇

로봇 밸류체인

대분류	소분류	기업명	티커	사업 내용
부품	액추에이터	Tuopu Group	601689 CH	완제품 액추에이터 생산 기업. 테슬라 옵티머스향 공급 벤더
		Sanhua	002050 CH	완제품 액추에이터 생산 기업. 테슬라 옵티머스향 공급 벤더
		로보티즈	108490 KS	완제품 액추에이터 생산 기업. Unitree 휴머노이드 손 탑재
	감속기	Harmonic Drive Systems	6324 JP	하모닉형 감속기 제조
		Nidec	6594 JP	하모닉형 감속기 제조
		Leader Drive	688017 CH	하모닉형 감속기 제조
		Zhongda Leader	002896 CH	유성기어형 감속기 제조. Unitree 메인 벤더
	스크류	Bosch Rexroth	비상장(독일)	다종 스크류 개발·제조
		THK	6481 JP	다종 스크류 개발·제조
		NSK	6471 JP	다종 스크류 개발·제조
		SKF	SKFB SS	다종 스크류 개발·제조
		Hengli Hydraulic	601100 CH	다종 스크류 개발·제조
		Beite	603009 CH	다종 스크류 개발·제조
		Best Precision	300580 CH	다종 스크류 개발·제조
	모터	Mitsubishi Electric	6503 JP	다종 산업용·로봇용 모터 제조
		Panasonic	6752 JP	다종 산업용·로봇용 모터 제조
		Maxon Motor	비상장(스위스)	다종 산업용·로봇용 모터 제조
		Siemens	SIE GR	다종 산업용·로봇용 모터 제조
		Inovance	300124 CH	다종 산업용·로봇용 모터 제조
		Moon's Electric	603728 CH	다종 산업용·로봇용 모터 제조
		Zhaowei	003021 CH	다종 산업용·로봇용 모터 제조
	센서	Keyence	6861 JP	광학·레이저·비전 센서
		Denso	6902 JP	광학·레이저·비전 센서
		Honeywell	HON US	광학·레이저·비전 센서
		Cognex	CGNX US	광학·레이저·비전 센서
		Sunny Optical	2382 HK	카메라 모듈
		Robosense	2498 HK	로봇 탑재 목적의 라이다
		ATI Industrial Automation	ATI US	6축 힘·토크 센서
		On Robot	비상장(덴마크)	6축 힘·토크 센서
		Schunk	비상장(독일)	6축 힘·토크 센서
		Mitsubishi Electric	6503 JP	힘·토크 센서
		Yaskawa	6506 JP	힘·토크 센서
		Honeywell	HON US	힘·토크 센서
	컴퓨팅 칩	NVIDIA	NVDA US	대다수의 휴머노이드에 투입되는 엣지 컴퓨팅 칩 Jetson 시리즈 제조
	배터리	BYD	002594 CH	로봇용 고효율 배터리 생산. 차세대 전고체 배터리 개발 중
		CATL	300750 CH	로봇용 고효율 배터리 생산
		LG에너지솔루션	373220 KS	로봇용 고효율 배터리 생산

완제품

휴머노이드

非 중국

- Tesla(미)
- 레인보우로보틱스(한)
- Figure AI(미)
- Agility Robotics(미)
- Boston Dynamics(미)
- Apptronik(미)
- 1X Technologies(노)
- Sanctuary AI(캐)
- Mentee Robotics(이스라엘)
- Neura Robotics(독)

중국

- Xiaomi
- UBTECH
- Agibot
- Leju Robotics
- Robotera
- Fourier
- Unitree
- Galbot
- Booster Robotics
- Xpeng

산업용

전통 산업용 로봇

- FANUC(일)
- Yaskawa(일)
- Kawasaki Heavy(일)
- Omron(일)
- ABB(스위스)
- KUKA(독)
- HD현대로보틱스(한)

협동로봇

- Universal Robots(덴)
- FANUC(일)
- Techman Robots(대)
- 두산로보틱스(한)
- 레인보우로보틱스(한)
- 뉴로메카(한)
- AUBO(중)
- DOBOT(중)

4족보행 로봇

- Boston Dynamics(미)
- Ghost Robotics(미)
- Unitree(중)
- Deep Robotics(중)

자율주행 이동로봇(AMR)·무인 운반 차량(AGV)

- Amazon Robotics(미)
- Serve Robotics(미)
- Omron(일)
- 로보티즈(한)

웨어러블

- ReWalk(이스라엘)
- Ekso Bionics(미)
- Sarcos(미)
- Cyberdyne(일)
- ULS Robotics(중)
- 삼성전자(한)
- Wi Robotics(한)

센서

내계센서

제어 목적의 센서 → 엔코더, 자이로, 토크, 힘 센서 등

힘·토크 센서

- ATI Industrial Automation(미)
- On Robot(덴)
- Schunk(독)
- Mitsubishi Electric(일)
- Yaskawa(일)
- Honeywell(미)

엔코더

- Omron(일)
- POSIC(스위스)
- 알에스오토메이션(한)
- Heidenhain(독)
- Keli Sensing(중)

외계센서

인식 목적의 센서 → 화상, 초음파, 감압 센서 등

이미지센서

- Keyence(일)
- Denso(일)
- Cognex(미)
- Omron(일)
- Honeywell(미)

라이다

- Robosense(중)
- Hesai(중)

카메라

- Orbbec(중)
- Sunny Optical(중)

배터리

- CATL(중)
- BYD(중)
- LG에너지솔루션(한)

부품

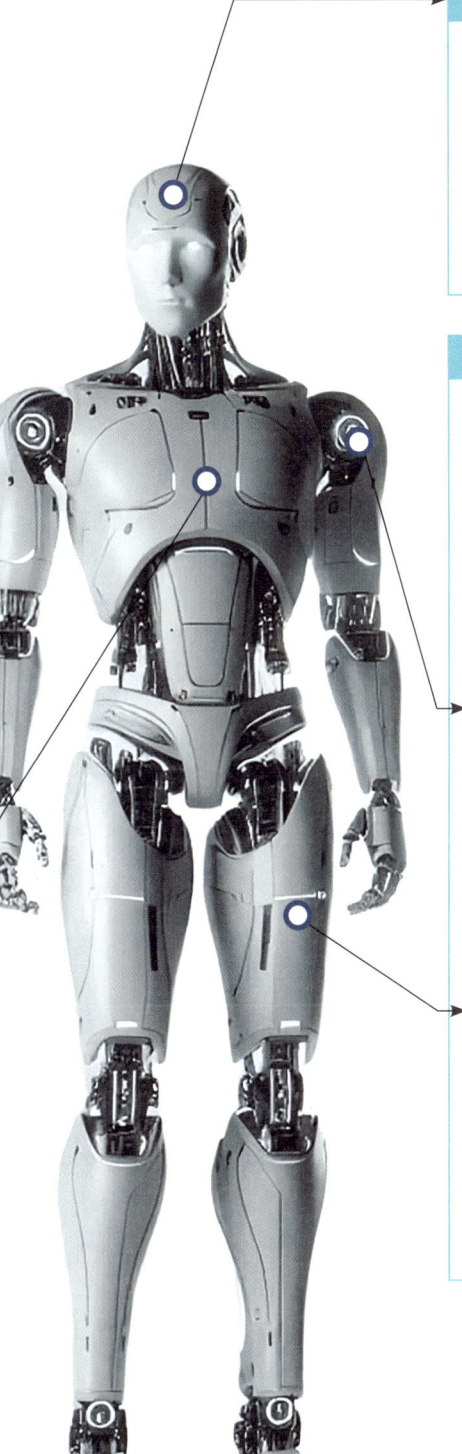

엣지 컴퓨팅 칩

엣지 컴퓨팅

NVIDIA(미): Jetson Series
Tesla(미): 자체 HW 4.0 칩 사용
Xpeng(중): 자체 Turing 칩 사용

AI 훈련용 GPU

NVIDIA(미): A100 / H100 등

소프트웨어

NVIDIA(미)
Covariant AI(미)
Physical Intelligence(미)
Skild AI(미)
씨메스(한)
클로봇(한)

액추에이터

모터+감속기·스크류+엔코더 등의 부품으로 구성되는 모듈. 완제품 형태로 납품되거나, 완제품 기업이 부품 조달 후 조립해서 사용

Tuopu Group(중)
Sanhua(중)
로보티즈(한)

모터

FANUC(일)　　　ABB(스위스)
Yaskawa(일)　　Moon's Electric(중)
Panasonic(일)　Inovance(중)
Mitsubishi　　　Zhaowei(중)
　Electric(일)　　Estun(중)
Siemens(독)　　Leadshine(중)

회전형 액추에이터 ▶ 감속기

입력된 에너지를 회전운동(토크)으로 변환하는 구동 장치
(모터+감속기+엔코더의 구성)
→ 관절 부위에 탑재

회전형 액추에이터에 탑재·모터의 회전 속도를 낮추고 토크를 증폭

Harmonic Drive Systems(일)
Nidec(일)　　　　**Leader Drive(중)**
Shuanghuan(중)　　Zhongda Leader(중)
Fore(중)　　　　　　에스피지(한)
에스비비테크(한)

선형 액추에이터 ▶ 스크류

입력된 에너지를 선형운동으로 변환하는 구동 장치(모터+스크류+엔코더의 구성)
→ 근육 부위에 탑재

선형 액추에이터에 탑재, 모터의 회전운동을 정밀한 선형운동으로 변환

Bosch Rexroth(독)　Hengli
THK(일)　　　　　 Hydraulic(중)
NSK(일)　　　　　 Beite(중)
SKF(스웨덴)　　　 Best Precision(중)
Thomson(미)　　　Shuanglin(중)

로봇

3장　　　　　　　　　　　　　　　　　　　　　우주

통신과 산업에
우주가 성큼 들어오다

정지수
통신·우주·미디어

인류의 마지막 개척지 우주

2023년 4월 20일, 미국 텍사스 사우스파드레섬에 수천 명이 모여 한 곳을 응시하고 있다. 미국 민간 우주기업 스페이스X(SpaceX)의 차세대 발사체인 '스타십(Starship)'의 역사적인 첫 시험 비행을 보기 위해 모인 사람들이다. 스타십은 총길이 120m로 인류 역사상 최대 규모의 발사체다. '슈퍼헤비'라 불리는 1단 추진체 위에 2단 추진체이자 우주선인 '스타십'이 합쳐져 만들어졌다.

이날 오전 8시 33분에 발사된 스타십은 이륙한 지 약 4분 만에 상공에서 폭발해 궤도 비행 테스트에 실패했다. 그러나 스페이스X CEO 일론 머스크는

스타십 첫 시험 비행을 지켜보는 사람들

2023년 4월 20일 스타십이 발사되는 장면 (출처: SpaceX X 계정)

발사 자체에 큰 의미를 부여했다. 자신의 소셜미디어에 "스페이스X 팀의 흥미로운 발사를 축하한다. 몇 달 뒤 있을 다음 테스트를 위해 많이 배웠다"라는 소감을 올렸다.

그로부터 2년이 지난 2025년 4월 스타십은 8차 궤도 비행 테스트까지 진행했으며, 여전히 실패를 반복하고 있으나 테스트가 진행될수록 다양한 기술 검증을 통해 개선된 성과를 보이고 있다.

미지의 세계를 향한 끝없는 호기심과 상상력으로 인류는 바다를 넘어 신대륙을 발견했고 달에 발자국을 남길 수 있었다. 탐험가의 피가 흐르는 인류에게 아직까지 정복하지 못한 우주는 여전히 가장 큰 호기심의 대상이다. 우주 탐사는 단순한 호기심을 넘어 인류 기원에 대한 해답을 찾고 미래 세대에 자원과 공간을 제공할 수 있다.

스타십은 화성을 탐사하고 더 나아가 화성에 정착하기 위해 개발되었으며, 화성 이주를 위한 대규모 물자와 인력 수송이 가능하게 설계되었다. 일론 머스크는 2026년 말 테슬라의 옵티머스 로봇을 스타십에 태워 화성으로 발사할 계획이며, 성공 시 2029년에는 화성 유인 탐사 미션을 추진할 예정이다. 화성 개척을 위해서는 아직까지 해결해야 할 과제가 산적해 있지만, 우리도 아낌없는 응원과 관심을 보일 필요가 있다. 한국 기업들도 우주 탐사를 주도하는 글로벌 기업들과의 협력을 통해 프로젝트에 참여하고 있기 때문이다.

우주 산업의 발전

글로벌 우주시장 규모는 2023년 4,002억 달러로, 위성 발사 72억 달러, 위성 제조 172억 달러, 위성 서비스 1,102억 달러, 지상 장비 1,504억 달러 등으로 구분된다. 글로벌 우주시장은 2023년부터 2040년까지 연평균 5.1% 성장할 전망이며, 기존에는 없었던 데이터 서비스시장이 가장 큰 규모(3,103억 달러)로 확대될 전망이다.

2019년 vs 2040년 글로벌 인공위성시장 규모 비교

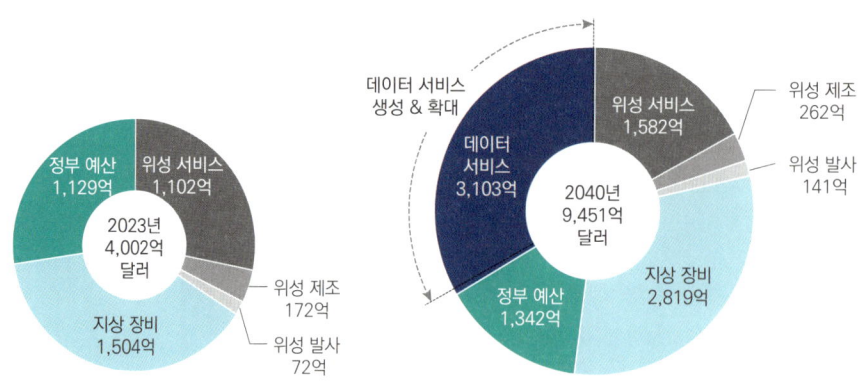

출처: Satellite Industry Association, NSR

글로벌 인공위성시장 규모와 전망(2015~2040)

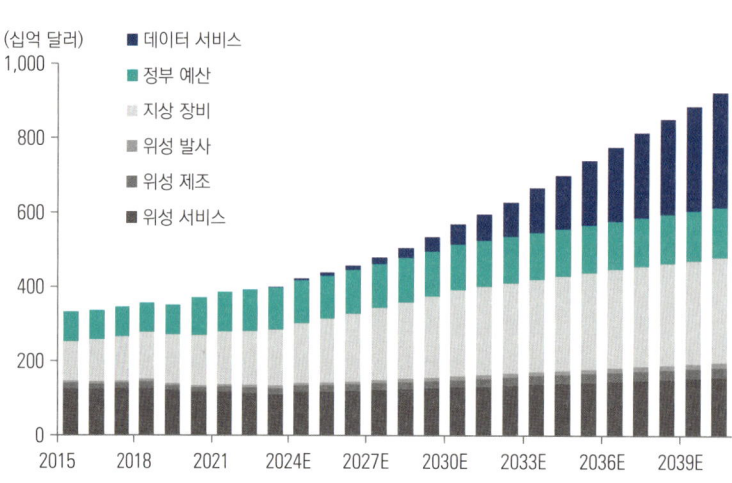

출처: Satellite Industry Association

위성 발사: 주요국 경쟁 속 민간 기업도 뛰어들어

위성 발사체 산업은 기술 집약적이자 자본 집약적이어서 진입장벽이 매우 높다. 미항공우주국(NASA)이 인정하는 최초의 로켓은 1232년 고체 연료인 화약을 달아 비거리를 늘린 중국의 화살이다. 그로부터 671년이 지난 1903년, 화학 엔진 로켓이 진공 상태인 우주에서도 추진력을 얻을 수 있다는 사실이

논문으로 입증되었다. 이후 1926년에 세계 최초의 액체연료 로켓이 성공적으로 발사되었다.

발사체 기술의 발달에 이토록 오랜 시일이 걸린 것은 로켓 방정식의 저주 때문이다. 로켓 방정식의 저주는 우주 정복의 난이도를 수학적으로 설명해주는 방정식이다. 쉽게 말해 로켓이 더 무거운 화물을 더 멀리 운반하기 위해서는 많은 양의 연료가 필요하고, 그 연료를 싣기 위한 추가 연료까지 필요해지는 악순환을 의미한다. 이러한 제약으로 인해 설계의 복잡성이 증가하고 연료 효율성이 중요한 요소로 대두되었다. 다만 인류는 다단 로켓을 도입해 불필요한 구조물을 단계적으로 분리하고 케로신, 메탄 연료와 이온 엔진 기술 등을 개발해 한계를 극복할 수 있었다.

1990년대 탈냉전 이후 소강상태에 접어든 우주 기술 경쟁이 2020년대 다시 불이 붙기 시작했다. 2017년 12월, 도널드 트럼프(Donald Trump) 대통령은 우주정책명령 1호에 서명하면서 50년 만에 미국의 유인 달 탐사 미션을 부활시키고 '아르테미스 프로그램'의 기반을 마련했다. 이에 2021년 중국은 러시아, 이집트 등과 함께 국제 달 연구 기지 건설 협력에 관한 양해각서에 서명했다. 시진핑(習近平)은 2028년 본인의 4번째 국가 주석 연임을 앞두고 주요 업적으로 '우주몽(航天夢)'을 언급하며 우주 강국 건설에 대한 의지를 드러냈다.

현재 신냉전이 과거의 냉전과 다른 점은 국가 단위의 경쟁 속에 민간 기업들의 지원 사격이 거세지고 있다는 것이다. 미국의 스페이스X는 인류를 화성에 보내겠다는 원대한 계획을 달성하기 위해 매주 1~2회 로켓을 발사하고 있으며, 2016년 설립된 중국의 아이스페이스(i-Space)는 중국 민간 기업으로는 최초로 2019년 로켓 발사에 성공했다. 미국과 중국 외에도 전 세계 민간 기업들 주도로 약 116개의 소형 발사체가 개발 및 운영 중이며, 그중 17개 로켓이 상용 발사에 성공했다.

위성 제조: 기성품 쓰면서 단가 낮아져

과거에는 인공위성의 고객이 대부분 국가기관이었다. 인공위성 제조에는 막대한 비용이 투입되며, 발사 주기가 길어 실패로 인한 기회비용도 컸다. 실패 확률을 줄이기 위해 부품 하나하나 고가의 최고급 장비만을 사용했고, 한 번 발사하고 나면 다음 위성 제작까지 많은 시간이 필요했기 때문에 새로운 기술을 시도하는 것조차 어려웠다. 따라서 탈레스알레니아스페이스(Thales Alenia Space), 보잉(Boeing), 에어버스(Airbus) 등 거대 기업이 위성 제작을 맡아 왔다.

최근에는 발사 단가 하락으로 위성 제조 분야에도 크고 작은 혁신이 나타나기 시작했다. 최근 위성 스타트업들은 상용 기성품(Commercial Off-The-Shelf, COTS), 그중에서도 자동차용 COTS 도입을 확대하고 있다. 우주왕복선에 탑재된 CPU의 연산 능력은 1994년 출시된 게임기 플레이스테이션의 1% 수준밖에 되지 않는다. 그럼에도 우주에서 고난도 기동을 완벽히 제어하고 인류 역사 최초로 대기권 재돌입에 성공한 것은 장비의 성능이 아니라 극강의 내구성 때문이다. 방사선을 포함한 우주의 극한 환경에 대비하기 위해 우주 등급 반도체는 방사선, 극한의 온도 변화, 진동 등에 대해 내성 테스트를 진행한다. 성능은 좋지만 가격은 비선형적으로 증가한다. 512MB SD램은 지상에서 25달러에 구매할 수 있지만, 우주용으로 제작되면 7,000달러 이상의 가격표가 붙는다.

부담스러운 가격표에 신생 기업들이 일정 수준의 안정성을 타협하며 찾은 것이 바로 자동차용 COTS다. 자동차 부품은 방사선 내성은 약하지만 케이스를 통한 차폐로 보완이 가능하며 고온, 저온, 진동, 충격 등 극한 환경에 견디도록 설계되어 우주 환경에서도 적합하기 때문이다. NASA 역시 2002년 COTS 사용 가이드라인을 제시하는 'EEE-INST-002' 초판을 발행했고, 2008년 개정판을 승인하며 우주 기업들의 상용품 도입을 권장하고 있다. COTS 도입과 3D 프린팅 기술력의 발전 등으로 레드와이어(Redwire), 사이더스스페이스(Sidus Space) 등 다양한 신생 기업이 성장하고 있다.

COTS 사용이 보편화된 뒤, 주변 장치를 직접 개발할 필요가 없어지고 저가에 해결이 가능해지면서 신생 우주 기업들은 각자 목표로 하는 기능 개발

용도별 반도체 가격

	일반 COTS	자동차 COTS	의료용	군용
아날로그-디지털 변환 집적회로	1	1.1	6.8	1,200
DC/DC 컨버터	1	1.3	20.2	4,700
연산 증폭기, 비교 회로, 차동 버스	1	2.7	-	60
스위칭 다이오드	1	1.25	-	28
쇼트키 정류기	1	3	-	2,416

* 일반 COTS 제품 대비 상대 가격
출처: NASA

NASA의 COTS 사용 가이드라인

등급	등급 채택 난도	가격	우주 등급 판별 비용	사용처
우주	매우 높음	매우 높음	낮음	우주 비행
군용	높음	높음	중간	우주 비행, 주요 지상 지원 장비
자동차 COTS	중간	중간	높음	우주 실험, 인공위성, 비주요 우주 비행, 주요 지상 지원 장비, 시험 시연
일반 COTS	변동	매우 낮음	매우 높음	인공위성, 비주요 우주 비행, 비주요 지상 지원 장비, 지상 지원 시스템, 시험 시연, 프로토타입

출처: NASA

에 집중할 수 있게 됐다. 적용 기술별로 위성 구조에 극적인 차이가 있을 것 같지만, 인공위성은 조립식 컴퓨터의 케이스와 전력 공급 역할을 수행한다. 여기에 모뎀을 달면 통신위성, 카메라를 얹으면 첩보위성이 되는 식이다.

위성 서비스: 데이터와 플랫폼 제공

우주에 대해 생각할 때 우리는 일반적으로 국제우주정거장에서 작업하는 우주인이나 달 착륙과 같은 대규모 프로젝트를 떠올린다. 그러나 우주 기술은 우리의 일상에 자연스럽게 자리하고 있으며, 우리는 자신도 모르게 매 순간 우주 기술을 이용하며 살고 있다.

오늘날 우리는 길을 찾기 위해 북극성을 찾는 대신 지구와 더 가까운 천체인 GPS 위성을 이용한다. 우리가 흔히 GPS로 알고 있는 인공위성 기반 초정밀 위치항법시각(PNT) 정보 서비스는 정확하고 신속한 위치 정보를 필요로 하는 산업과 함께 빠르게 성장했다. 2005년 구글맵스 출시를 시작으로, 3년 뒤 아이폰 3G가 최초로 휴대전화에 GPS 기능을 도입하며 대중의 접근성이 높아졌다. 그 외 우버(Uber), 포켓몬 고(Pokemon Go) 등 우리에게 익숙한 수많은 서비스에 우주 기술이 적용된다는 사실을 알고 나면 우주 산업이 한층 친숙하게 느껴질 것이다.

미국 최대 유통 업체인 월마트(Walmart)는 글로벌 전략의 일환으로 위성통신 기술을 적극 이용하고 있다. 월마트는 위성통신을 이용해 전 세계에 뻗어 있는 방대한 매장 네트워크와 물류 시스템을 운영한다. GPS로 트럭의 위치를 실시간으로 파악해 추적하거나, 매장별 재고 부족 상황을 즉시 감지해 물류 흐름 조정에 활용한다. 또 도시뿐만 아니라 교외 지역의 매장에도 안정적인 통신 환경을 제공해 판매 시점 관리와 고객 데이터 정보 처리 등을 할 수 있다. 스타링크(Starlink)가 압도적인 시장 점유율을 가지기 전, 이리듐커뮤니케이션스(Iridium Communications), 합병으로 덩치를 키운 유텔샛원웹(Eutelsat OneWeb) 등이 시장에 자리 잡고 있다.

전기차 제조사인 테슬라는 제조 생산성 최적화를 위해 인공위성의 이미지 데이터를 이용한다. 테슬라 프리몬트 공장 내 완성차 수의 변화로 코로나19 팬데믹이 생산 라인에 미치는 영향을 감지하고, 공장 내 유동인구 변화를 통해 생산라인 가동률을 파악하는 데 적극적으로 활용한다.

인공위성 데이터는 선물시장에서 기초자산의 수요와 공급을 예측하는 지표로도 활용된다. 글로벌 원유 재고량 추적, 농작물 작황 예측, 심지어 광물 매장 지점 예측에도 위성 기술이 적용되고 있다. 위성 데이터 서비스 업체 오비털인사이트(Orbital Insight)는 석유 저장 탱크 위 부유식 지붕의 그림자를 분석해 원유 저장량을 추정했고, 전 세계 원유 저장소의 90% 이상이 포화 상태

위성 기술을 이용한 사례들

인공위성으로 촬영한 마트 주차장

코로나19로 인한 테슬라 완성차 대기 수요와 공장 유동인구 변화

3,694대 (20/1/14) 799대 (20/3/31) 480대 (20/4/13) 779대 (20/1/14) 250대 (20/3/31) 159대 (20/4/13)

인공위성에서 촬영한 사우디아람코 원유 저장고와 가상 화면

라는 분석을 발표했다. 해당 내용은 미국석유협회와 미국에너지정보청(EIA)의 보고서보다 1~2주 더 빠르게 보고되었는데, 실제로 원유를 인도받을 저장소가 부족해 서부 텍사스산 원유를 돈을 주고서라도 처분하려는 사태가 발생하기도 했다. 해당 산업의 선구자 플래닛랩스(Planet Labs), 뛰어난 기술력을 갖춘 엄브라(Umbra Space)에 이어, 최근에는 AI를 접목한 새틀로직(Satellogic) 등이 산업을 이끌고 있다.

우주로 가기 위한 플랫폼이 발사체라면, 위성은 우주 환경을 활용하는 플랫폼이다. 우리가 일상에 자리 잡은 GPS를 특별한 우주 기술로 생각하지 않게 됐듯이, 현재 다양한 산업들이 위성 플랫폼을 기반으로 발전하고 있다. 제약, 바이오, 데이터센터, 양자컴퓨터, 심우주 탐사 등이 대표적이다.

독일 제약사 머크(Merck)는 2017년 우주에서 면역항암제 '키트루다'를 지구보다 균일하고 물성이 뛰어나게 제작할 수 있음을 밝혔다. 이는 우주의 미세 중력이라는 특수한 환경 덕분이다. 우주에서 성장한 단백질 결정은 불순물이 잘 생기지 않아 균질한 고순도로 얻을 수 있고, 신약 개발의 핵심인 단백질 구조를 파악하는 데 용이하다. 실제로 바르다스페이스(Varda Space Industries)는 우주에서 연구한 후 지구로 재진입한 캡슐을 회수하는 방식으로 연구를 진행 중이다.

데이터센터와 양자컴퓨터 역시 극저온과 진공이라는 우주의 특별한 환경을 이용한다. 우주에 데이터센터를 구축하면 토지 과밀화를 해결하고, 태양광 에너지를 통해 안정적인 전력 공급이 가능하며, 냉각을 위한 추가 유지비가 필요 없다. 양자컴퓨터는 충격에 민감한데, 우주의 자연적인 진공 상태는 소음, 외부 입자 간섭 등 작동을 방해하는 요소들로부터 상대적으로 안전한 환경을 제공한다.

심우주 탐사는 현재 인류가 우주 기술을 개발하는 목적 중 하나다. 현재 전 세계 수많은 민간 기업이 달 탐사 기술을 개발 중이며, 이는 달 탐사가 지닌 경제적 잠재력과 전략적 중요성 때문이다. 달은 헬륨-3, 희토류, 희귀 금속 등 다양한 자원이 풍부하게 매장되어 있다. 특히 헬륨-3은 70억 지구인이

우주 광산시장 전망

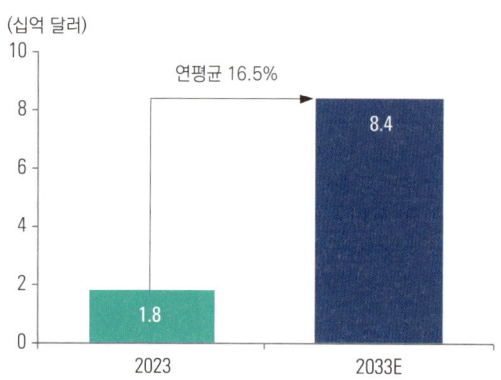

출처: Global Asteroid Mining Market

달 매장 자원 현황

자원	특징	활용 가능성
헬륨-3	핵융합 에너지의 연료로 사용할 수 있는 희귀 동위원소. 달의 표토에 풍부하게 매장	핵융합 에너지 개발과 우주 에너지 자원 확보
희토류 원소	전자제품, 배터리, 항공기 및 우주 기술에 필수적	첨단 기술 개발과 자원 부족 문제 해결
금속 자원	운석 충돌로 인해 생성된 철, 알루미늄, 티타늄 등 포함	구조물 건설, 3D 프린팅을 통한 우주 탐사 장비 제작
산소	달 표토의 실리카와 금속 산화물을 통해 추출 가능	유인 탐사 및 정착지 지원
물	극지방의 영구 음영 지역에 얼음 형태로 존재	식수, 산소 생산, 수소 연료
기타 화합물	암모니아, 메탄, 이산화탄소 등	우주 식량 생산, 연료 및 화학 공정 지원

1만 년간 사용 가능한 양이 매장되어 있을 것으로 추정되며, 각종 첨단 산업에 사용되는 희토류 역시 지구보다 10배 이상 매장된 것으로 추정된다. 우주에서 채굴한 자원을 지구로 가져오는 대신, 달에 전초기지를 구축해 우주선의 연료로 사용하거나 비료를 만들어 식량을 수급할 수도 있다. 이를 통해 인류는 우주 개척에 필요한 시간과 자원을 절약할 수 있다.

2024년 인튜이티브머신스(Intuitive Machines)가 민간 달 탐사를 진행한 바 있고, 최근에는 파이어플라이(Firefly Aerospace)의 블루고스트, 아이스페이스(ispace)의 리질리언스 탐사선이 달 탐사에 도전했다.

스페이스X의 등장과 함께 시작된 뉴스페이스

제2차 세계대전 이후 자본주의 진영의 미국과 공산주의 진영의 소련의 대립이 심화되는 가운데, 1957년 10월 소련이 쏘아 올린 세계 최초의 인공위성 '스푸트니크 1호'를 시작으로 미국과 소련 간의 우주 경쟁이 본격화됐다. 스푸트니크 1호에 이어 1961년 4월 소련이 발사한 인류 최초의 유인 우주선 '보스토크 1호'는 미국의 자존심에 실로 어마어마한 상처를 남겼으며, 70년 가까이 된 지금까지도 '스푸트니크 충격'은 미국에 치욕의 역사로 기록되어 있다.

위기의식을 느낀 미국은 1958년 7월 아이젠하워(Dwight Eisenhower) 대통령의 국가 항공 우주 결의 서명을 통해 NASA를 창설하여 우주 개발에 박차를 가했고, 1969년 7월 '아폴로 11호'에 탑승한 닐 암스트롱(Neil Armstrong)이 인류 최초의 달 착륙에 성공할 수 있었다. 냉전 시대 우주 개발을 통해 군사적 우위를 확보하고 국가의 위상을 높이고자 했던 미국과 소련의 경쟁은 1991년 소련 붕괴를 계기로 잠잠해졌다.

'우주의 무어의 법칙' 현실로

무어의 법칙(Moore's Law)이란 반도체 집적회로 내 트랜지스터 수가 2년마다 두 배로 증가한다는 법칙으로 1965년 인텔(Intel)의 공동 창업자 고든 무어(Gordon Moore)가 제안한 이론이다. 2011년 10월 일론 머스크는 한 인터뷰

스푸트니크 발사 성공을 기념하는 소련 우표
(출처: science photo gallery)

아이젠하워 대통령의 NASA 창설 (출처: NASA)

에서 1969년 이후 침체된 글로벌 우주 산업을 언급하며 '우주의 무어의 법칙(Moore's Law of Space)'을 발견하는 것이 우주 산업의 혁신을 위해 중요한 과제라고 언급한 바 있다.

일론 머스크의 발언 후 정확히 1년 뒤인 2012년 10월 스페이스X는 팔콘 9의 첫 상업용 발사에 성공했고, 이때부터 인공위성, 탐사선 등 우주로 발사되는 인공 우주물체 수가 2년마다 두 배씩 증가하는 무어의 법칙을 따르기 시작했다. 2013년 210개에 불과하던 인공 우주물체는 2024년 2,849개로 늘어났고 2025년에는 5,079개로 증가할 전망이다. 처음에 아무도 주목하지 않았던 일론 머스크의 발언이 현실이 되고 있으며 이제는 우주의 상업적 가치를 모두가 인정하기 시작했다.

스페이스X, 악전고투 기술 개발

스페이스X의 팔콘 9 개발 과정은 험난하기보다 처절함에 가까웠다. 화성에 대한 대중의 지지를 이끌어내기 위해 로켓 추진체가 필요했던 일론 머스크는 러시아 로켓을 구매할 계획이었으나 러시아 측의 무리한 요구로 협상이

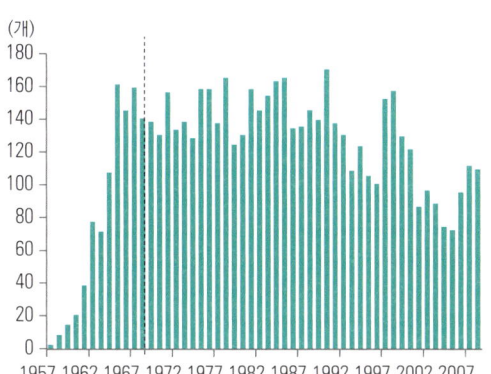

2008년 이전 인공 우주물체 개체수 추이(1957~2008)

출처: Our World in Data

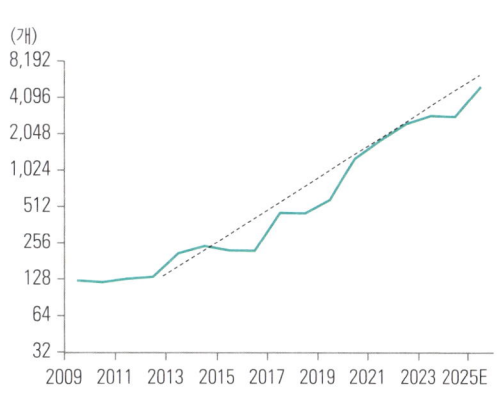

2009년 이후 연간 인공 우주물체 개체수 추이와 전망(2009~2025)

출처: Our World in Data

결렬되었고, 미국으로 귀국하는 비행기 안에서 로켓의 제조 원가를 계산한 뒤 발사체를 직접 제조하기로 결심했다. 그리고 페이팔(PayPal) 매각 자금 1억 8,000만 달러 중 1억 달러를 들여 스페이스X를 창업했다.

단돈 3,000만 달러에 로켓을 제작하고 발사한다는 머스크의 꿈은 사업 초기부터 큰 어려움에 봉착했다. 야심 차게 준비한 첫 로켓 팔콘 1이 세 차례 연달아 발사에 실패하며 자금이 말라갔고 머스크는 파산 직전까지 내몰렸다. 심지어 2008년 글로벌 금융위기로 인해 자금 조달마저 쉽지 않은 절체절명의 위기였다. 2008년 9월 회사의 명운을 걸고 발사한 네 번째 시도에서 팔콘 1은 마침내 성공을 거두었고, 이를 눈여겨보던 NASA로부터 약 16억 달러 규모의 국제우주정거장 화물 사업 계약을 수주하며 극적으로 부활할 수 있었다.

이후 외부 투자 유치까지 성공적으로 마무리하면서 세계 최초의 수직 이착륙 발사체 팔콘 9이 탄생하게 된다. 스페이스X의 주력 발사체 팔콘 9은 2015년과 2016년 각각 한 차례 발사 실패를 끝으로 2017년부터는 100%에 가까운 발사 성공률을 자랑하고 있다. 팔콘 9은 우주 산업의 게임 체인저로 평가받았으며, 실제로 팔콘 9의 1단 추진체가 발사대로 돌아와 착륙에 성공하는 순간, 글로벌 우주 산업은 완전히 새로운 국면으로 접어들었다. 재사용을 통해 발사 주기가 짧아지고, 정비와 연료 비용을 제외하고 제작에 추가적으로 투입되는 원가가 줄어들면서 발사 비용이 획기적으로 감소한 것이다.

기존 발사체는 화물 1kg을 저궤도에 운송하는 데 약 1만 달러가 필요했다면, 팔콘 9의 발사 단가는 kg당 2,000달러 수준에 불과하다. 팔콘 9 성공을 계기로 정부 주도의 올드스페이스에서 민간 주도의 뉴스페이스로 빠르게 전환되었고, 이는 우주 산업에 많은 변화를 가져왔다.

인공위성 기술, 발사 비용 낮아지며 비약

발사 비용에 대한 부담이 대폭 줄어들면서 인공위성 개발 관련 기술이 최근 10년 사이 비약적으로 발전했다. 레이더로 지구를 관측하는 합성개구레

우주 발사체 비용 하락(1960~2030)

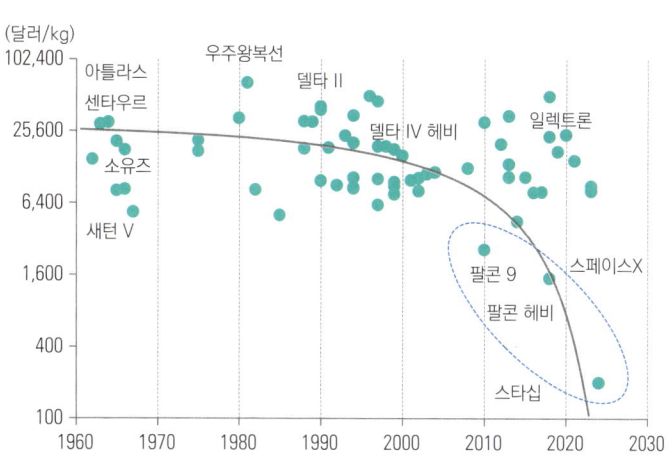

출처: Center for Strategic and International Studies

일반 상용 로켓과 스페이스X 발사체 비교

발사체	탑재량(톤)	비행 수	합계 (백만 달러)	가격 (달러/kg)	절약 증분 (달러/kg)
전통적	20	1	200.3	10,015	10,015
소모성 팔콘 9	23	1	100.3	4,401	-5,614
팔콘 9(3회 재사용)	16	3	55.2	3,541	-860
팔콘 9(10회 재사용)	16	10	36.2	2,265	-1,276
팔콘 헤비(2회 재사용)	60	2	80.9	1,348	-917
스타십(10회 재사용)	100	10	19.0	190	-1,158
스타십(50회 재사용)	100	50	6.0	60	-130
화성행 스타십	100	1	53.0	530	470

출처: Center for Strategic and International Studies

이더(Synthetic Aperture Radar, SAR) 위성의 해상도는 1995년 8m에 불과했다. 가로·세로 8m의 물체가 위성 사진에서 한 점으로 나타난다는 의미로서 실제 산업에 응용하기에는 턱없이 부족한 수준이었다. 2007년 상업용 기준으로 1m급 해상도까지 개발된 SAR 위성 기술은 2019년 카펠라스페이스(Capella

Space)가 0.5m 해상도를 출시, 최근에는 엄브라가 해상도 0.25m의 SAR 위성 개발에 성공했다.

글로벌 우주 산업에서 스페이스X가 차지하는 위상은 발사 성과를 통해서도 직관적으로 알 수 있다. 2024년 글로벌 우주 발사 횟수 263회 가운데 스페이스X가 차지한 비중은 52.5%였고, 저궤도 발사 횟수에서 스페이스X가 차지한 비중은 75.3%로 압도적이다. 2021년 31회에 불과하던 스페이스X의 발사 횟수는 매년 40~100% 성장하며 2024년에는 138회를 기록했고, 2025년에는 196회로 전년 대비 43% 증가할 전망이다. 전 세계 우주 발사 횟수에서

글로벌 우주 발사 히스토리(2006~2025)

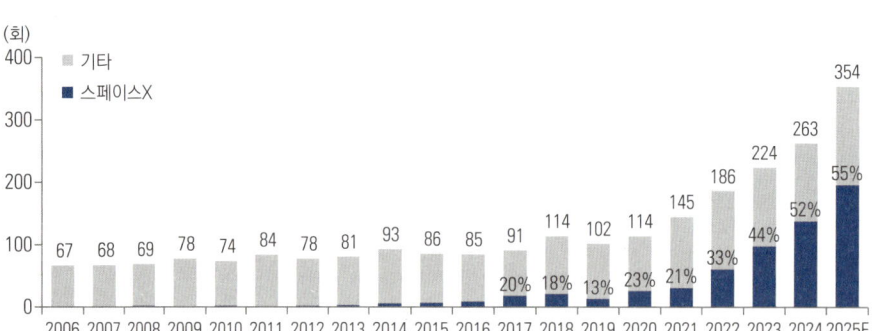

출처: Space Stats, SpaceX

스페이스X 발사 히스토리(2006~2025)

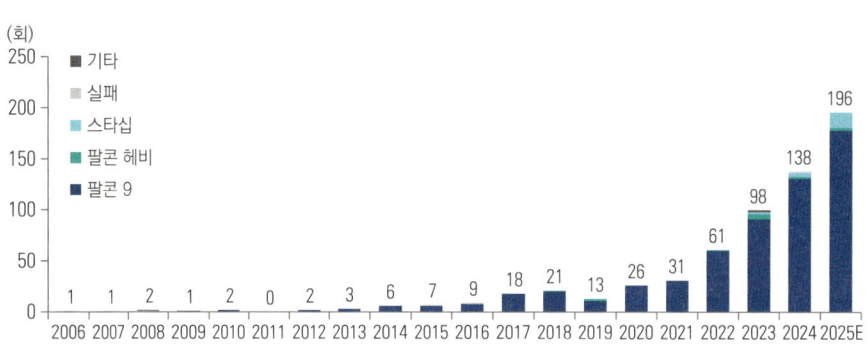

출처: SpaceX

러시아에 크게 뒤처졌던 미국은 스페이스X의 성장에 힘입어 2017년 이후 선두에 올라 독주하고 있다.

현재 테스트 중인 스페이스X의 차세대 발사체 스타십이 발사에 성공해 상업화에 이용된다면 발사 비용은 kg당 1,000달러 이하 수준으로 낮아질 전망이며, 1회 발사에 탑재할 수 있는 용량도 기존 팔콘 9 대비 7배 이상 증가한다. 컨테이너 박스의 도입이 현대 물류와 국제 무역에 혁신을 가져왔듯이, 스타십이 우주 발사체 산업의 패러다임을 바꾸고 더 나아가 인류의 화성 개척의 선봉장 역할을 할 수 있을지 주목된다.

6G 네트워크의 핵심이 될 저궤도 위성통신

이제는 전 세계 어느 곳을 가도 간단한 로밍 신청 한 번이면 초고속 인터넷을 자유롭게 이용할 수 있는 시대다. 국제전기통신연합(ITU)에 따르면 2024년 기준 전 세계 인구의 68%에 달하는 53억 명이 인터넷을 사용 중이다. 인터넷 사용자는 매년 빠르게 증가하고 있지만 여전히 남은 25억 명은 인터넷 이용

전 세계 인터넷 이용자 수와 보급률(2005~2024)

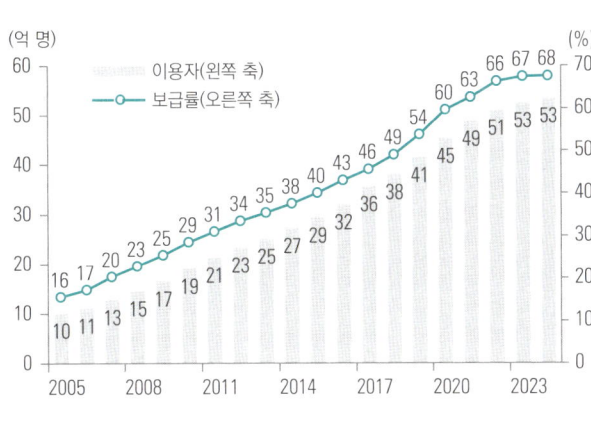

출처: ITU

이 제한적이며, 특히 개발도상국의 인터넷 사용자는 전체 인구의 19%에 불과하다.

인터넷 세계 확산의 해결책, 저궤도 위성

인터넷 보급 불균형을 가장 해소하고 싶어 하는 주체는 다름 아닌 유튜브(Youtube)와 페이스북(Facebook)을 운영하는, 구글(Google)과 메타(Meta) 같은 글로벌 사업자들이다. 이들의 주요 수익인 광고 매출이 인터넷 사용자 수에 따라 성장해왔기 때문이다. 이들은 인터넷 음영 지역 해소를 위해 지금껏 다양한 시도를 해왔다. 구글은 20km 상공에 열기구를 띄워 네트워크를 구축하는 룬(Loon) 프로젝트를 추진한 바 있고, 페이스북은 드론 1,000개를 띄워 통신을 유지하는 아퀼라(Auila) 프로젝트를 기획했으나, 모두 기술적 문제와 법적 승인 이슈로 프로젝트를 중단할 수밖에 없었다.

기존 광통신 기반 인터넷망의 기술적 대안으로 최근에는 저궤도 위성통신이 주목받고 있다. 위성통신에 사용되는 위성은 고도에 따라 저궤도(LEO), 중궤도(MEO), 정지궤도(GEO) 위성으로 구분한다. 저궤도 위성은 고도 500~2,000km에서 지구를 45~90분 간격으로 빠르게 공전하며 통신을 위한 저지연성에 유리한 특성을 보유한다. 기존 지상망 못지않은 고속 데이터 전송이 가능하다는 장점 때문에 전 세계 다양한 위성 사업자들이 저궤도를 이용한 위성통신 서비스 사업을 준비 중이다.

애플(Apple)은 2022년 9월 아이폰 14 시리즈를 공개하며 위성을 통한 긴급 구조 요청 서비스를 제공한다고 발표했다. 실제로 두 달 뒤인 2022년 11월 미국과 캐나다에서 아이폰 14를 통한 긴급 구조 요청 서비스를 시작했고, 이후 프랑스와 영국, 독일, 아일랜드 등으로 서비스 국가를 확대했다. 애플은 애플워치에도 2023년 출시작부터 이러한 위성통신 기능을 탑재했는데, 2024년 7월 강한 조류에 휩쓸려 바다에 표류하게 된 호주인 릭 셔먼이 긴급 구조 요청 서비스를 사용해 구조된 사례는 애플의 광고 캠페인에 소개될 정도로 유명한 일화다.

애플과 비슷한 시기 중국의 화웨이(Huawei)도 신형 스마트폰 '메이트 50'에 위성통신 기능을 적용했고, 우리나라의 삼성전자 역시 차세대 갤럭시 모델부터는 위성통신 기능을 탑재할 전망이다.

스페이스X가 추진하는 저궤도 군집 위성 프로젝트 스타링크는 저궤도 위성 4만 2,000기를 통해 전 세계를 인터넷으로 연결한다는 목표로 시작됐다. 2018년 3월 미국 연방통신위원회(FCC)의 정식 승인을 받고, 2025년 2월까지 누적으로 8,403기의 저궤도 위성을 발사했다. 스타링크는 2020년 10월 북미 지역 베타 서비스 이후 2021년 10월 정식 서비스를 시작했다. 현재는 중국과 러시아 등 일부 국가를 제외한 전 세계 130여 개국에 정식 서비스 중이다.

스타링크가 만들어낸 극적인 변화들

스타링크는 우리 일상에 많은 변화를 가져다주고 있다. 2024년 1월 1일 일본 이시카와현 지진 피해 당시 일본 통신사 KDDI는 스타링크와 협력해 피해 지역에 인터넷 서비스를 제공했고, 2024년 9월 미국 노스캐롤라이나 지역 허리케인 피해, 2025년 1월 미국 로스앤젤레스 산불 피해 때도 스타링크가 피해 복구 지역에 투입되어 끊어진 통신 네트워크를 다시 연결함으로써 피해 지역 상황을 전 세계에 알릴 수 있었다.

스타링크가 전 세계인의 주목을 받은 대표적인 사례는 바로 러시아-우크라이나 전쟁이다. 2022년 2월 러시아가 우크라이나를 침공하며 우크라이나 내부 인터넷망 일부가 마비되자 우크라이나 부총리는 일론 머스크에게 인터넷 지원을 요청했다. 머스크는 스타링크 단말기 5,000대를 지원해 우크라이나 내 위성 인터넷 서비스를 활성화했고, 이후 전쟁 판도가 우크라이나군에게 유리하게 돌아가기 시작했다. 스타링크의 글로벌 유료 가입자는 2025년 2월 기준 500만 명을 돌파했다. 2021년 19만 명에 불과했던 스타링크 유료 가입자도 2024년 한 해에만 230만 명이 증가하며 보급 속도를 높이고 있다.

중국은 스타링크의 시장 선점에 맞서 '궈왕(Guowang)' 저궤도 군집 위성 구축 프로젝트를 진행 중이다. 궈왕 프로젝트는 중국 우주기술연구원이 지원하

스타링크 유료 가입자 수(누적, 2021~2025/02)

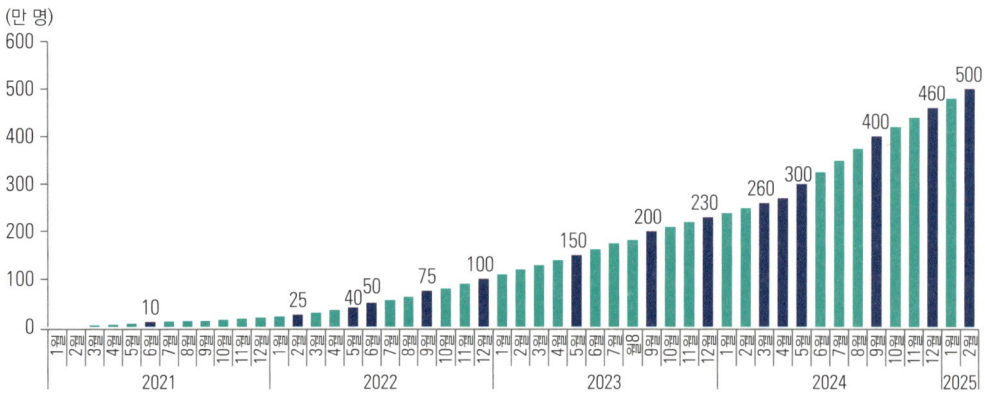

* 진한 파란색은 언론에 공개된 확정 숫자

는 기업 중국위성네트워크그룹(China Satellite Network Group, CSNG)에서 제조한 통신위성을 저궤도에 구축하는 프로젝트다. 2025년 4월 기준 46기를 구축했고 프로젝트 종료 시까지 1만 3,000기 이상을 구축할 계획이다.

위성통신이 강점을 가지는 분야는 바로 해상용 서비스다. 지상망 통신은 망망대해에서 무용지물이며, 해상 컴퓨터에 의지해 항해를 무사히 마쳐야만 하는 배 위에서는 긴급 상황뿐만 아니라 평상시에도 인공위성을 통한 통신 방식이 가장 유용하다.

최근에는 글로벌 항공사들의 위성 서비스 도입 시도가 늘고 있다. 장거리 비행 시간 동안 강제로 인터넷과 단절되어야만 하는 경험은 현대인들에게 더 이상 익숙하지 않으며, 항공사들은 고객 편의 개선과 부가 수익 창출을 위해 기내 인터넷 서비스를 도입하고 있다. 과거 정지궤도 위성으로 기내 인터넷 서비스를 제공한 비아샛(ViaSat)은 10~20Mbps 속도에 시간당 12달러 비용을 부과했다. 반면에 스타링크는 전 세계 어디든 무제한으로 350Mbps 속도를 제공하며 차별화된 서비스 품질을 앞세워 글로벌 항공사들과의 제휴를 늘리고 있다.

스타링크는 궁극적으로 단말과 위성 간의 직접 통신(Direct to Cell, DTC)을 제공할 계획이다. 현재 표준화를 위한 연구개발이 한창인 6G의 핵심 기술 성능 요구 사항 중 하나는 초공간, 즉 위성통신의 도입이다. 스타링크는 2025년에 DTC를 이용한 텍스트 메시지 전송, 2026년에는 음성과 데이터 제공을 목표로 개발 중이며, 기술 대중화를 위해 미국의 티모바일(T-Mobile), 일본의 KDDI 등 이동통신 사업자들과 협력하고 있다.

성장 잠재력이 높은 글로벌 우주 산업

2026년은 글로벌 우주 산업에 중요한 해가 될 예정이다. 도널드 트럼프 대통령이 부활시킨 미국의 유인 달 탐사 프로젝트 아르테미스의 두 번째 미션이 4월로 예정되어 있고, 일론 머스크는 본인이 열망했던 화성 개척을 위한 첫 단계로 2026년 말 화성으로 스타십을 발사할 계획이다. 스페이스X뿐만 아니라 유텔샛원웹, 아마존(Amazon), 블루오리진(Blue Origin) 등 기술력으로 무장한 우주 기업들의 본격적인 상용 서비스가 시작되는 해이기도 하다.

한국은 정부 주도의 올드스페이스와 민간 주도의 뉴스페이스의 사이, 과도기적 성격을 띠고 있는 미드스페이스로 분류할 수 있다. 국내 우주 기업들이 글로벌 기업들과의 경쟁에서 두각을 나타내기란 쉽지 않지만 최근에는 스페이스X, 아마존 등 글로벌 우주 기업들과의 협력을 통해 기회를 모색하는 사례가 늘고 있다. 특히 스페이스X는 로켓 생산 공정에 필요한 반도체 장비부터 인쇄회로기판(PCB), 특수합금까지 한국 기업 다수와 거래 규모를 확대하고 있으며, 이러한 사업 참여 경험들이 국내 우주 기업들의 글로벌 경쟁력을 제고할 수 있는 좋은 기회로 작용할 것이라고 판단한다.

우주 밸류체인

대분류	소분류	기업명	티커	사업 내용
발사체	일반 발사체	Mitsubishi Heavy	7011 JP	100회 이상 발사에서 성공률 95% 상회. 글로벌 우주 매출 상위 20위권에 진입한 일본 유일 기업
		Northrop Grumman	NOC US	2018년 Orbital ATK를 인수하며 본격적인 우주 산업 진출. Firefly Aerospace와 중형 발사체 공동 개발
		ULA	비상장(미국)	2005년 Boeing과 Lockheed Martin이 우주 발사를 위한 합작 투자를 통해 설립
	재사용	SpaceX	비상장(미국)	인류 최초 재사용 발사체를 개발하며 우주 산업 개화를 이끈 기업. 차세대 초대형 발사체 스타십을 개발하며 또 한 번의 혁신 준비 중
		Rocket Lab	RKLB US	소형 발사체 Electron은 2022년 헬리콥터로 1단을 공중 회수하는 데 성공. 중형 발사체 Neutron은 완전 재사용 가능하도록 설계, 시험발사 예정
		Blue Origin	비상장(미국)	제프 베이조스가 2000년에 설립. New Shepard는 재활용을 위한 수직 이착륙 방식 실험을 완료했으며, 대형 발사체 New Glenn 개발 중
	소형	이노스페이스	462350 KS	국내 민간 기업 최초로 우주에 발사체를 올린 기업. 재활용 기술을 연구 중이며 상용 발사 실험 진행 중
		페리지 에어로스페이스	비상장(한국)	태양 동기 궤도까지 150kg의 탑재물을 운반하도록 설계. 자체 개발 및 생산되는 블루 메탄 엔진 사용
	공중	Virgin Galactic	SPCE US	Virgin 그룹의 자회사로 상업용 우주 관광 서비스 제공. 로켓을 모선에 장착하고 상공에서 분리 후 추진
	기타	SpinLaunch	비상장(미국)	원심력을 이용해 발사체를 60km 고도에 올린 뒤 엔진 점화를 통해 탑재체 운반
위성	위성 플랫폼	Thales Alenia	HO FP	Thales 그룹의 자회사로 한국의 무궁화위성과 아리랑위성 등 프로젝트에 참여
		GomSpace	GOMX SS	저비용 모듈형 설계로, 나노샛과 큐브샛 등 소형 위성 군집 프로젝트에 적합한 위성 버스 제조
		Airbus	AIR FP	Eurostar, OneSat 등 위성 버스 플랫폼을 제조하며 OneWeb의 대량 위성 생산에도 참여
		Boeing	BA US	702 시리즈 위성 버스를 제조하며 Intersat, SES 등 통신사 위성 제작
		OHB SE	OHB GR	중소형 위성을 제조하며 내비게이션 위성과 SAR 위성에 전문화. 유럽 우주국 프로젝트에 참여 중
		쎄트렉아이	099320 KS	현재까지 우주에서 검증된 위성 체계 개발에 성공한 국내 유일 기업
	GPS	L3Harris Technologies	LHX US	GPS III 및 차세대 GPS 위성 탑재체 개발 중, 군용 암호화 신호 기술을 통해 정확도와 신뢰성 확보
		Astranis	비상장(미국)	소형 정지궤도 위성 기술을 활용한 R-GPS 위성 개발 중. 2028년까지 8기 구축 목표
		Sierra Space	비상장(미국)	R-GPS 위성의 PNT 탑재체 개발. GPS와 갈릴레오 신호를 모두 지원해 글로벌 커버리지 구축 가능
		Garmin	GRMN US	GPS 내비게이션 장비 및 웨어러블 기기 제조사. 독자적인 GPS 소프트웨어와 하드웨어 통합 제공
		Trimble	TRMB US	GPS 및 GNSS 기술을 활용한 정밀 측량 솔루션 제공. RTK GPS 수신기와 소프트웨어로 데이터 지원
		Hexagon AB	HEXAB SS	GNSS 수신기, 소프트웨어, 센서 솔루션 제공. 자율주행에 활용되는 고정밀 GPS 기술 보유

우주 밸류체인

대분류	소분류	기업명	티커	사업 내용
위성	통신	Starlink	비상장(미국)	7,000기 이상의 저궤도 군집 위성을 구축했으며 130개국에서 500만 명 이상의 가입자 모집
		Iridium Communications	IRDM US	저궤도에 66기의 군집 위성을 운영하며 전 세계에 음성 및 데이터 통신 서비스 제공
		Eutelsat OneWeb	ETL FP	2023년 Eutelsat과 OneWeb의 합병으로 세계 최초 정지궤도-저궤도 하이브리드 통신위성 운영
		Viasat	VAST US	중궤도에 ViaSat-3 군집 위성을 통해 글로벌 인터넷 제공. 2023년 Inmarsat 인수로 시장 확대
		AST SpaceMobile	ASTS US	군집 위성 직접 모바일 연결 서비스를 개발. 글로벌 통신사 AT&T, Verizon, Vodafone과 파트너십 체결
	관측	Planet Labs	PL US	Planet Insights 플랫폼을 통해 클라우드 기반 영상 데이터 제공 기업. 600기 이상의 군집 위성 운용
		HawkEye 360	비상장(미국)	무선주파수(RF) 데이터 분석을 통해 지리 공간 분석 데이터 제공
		Iceye	비상장(핀란드)	30개 이상의 합성개구레이더(SAR) 군집 위성을 운영 중으로 독일 방산기업 Rheinmetall과 합작 계획
		Capella Space	비상장(미국)	10개 이상의 합성개구레이더 군집 위성을 운영 중, 미 국가정찰국(NRO)과 계약 체결
		Umbra Space	비상장(미국)	0.25m의 초고해상도 합성개구레이더 군집 위성 운용. 현재 6기 운용 중이며 2026년 18기 목표
		IQPS	5595 JP	0.5m 해상도 합성개구레이더 2개 운용 중. 2030년까지 36개 구축 목표
		Satellogic	SATL US	30기 이상의 군집 위성을 운영 중이며, 온보드 컴퓨팅으로 실시간 분석 데이터 제공
		루미르	474170 KS	LumirX라는 자체 합성개구레이더 위성 개발 중이며 2030년 군집 위성 운용 목표
지상국	안테나	Safran	SAF FP	위성 통신용 안테나 및 RF 시스템 제조, 지상 단말기 안테나 제공. 3D 프린팅으로 경량화
		인텔리안테크	189300 KS	해양, 군사용 파라볼릭 안테나 및 평판 안테나 제조. Eutelsat OneWeb의 단말기 개발
	데이터 유통	컨텍	451760 KS	위성 지상국을 통해 데이터 분석, 데이터 처리 등 위성 데이터 솔루션 서비스 제공
신산업	종합	Redwire Corporation	RDW US	초저궤도 위성, 우주 제약 실험 플랫폼, 달 표면 건설 장비 등 혁신 기술 종합 개발
	심우주 탐사	Intuitive Machines	LUNR US	달 탐사 및 우주 서비스 기업으로 2024년 민간 달 착륙에 성공, NASA CLPS 주요 계약 기업
	로봇 팔	MDA Space	MDA CN	우주 로봇공학 전문 기업, 로봇 팔 Canadarm 제품군으로 차세대 우주정거장 프로젝트 참여
	바이오	Varda Space Industries	비상장(미국)	우주 미세 중력 환경에서 약물 및 소재 생산. W-series 위성으로 우주에서 제조 후 재진입한 캡슐 회수
	물류	Astroscale	비상장(일본)	우주 쓰레기 추적 및 제거. 활성 쓰레기 제거 기술 개발에 성공했으며 자체 위성 제조 역량 보유

위성

위성 제조

위성 버스
- Thales Alenia(프)
- York space(미)
- Gomspace(덴)
- Terran orbital(미)
- ReOrbit(핀)
- **Redwire Corp(미)**
- 쎄트렉아이(한)

추진체
- ThrustMe(프)
- Orbion(미)
- Enpulsion(오)
- PhaseFour(미)
- Ion-X(미)
- Exotrail(프)

기타 부품
- Mynaric(독)
- Solestial(미)
- Veoware(벨)
- Carbice(미)
- Ubotica(아)

소프트웨어
- Lean space(미)
- Cognitive space(미)
- Kythera space solutions(미)
- Antaris(미)
- 텔레픽스(한)

위성 서비스

통신
- **Starlink(미)**
- Iridium communications(미)
- **Eutelsat OneWeb(프)**
- Viasat(미)
- **AST SpaceMobile(미)**
- Amazon(미)

GPS
- L3Harris Technologies(미)
- Astranis(미)
- Sierra Space(미)

관측
- Planet Labs(미)
- HawkEye 360(미)
- Iceye(핀)
- Capella Space(미)
- **Umbra Space(미)**
- IQPS(일)
- **Satellogic(미)**
- 루미르(한)

기타 산업

우주 중공업
- **MDA Space(캐)**
- Orbital Assembly Corp.(미)
- Relativity Space(미)
- Space Forge(영)
- Space Machines Company(호)

심우주 탐사
- **Intuitive Machines(미)**
- Firefly Aerospace(미)
- Astrobotic Technology(미)
- KinetX(미)

양자컴퓨터
- Alphabet(미)
- Quantum Computing(미)

우주 광산
- **AstroForge(미)**
- Asteroid Mining Corporation(영)
- Karman+(미)
- Offworld(미)

3D 프린팅
- Ursa Major(미)
- Fleet Space Technologies(호)
- Sidus Space(미)
- Maxar Space Systems(미)
- nScrypt(미)
- AI SpaceFactory(싱)

바이오
- **Varda Space Industries(미)**
- SpacePharma(스위스)
- Space Tango(미)
- 3D Bioprinting Solutions(러)
- LambdaVision(미)
- 스페이스린텍(한)
- **보령(한)**

우주 물류
- Kratos Defense(미)
- Astroscale(일)
- ClearSpace(스위스)
- Starfish Space(미)
- Solstorm(노)
- Orbital Lasers(일)
- Vyoma(독)

발사체

지상 발사

일반 발사체
Mitsubishi Heavy(일)
Northrop Grumman(미)
United Launch Alliance(미)

재사용 발사체
SpaceX(미)
Rocket Lab(미)
Blue Origin(미)
Stoke Space(미)

소형 발사체
이노스페이스(한)
페리지 에어로스페이스(한)
Astra(미)
ABL Space Systems(미)
Orbex(영)

특수 발사

공중 발사체
Virgin Galactic(미)
Generation Orbit(미)

기타 발사체
SpinLaunch(미)

지상국

지상국

지상국 네트워크
Kongsberg Satellite Services(노)
Swedish Space Corporation(스웨덴)
Leaf Space(이탈리아)
Infostellar(일)
컨텍(한)

보안, 클라우드
Crypta Labs(영)
SpiderOak(미)
IDQ(스위스)
InfiniQuant(독)

소프트웨어
GMV(스페인)
Terma(덴)
CS Group(프)
Space Ground System Solutions(미)

안테나
Safran(프)
인텔리안테크(한)
Newstar(중)
Nextenna(이스라엘)
Farcast(미)

우주

Falcon 1 (2006)　Falcon 9 v1.0 (2010)　F 9 V1.1 (2013)　F 9 FT (2015)　F 9 B5 (2018~)　Falcon Heavy (2018~)　Starship (2023~)

4장   에너지

시는 전기 대식가…
무엇으로 시를 먹일까?

문경원
유틸리티·건설

AI는 왜 전기를 많이 쓸까?

우리는 발전한다. 멈추지 않는다. 더 나은 기술을 향해 전진한다. 인공지능(AI)은 이러한 인류 발전의 정점 중 하나다. 최근 몇 년간 AI는 상상을 뛰어넘는 속도로 진화하고 있다. 거대한 언어 모델이 사람처럼 글을 쓰고, 이미지 생성 AI가 예술 작품을 만들어낸다.

AI의 이 같은 눈부신 성장 뒤에는 보이지 않는 필요 조건이 있다. 바로 에너지다. AI를 움직이는 근본 동력은 전기이며, 이 전기가 없다면 아무리 뛰어난 알고리즘도 무용지물이다.

AI는 방대한 연산을 수행한다. 인간 두뇌가 많은 칼로리를 요구하는 것처럼 전자회로는 연산마다 전기를 소비한다. 딥러닝 모델을 학습시키려면 수많은 가중치 계산과 행렬 연산을 반복해야 한다. 최신 AI 모델 학습에는 수만 개의 GPU 같은 연산 장치가 병렬로 동원된다. 이 장치들이 서로 데이터를 주고받는 네트워크도 끊임없이 가동된다. 결과적으로 AI를 돌리는 데이터센터는 기본적으로 '전기 먹는 하마'가 된다. 전기요금이 데이터센터 운영 비용에서 차지하는 비중은 2024년 기준으로 약 60%에 이른다.

AI가 얼마나 전기를 많이 먹는지 감을 잡기 쉽게 비유해보자. '소라(Sora)' 등 짧은 AI 영상 생성에는 건당 약 115Wh의 전기가 필요하다. 이는 스마트폰 7.7대를 가득 충전할 수 있는 양이며, 노트북 1.9대를 가득 충전할 수 있는 양이다. 만약 영화, 드라마, 유튜브 등 우리가 소비하는 다양한 영상 작업들이 AI로 대체된다면 AI 전기 소모량은 기하급수적으로 커진다.

영상 제작은 AI가 대체할 업무 중 하나일 뿐이다. 일반 사무 업무부터 의료, 로보틱스에 이르기까지 AI의 활용처는 무궁무진하다. 이를 AI 산업의 발전 단계 측면에서도 살펴볼 수 있다. 챗GPT로 대변되는 '생성형(Generative) AI'는 사용자가 시키는 일만 한다. 곧 '에이전트(Agentic) AI' 시대가 오면 AI가 목표 달성(업무 자동화 등)을 위해 스스로에게 일을 부여하기 시작한다. '물리(Physical) AI'로 나아가면 로봇을 통해 물리적 환경과 소통할 수 있다.

이에 따라 글로벌 빅테크 기업들이 앞다투어 AI 데이터센터 건설을 추진하고 있다. 국제에너지기구(IEA)에 따르면 전 세계 데이터센터의 전기 소비량은 2024년 415TWh(글로벌 소비량의 1.5%)에서 2030년까지 945TWh로 증가할 전망이다. AI 산업이 발전함에 따라 전기 수요 전망치도 거듭 상향 조정될 가능성이 높다. 이 막대한 수요를 어떻게 충당할 것인가?

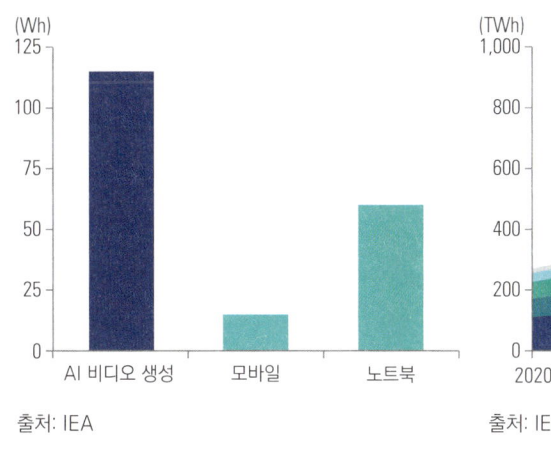

전기 소비량 비교(AI vs. 전자기기 충전)

출처: IEA

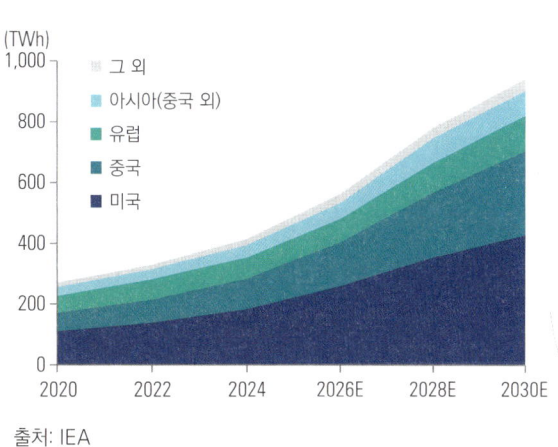

지역별 데이터센터 전기 소비량 전망(2020~2030)

출처: IEA

전력의 해답: 자체 발전소(On-site)

AI 데이터센터가 몰려들면서 이미 기존 전력망이 이를 감당하지 못하는 현상이 벌어지고 있다. 데이터센터는 대개 대도시와 산업단지 인근에 집중된다. 예컨대 미국 버지니아주는 5,926MW의 데이터센터를 가동하고 있는데, 이는 전 세계 데이터센터 용량의 약 15%를 차지한다.

이렇게 데이터센터가 밀집되는 배경에는 전력 공급 확보, 규제 편의성, 광섬유 네트워크 확보, 서비스 접근성 등 다양한 이유가 있다. 특정 지역 내에서도 특정 건물에 전기 소비가 집중된다. 데이터센터의 면적당 전기 사용량은 제철소나 반도체 공장의 수십, 수백 배에 달한다.

데이터센터의 높은 전력 밀도는 해당 지자체 입장에서 골칫거리다. 'AI는 전 세계가 쓰는데 부담은 우리 동네가 진다'라는 느낌을 받기 때문이다. 특히 데이터센터와 전력망을 공유하는 경우 문제가 크다. 송배전 인프라가 데이터센터 전력 수요 증가를 따라가지 못하면 전력 수급이 불안정해지고 최악의

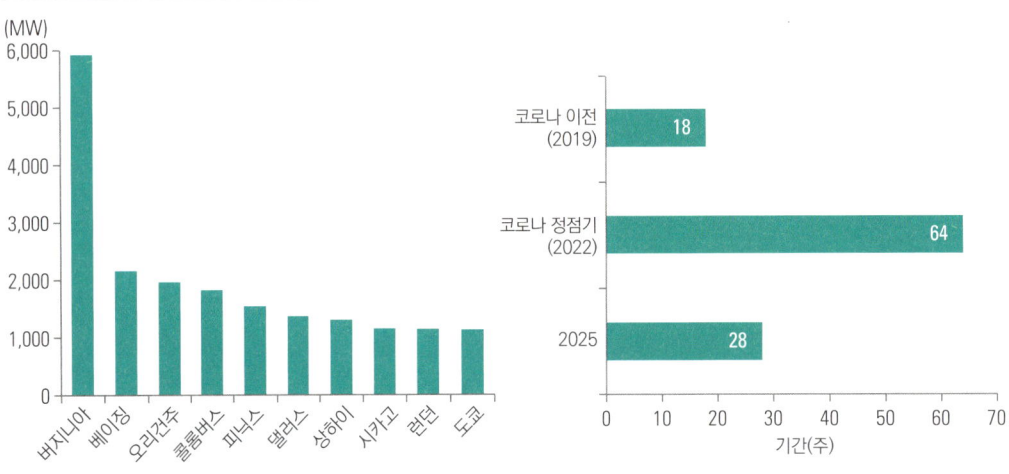

경우 지역 전체의 정전으로 이어질 수 있다.

이에 따라 각 지역의 전력 당국은 데이터센터 인허가에 신중한 입장을 취하고 있다. 전체 전력 수요의 20% 이상이 데이터센터에서 나오는 아일랜드는 2028년까지 새로운 데이터센터에 전력을 연결하지 않기로 했다. 미국 버지니아주와 텍사스주, 스페인, 싱가포르에서도 비슷한 조치들이 내려지고 있다. 설령 데이터센터들이 인허가 과정을 마치더라도 변압기 공급이 부족해 송전선로 건설이 늦어지는 경우도 발생하고 있다. 2019년 이전에는 데이터센터의 주요 장비 공급 기간(lead time)이 약 18주였으나 2024년에는 28주로 늘어났다.

새로운 데이터센터 건물은 1~2년이면 세울 수 있지만, 해당 지역에 전력선을 신규로 깔고 발전용량을 확충하는 데는 4년 이상이 걸리는 경우가 허다하다. 건물은 금세 올라가는데 전기를 제때 공급하지 못하는 상황이 벌어지는 것이다. 기술 경쟁에서 뒤처지면 끝인 테크 산업에서 4년이라는 시간은 치명적이다. 이에 일부 기업들은 아예 '각자도생', 즉 스스로 전력을 구해 쓰겠다는 움직임까지 보이고 있다.

재생에너지로 자체 발전소 운영이 어려운 이유

미국 연료전지 업체 블룸에너지(Bloom Energy)의 2024년 11월 조사에 따르면, 데이터센터 산업 리더들은 2030년까지 전체 데이터센터의 약 30%가 자체 발전소(On-site)를 건설할 것으로 예상하고 있다. 7개월 전 조사 대비 17%포인트 증가한 수치이며 향후 더 증가할 것으로 예상된다.

이제 남은 질문은 어떤 발전원이 자체 발전소로 적합하냐는 것이다. 발전원은 크게 원자력, 석탄, 천연가스, 재생에너지로 구분할 수 있고 이 중 석탄과 재생에너지를 제외한 원자력과 천연가스가 자체 발전소로 적합하다. 앞서 언급한 블룸에너지 조사에 따르면, 2030년 이전까지 가동을 준비 중인 미국 데이터센터의 과반수가 가스터빈 혹은 가스 연료전지를 에너지원으로 활용할 예정이다.

탄소 배출이 많은 석탄발전소를 배제하는 이유는 직관적으로 이해하기가 쉽다. 그렇다면 재생에너지는 왜 자체 발전소로 적합하지 않은 것일까? 우선 출력 조절 문제가 크다. 태양광과 풍력 발전소는 날씨에 따른 출력 변화가 심하다. 1분, 1초라도 운영이 멈추면 안 되는 데이터센터 입장에서는 큰 불안 요소다. 배터리를 활용한 에너지저장시스템(ESS)이 도움을 줄 수 있으나 이 역시 현재 리튬이온배터리 기술로는 2~12시간이 한계다.

둘째, 설치 면적 문제가 있다. 좁은 지역에서 집중적으로 전기를 소모하는 데이터센터와 달리 태양광과 풍력 발전은 넓은 땅이 필요하다. 데이터센터 면적보다 17배 넓은 태양광발전소를 지어야 출력을 맞출 수 있다.

셋째, 입지 측면에서 딜레마가 있다. 태양광발전소는 햇빛이 강한 곳에서 효율적이다. 반대로 데이터센터의 냉각 효율은 추운 지역에서 높아진다.

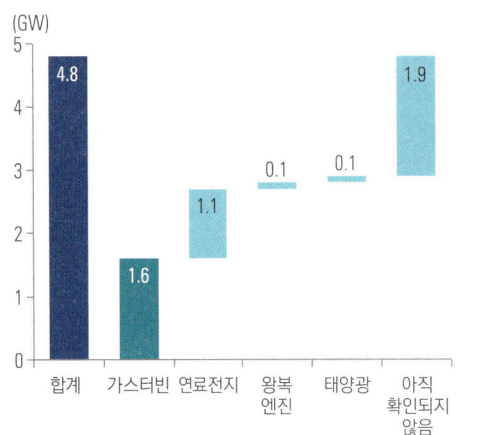

데이터센터 자체 발전소는 어떤 에너지를 쓰나?

* 2030년 이전 가동 예정인 미국 데이터센터 대상
출처: IEA

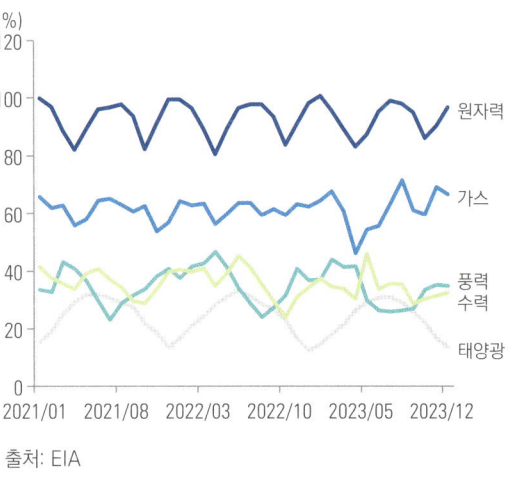

미국 발전소별 평균 이용률

출처: EIA

빅테크가 선택하는 자체 발전소

가스발전: 가장 현실적인 선택지

천연가스발전소가 데이터센터 전력난의 현실적인 해결책으로 부상하고 있다. 우선 가스발전소는 석탄발전소보다 탄소 배출이 적고 원자력발전소보다 건설이 빠르다. 대규모 발전이 가능하면서도 부지를 유연하게 선택할 수 있다는 장점이 있다. 특히 가스터빈은 기동과 출력 조절이 용이해 데이터센터 전력 수요 변화에 탄력적으로 대응할 수 있다. 무엇보다도 검증된 기술이다. 이미 세계 곳곳에서 수많은 가스발전소가 가동 중이고, 연료인 액화천연가스(LNG)도 글로벌 시장에서 비교적 안정적으로 조달된다. 데이터센터 입장에서 크고 안정적인 자체 발전소를 비교적 단기간에 확보하려면 가스발전만 한 대안이 드물다.

이런 배경에서 주요 글로벌 석유 기업과 산유국들이 직접 데이터센터와 가스발전소 건설에 나서고 있다. 이는 특히 대규모 자본 투자를 요구하는 데이터센터 건설의 특성과 긴밀히 맞물려 있다. 엑슨모빌(Exxon Mobil)은 대형 가스발전소를 건설해 직접 데이터센터에 전력을 공급하겠다는 계획을 2024년 말 발표했다. 셰브론(Chevron)도 미국 내 여러 지역에서 데이터센터와 가스발전소를 동시에 건설하는 프로젝트를 추진하고 있다. 아부다비의 국부펀드는 미국 투자회사와 손잡고 250억 달러를 들여 25GW 규모의 데이터센터 건설을 계획 중이며, 사우디아라비아의 네옴(NEOM)은 50억 달러 규모를 투자하여 1.5GW의 데이터센터를 2028년까지 옥사곤 지역에 구축할 예정이다.

이러한 투자는 단순히 자본력을 활용한 사업 확대 이상의 전략적 의미를 담고 있다. 즉 이들 석유 대기업과 중동의 오일 머니 업체들은 자신들이 보유한 풍부한 천연가스를 데이터센터의 주요 전력원으로 활용하고, 나아가 이를 통해 새로운 수익원을 창출하려는 목적이 크다. 이들의 공격적인 투자 덕에 가스를 에너지원으로 사용하는 데이터센터가 점차 많아질 전망이다.

가스발전의 한계

가스발전이 즉각적인 해결책을 제공하지만 한계점도 분명하다. 가장 큰 문제는 탄소 배출이다. 천연가스를 태워 전기를 만들면 이산화탄소가 나온다. 석탄보다는 적지만 그래도 기후 변화에 영향이 있다. 유럽연합처럼 탄소중립을 강하게 추진하는 지역에서는 향후 천연가스발전조차 규제를 받을 수 있다.

또한 환경·사회·지배구조(ESG) 경영을 중시하는 빅테크 기업들은 단순히 전기만 필요한 게 아니다. 청정한 전기가 필요하다. 그래서 많은 가스발전 프로젝트가 탄소포집기술(CCS)을 적용하겠다고 강조한다. 장기적으로는 수소 터빈 전환도 목표로 하고 있다. 하지만 이런 CCS와 수소는 경제성 측면에서 의문이 있다. 이 딜레마의 장기적 해결책으로 떠오르는 것이 바로 소형모듈원전(Small Modular Reactor, SMR)이다.

SMR: 궁극적인 해결책

SMR이란 작은 원자로 여러 개를 공장에서 만들고 현장에서 조립해 전력을 생산하는 차세대 원자력발전소다. 기존 대형 원전은 1기당 1,000MW 이

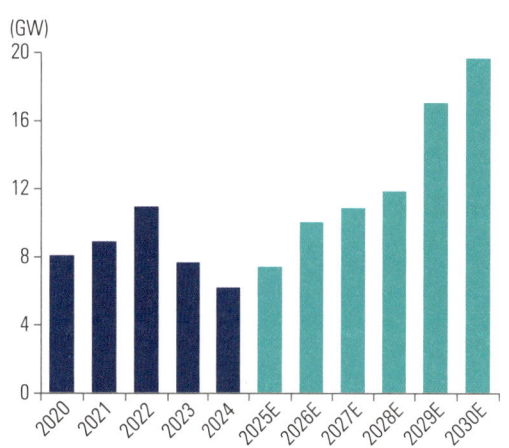

미국 가스발전소 연간 설치량(2020~2030)
출처: Wood Mackenzie, Financial Times

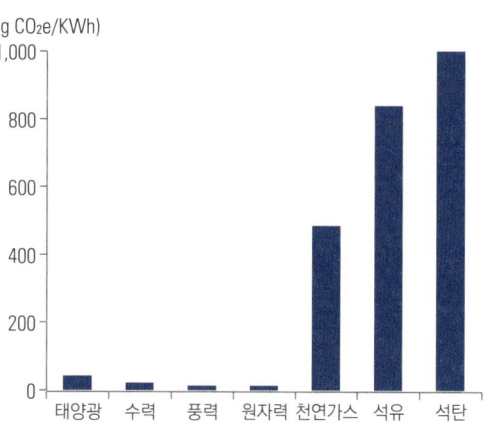

발전원별 탄소 배출량
출처: NREL

뉴스케일파워의 SMR 조감도 (출처: NuScale Power, DOE)

상 출력을 내지만 SMR은 300MW 이하 규모가 일반적이다. 크기는 작아져도 원자로의 기본 원리는 같다. 핵분열을 이용해 증기를 만들고 터빈을 돌려 전기를 생산한다. 다만 냉각재로 물을 활용하는 대형 원전과는 달리 SMR은 물, 가스, 소듐(sodium) 등 다양한 물질을 활용한다. 현재 전 세계적으로 70개 이상의 SMR 모델이 개발 중이며, 대부분 2030년 전후 상용화를 계획하고 있다.

SMR이 주목받는 것은 데이터센터 전력 수요 특성에 꼭 들어맞기 때문이다. 앞서 가스발전의 한계로 지적된 탄소 배출 문제가 없다. 원자력은 발전 과정에서 탄소를 직접 배출하지 않는다. 또한 24시간 안정적인 공급이 가능하다. 태양광과 풍력처럼 날씨에 좌우되지 않고, 가스처럼 연료 수급 변화에 흔들리지 않는다. 연료 수급 문제도 덜하다. 연료로 활용되는 농축 우라늄의 연료 교체 주기는 2~10년이다. 한번 사두면 지정학적인 문제에 시간을 가지고 대응할 수 있다.

SMR이 기존 대형 원전보다 나은 점도 있다. 규모가 작다 보니 입지 선택이 유연하다. 전력 수요지 부근에 소규모로 설치해 근거리 전력 공급을 할 수 있다. 대형 원전을 세우기 어려운 지역에도 SMR 몇 기를 모아 설치하면 비슷한

대형 원전 vs. SMR

	대형 원전	소형모듈원전(SMR)
발전용량	1,000~1,400MW	10~300MW
건설 기간	6~7년	2~3년
부품 수	100만 개	1만 개, 모듈화 가능
연료 교체 주기	18개월	20년
비상대피구역	30km	300m
안정성	강제순환형 냉각 시스템 (정전 시 위험)	자연순환형 냉각 (정전 시에도 안전 확보)

출력이 나온다. 예컨대 오라클(Oracle)의 래리 엘리슨(Larry Ellison) CTO는 최근 SMR 3기로 1GW 전력을 공급하는 데이터센터 건설 계획을 밝힌 바 있다. 대형 원전 1기를 대신해 소형 원전 3기를 조합하는 구상이다.

또 SMR은 모듈화된 설계 덕분에 건설 기간 단축을 기대할 수 있다. 공장에서 제작하고 가져와서 조립하니 현장 공사가 비교적 빠르다. 대형 원전은 건설에 7년 이상이 소요되는 반면, SMR은 2~3년 정도면 건설이 가능하다. 데이터센터 건설에 약 1~2년이 걸리는 점을 감안하면 SMR이 조금 더 맞는 짝이라고 할 수 있다.

이러한 이유로 AI 시대 궁극의 전력 솔루션으로 SMR이 각광받고 있다. 실제로 2024년 들어 미국 빅테크 기업들은 원자력, 특히 SMR에 대한 투자를 강화하고 있다. 구글의 순다르 피차이(Sundar Pichai) CEO는 2024년 연설에서 "1GW 이상의 전력을 소비하는 데이터센터를 개발 중이며, 잠재적인 에너지원으로 SMR도 고려하고 있다"고 언급했다. 마이크로소프트(Microsoft)는 같은 해 원자력발전 기업과 장기 전력 구매 계약을 체결해 데이터센터용 무탄소 전력을 확보했다. 이처럼 AI와 원자력의 만남은 더 이상 공상이 아닌 현실적인 사업 전략이 되고 있다.

글로벌 SMR 설치량 전망(2025~2050)

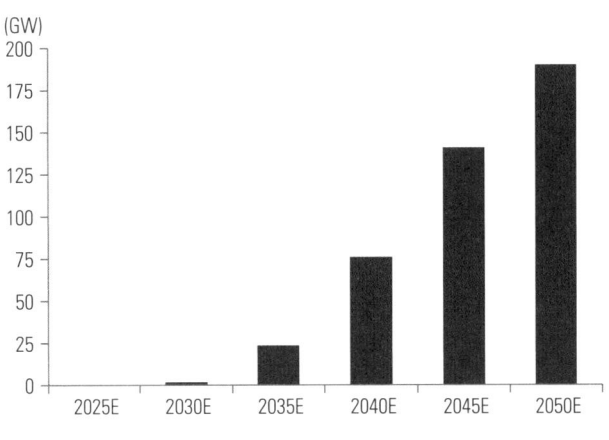

출처: IEA

    SMR은 데이터센터뿐만 아니라 기존 석탄발전이나 대형 원전을 대체하는 발전원으로서도 주목받고 있다. 동유럽 국가들을 보자. 석탄발전 대안으로 SMR 도입을 서두르고 있다. 폴란드는 미국 GE히타치(GE-Hitachi)의 BWRX-300 모델을 도입해 2029년 첫 가동을 목표로 하는 등 여러 프로젝트에 착수했다. 루마니아는 뉴스케일파워(NuScale Power)의 SMR을 유치하기로 하고 미국과 협력 중이다.

    물론 SMR이 만능 열쇠는 아니다. 아직 완전히 상용화된 SMR은 없다. 첫 실증로가 가동되려면 몇 년 더 걸린다. 규제와 안전에 대한 사회적 수용성도 과제다. 일부 SMR 개발은 지연되거나 취소되기도 한다. 경제성도 확보해야 한다. 단가가 기존 대형 원전과 비슷하거나 그 이상이라면 매력이 반감된다.

    그럼에도 불구하고 기대는 현실을 앞서 간다. 세계 각국 정부와 기업들이 SMR을 미래 에너지 전략의 한 축으로 삼고 투자하고 있다. 2030년대에 접어들면 AI 데이터센터 단지 옆에서 작은 원자로들이 돌아가는 풍경이 더 이상 공상과학이 아닐 것이다.

AI 에너지의 글로벌 밸류체인

가스터빈의 강자들

AI 시대의 가스발전과 SMR 호황은 관련 기업들과 투자자들에게 큰 기회다. 우선 가스터빈 분야의 글로벌 강자들을 살펴보자. 미국의 GE버노바(GE Vernova), 독일의 지멘스에너지(Siemens Energy), 일본의 미쓰비시중공업(Mitsubishi Heavy Industries) 3사가 대표적이다. 이들은 발전용 대형 가스터빈시장을 오랫동안 과점해왔고, 가스발전소와 가스터빈 수요 상승에 따른 수혜를 누리고 있다.

특히 GE버노바는 데이터센터 수요 급증에 따라 빅테크 기업들과 잇따라 대형 터빈 공급 계약을 맺고 있다고 밝혔다. GE버노바의 스콧 스트라직(Scott Strazik) CEO는 2024년 12월에 자사가 데이터센터 개발 업체 등과 맺은 계약

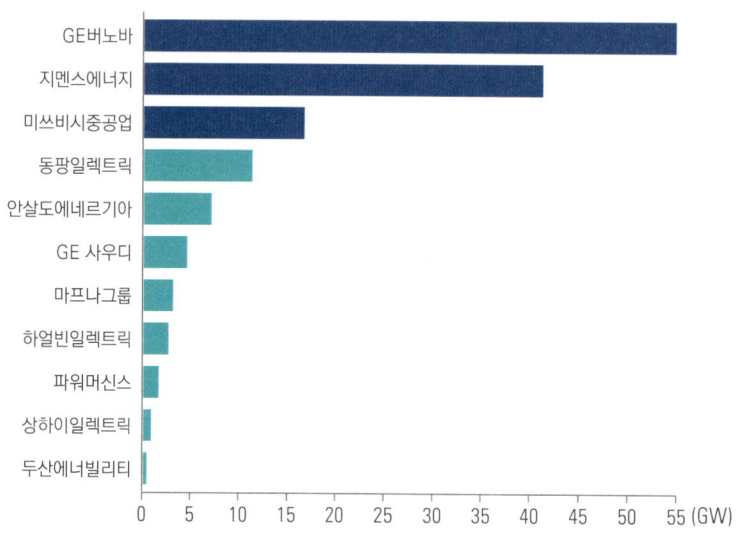

글로벌 가스터빈 시장 점유율

* 2024년 8월 기준 건설 중인 글로벌 가스발전소 대상
  출처: Global Energy Monitor

규모만 9GW에 달한다고 밝혔다. 이는 200만 가구가 에어컨, 세탁기, 전자레인지를 동시에 가동할 수 있는 전력이다. GE버노바는 미국 내 점유율이 높다. 높은 누적 설치량을 바탕으로 유지보수 측면에서 강점을 가지고 있다. 또한 미국 내 생산 비중이 높아 관세와 물류비 문제에 영향을 상대적으로 덜 받으면서 미국 데이터센터 수요 대응이 가능하다는 장점이 있다.

지멘스에너지와 미쓰비시중공업도 가스터빈 분야의 강자다. 이들도 대용량 고효율 터빈 기술을 바탕으로 세계 발전시장을 선도해왔다. 지멘스에너지는 현재 가스터빈 기술의 화두인 수소 혼소(混燒) 및 전소(全燒) 기술 개발에 앞장서고 있다. 미쓰비시중공업은 가스터빈 생산에서 가장 큰 병목으로 작용하는 소재 생산을 일부 내재화하고 있다.

한편 이들 글로벌 기업과 경쟁을 시작한 신흥 강자도 있다. 바로 한국의 두산에너빌리티(구 두산중공업)다. 두산은 2019년 세계에서 다섯 번째로 발전용 대형 가스터빈 독자 개발에 성공하며 시장에 뛰어들었다. 한국서부발전의 김포열병합발전소에 270MW급 국산 가스터빈을 설치해 8,000시간 시험 운전을 완료했고 이후 잇따라 국내 수주를 따내고 있다. 글로벌 톱3가 장악한 영역에 한국 기업이 도전장을 낸 것으로, 글로벌 가스터빈 생태계에도 변화가 시작되었다. 한국 가스터빈 제조의 가능성은 이 글의 뒷부분에서 더 논의한다.

SMR의 강자들

SMR 분야에서는 스타트업부터 대기업까지 각축전이 벌어지고 있다. 현재 전 세계적으로 수십 종의 SMR이 개발되고 있다. 그중에서도 미국 기업들이 돋보인다. 뉴스케일파워, 엑스에너지(X-Energy), 테라파워(TerraPower), 오클로(Oklo) 등이 대표적이다.

뉴스케일파워는 세계 최초로 규제기관의 디자인 인증을 받은 SMR 기술을 보유하고 2020년대 후반 상용화를 목표로 한다. 엑스에너지는 고온가스로 원자로를 개발 중이며 2024년 아마존과 함께 데이터센터용 SMR 공급 계약을 맺었다. 테라파워는 마이크로소프트 창업자 빌 게이츠(Bill Gates)가 세운

SMR 기술 종류와 관련 기업

항목	구분			
기술 세대 구분	3세대+	4세대		
냉각재	경수로	천연가스	액화금속	용융염
예시	가압수형 비등수형	고온가스로형 가스냉각고속로형	소듐냉각고속로형 납냉각고속로형	불화염고온로형 용융염고속로형
연료	LEU, LEU+	HALEU	HALEU	HALEU
온도	~300°C	~750°C	~550°C	~750°C
출력	대형, 소형	소형, 초소형	소형, 초소형	소형
공급사	GE히타치 홀텍 뉴스케일파워 웨스팅하우스 롤스로이스	BWXT 제너럴아토믹스 래디언트 엑스에너지	ARC 테라파워 오클로	카이로스 테레스트리얼 시보그

출처: DOE

회사로, 와이오밍주에 소듐냉각고속로 기반 SMR 건설을 추진 중이다.

오클로는 상대적으로 개발 초기 단계에 있으며 15MW급 극소형 원전을 개발해 2027년까지 상용화하겠다는 목표를 내걸었다. 흥미로운 점은 오픈AI(OpenAI)의 샘 알트먼(Sam Altman)이 오클로의 이사회 의장으로 활동했고 현재도 주요 투자자로 남아 있다는 사실이다. 빌 게이츠, 샘 알트먼 등 테크 산업을 이끌어나가는 핵심 인물들이 SMR에 투자하고 있는 셈이다.

그들은 AI의 미래를 위해서는 에너지 문제가 결정적으로 중요하며 원자력이 그 해법이라는 확신이 있는 것처럼 보인다. 샘 알트먼이 2023년 7월 CNBC와 한 인터뷰 내용을 참고해보자.

"나는 완전히 에너지에 집중하고 있습니다. 저렴하고 안전하며 청정한 에너지에 대한 엄청난 수요가 지금 생겨나고 있습니다. 원자력 없이 앞으로 나아갈 방법은 없다고 느낍니다. 내가 보기에 원자력이 가장 현실적이고 최선의 해법입니다."

유럽과 중국에서도 SMR 실현을 위해 나아가고 있다. 영국의 롤스로이스(Rolls-Royce)는 470MW급 SMR 디자인을 개발해 2030년대 초 도입을 추진 중이다. AI 붐이 SMR 산업의 성장까지 자극하고 있다. 이 외에도 미국 GE히타치의 BWRX-300, 미국 홀텍(Holtec)의 SMR-160, 프랑스 EDF의 누아르펜(Nuward), 중국 CNNC의 ACP100 등 다양한 SMR 모델이 있다.

투자 동향을 살펴보면 민간 벤처 투자와 정부 지원이 동시에 늘고 있다. 미국 인플레이션 감축법(IRA) 등을 통해 SMR에 대한 금융 지원과 세액 공제가 마련되었고, 트럼프 행정부는 SMR 인허가 기간 단축을 추진하고 있다. 각국 국부펀드와 대기업들도 유망한 SMR 스타트업에 자금을 투입하고 있다.

예를 들어 SK그룹은 2023년 테라파워와 미국 원자로 기업들에 수억 달러 규모 투자를 발표했고 삼성과 두산도 뉴스케일파워에 투자하는 등 한국 대기업들의 행보도 눈에 띈다. SMR 제조와 건설에서 수혜를 누릴 수 있는 한국 기업은 잠시 후 살펴본다. 일본 미쓰비시, 이토추상사(Itochu Corp) 등도 해외 SMR 기업과 제휴를 맺고 개발에 참여 중이다.

2030년 이전에 몇몇 초도 프로젝트가 성공적으로 가동된다면 2030년대에는 SMR이 글로벌 에너지시장의 대세로 자리 잡을 것이라는 전망이 나온다. 이에 따라 뉴스케일파워, 테라파워, 엑스에너지, 롤스로이스 같은 기업들이 차세대 에너지 산업의 주인공으로 부상할 가능성이 높다.

한국의 도전과 기회

국산화한 가스터빈, 기민한 납품이 경쟁력

가스터빈과 SMR의 시대에 한국 기업들도 수혜를 볼 수 있을까? 다행히도 이미 주요 기업들이 성과를 내고 있다. 우선 가스터빈 국산화에 성공했다는 사실이 의미하는 바가 크다.

과거 한국의 발전용 가스터빈은 GE, 지멘스, 미쓰비시와 같은 해외 제작사에 전적으로 의존했다. 1997년에 가스터빈 기술 도입을 위한 라이선스 협력이 시작되었고 이를 통해 국내에서도 기술 기반을 조금씩 축적해나갔다. 2013년에는 정부 주도의 한국형 대형 가스터빈 개발 국책 과제가 공식화되어 본격적인 독자 기술 확보 노력이 시작되었다.

긴 연구개발 기간을 거쳐 마침내 2019년 약 270MW급의 대형 가스터빈 시제품(모델명 DGT6-300H S1)이 완성되었다. 2023년 8월에는 첫 국산 가스터빈이 실제로 상업운전에 돌입했다. 그 결과 세계 다섯 번째 가스터빈 제조국이라는 타이틀을 얻게 되었다. 이를 주도한 두산에너빌리티는 글로벌 가스터빈시장에서 새로운 강자로 떠올랐다. 전량 수입에 의존하던 가스터빈을 자체 기술로 만든 것은 한국 산업사에 큰 의미가 있다.

두산에너빌리티는 이후 대형 가스터빈을 연이어 수주하며 상업 운전에 박차를 가하고 있다. 미국 데이터센터, 중동 등 해외 시장 진출도 모색 중이다. 이를 위해 380MW급 한국형 가스복합발전 모델도 추가 개발하여 수출 상품화했다. 이러한 노력은 AI 데이터센터 전력 수요 증가와 맞물려 새로운 기회를 창출할 것으로 기대된다. 국내 가스터빈이 향후 글로벌 데이터센터 자체 발전소에 적용된다면, 한국이 AI 밸류체인에서 노릴 수 있는 기회가 하나 더 추가된다.

물론 도전도 있다. 아직 글로벌 시장에서는 GE버노바, 지멘스에너지, 미쓰비시중공업의 장벽이 매우 높다. 하지만 글로벌 가스터빈 공급 부족 현상은 일시적으로 이 진입장벽을 낮춰줄 수 있다. GE버노바와 같은 주요 기업에서 가스터빈을 구매하려면 3~4년 이상의 시간이 소요된다. 시간이 금인 빅테크 기업 입장에서는 치명적인 단점이다. 반면 한국형 가스터빈은 아직 글로벌 평판을 쌓지는 못했지만 빠르게 납품이 가능하다. 데이터센터 고객들이 한국형 가스터빈에 관심을 가지는 이유다.

두산에너빌리티 가스터빈의 핵심 부품인 로터 (출처: 두산에너빌리티)

SMR 단조 부품 공급과 시공에 강점

SMR 분야에서도 한국 기업들은 발빠르게 움직여왔다. 특히 부품 제조 밸류체인에 주목해야 한다. 소형 원자로라 해도 증기 발생기와 압력용기 같은 주요 부품은 고강도 강철을 초거대 프레스 시설로 단조해야 하는데, 현재 미국 내에는 원전 등급의 대형 단조를 할 공장이 없다시피 하다. 수요는 폭발적으로 늘어날 전망이지만 공급 역량은 한참 달린다. 미국 SMR 설계 업체들은 제조 능력이 있는 파트너사를 찾고 있다.

이 격차를 메우는 데 한국의 두산에너빌리티가 중요한 역할을 할 것으로 기대되고 있다. 두산에너빌리티는 해외 SMR 기업에 대한 투자와 부품 공급에서 두각을 나타내고 있고 세계 최대 규모인 1만 7,000톤 단조 프레스 설비를 갖추는 등 SMR 핵심 부품을 생산할 수 있는 몇 안 되는 기업이다. 실제로 미국 뉴스케일파워 지분에 투자했고, 뉴스케일파워의 SMR에 들어갈 핵심 부품 제조를 맡을 예정이다. 또한 미국 엑스에너지와 테라파워, 영국 롤스로

원전 부품을 생산하는 두산에너빌리티의 초대형 단조 프레스 (출처: 두산에너빌리티)

이스와도 협력 관계를 맺고 있다. 두산에너빌리티는 제조 측면의 강점을 활용하여 다양한 SMR 설계회사들에 제조 서비스를 제공하는 'SMR 파운드리'로서 자리 잡겠다는 계획이다.

건설 분야의 현대건설, DL이앤씨도 빼놓을 수 없다. 현대건설은 2021년 미국 홀텍과 SMR 공동 개발 및 사업 협력 계약을 맺고 이 시장에 본격 진출했다. 미시간주 폐쇄 원전 부지에 300MW급 SMR 2기를 건설하는 프로젝트에 참여하기로 했고 2030년대 초 가동을 목표로 하고 있다. 현대건설은 이를 시작으로 북미 지역에 10GW 규모의 SMR 플랜트를 구축하는 전략적 파트너로 나설 계획도 밝혔다.

DL이앤씨는 2023년 1월 엑스에너지에 2,000만 달러 규모의 전략적 투자를 하면서 본격적인 SMR 사업 개발에 나섰다. 향후 엑스에너지가 건설하는 SMR 프로젝트에 시공사로 참여하려고 계획 중이다. 원전 건설 강국인 한국의 시공 역량이 SMR에도 확대되고 있다.

이 외에 강소기업들도 저마다의 전문성을 살려 SMR 생태계 형성에 나서는 중이다. 한국은 국내 원전 산업 기반이 탄탄하다. 수십 년간 축적한 원전 운영 경험과 인력, 공급망을 보유하고 있다. 원전 계측제어(MMIS), 보조기기 등 주목해야 할 밸류체인이 풍부하다.

SMR 밸류체인이 확장되기 위해서는 한국형 SMR 노형 개발이 절실하다. 이를 위해 정부 역시 SMR을 차세대 수출산업으로 육성하겠다고 발표하고 적극 지원에 나섰다. 추진 중인 한국형 혁신 SMR 개발 로드맵은 2028년 표준설계승인과 2030년대 초 상용화를 목표로 한다. 한국 기업들이 국내 개발 SMR과 해외 협력 SMR 프로젝트 양쪽에서 성과를 낸다면 AI 시대의 에너지 전쟁에서 주도권을 쥘 수 있을 것이다.

한국은 AI 시대의 주방장이 될 수 있을까?

끝으로 미래에 대한 응원을 보내며 글을 맺는다. AI가 불러온 혁명이 때로는 위기처럼 보이지만, 이것을 기회로 승화시키는 것은 우리 손에 달려 있다. 경쟁은 치열하다. 글로벌 빅테크와 에너지 공룡들이 앞다투어 움직이고 있다. 하지만 한국에는 축적된 제조 역량과 우수한 엔지니어 인력이 있다. 반도체, 배터리 등 첨단 분야에서 보여준 빠른 학습 곡선을 에너지 분야에서도 재현할 수 있다. 이미 주요 기업들이 가스터빈과 SMR에서 상당한 성과를 보여주고 있다. 시간이 지날수록 산업 전반으로도 긍정적 효과가 퍼져나가고 새로운 일자리, 수출 품목, 혁신 기업이 등장할 것이다.

가스터빈 국산화부터 SMR 개발 참여까지 앞서 살펴본 사례들은 한국이 주요 공급자의 자리에 올라설 잠재력이 있음을 벌써 증명하고 있다. 한국 기업들이 세계 무대에서 AI와 에너지의 교차점에 당당히 나서길 기대한다. 정부, 대기업, 중소기업, 스타트업들이 긴밀히 협력해나간다면 한국이 누릴 몫을 한층 더 키울 수 있을 것이다. 그 길의 끝에 더 풍요롭고 지속 가능한 미래가 우리를 기다리고 있다.

에너지 밸류체인

대분류	소분류	기업명	티커	사업 내용
원전, SMR	발전소 운영	Constellation Energy	CEG US	미국 최대의 원자력발전 사업자, 전체 전력 생산의 약 70%를 원자력에서 조달
		Vistra Energy	VST US	오하이오, 펜실베이니아 등에 원전 보유
		Talen Energy	TLN US	펜실베이니아 등에 원전 보유, 2025년 6월 AWS와 장기 전력 공급 계약 체결
	SMR 설계, 개발	NuScale Power	SMR US	경수로형 기반 VOYGR 모델 개발, 현재까지 유일하게 표준설계 승인 획득
		Oklo	OKLO US	고속로 기반 Aurora Powerhouse 개발 중, 샘 알트먼 투자, 2027년 상업운전 목표
		Nano Nuclear Energy	NNE US	고온가스냉각형 마이크로 원자로, KRONOS MMR 개발 중
		TerraPower	비상장(미국)	소듐냉각고속로 Natrium 모델 개발 중, 빌 게이츠 설립, 2030년 상업운전 목표
		X-Energy	비상장(미국)	고온가스로 Xe-100 개발 중, 2029년 상업운전 목표
		Rolls-Royce	RR LN	경수로형 기반 Rolls-Royce SMR 개발 중, 2030년대 초 상업운전 목표, 영국 내수 시장 공략
		GE Vernova	GEV US	GE-Hitachi를 통해 경수로 기반 BWRX-300 제작
		한전기술	052690 KS	한수원과 협력해 경수로형 기반 i-SMR 개발 중, 2028년 표준설계승인 목표
		CNNC	601985 CH	125 MWe ACP100 'Linglong One' 1호기(하이난 창장) 시범 건설 중
		CGN Power	1816 HK	60 MWe ACPR50S(부유식)·140 MWe ACPR100(육상) 개발
		China Huaneng Group	비상장(중국)	210 MWe HTR-PM(2×105 MWe HTGR) 2023년 12월 세계 최초 상업운전
		State Power Investment	비상장(중국)	CAP200, CAP150, CAP50 'LandStar' 계열 200 MWe급 SMR 기본설계 완료
	SMR 제작	두산에너빌리티	034020 KS	NuScale, X-Energy, TerraPower, Rolls-Royce 등 글로벌 SMR 기업에 핵심 기자재 공급
		비에이치아이	083650 KS	SMR 보조기기(BOP) 설계 및 개발 준비
		우리기술	032820 KS	SMR용 분산제어시스템(MMIS) 개발 및 공급
		태웅	044490 KS	캐나다 SMR 단조 부품 계약에 성공
		BWX Technology	BWXT US	GE-Hitachi의 BWRX-300 SMR 모델에서 원자로 압력용기의 설계, 제작 담당
		Curtiss-Wright	CW US	원자로 제어 시스템, 밸브, 계측 제어장치(I&C) 등 안전 및 제어 관련 핵심 부품을 제작
		Mirion Technologies	MIR US	TerraPower 등과 협력해 방사선 모니터링 시스템과 원자력 계측 시스템 공급
	SMR 설계·조달·시공(EPC)	현대건설	000720 KS	미국 Holtec과 협력해 SMR 시공권 획득, 미국 팰리세이즈 원전, 영국 SMR 사업 주목
		DL이앤씨	375500 KS	미국 X-Energy, 캐나다 Terrestrial Energy와 협력
		삼성물산	028260 KS	NuScale에 지분 투자. 루마니아, 스웨덴, 에스토니아 사업 추진
		AtkinsRéalis	ATRL CN	X-Energy 등과 협력해 SMR 설계, 인허가, 건설, 시운전 수행
		Fluor	FLR US	NuScale과 협력해 SMR 상용화 추진, 미국 DOE 및 글로벌 고객 대상 원전 해체·건설 수행
		Bechtel	비상장(미국)	TerraPower와 차세대 원전(Natrium) 건설 협력, 미 정부 및 민간과 원전 프로젝트 다수 수행

에너지 밸류체인

대분류	소분류	기업명	티커	사업 내용
원전, SMR	우라늄 농축	Centrus Energy	LEU US	미국 내 유일하게 고농축 저농도 우라늄(HALEU) 생산
		ASP Isotopes	ASPI US	TerraPower 등과 협력해 HALEU 공급 구축 중
		Cameco	CCJ US	JV인 Global Laser Enrichment 통해 HALEU 농축 준비 중
		CNNC	601985 CH	중국 유일 상업용 농축우라늄 생산, 파키스탄 등 해외 원전 수출과 연계해 연료 공급
		Urenco	비상장(러시아)	영국·독일·네덜란드가 공동 소유한 농축우라늄 전문 기업, 글로벌 원전 대상 농축우라늄 공급
		Orano	비상장(프랑스)	프랑스 국영 원전 기업이며 프랑스 EDF 및 글로벌 원전 운영사들과 연료 공급·재처리 협력
		Rosatom/Tenex	비상장(러시아)	러시아 국영 원자력 기업 Rosatom의 자회사로서 중국 CNNC 등과 농축우라늄 공급 계약
가스발전	발전소 운영	Duke Energy	DUK US	미국 동남부 유틸리티 기업, 2029년까지 데이터센터 수요 중 절반을 가스터빈 통해 대응
		Southern Company	SO US	미국 남동부에서 가스 복합화력발전소 운영, 데이터센터 대응 위해 발전용량 확대 중
		Dominion Energy	D US	데이터센터가 세계에서 가장 밀집된 버지니아에서 천연가스발전소 운영
		Entergy	ETR US	미국 남부에서 발전소 운영, Meta와 협력해 데이터센터용 가스발전소 건설 중
		NRG Energy	NRG US	미국 독립 발전사업자. GE Vernova와 협력해 5.4GW 데이터센터용 가스발전소 건설 중
	가스터빈 제작	GE Vernova	GEV US	9HA, 7HA 시리즈 대형 가스터빈 제작, 글로벌 1위 업체, 미국 생산 비중 높음
		Siemens Energy	ENR GR	SGT 시리즈 중대형 가스터빈 제작, 산업용 가스터빈에 강점
		Mitsubishi Heavy	7011 JP	JAC 시리즈 제작, 아시아·중동 시장 강세, 소재 제작 일부 내재화
		두산에너빌리티	034020 KS	380MW급 H급 가스터빈 개발 성공, 내수 시장 이어 미국 시장 진출 중
		Bharat Heavy	500103 IN	인도 기업, GE 라이선스 기반 가스터빈 230여 기 공급
		Shanghai Electric	601727 CH	Ansaldo Energia와 합작해 중대형 가스터빈 생산
		Dongfang Electric	600875 CH	중국 기업, Mitsubishi Heavy 라이선스 기반 M701J형 600MW 등을 공급
	가스터빈 부품	Nooter/Eriksen	비상장(미국)	복합화력·산업용 열회수보일러(HRSG) 1위 사업자, 특히 북미 점유율이 높음
		비에이치아이	083650 KS	열회수보일러 아시아 1위 업체이며 중동, 일본 등 수출 활발
		SNT에너지	100840 KS	열회수보일러 생산. 수출보다는 내수 물량 위주
		Woodward	WWD US	GE, Mitsubishi Power 등과 협력해 가스터빈 제어기·연료 시스템 납품
	소재	Howmet Aerospace	HWM US	항공기 및 산업용 가스터빈을 위한 에어포일, 디스크, 링, 단조품 등 생산
		Carpenter Technology	CRS US	가스터빈용 니켈 기반 슈퍼합금, 스테인리스강, 티타늄 등 특수금속 제조
		PCC	PCP US	GE, Rolls-Royce 등에 고온 합금 터빈 부품 납품, 정밀 주조 전문
		Chromalloy	비상장(미국)	Siemens, GE 등과 협력해 터빈 부품 재제조 및 발전소 수명 연장 솔루션 제공

5장   전력 인프라

전력망의 '심장'과 '혈관'이 매우 부족하다

장재혁

철강·비철금속

전력, 동력에서 지능으로

에너지는 문명을 정의한다. 역사를 돌이켜 보면 새로운 에너지원의 등장은 언제나 기술과 사회 전체의 진화를 촉발했다. 기술 혁명은 에너지원과 결합하여 에너지 소비량의 급격한 변화를 가져왔다.

18세기 후반, 증기기관의 발명(기술 혁명)과 석탄(에너지원)의 광범위한 사용은 산업혁명의 기폭제가 되었다. 새로운 에너지원인 석탄을 사용하면서 인류의 에너지 사용 성장의 기울기가 처음으로 가팔라지기 시작한다. 제2차 세계대전 이후, 내연기관이 발전(기술 혁명)하고 석유(에너지원)가 운송 분야에서 광범위하게 사용되며 다시 한번 에너지 성장의 기울기가 더욱 가팔라졌다. 전기의 발견과 상용화, 다양한 발전원 개발·활용은 또 다른 차원의 변화를 가져왔다. 조명, 산업용 모터에서 시작해 점차 주거·상업·제조 부문으로 확산된 전기는 이제 경제 성장의 핵심 에너지원으로 자리 잡았다.

이제 우리는 또 하나의 변곡점에 있다. 인공지능(AI)의 등장이다. 이번에는 기술 혁명(AI)이 에너지(전기)와 결합하고 있다. AI는 전력의 역할을 단순히 '동력을 만들어내는 에너지' 차원을 넘어 '지능의 기반 자원'으로 격상시켰다. 대형 언어 모델은 인간의 창조적 우위를, 물리 인공지능 모델과 자율 로봇 군집의 결합은 산업적 우위를 넘보게 되었다. 이는 경제 성장을 넘어 세계 질서를 뒤흔들 가능성을 내포한 기회이자 위협이다.

기술 혁명으로 새로운 에너지 수요처가 발생하여 열리는 새로운 시대에서, AI와 에너지 투자는 단순히 경제적인 선택을 넘어 전략적인 생존의 문제와 직결된다. 이러한 기술력의 기반은 안정적이고 풍부한 전력 공급에 달려 있다. AI 혁명과 에너지 전환이라는 두 개의 거대한 물결은 기존 전력망에 막대한 부담을 가중시키면서도, 동시에 전례 없는 규모의 투자 기회를 창출하고 있다. 전력을 생산하고, 전송하고, 분배하는 '전력망 인프라'의 중요성이 그 어느 때보다 강조되는 이유다.

전 세계 1차 에너지 소비량 추이(누적, 1800~2022)

출처: Energy Institute Statistical Review of World Energy(2023), Vaclav Smil(2017)

전 세계 1차 에너지 소비량 추이(에너지원별, 1800~2022)

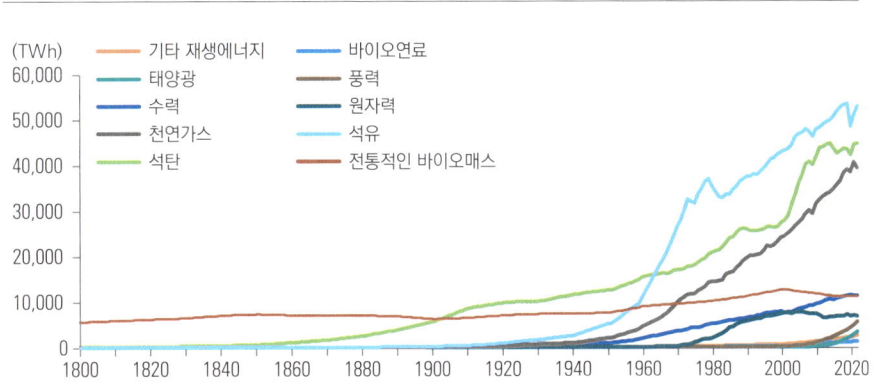

출처: Energy Institute Statistical Review of World Energy(2023), Vaclav Smil(2017)

전 세계 1차 에너지 소비에서 전력의 비중 추이(1990~2022)

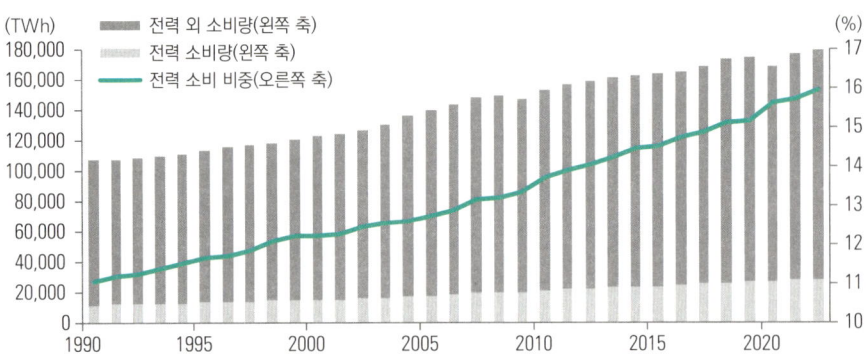

* 1차 에너지는 태양광, 풍력, 석탄, 석유, 천연가스 등 자연에서 직접 얻는 에너지원을 의미한다. 1차 에너지 일부가 2차 에너지로 전환되어 '전력'과 '전력 외'(내연기관 차량의 연료, 산업용 열원, 건물 난방 등)로 제공된다.

출처: Ember's Yearly Electricity Data, Ember's European Electricity Review, Energy Institute Statistical Review of World Energy

'노후화된 거인' 글로벌 전력망의 고뇌

망이 없으면 전력을 쓰지 못한다

전력 시스템은 '발전 → 송전 → 변전 → 배전 → 소비'의 상호 연결된 밸류체인으로 구성된다. 발전(generation) 단계에서는 석탄, 천연가스, 원자력, 수력, 태양광, 풍력 등 다양한 에너지원을 사용하여 전기를 생산한다. 생산된 전기는 송전(transmission) 단계에서 고전압 형태로 변환되어 장거리 전력망을 통해 주요 변전소로 이동한다. 변전(substation) 시설은 전력 시스템의 핵심 노드로, 전압 수준을 조정하고 전력 흐름을 제어하며 보호하는 역할을 수행한다. 이후 배전(distribution) 단계에서는 변전소에서 출발해 최종 소비자(가정, 상업시설, 산업시설 등)까지 낮은 전압으로 전기를 공급한다. 마지막으로 소비(consumption) 단계에서 이 전기가 다양한 힘으로 활용된다.

이 장에서는 T&D(transmission and distribution) 인프라에 초점을 맞춘다. T&D 인프라는 발전소에서 생산된 전기를 최종 소비자에게 안정적이고 효

전력 산업 밸류체인

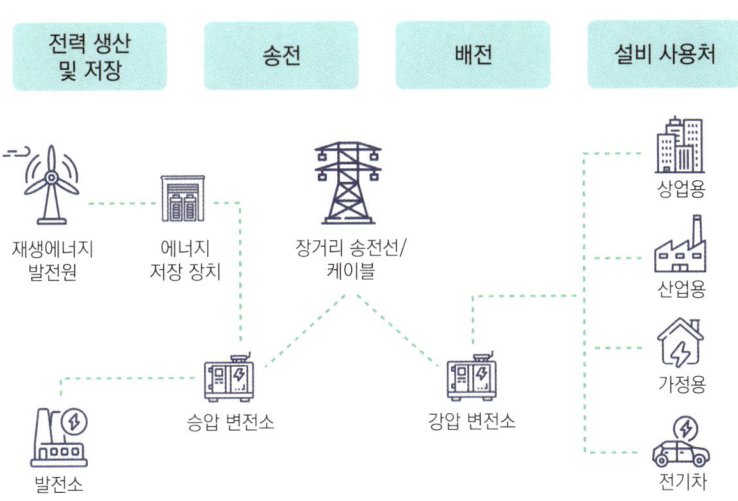

율적으로 전달하는 중추적인 역할을 담당하며, 송전-변전-배전 부문을 의미하기도 한다. 발전원의 다변화, 전력 수요 증가와 소비 패턴 변화는 기존 T&D 네트워크에 막대한 부담을 가중시키고 있으며, 이에 따라 T&D 인프라에 대한 투자가 시급한 과제로 떠오르고 있다.

전 세계 전력망이 힘겨워하는 이유

이를 구체화하면 전 세계 전력망은 심각한 노후화, 만성적 투자 부족, 급격히 증가하는 신규 수요, 상호 접속 병목 현상이라는 네 가지 주요 문제로 인해 부하가 가중되고 있다. 각각의 문제를 보다 자세히 살펴보자.

첫째, 전력망이 심각하게 노후되었다. 많은 선진국의 전력망은 수십 년 전에 설계된 인프라에 의존하고 있다. 미국의 전력망 평균 연령은 40년이고 25%는 50년, 일부는 100년을 넘겼다. 특히 송전선로 70%는 설치된 지 25년이 넘어 수명 주기의 후반부에 접어들었고, 정전의 대부분은 배전 시스템에서 발생한다. 유럽도 크게 다르지 않다. 유럽연합(EU) 배전망의 40%는 40년 이상 되었으며, 전선의 수명은 40~60년으로 평가된다. 일부 지역에서는 평

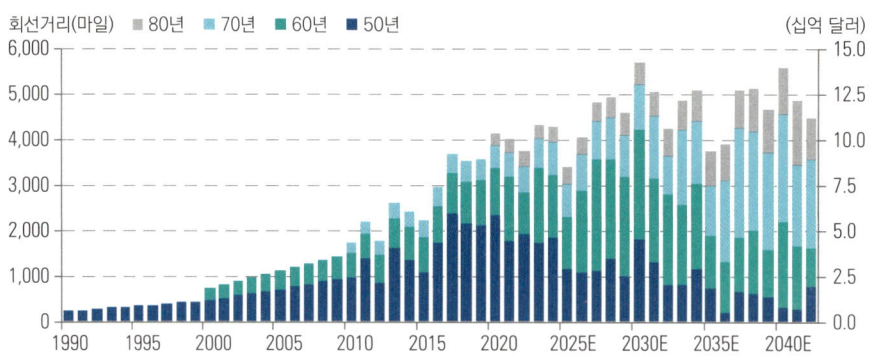

미국 내 교체 및 증설이 필요한 전력망(평균 연령별, 1990~2042)

* 왼쪽 축은 교체·증설이 필요할 것으로 예상되는 전력망의 규모, 오른쪽 축은 이에 해당하는 투자 규모
출처: Americans for a Clean Energy Grid

균 연령이 50년에 근접한다.

　이러한 노후화는 고장 위험을 높이고 유지 비용을 증가시키며 에너지 효율을 떨어뜨린다. 숫자로 보는 평균 연령은 참고 지표일 뿐이다. 실제로는 평균보다 훨씬 오래되고 취약한 구간이 존재하며, 이들은 시스템 전체의 안정성을 불균형적으로 위협한다. 일부 구간의 실패가 전체 전력망에 연쇄 장애를 일으킬 수 있다는 점에서 이러한 최약 구간은 무시할 수 없는 구조적 리스크다. 따라서 전력망 현대화는 단순한 평균 성능 개선이 아니라 구조 전체의 리스크를 줄이기 위한 선제적 조치다.

　둘째, 투자가 만성적으로 부족하다. 발전 설비 증설 속도를 고려하면 T&D 인프라 확충은 여전히 뒤처져 있다. 국제에너지기구(IEA)의 'World Energy Investment 2024' 보고서에 따르면, 2023년 발전 부문 자본지출은 5,800억 달러를 기록한 반면 전력망 투자는 3,700억 달러로 발전 부문의 0.64배에 그쳤다. 미국 역시 2023년에 송전에 277억 달러, 배전에 509억 달러를 투입했으나 발전 부문의 투자 규모에는 여전히 미치지 못했다. 승인 절차 장기화, 이익 분산, 복잡한 규제 리스크 등이 T&D 투자 지체의 주된 원인이다. 다시 말해 특정 T&D 운영사가 수행하기에는 투자가 장기적이고 복잡한 승인 과정을 거쳐야 하고, 그 편익은 광범위하게 분산되는 구조적 특징 때문이다.

셋째, 신규 수요가 급격하게 증가했다. 신규 대규모 수요처는 고밀도로 집중되고 있다. IEA의 데이터센터 전력 수요 급증 전망을 더 들여다보면 AI 최적화 데이터센터의 비중이 크고 이 전력 수요가 더 가파르게 증가할 것으로 예상된다. 데이터센터 전체로는 두 배로 증가하는데 AI 최적화 데이터센터는 네 배 이상이 된다는 것이다. 이러한 수요는 특정 지역에 집중되는 경향이 있다. 북부 버지니아의 '데이터센터 앨리'는 수요 급증으로 신규 연결이 일시 중단되기도 했다. 조지아파워(Georgia Power)는 향후 6년간 데이터센터로 인해 8,200MW의 부하 증가를 예상하고 있다.

이러한 고밀도·집중형 부하 증가는 지역 전력망에 부담을 주어 고조파 왜곡(bad harmonics)과 같은 전압 품질 문제를 야기하고 대규모 신규 발전·송전 설비를 요구한다. 데이터센터의 빠른 건설 속도(발표 후 1~2년 내 완공 가능)는 전통적인 장기 전력 계획 수립 주기와 충돌하여, 전력회사가 계획적이고 비용 효율적인 인프라로 대응하기 어렵게 만들고 있다.

마지막 문제는 상호 접속 병목 현상(Interconnection Queues)이다. 전력망에 새로운 발전 설비를 연결하는 과정인 상호 접속 단계에서 일어나는 심각한 병목 현상이 에너지 전환의 발목을 잡는 핵심 문제로 부상하고 있다. 기하급수적으로 늘어날 전력 수요를 충당하기 위해 화석연료 발전원(석탄, 천연가스 등)뿐 아니라 원자력, 태양광, 풍력 등 새로운 발전원 또한 가리지 않고 사용해야 하는 상황이다. 그럼에도 불구하고 물리적 인프라 부족과 복잡한 절차로 인해 수많은 프로젝트가 계통 연계를 기다리며 장기간 대기하고 있다.

긴 대기 기간은 결국 프로젝트가 상호 접속을 요청한 시점부터 실제 상업 운전을 가동하기까지 소요되는 기간을 늘리고 프로젝트 완료율을 낮춘다. 계통 접속 문제로 인해 신규 발전원의 잠재력이 실현되지 못하고 있는 것이다. 이러한 병목 현상의 근본 원인은 단순히 절차적 비효율을 넘어, 급증하는 신규 프로젝트 요청을 수용할 수 있는 송전 인프라 용량의 절대적인 부족에 있다.

지난 10년간 투자의 2배가 필요하다

결국 전례 없는 규모의 전력망 투자가 필요하다. 시장에서의 기회 또한 여전히 유효하다. IEA는 각국이 기후 목표를 달성하기 위해서는 2030년까지 전 세계 전력망 투자를 연간 6,000억 달러 이상으로, 지난 10년간 약 3,000억 달러 수준에서 대폭 확대해야 한다고 분석한 바 있다. 맥킨지(McKinsey)는 데이터센터(AI와 기존 IT 산업)만으로도 2030년까지 전 세계 1조 3,000억 달러의 발전 및 T&D 투자가 필요할 것으로 전망했다. 노후화된 글로벌 전력망을 교체하고 확장하는 데 필요한 투자 사이클은 이미 시작되었다.

인프라 프로젝트는 생각보다 오래 걸린다. 송전망 구축은 보통 계획부터 완공까지 5~15년이 소요된다. 특히 신재생에너지 프로젝트는 허가 절차만으로도 수년이 걸리며, 핵심 부품인 대형 변압기의 리드타임은 과거 몇 주에서 현재 최대 3년까지 늘어났다. 송전급 설비는 3~6년까지도 걸린다. 이 긴 리드타임은 전력망 부품과 관련 서비스에 대한 수요를 안정적으로 유지한다. 이는 공급업체에 장기적이고 예측 가능한 수주로 나타난다.

전력망의 심장: 변압기

'트랜스포머'는 트랜스포머를 요구한다

2024년 2월, 일론 머스크는 베를린에서 열린 보쉬 커넥티드 월드(Bosch Connected World) 행사에서 변압기 공급 부족 문제를 직설적으로 언급하여 큰 반향을 일으켰다. 머스크는 "작년에는 칩이 부족했는데 내년이 되면 세계는 전기와 변압기 부족에 직면할 것이다"라고 내다봤다. 그는 AI와 전기차(EV)가 상상 이상의 속도로 확장 중이라고 그 배경을 설명했다. 이어 "100~300kV의 고압 전력을 6V까지 떨어뜨려야 하니, 이젠 '트랜스포머(Transformer, AI 분야에서 사용되는, 문맥을 이해해 문장 전체 의미를 파악하는 딥러닝 모델 구조)를 돌리기 위해 트랜스포머(transformer, 변압기)가 필요하다'는 농담까지 하게 됐다"고 덧붙였다.

한때 구식으로 여겨졌던 전력기기 기술이 이제는 AI와 전기차 시대의 병목을 좌우하는 핵심 자산으로 재조명되고 있다. 세계 최고 AI·EV 기업의 수장이 공개적으로 변압기 수급난을 언급했다는 사실 자체가, 변압기가 더 이상 단순한 전력기기가 아닌 AI 시대의 전략 자산임을 상징적으로 보여준다.

그렇다면 변압기는 도대체 무엇인가?

변압기는 전압을 조절하는 장치로, 전력망에서 전기를 멀리 보내고, 다시 사용 가능한 형태로 바꾸는 데 꼭 필요한 핵심 설비다. 하지만 단순히 전압을 올리고 내리는 기능을 넘어서, 변압기는 전력 흐름을 물리적으로 나누고 조정하는 '노드'이자 '관절' 역할을 한다. 발전소가 늘어나고 소비자와 수요처가 다양해질수록 이 관절들이 더 많이 필요해진다. 다시 말해 전력망이 복잡해질수록 변압기의 수요는 구조적으로 증가할 수밖에 없다.

가장 먼저 발전소 수가 증가하면 그에 비례해 승압(昇壓)용 변압기의 수요도 늘어난다. 발전소에서 처음 생산되는 전기의 전압은 보통 수천 볼트(V)에 불과하다. 하지만 이 전압으로 장거리 송전을 하면 손실이 너무 크기 때문에, 수십만 볼트 수준으로 전압을 높여야 한다. 이 과정을 승압이라고 하며, 이때 사용되는 장치가 바로 승압 변압기다. 즉 발전소가 많아질수록, 발전원의 위치가 분산될수록, 각각의 발전소에 전용 변압기를 설치해야 하므로 변압기의 수요가 증가한다. 특히 태양광, 풍력, 소형모듈원전(SMR)처럼 중소규모 발전

전력망 내 승압 변압기와 강압 변압기의 위치

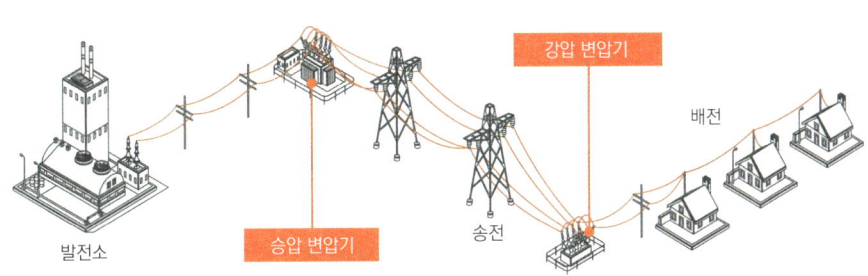

원이 늘어나면, 대규모 단일 발전소보다 오히려 더 많은 승압 변압기가 필요해진다.

발전소 증설뿐만 아니라 발전용량 확대 또한 변압기 수요 증가의 주요 요인이다. 발전소가 더 많은 전력을 생산하면 송전선로에 흐르는 전류량이 함께 늘어나게 된다. 이 전류를 처리할 수 있으려면 변압기 역시 더 큰 용량을 가져야 하고, 경우에 따라서는 같은 용량의 변압기를 병렬로 여러 대 설치해야 하기도 한다. 이는 단순히 변압기의 수량뿐 아니라 개별 장치의 크기와 성능 요구 수준까지 함께 올라간다는 뜻이다.

전기를 공급받는 수요처의 증가도 변압기 수요에 중요한 영향을 미친다. 송전망을 통해 고전압으로 운반된 전기는 바로 사용할 수 없다. 이를 다시 가정이나 공장에서 사용할 수 있는 220V 수준의 전기로 낮춰야 하는데, 이 과정이 바로 강압(降壓)이다. 강압은 중간 변전소에서 이뤄지며, 수요처가 많아질수록 지역마다 전용 강압 변압기가 필요하다. 도시, 마을, 산업단지 등으로 나뉜 전력 수요 지점마다 별도의 변압기를 설치해야 하므로 지역 세분화는 곧 변압기의 분산 설치 수요로 이어진다.

전력 수요 증가는 또 다른 차원의 수요 확대를 불러온다. 전력이 더 많이 필요해지면, 단순히 기존 망의 용량을 늘리는 것을 넘어서 전체 송배전망 구조를 더 촘촘하고 세분해 다시 구성해야 한다. 이렇게 전력망을 세분할수록 전력의 흐름을 제어하고 각 구간의 전압을 조정할 수 있는 변압기의 설치 지점도 함께 많아진다. 결국 전력망의 노드 수가 많아질수록 변압기 수요는 기하급수적으로 증가하게 된다.

변압기 수요 몰리며 리드타임 최장 4배로

이에 따라 최근 전 세계적으로 변압기 공급 부족 현상이 더욱 심화되고 있다. 변압기는 제작에 오랜 시간이 소요되며 일반적으로 리드타임이 수개월에서 1년 이상 걸린다. 그런데 최근의 수요 폭증과 공급망 병목 현상으로 인해 이 리드타임이 더욱 길어지고 있다. 분석에 따르면 2021년 기준 약 50주 수준이던 변압기의 평균 리드타임은 2024년 현재 120주 이상으로 연장되었고 대형 변압기의 경우에는 80~210주, 즉 최장 4년까지 대기해야 하는 사례도 보고되고 있다.

이는 일시적 현상이 아니라 구조적이고 장기화될 가능성이 매우 높다. 그 배경에는 다음과 같은 다섯 가지 주요 요인이 작용하고 있다. 첫째, 전력망 투자 부진의 여파로 변압기 제조업체 역시 오랫동안 투자를 하지 못했다. 둘째, 변압기 제조는 수작업 비중이 높고 고객 맞춤형 주문 생산이 일반적이기 때문에, 생산 설비를 늘려도 물량이 곧바로 늘어나는 구조가 아니다.

셋째, 숙련 인력 부족이다. 변압기 생산 과정에서는 코일 권선, 용접, 절연, 검사 등 고도의 숙련이 요구되는 공정이 많다. 그러나 이러한 인력을 양성하는 데는 시간이 오래 걸린다. 넷째, 공급망 이슈다. 변압기 생산에 필요한 구리와 입자방향성 전기강판(Grain-Oriented Electrical Steel, GOES) 등 원자재와 부품의 수급이 원활하지 않다. 다섯째, 급등한 가격과 발주처의 투자 부담이다. 가격 상승은 제조업체의 수익성에는 도움이 되지만, 전력회사와 같은 수요자 입장에서는 프로젝트 예산 부담을 키워 사업 지연의 원인이 되기도 한다.

이들 다섯 가지 요인은 상호 복합적으로 작용하며, 단기적으로 해결되기 어렵다는 점에서 변압기 공급 병목은 향후에도 계속해서 전력망 인프라 확장의 가장 큰 제약 중 하나로 남을 가능성이 크다.

변압기시장은 이제 전형적인 판매자 우위 시장(Seller's Market)으로 전환되었다. 가격 상승은 일시적인 사이클이 아니라, 수요 확대와 공급 제약이 동시에 고착화된 구조적 전환의 결과다. 주요 업체들은 사상 최대의 수주 잔고를 바탕으로, 더 높은 마진이 기대되는 계약에 우선순위를 두고 있다. 한편 미국 등 주요국은 공급망 안보를 이유로 국내 또는 우방국 중심 생산 기반 확대에 나서고 있다. 그러나 이러한 리쇼어링 정책은 단가 인상 요인이며 단기적으로 공급 여력도 제한적이다. 따라서 글로벌 공급망의 지역화 자체가 가격의 하방을 제한하는 요소로 작용하고 있다. 결론적으로 변압기 가격은 단순한 공급난이 해소된다고 해서 과거 수준으로 돌아가긴 어렵다. 우리는 더 높은 가격 수준이 정착된 새로운 국면에 진입한 것이다.

판매자 우위 시장의 지배자들

그렇다면 이 시장에서는 어떤 업체들이 지배력을 행사하고 있을까? 변압기시장은 대형 전력 변압기(LPT)[1]와 배전변압기[2] 모두에서 소수의 글로벌 대기업들이 상당한 영향력을 행사하고 있으며, 동시에 특정 지역이나 부문에서 강점을 가진 기업들도 중요한 역할을 하고 있다.

일관되게 언급되는 주요 다국적 기업으로는 히타치에너지(Hitachi Energy), 지멘스에너지, GE버노바, 슈나이더일렉트릭(Schneider Electric), 이턴(Eaton), 미쓰비시일렉트릭(Mitsubishi Electric), 도시바(Toshiba) 등이 있으며 국내 기업으로는 HD현대일렉트릭, 효성중공업, LS일렉트릭, 산일전기 등이 있다.

전력망의 혈관: 전선

초고압 케이블에 주목하는 이유

아무리 많은 전기를 생산하고 승압하고 강압한다 해도, 이를 안정적으로 전달하지 못하면 아무 쓸모가 없다. 전선(cable)은 전력 전송의 가장 기초 인프라로서 핵심 역할을 수행하지만 종종 눈에 띄지 않는 기반 시설이다. 전력망의 '혈관' 역할을 수행하는 것이다.

전선 사업의 전략적 중요성은 노후 전력망의 현대화와 신재생에너지로의 시급한 전환에 의해 증폭된다. 전력망 현대화는 AI 데이터센터와 같은 새로

1 　주로 100 MVA 이상, 수백 kV의 전압을 처리하는 대형 전력용 변압기로서 발전소·초고압 변전소 등에서 송전망에 전력을 연결하거나 송전 전압을 변환하는 데 사용한다. 주요 수요처는 발전소, 송변전설비, 대규모 산업단지 등이다.
2 　고압 전력을 저압으로 변환하여 수용가에 공급하는 변압기로서 주택, 상가, 학교, 공장 등 전력 소비지 인근에 설치된다. 일반적으로 용량이 수백 kVA 이하다.

운 수요에 대응하고 전력 공급의 신뢰성을 확보하기 위해 필수적이다. 동시에 신재생에너지, 특히 해상풍력은 지리적으로 분산되어 있는 경우가 많다. 해저케이블은 이러한 방대한 청정에너지원을 수요 중심지로 연결하는 유일하고도 실질적인 수단이다.

이번 파트에 해당되는 사업 영역은 다음 세 가지다.

첫째, 초고압 지중 케이블(EHV Underground Cables)은 주로 도시 지역에서 가공선(overhead lines)을 대체하여 안전성, 미관, 신뢰성을 향상시키거나, 특정 육상 장거리 송전 구간에 사용되는 고전압·초고압 케이블이다.

둘째, 초고압 해저 케이블(EHV Submarine Cables – Power)은 국가 간 또는 섬과 육지를 연결하는 인터커넥터, 해상 신재생에너지 발전단지(주로 해상풍력)에서 생산된 전력을 육상 계통으로 전송하는 데 필수적인 해저 전력 케이블이다.

셋째, 해저 케이블 시공·포설 시장(Submarine Cable Installation/Laying Market)은 해저 케이블의 설치, 유지보수, 수리를 위한 전문 서비스, 특수 선박, 장비 등을 포함하는 시장이다. 경로 탐색, 케이블 부설, 매설, 접속, 긴급 복구 작업 등이 여기에 해당한다.

'인터커넥터'로 연결되는 케이블 수요

케이블 수요를 견인하는 첫 번째 구조적 요인은 '인터커넥터'다. 국가 간 또는 지역 간 전력망을 연결하는 인터커넥터는 현대 전력 시스템의 필수 요소로 부상하고 있다. 이는 단순히 전력을 주고받는 역할을 넘어, 각기 다른 지역의 발전 자원을 공유함으로써 계통 안정성을 높이고, 가격 변동에 따른 효율적인 에너지 거래를 가능하게 하며, 지리적으로 분산된 다양한 신재생에너지원을 효과적으로 통합하는 데 결정적인 역할을 한다.

덴마크와 독일을 2GW 용량의 초고압직류송전(High-Voltage Direct Current, HVDC)으로 연결하는 본홀름 에너지 섬(Bornholm Energy Island) 프로젝트는 이러한 추세를 상징적으로 보여준다. 이 프로젝트는 대규모 해상풍력단지에서 생산된 전력을 통합하고 국경 간 전력 거래를 촉진하는 것을 목표로 한다. 영국과 덴마크를 잇는 1.4GW, 760km의 바이킹 링크(Viking Link) 또한 양국의 에너지 안보와 신재생에너지 통합에 기여하는 대표적인 사례다.

유럽송전시스템운영사업자협의회(ENTSO-E)는 2030년까지 신규 또는 교체 초고압·특고압 송전선로가 약 40,000km 필요할 것으로 전망하며, 이 중 절반 이상이 지중 및 해저 케이블로 구성될 것으로 예상한다. 특히 장거리 송전에는 HVDC 기술이 적극적으로 활용될 것이다. 전 세계적으로 인터커넥션 프로젝트가 확산되면서 해저 케이블 시스템에 대한 수요가 급증하고 있다.

또한 전력망 인프라에서는 네트워크 효과가 뚜렷하게 나타난다. 새로운 인

유럽과 아시아의 인터커넥터 설치 및 계획 현황(2022년 기준)

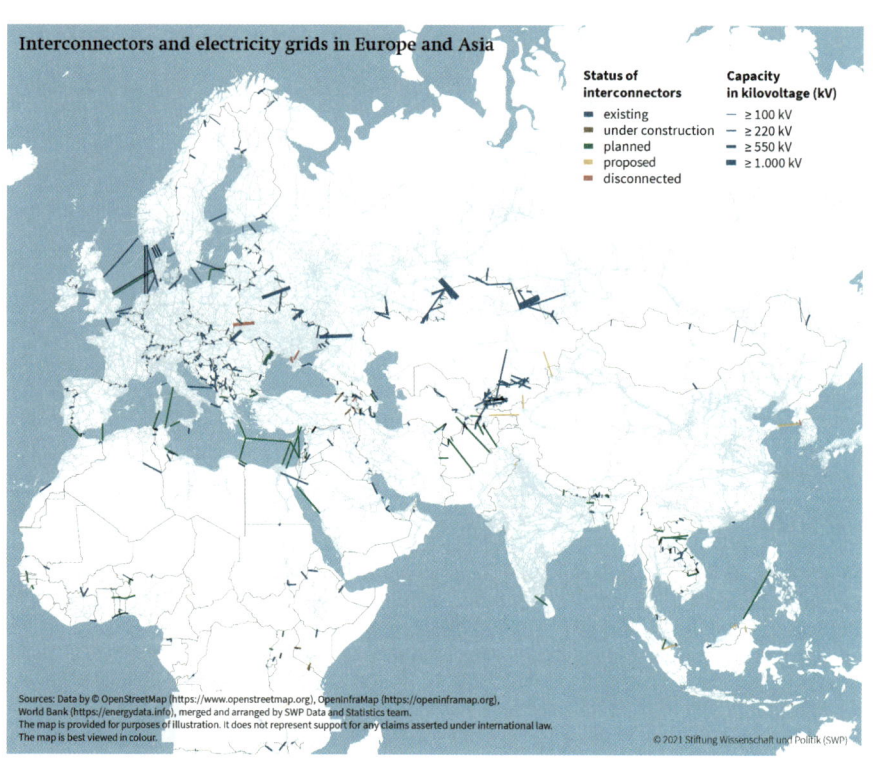

출처: OpenStreetMap, OpenInfraMap, World Bank

터커넥터가 추가될 때마다 기존 및 미래의 상호 연결된 시스템 전체의 가치와 효용이 선형적으로 증가하는 것이 아니라 기하급수적으로 증가할 수 있다. 통신 네트워크에서 관찰되는 메칼프의 법칙(Metcalfe's Law)과 유사한 현상으로, 네트워크의 가치는 노드 수의 제곱에 비례하여 증가한다는 원리다.

이는 전력망 연결성 투자를 촉진하는 강력한 선순환 구조를 형성한다. 더욱 조밀하게 연결된 전력망은 본질적으로 더 탄력적이고 유연하며, 변동성이 큰 신재생에너지를 흡수하는 데 더 효율적이다. 전력망이 더 스마트해지고 상호 연결성이 높아질수록 새로운 신재생에너지원 활용, 신규 시장 접근, 안정성 향상을 위한 추가 연결의 경제적, 기술적 타당성은 더욱 강화된다. 이러한 역학 관계는 에너지 전환이 진행됨에 따라 인터커넥터(및 관련 케이블) 수요가 초선형적으로 증가할 수 있음을 시사한다.

메칼프의 법칙: 노드 수 증가에 따른 네트워크 가치 급증

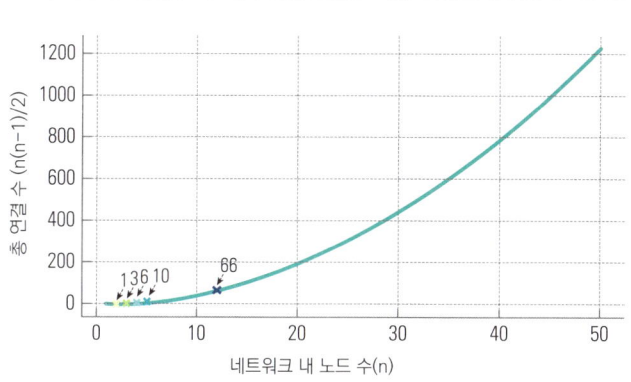

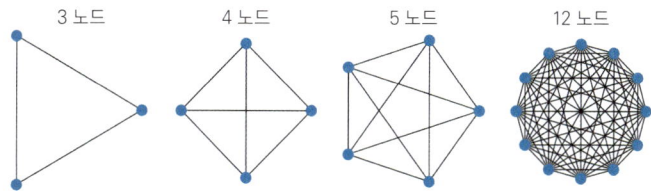

해안~풍력발전소 평균 거리 50km로 연장 전망

케이블 수요를 견인하는 두 번째 구조적 요인은 '해상풍력발전 프로젝트의 확장'이다. IEA는 연간 해상풍력발전 용량의 신규 증설이 2024년 17.5GW에서 2028년 39.5GW로 증가하고 이에 따라 2028년까지 전 세계 해상풍력 누적 발전용량은 218GW에 이를 것으로 전망한다.

전 세계 해상풍력 산업은 기술 발전과 함께 '터빈의 발전용량 증가'와 '해안으로부터의 설치 거리 확대'라는 두 가지 주요 추세를 보이고 있다. 국제재생에너지연구소(NREL)는 2024년 보고서에서, 해상풍력 터빈의 평균 발전용량은 2015년 4MW에서 2025년 12MW에 달하고 해안~풍력발전소 거리는 2015년 평균 30km에서 2025년 50km까지 확대될 것으로 예상했다. 이러한 설치 거리 및 터빈 용량의 확대는 단위 프로젝트당 필요한 송전 거리와 전력량이 동반 증가함을 의미하며, 결과적으로 해상풍력 프로젝트당 해저 및 초고압 전력케이블의 수요를 구조적으로 증가시키는 주요 요인으로 작용한다.

최근 케이블 산업에서 가장 주목받는 이슈는 HVDC의 부상이다. 장거리·대용량 전력 전송의 필요성이 증대됨에 따라 HVDC 케이블 수요가 급증하고 있으며, 특히 해상풍력 발전 에너지의 육지 계통 연계 및 국가 간 인터커넥터 프로젝트에서 핵심적인 역할을 수행하고 있다. HVDC 기술은 장거리 송전 시 에너지 손실을 교류(AC) 방식에 비해 30~40%까지 획기적으로 줄일

해상풍력발전 구조도

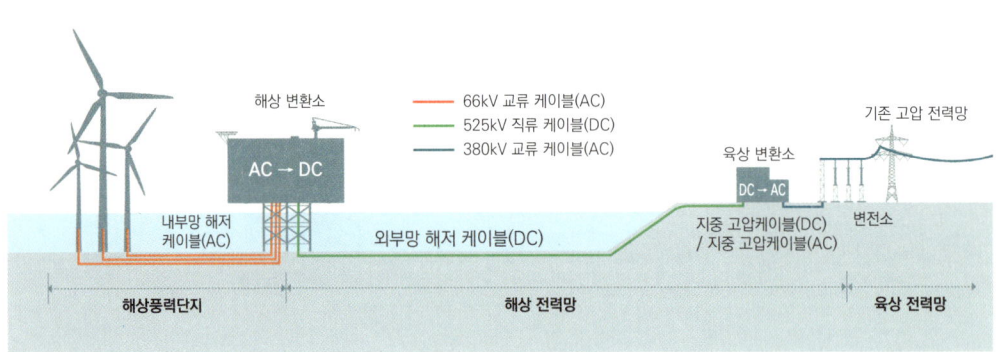

수 있다. 대륙 간, 심지어는 해양을 횡단하는 에너지 교환을 기술적으로 실현 가능하게 만드는 것이 바로 HVDC이다.

신재생에너지원이 주요 에너지 시스템 중 하나로 부상하면서, 태양광이 풍부한 사막이나 풍력이 강한 해상에서 생산된 막대한 양의 전력을 멀리 떨어진 도시 중심지로 효율적으로 전송하여 수요와 공급의 균형을 맞추는 능력이 무엇보다 중요해진다. HVDC는 이러한 '전력 고속도로'를 위한 최적의 기술이다. HVDC가 장거리, 대용량 전송에서 우위를 점하는 세상에서도 초고압 교류 송전(High-Voltage Alternative Current, HVAC)의 지속적인 역할은 분명하다. HVAC는 기존 전력망의 대부분을 차지하는 기술이며, 직류 변환 설비 비용이 송전 손실 이점보다 큰 단거리 연결에서는 여전히 경제적 우위를 점한다.

진입장벽 높은 과점 시장의 주역들

일반적인 전선 및 케이블 시장은 수많은 업체가 경쟁하는, 비교적 진입 장벽이 낮은 시장으로 인식된다. 그러나 초고압(EHV) 및 해저 케이블, 특히 HVDC 케이블 분야로 시야를 좁히면 시장의 풍경은 극적으로 변한다. 이 영역은 소수의 거대하고 고도로 전문화된 제조업체들이 지배하는 명백한 과점 시장이다. '케이블'이라는 단일 용어 뒤에 숨겨진 극명한 차이를 이해하는 것이 중요하다.

저압 전선을 대량 생산하는 것과, 수십 년간 심해의 극한 환경을 견디며 막대한 전력을 안정적으로 전송해야 하는 해저 HVDC 시스템을 설계, 제조, 설치하는 것은 근본적으로 다른 차원의 게임이다. 전자가 규모와 비용 효율성의 경쟁이라면, 후자는 극한의 엔지니어링, 막대한 자본 투자, 그리고 오랜 시간에 걸쳐 쌓아 올린 신뢰의 경쟁이다. 저압 케이블은 제조 기술이 비교적 단순하여 다수의 경쟁자가 존재할 수 있지만 EHV 해저 케이블, 특히 HVDC는 복제하기 어렵고 비용이 많이 드는 고도의 전문 지식, 특수 소재, 정밀 제조 공정, 그리고 특수 설치 역량을 요구한다. 이는 자연스럽게 소수의 지배적인 플레이어만 살아남는 시장 구조를 형성한다.

EHV 해저 케이블 공장 설립에는 막대한 초기 자본 투자가 필요하며, 이는 종종 소규모 일반 케이블 업체의 시가총액을 상회하는 수준이다. 한국 최대 규모의 전선 업체 LS전선이 미국 버지니아주에 건설 중인 신규 해저 케이블 공장은 투자 금액이 1조 원에 육박한다. 글로벌 최대 규모인 이탈리아 전선 업체 프리즈미안(Prysmian)의 2024년 투자는 7.35억 유로(한화 약 1.1조 원)이며, 이 중 약 5억 유로는 생산 설비 확장과 미국 신규 공장 증설분에 해당하는 것으로 알려져 있다. 요구되는 투자 규모 자체가 신규 진입자들이 거의 넘을 수 없는 장벽을 형성하고, 이러한 자본 집약성은 자연스럽게 플레이어의 수를 제한한다.

특수 케이블 포설 선박(Cable Laying Vessel, CLV)의 확보와 운영은 케이블 산업에서 또 다른 막대한 자본적 장벽을 형성한다. 최신형 첨단 CLV의 건조 비용은 최소 2억 달러에서 최대 5억 달러에 이를 수 있다. 프리즈미안을 비롯해 프랑스의 넥상스(Nexans), 덴마크 NKT는 모두 자체 CLV 선단을 운영 중이다. 대한전선은 초기에는 용선 계약을 통해 CLV를 확보했다가 이후에는 자체 선박을 인수하여 역량을 확대했다.

CLV 보유는 단순한 설치 역량의 확보를 넘어, 케이블 밸류체인의 핵심 구간을 통제하고 고객에게 턴키 솔루션을 제공하며, 프로젝트 실행 리스크를 줄이는 전략적 경쟁우위를 의미한다. 이는 곧 해자(moat)를 더욱 깊게 파는 행위에 다름 아니다.

EHV 해저 케이블은 국가 기간산업의 핵심이며, 그 실패는 막대한 경제적 혼란과 에너지 안보 위협으로 이어질 수 있다. 따라서 발주처인 정부, 송전 시스템 운영자(TSO), 대형 개발사는 높은 신뢰성과 안정성을 요구한다. 이들에는 케이블 자체의 비용보다 실패로 인한 손실(정전, 프로젝트 지연, 평판 손상 등)이 훨씬 더 막대하기 때문에, 검증되지 않은 공급업체를 극심하게 기피한다. 따라서 대규모 복합 프로젝트 수주 시에는 성공적으로 완료된 프로젝트 이력, 즉 레퍼런스가 필수적이다. 레퍼런스는 그 자체로 영속적인 진입장벽으로 작용한다.

해저 케이블 포설선

초기에 전략적 투자를 단행하고 기술 개발에 집중했던 기업들이 현재 유리한 위치를 확보하고 있다. 현재 전 세계 전선 제조사들이 생산하는 최고 전압의 전력 케이블은 525kV급 HVDC 케이블인데, 이 제품을 생산할 수 있는 기업이 업계의 선도 주자라 봐도 무방하다. 앞서 언급한 프리즈미안과 NKT, 넥상스, LS전선 외에 일본의 스미토모일렉트릭(Sumitomo Electric)이 현재 525kV HVDC 케이블을 상용화했다. 이 외에 그리스의 헬레닉케이블(Hellenic Cables), 중국의 ZTT와 닝보오리엔트(Ningbo Orient) 등이 525kV급 케이블 개발에 참여하고 있으나, 상용화 수준은 위 기업들에 비해 제한적인 상황이다.

수주잔고 순위로 경쟁력 가늠 가능

초고압 및 해저 케이블의 업황을 파악하기 위해 최우선으로 참고할 지표가 수주잔고다. 2015년 무렵 프리즈미안, NKT, 넥상스의 고전압(HV) 케이블 수주잔고는 각각 수억~수십억 유로 수준에 머물렀다. 프리즈미안은 2017년 말 기준 약 24억 유로, NKT는 ABB HV 케이블 부문 인수 효과로 같은 해 11억 유로 선을 기록했으며, 넥상스도 10억 유로 안팎에서 횡보했다.

2020~2023년에 상황이 급변했다. 대형 해상풍력단지와 525kV HVDC 인터커넥터 발주가 봇물처럼 쏟아지면서 세 회사의 수주잔고가 폭발적으로 확대되었다. 2023년 말 기준 프리즈미안은 100억 유로, NKT는 108억 유로, 넥상스는 61억 유로를 돌파하며 모두 사상 최고치를 경신했다. 해상풍력 터빈

의 대형화(15MW급 이상)와 설치 해역의 원거리화가 해저·육상 고전압 케이블 수요를 끌어올린 데다가, 유럽 전력망 운영사들이 다년 계약을 통해 대규모 패키지를 일괄 발주한 결과다.

2024~2025년 들어서는 초대형 프레임 계약이 잇따르며 잔고가 또다시 뛰었다. 프리즈미안은 독일·영국의 HVDC 프로젝트 수주로 180억 유로를 넘어섰고, NKT는 한 해 신규 수주 70억 유로를 기록하며 기존 잔고 대부분이 2026년 이후 인도 물량으로 채워졌다. 넥상스 역시 지중해와 북해를 잇는 대

주요 초고압케이블 생산 기업들의 수주잔고 추이(2017~2024)

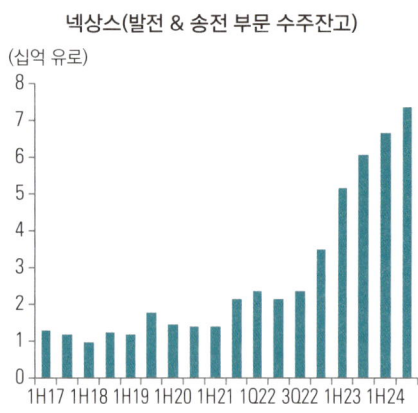

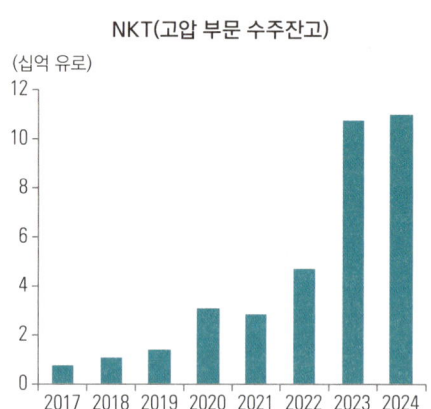

출처: 각 사

류 간 HVDC 링크 수주로 67억 유로를 상회했다. 현재도 수주잔고가 계속 증가하고 있다.

전력망 인프라 확충은 불가피한 시대적 과제

에너지는 단순한 물리적 동력에서 지능을 창조하는 기반 자원으로 역할이 격상되고 있다. AI 혁명, 가속화되는 전력화, 지속적인 경제 성장이라는 세 가지 강력한 흐름이 만나 전력 수요는 전례 없는 속도와 규모로 증가하고 있다.

그러나 수십 년간 투자가 부족했던 주요 선진국의 낡고 경직된 전력망은 이 폭발적인 수요를 감당할 준비가 되지 않았다. 이것이 바로 근본적인 병목 현상이다. 전력망의 심장인 변압기와 혈관인 초고압 해저 케이블 같은 필수 설비는 과거 투자 부진, 제한된 제조 능력, 숙련된 기술 인력 부족, 원자재 수급 문제, 그리고 긴 생산 및 설치 리드타임으로 심각한 공급 제약에 시달리고 있다. 이는 일시적 문제가 아니라 구조적이고 장기화될 가능성이 매우 높은 시대가 오고 있음을 예고한다.

AI 시대의 성장을 가로막는 전력망 인프라, 특히 변압기와 케이블 부문에 대한 대규모 투자는 더 이상 선택 사항이 아니라 생존을 위한 필수 조건이다. 공장 건설, 특수 선박 확보, 연구개발, 인재 양성에 수년이 걸리는 이등 산업에서 단기적인 시각은 설 자리가 없다. 지금 겪는 도전 과제들은 시장 기회를 없애는 것이 아니라 오히려 장기적으로 확대하고 있다. 예측 불가능성에도 불구하고 유연하고 확장 가능한 전력망에 선제적으로 투자하는 것이 장기적으로 훨씬 비용 효율적이며, 지능 안보와 경제적인 경쟁력 확보를 위한 유일한 길이다.

전력 인프라 밸류체인

대분류	소분류	기업명	티커	사업 내용
변압기 생산	송전변압기 중심	HD현대일렉트릭	267260 KS	한국 대표 초고압 변압기, 차단기, 배전반 및 에너지 솔루션 공급
		효성중공업	298040 KS	초고압 변압기, 차단기, 전동기(국내 1위) 등 중전기기 및 신재생에너지, 수소에너지 솔루션 제공
		일진전기	103590 KS	초고압 케이블, 중저압 케이블 등 각종 전선류와 변압기 등 중전기기 생산
		GE Vernova	GEV US	발전(가스, 풍력, 수력, 원자력), 그리드 솔루션 및 디지털 서비스 제공
		Mitsubishi Electric	6503 JP	송전망용 Shell-Form 대형 변압기 생산
		Daihen	6622 JP	고품질 특수 변압기 및 핵심 부품(탭 체인저) 기술에 강점을 보유
		Toshiba ESS	비상장(일본)	(모회사: Toshiba) 송전망용 유입식 변압기 분야에서 800kV, 1500MVA급까지 라인업 보유
		Hitachi Energy	비상장(스위스)	(모회사: Hitachi) 스위스/일본계 전력장비업체, 송배전 변압기 모두 생산
		Siemens Energy	ENR GR	Grid Technologies 사업부가 광범위한 송전 및 배전 솔루션 제공
		SGB-SMIT	비상장(독일)	유럽 지역 특화, 네덜란드 대형 공장 보유
		Xi'an XD Group	601179 CH	국영 EPC·철도·재생에너지용 전력 설비 중심
		TBEA	600089 CH	중국의 종합 전력장비 제조사, 초고압 경쟁력 보유
		Shanghai Electric	601727 CH	초고압 변압기부터 스마트 송배전 장비까지 광범위한 제품 보유
		Bharat Heavy	500103 IN	1200kV급 초고압 송전 변압기까지 개발·제작한 전력용 변압기 전문 기업
		Wilson Transformer	비상장(인도)	호주·아시아-태평양 대형 프로젝트 중심
		CHINT Group	비상장(중국)	중국의 종합 전력장비 제조사, 중저압 배전변압기도 생산
	배전변압기 중심	LS ELECTRIC	010120 KS	스마트 팩토리 기반 생산, LS파워솔루션과 시너지, 북미·동남아 시장 중심
		산일전기	062040 KS	송전배전망, 신재생에너지, 해양 플랜트, 철도 및 석유화학 플랜트 등에 사용되는 변압기 생산
		Eaton	ETN US	미국 대표 배전 장비 업체로 고효율·친환경 배전변압기에 강점
		Powell Industries	POWL US	소규모 배전변압기와 스위치기어 솔루션에 집중
		Howard Industries	비상장(미국)	북미 중형 배전·서브스테이션 시장 집중
		Kirloskar Electric	502290 IN	인도 최대 배전변압기 업체
		Schneider Electric	SU FP	글로벌 전력·자동화 기업이며 주로 배전·상업용 변압기에 집중
		BRUSH Group	비상장(영국)	(모회사: Meggitt, MGGT LN) 배전·중전력 변압기 생산. 소형화 및 고효율 설계 강조
		Fortune Electric	1519 TT	배전변압기, 아몰퍼스 코어 변압기
		Shihlin Electric	1503 TT	대만·동남아 배전시장 중심
		Chung Hsin Electric	1513 TT	배전망용 변압기를 비롯해 전력·특수 변압기 포트폴리오 보유
		Servokon Systems	비상장(인도)	인도의 소형 배전변압기 전문 업체
		Prolec GE	비상장(멕시코)	멕시코 GE 합작사로 배전변압기 전문
		CG Power	CGPO IN	포화철심(SLIM®) 고효율 변압기 기술 보유, 풍력·복합화력·산업 설비 납품
	산업용 중심	KOC Electric	비상장(한국)	(모회사: LS Electric) 방폭변압기, 다중권선형, 전로접지용 등 특수 사양 변압기 강점
		Virginia Transformer	비상장(미국)	발전소 GSU, 공장수전, 철도 변압기 등 다양한 산업용 변압기에 적용
		SPX Transformer	비상장(미국)	수력발전, 산업플랜트, 시립 전력망 등 다양한 산업 분야에 공급

전력 인프라 밸류체인

대분류	소분류	기업명	티커	사업 내용
케이블 생산·포설	초고압 (HVDC/AC) 케이블	LS전선	비상장(한국)	(모회사: LS) 한국 최대 전선 업체
		대한전선	001440 KS	한국·중동 거점. 154kV 이상 EHV 전력케이블·부속품 생산. 송배전 EPC 수행
		NKT A/S	NKT DC	해저·지중 HVDC·HV 케이블 생산, 특수 케이블 포설 선박(CLV) 보유
		Nexans S.A.	NEX FP	HVDC 해저·육상케이블, 광섬유 생산, 특수 케이블 포설 선박(CLV) 보유
		Prysmian Group	PRY IM	글로벌 1위 전선 업체. ±525kV HVDC·초장거리 해저/지중 케이블 생산, 특수 케이블 포설 선박(CLV) 보유
		Hellenic Cable	비상장(그리스)	±325kV HVDC 케이블 제조
		Sumitomo Electric	5802 JP	±525kV HVDC·초장거리 해저·지중 케이블 제조
		Jiangsu Zhongtian Technology	600522 CH	해저 전력·광섬유 복합케이블 제조
		TBEA	600089 CH	송변전 EPC, 알루미늄·강심 전선(ACSR), 500 kV급 HV 케이블·변압기 제조
		China XD Electric	601179 CH	국영 EPC·철도·재생에너지용 전력 설비 중심
		Ningbo Orient Wires & Cables	603606 CH	MV/HV·선박 & 해양 케이블, 산둥·저장성 중심 내수
		Baosheng Cable	600973 CH	중국 내수 및 글로벌 HV(최대 750kV, 해저) 중심
		Grand Ocean Marine Co., Ltd.	비상장(중국)	닝보 기반. 선박·오프쇼어 전력·제어 케이블 제조
	중저압 케이블	가온전선	000500 KS	한국 중심. 중저압(MV/LV) 전력·통신·빌딩용 케이블, 배전망 주력
		LS에코에너지	229640 KS	베트남·인도네시아 등 동남아 생산 법인. MV/LV 전력케이블·배선재, EV 충전 케이블
		일진전기	103590 KS	초고압 케이블, 중저압 케이블 등 각종 전선류와 변압기 등 중전기기 생산
		대원전선	006340 KS	한국. 저압 건축·제어·자동차용 케이블, 구내 배선용 와이어 중심
		Furukawa Electric	5801 JP	일본·미주. 광섬유·통신, 자동차·전자선, MV/HV 전력케이블
		Qingdao Hanhe Cable	002498 CH	중국 내수 중심 MV & LV 케이블
		Apar Industries Ltd.	532259 IN	알루미늄·AAAC 도체 세계 1위 업체
	해저 케이블 포설	LS마린솔루션	060370 KS	한국 최초 해저케이블 시공 특화 EPC. 전용 특수 케이블 포설 선박(CLV) 보유
		Jan De Nul Group	비상장(벨기에)	전용 특수 케이블 포설 선박(CLV) 보유
		DEME Group	DEME BB	전용 특수 케이블 포설 선박(CLV) 보유
		Boskalis	비상장(네덜란드)	전용 특수 케이블 포설 선박(CLV) 보유
		Van Oord	비상장(네덜란드)	전용 특수 케이블 포설 선박(CLV) 보유
		Seaway7 (Subsea 7)	비상장(룩셈부르크)	전용 특수 케이블 포설 선박(CLV) 보유
		Global Marine Group	비상장(영국)	50척 이상 케이블 시공·정비 선단 보유
		Orange Marine	비상장(프랑스)	전용 특수 케이블 포설 선박(CLV) 보유

자체 발전소(On-site)
: 직접 발전소를 세워 전력 공급

가스발전

발전소 운영
Duke Energy(미)
Southern Company(미)
Dominion Energy(미)
Entergy(미)
NRG Energy(미)

가스터빈 제작
GE Vernova(미)
Siemens Energy(독)
Mitsubishi Heavy(일)
두산에너빌리티(한)

가스터빈 부품
Bharat Heavy(인도)
Shanghai Electric(중)
Dongfang Electric(중)
Nooter/Eriksen(미)
Woodward(미)
비에이치아이(한)
SNT에너지(한)

소재
Howmet Aerospace(미)
Carpenter Technology(미)
PCC(미)
Chromalloy(미)

원자력발전(SMR)

발전소 운영
Constellation Energy(미)
Vistra Energy(미)
Talen Energy(미)

SMR 설계, 개발
NuScale Power(미)
Oklo(미)
Nano Nuclear Energy(미)
TerraPower(미)
X-Energy(미)
GE Vernova(미)
Rolls-Royce(영)
한전기술(한)
CNNC(중)
CGN Power(중)
China Huaneng Group(중)
State Power Investment(중)

우라늄 농축
Centrus Energy(미)
ASP Isotopes(미)
Cameco(캐)
CNNC(중)
Rosatom/Tenex(러)
Orano(프)
Urenco(영,네,독)

SMR 설계·조달·시공(EPC)
현대건설(한)
DL이앤씨(한)
삼성물산(한)
Fluor(미)
Bechtel(미)
AtkinsRéalis(캐)

SMR 제작
두산에너빌리티(한)
비에이치아이(한)
우리기술(한)
태웅(한)
BWX Technology(미)
Curtiss-Wright(미)
Mirion Technologies(미)

전력 인프라(GRID)
: 국가 전력망으로부터 전력 조달

변압기

송전 변압기

HD현대일렉트릭(한)
효성중공업(한)
일진전기(한)
GE Vernova(미)
Siemens Energy(독)
Hitachi Energy(스위스)
Mitsubishi Electric(일)
Daihen(일)
Toshiba ESS(일)
Xi'an XD Group(중)
TBEA(중)
Shanghai Electric(중)
Bharat Heavy(인도)

배전·산업용 변압기

LS ELECTRIC(한)
산일전기(한)
KOC Electric(한)
Eaton(미)
Powell Industries(미)
Howard Industries(미)
Virginia Transformer(미)
SPX Transformer(미)
Fortune Electric(대)
Shihlin Electric(대)
Chung Hsin Electric(대)
Kirloskar Electric(인도)
Servokon Systems(인도)
CG Power(인도)
Schneider Electric(프)
BRUSH Group(영)
Prolec GE(멕)

전력 케이블

중저압 전력 케이블

가온전선(한)
LS에코에너지(한)
일진전기(한)
대원전선(한)
Furukawa Electric(일)
Qingdao Hanhe Cable(중)
Apar Industries(인도)

초고압 전력 케이블

LS전선(한)
대한전선(한)
NKT A/S(덴)
Nexans S.A.(프)
Prysmian Group(이탈리아)
Hellenic Cable(그)
Sumitomo Electric(일)
Jiangsu Zhongtian Tech(중)
TBEA(중)
China XD Electric(중)
Ningbo Orient Wires & Cables(중)
Baosheng Cable(중)
Grand Ocean Marine(중)

에너지 & 전력 인프라

6장　　　　　　　　　　　　　이차전지

한국 '고밀도', 중국 '저가'를 이길까?

노우호
이차전지·석유화학

중국의 배터리 굴기, 최종 승자 될까?

중국의 배터리 제조 기업 CATL은 2025년 5월 홍콩 증권거래소에 추가 상장했다. 앞서 2018년 중국 선전 증권거래소에 첫 상장한 이후 7년 만이다. 현재 글로벌 배터리 기업들의 시가총액은 CATL 207조 원(선전 증권거래소 기준), LG에너지솔루션 71조 원, 파나소닉홀딩스(Panasonic Holdings) 38조 원, 삼성SDI 11조 원 등이다.

이차전지 생산 기업들의 시장점유율(2024)

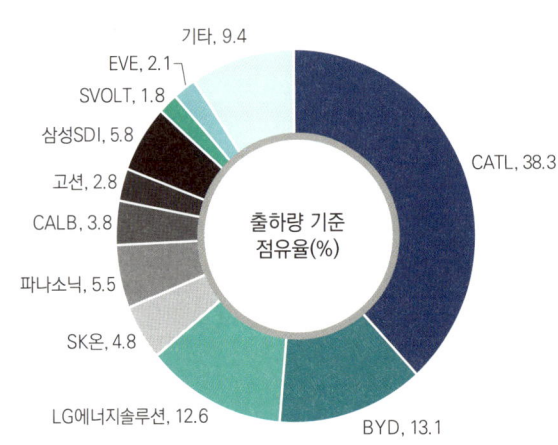

출처: SNER

이차전지 제조 공정

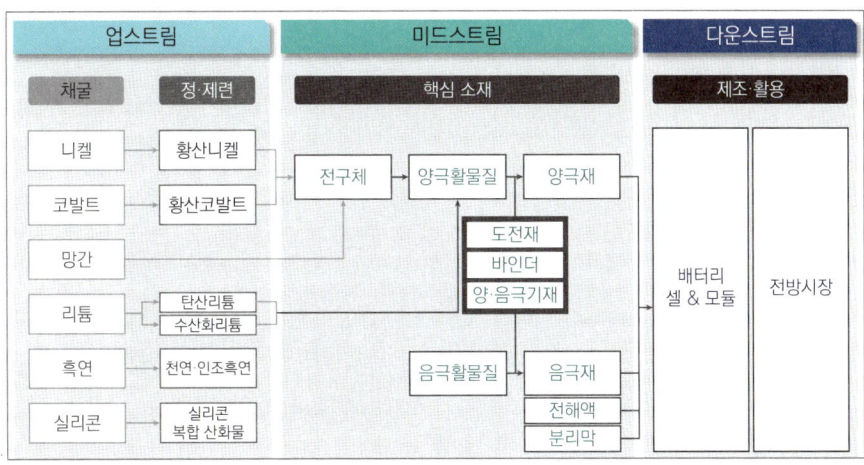

　CATL은 중국 내수 시장을 기반으로 이차전지 생태계의 강자로 부상했다. 모빌리티 분야의 전기차 전환이라는 추세적 흐름이 진행되는 가운데 대중국 규제 정책이 여전한 상황에서 CATL은 앞으로도 시장 지배력을 유지할까? 이차전지시장의 최종 승자는 누구일까?

전기차시장 개화와 배터리의 진화

　배터리는 과거부터 에너지 밀도와 용량, 전압, 사용 시간, 안전성 등에 초점을 두며 진화해왔다. 결국 전기차의 성능을 결정짓는 핵심은 배터리다. 배터리 기업들은 인산철계(LFP)와 삼원계(NCM 등)로 양분된 구도 속에서 경쟁하고 있다.

이차전지의 에너지 밀도 진화 방향(2010~2030)

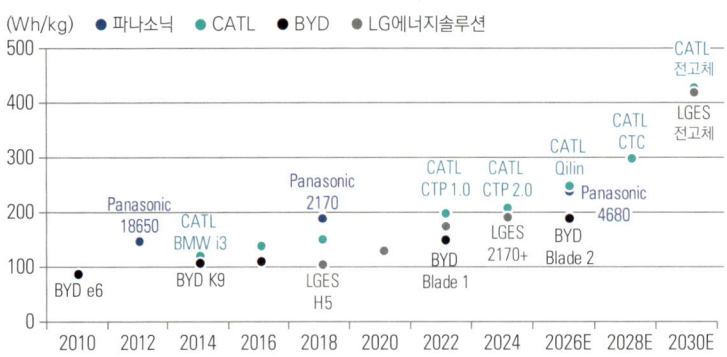

中 인산철계 vs 韓·日 삼원계 대결

두 화합물 간 차이는 배터리 성능을 책임지는 양극재다. 중국이 주도하는 인산철계(LFP)의 양극재는 인산(염)과 철로 구성된다. 저렴한 가격과 상대적인 안전성, 높은 안정성이 장점이다. 단, 에너지 밀도와 전압에 한계가 있어 자동차 주행거리는 상대적으로 짧은 편이다.

한국과 일본이 택한 삼원계의 양극재는 니켈, 코발트, 망간 등 세 가지 광물의 화합물 형태다. 니켈은 에너지에, 망간은 전압에 영향을 미친다. 전기차 분야 등의 모델이 다변화되면서 하이니켈 양극재의 비중이 커지는 중이다. 니켈 비중은 과거 60% 수준이었다가 최근 80% 이상으로 높아졌다. 그러면서 코발트 비중이 낮아졌다. 또한 삼성SDI와 테슬라의 내재화 배터리는 망간 대신 알루미늄을 활용한 NCA를 채택 중이다. 특히 테슬라는 4680 전지라는 원통형 전지를 사용하는데, 이는 니켈 함량이 높은 하이니켈 양극재로 구성된다.

세계 전 지역에서 LFP 배터리의 침투율이 높아지는 중이며 2025년 3월 기준 지역별 LFP 침투율은 47%(중국 74%, 유럽 9%, 미국 2%)로 상승했다. 앞서 글로벌 완성차들의 LFP 채택 움직임은 2020년 테슬라가 CATL을 선택하고 BYD가 LFP를 채택하면서 본격화되었다. 또한 LFP는 소형차에 적합하다고 여겨졌으나, 밀도 개선을 통해 중형차에도 탑재되기 시작했다.

인산철계와 삼원계의 가격 차이(2020~2024)

인산철계 침투율 추이(2022~2025)

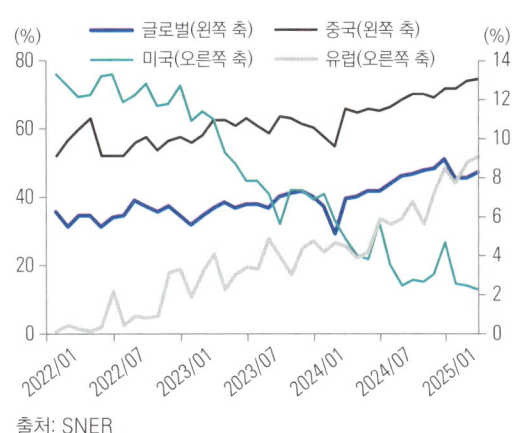

출처: SNER

한국 배터리업계는 성능 완성도에 초점을 둔 나머지, 저가형 시장의 확장세를 간과했다. 업황 부진을 벗어나려면 한국 배터리 업체들도 LFP 양산 능력을 확보해야 한다. LG에너지솔루션은 조기의 성과를 달성 중이다. 2024년 프랑스 르노향 LFP 배터리 60만 대분 공급 계약을 체결했다. 또 기존 삼원계 기준 망간리치(LMR)를 GM과의 협업으로 양산키로 했다. 향후 한국과 중국 배터리 업체들 간 가격 경쟁이 더욱 치열해질 것으로 전망된다.

인산철계 2025년 가격 하향 계획

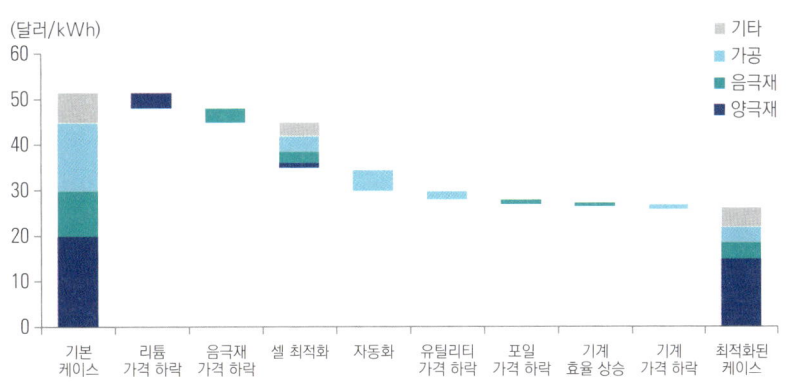

출처: S&P Global

적용 애플리케이션 확장 가시성에 배터리 성능 또한 진화 중

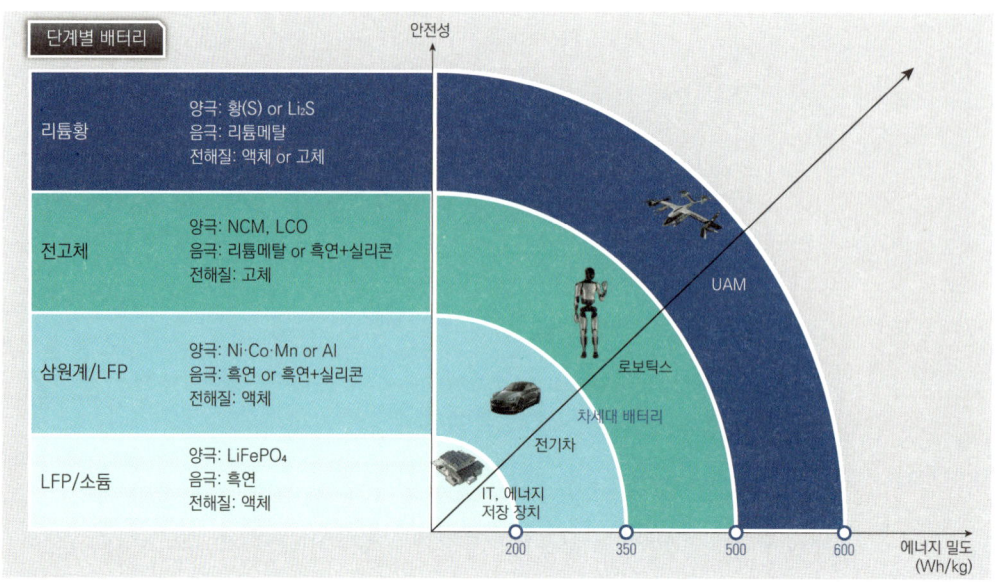

中 정부, 전폭 지원해 배터리 공룡 육성

중국은 2015년 리커창 총리 주도하에 '중국 제조2025' 정책을 수립해 추진했다. 이 정책에는 보조금을 앞세워 전기차 보급을 늘린다는 내용이 포함되어 있었다. 이는 가솔린·디젤 엔진 등 내연기관 위주의 중국 자동차 산업이 전동화되는 전환점이 된다.

그로부터 10년이 지난 2025년. 중국의 친환경차, 전기차의 시장 규모는 어느 정도로 성장했을까? 시장조사기관 SNE리서치에 따르면 2024년 중국에서 전기차는 전년보다 40% 많은 1,162만 대 판매되었다. 이는 세계 전기차 판매량 1,763만 대의 66%를 차지한다. 중국이 세계 최대 전기차시장이 되면서 자연스레 중국 이차전지 업체들도 급성장했다. 상위 기업 CATL, BYD 외에 ATL, CALB, EVE에너지 등 후발 주자들의 약진이 돋보인다.

그러나 이 정책은 중국에 진출한 한국 배터리 기업들에 족쇄를 채웠다. '2016년부터 중국 생산 현지화를 구축한 외국 배터리 기업에서 납품받은 중

지역별 전기차 침투율(2021~2025)

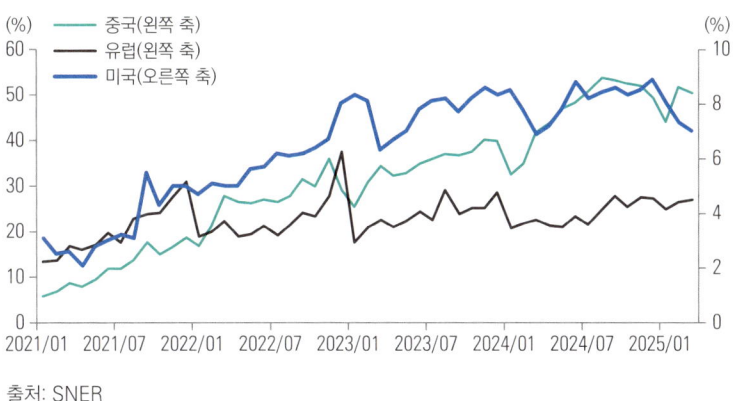

출처: SNER

국 전기차는 보조금을 받을 수 없다'고 제한했기 때문이다. 당시 LG에너지솔루션과 삼성SDI는 철저하게 배제되었다. 이 제한은 2019년 폐지되었으나, 그때까지의 4년은 중국 배터리 산업에서 공룡들이 성장하기에 충분한 시간이었다.

배터리 사업에 진심이던 LG그룹

일정 수준 이상의 규모를 갖춘 조직에서 신규 사업을 추진하는 일은 결코 만만한 일이 아니다. 수많은 도전과 기존 사업 이해관계자들과의 갈등, 성과 시점에 대한 조급함 때문이다. 2020년 이후 글로벌 기업으로 성장한 LG에너지솔루션의 LG그룹, 배터리 광물 및 소재 분야로 포트폴리오를 확장한 포스코그룹, 비약적인 성장을 이룬 에코프로그룹 등에 주목해야 하는 이유다. 이들 그룹은 국가 경제에 신규 먹거리를 창출했다는 점에서도 기여했다.

한국 배터리 산업이 해외 무대로 진출한 계기는 LG에너지솔루션(당시 LG화학)이 2009년 미국 GM 볼트향 삼원계 배터리를 공급하기로 확정한 것이었다. 당시 LG NCM111(니켈, 코발트, 망간의 1:1:1 비율 화합물)의 해외 전기차향

LG그룹, 포스코그룹, 에코프로그룹의 시가총액 변화(2020~2024)

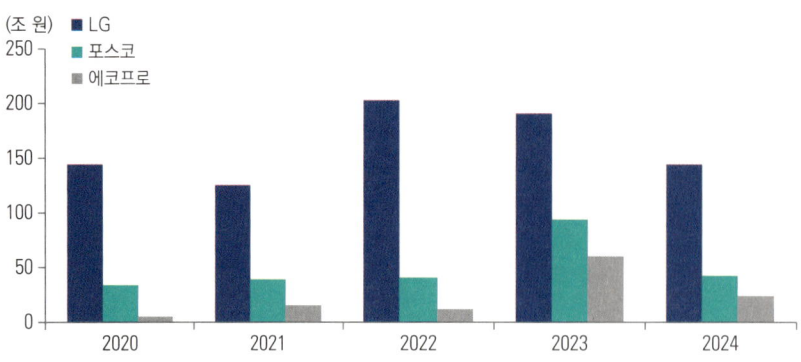

* 그룹별 상장계열사 기말 시가총액의 합
* LG그룹(12): LG에너지솔루션, LG화학, LG전자, LG, LG이노텍, LG디스플레이, LG생활건강, LG유플러스, LG헬로비전, LG CNS, 로보스타, HS애드
* 포스코그룹(6): 포스코홀딩스, 포스코퓨처엠, 포스코인터내셔널, 포스코DX, 포스코엠텍, 포스코스틸리온
* 에코프로그룹(4): 에코프로, 에코프로비엠, 에코프로에이치엔, 에코프로머티리얼즈
  출처: Quantiwise

첫 수주였다. 중국 LFP 대비 에너지 경쟁력과 대규모 공급 요구에 대응 가능한 양산 능력이 인정받은 성과였다.

2020년 이후 국내 배터리 3사가 미국 투자 우선주의를 발표하면서 미국 투자는 표준처럼 인식되고 있다. 국내 배터리 기업 중, 미국 생산 현지화를 구축한 기업 역시 LG그룹이다. 2010년 10월 미국 미시간 홀랜드시에 고객사 GM을 겨냥한 첫 배터리 생산 라인을 착공했다. 당시 미국 오바마 대통령도 참석해서 미래형 친환경 사업과 미시간의 지역 경제 활성화에 일조하는 LG그룹의 투자를 축하했다.

LG의 첫 미국 현지 투자와 GM 합작법인 설립은 이후 기타 고객사들과의 합작 사례로 이어졌고, SK온과 삼성SDI의 미국 진출 전략에 표준처럼 제시되었다. 한편 국내 배터리 기업들은 미국 GM, 포드, 스텔란티스(Stellantis) 외에 한국 현대차 그룹, 일본 혼다(Honda) 등과도 합작을 추진한다.

2010년 LG화학의 미시간주 배터리 생산 공장 착공식에 참석한 오바마 대통령 (출처: LG화학)

해외 시장을 개척하다

LG그룹의 선제적 생산 설비 현지화 전략은 국내외 후발 주자들에 사업 모델의 모범으로 설명된다. LG그룹은 2004년 중국 난징, 2009년 미국 미시간, 2017년 폴란드, 2019년 이후에는 미국 투자 프로젝트 다수를 추진했다.

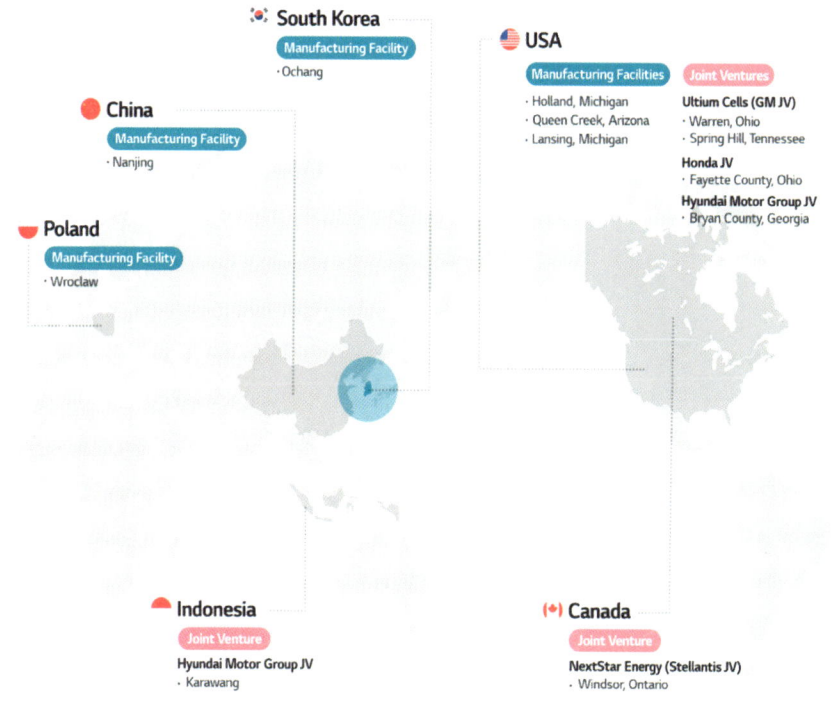

LG에너지솔루션의 해외 생산 기지 현황 (출처: LG에너지솔루션)

한국 배터리 기업들의 중국 생산 설비 수율 이슈는 다소 적은 편이다. 이들이 전례 없던 수율 개선에 도전을 받은 시기는 폴란드와 헝가리 등 유럽으로의 생산 현지화 과정에서 발생했다.

수율 개선은 대체 언제 달성됩니까?

LG에너지솔루션(과거 LG화학)의 2018~2019년 분기 투자 설명회에서 단골로 올라온 질문은 폴란드 생산법인의 생산 수율과 실적 개선 예상 시점이었다.

2018년 폴란드 생산법인은 총 생산 능력 86GWh로 해외 생산 기지 중 최대 규모를 자랑했다. 폴란드 정부의 각종 인센티브 및 원활한 현지 인력 충원 등 설비 완공 즉시 생산 운영 최적화를 위한 제반 환경도 제때 마련되었다. 이후의 관건은 생산 수율 극대화였다.

일반적인 공정 수율의 개념은 총 생산 가능 규모 대비 품질 기준을 통과한 생산 제품의 비율이다. 80% 이상이면 정상 수율로 평가된다. 어느 제조 산업이든 국내 생산법인의 높은 혹은 정상 수율의 양산 능력을 해외 생산 기지에서도 즉시 달성하기는 어렵다. 제조 환경, 인력의 성숙 수준 등 국내와 다소 상이한 변수들이 즐비하다. 배터리 산업의 수율 달성에는 양산 경험을 갖춘 생산 인력들, 이들의 유무형 노하우가 특히 중요하다.

LG화학 배터리 부문의 분기별 영업이익률 추이(2017~2019)

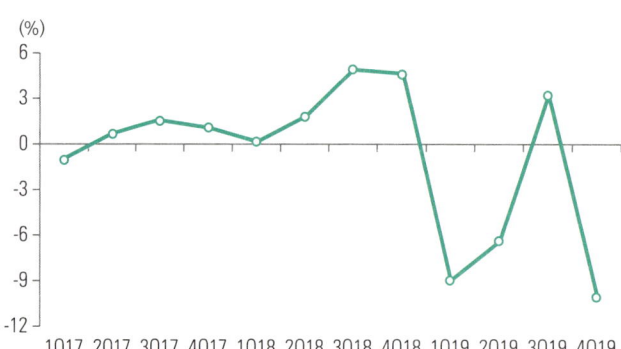

출처: LG화학

배터리 제조의 전후방 산업

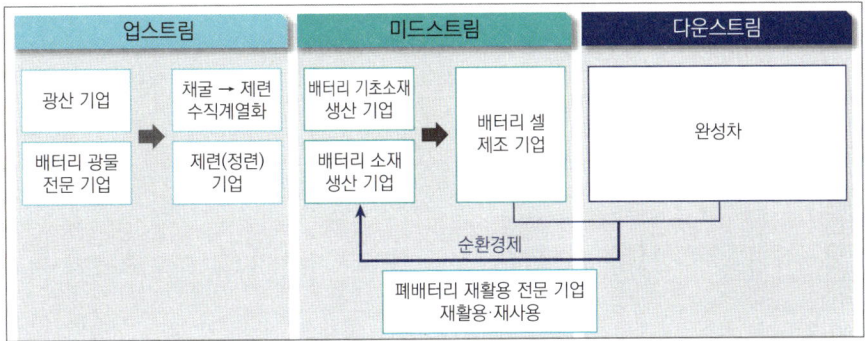

　폴란드 생산법인이 생산 수율을 향상시키는 데는 3년이 걸렸다. 그 과정은 난관의 연속이었고 생산 인력은 고군분투하며 어려움을 극복해나갔다. 폴란드 생산법인의 정상화 경험은 이후 미국 투자 규모를 확대할 때 수율 조기 확보에 발휘된다.

전기차 시대, 제2의 석유 '리튬'과 포스코

　그야말로 리튬 확보 전쟁이다. 리튬은 주기율표의 188개 원소 중 3번째에 있다. 아주 가볍고, 물과 반응하면 열을 낸다. 반응성이 크고 불안정하여 순수한 형태가 아닌 화합물로 존재한다. 리튬은 배터리 생산에 가장 중요하고 값비싼 원재료다. 이차전지 분야에서는 안정화된 산화리튬 형태로 양극재 핵심 원재료로 사용되며 LFP, NCM, NCA, LCO 등에 활용된다.

　이차전지가 IT 소형 기기 등 일부 국한된 수요에 머무르던 단계에서는 리튬 확보 리스크가 없는 편이었다. 리튬 확보 경쟁이 격화된 것은 2020년 코로나19로 인한 공급망 재편, 그리고 2022년 미국과 유럽연합(EU)의 공급망 정책 시행 이후다. 이미 현실화된 전기차 시대에 배터리 핵심 원재료 리튬을 안정적으로 조달하는 능력은 기업의 공급망 경쟁력이 되었다.

중국의 이차전지 원재료시장 지배력은 현재 진행형

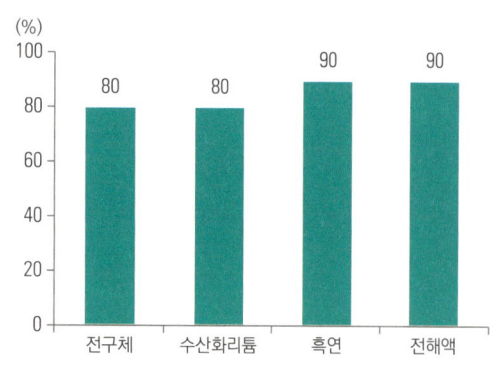

수산화리튬 가격 추이(2022~2025)

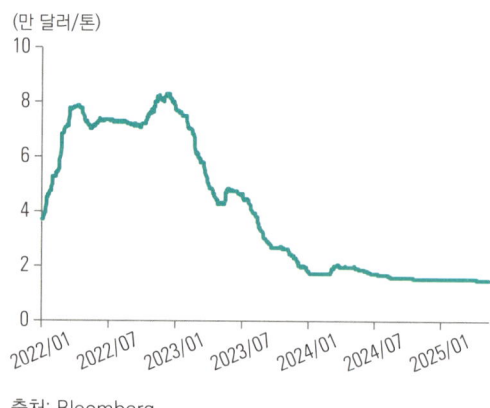

출처: Bloomberg

"리튬 채굴은 상대적으로 쉽지만 정제는 훨씬 어렵다. 엄청난 기계와 기술이 필요하고 확장은 더욱 어렵다. 리튬 정제는 소프트웨어 같은 고마진을 창출할 수 있다. 당신은 절대 실패하지 않을 것이다. 이는 돈을 찍는 면허와 같다."

일론 머스크 테슬라 CEO는 2023년 투자 설명회 때 이렇게 말하며 미국 내 리튬 정제 사업이 필요하다고 역설했다.

머스크가 강조한 것처럼 리튬은 채굴 이후 정제가 중요하고 어렵다. 리튬을 배터리 등급으로 사용하려면 고순도 탄산리튬이나 수산화리튬으로 정제해야 한다. 리튬 정제련 설비를 기준으로 할 때 중국의 시장 점유율이 50%에 육박한다. 따라서 중국은 공급과 가격에 큰 영향을 줄 수 있다. 테슬라가 리튬 제련에 나선 까닭이다.

포스코그룹은 주력 철강 이후의 신사업으로 이차전지 사업 포트폴리오를 구축했다. 2021년 지주회사 포스코홀딩스 산하에 사업 자회사를 두는 체제로 전환했다. 자회사 포스코는 기존 철강 사업을 영위하고, 이차전지 사업 등은 포스코퓨처엠 등이 추진하기로 했다.

포스코그룹은 2018년 호주 필바라미네랄(Pilbara Minerals)의 지분 4.7%를 인수했고 리튬 정광 구매 장기 계약을 체결했다. 또한 아르헨티나 옴브레무에르토 염호를 확보했다. 이 염호에는 리튬 1,370만 톤이 매장된 것으로 추정된다.

테슬라의 미국 내 리튬 정제련 사업 (출처: Tesla)

리튬 생산국 분포

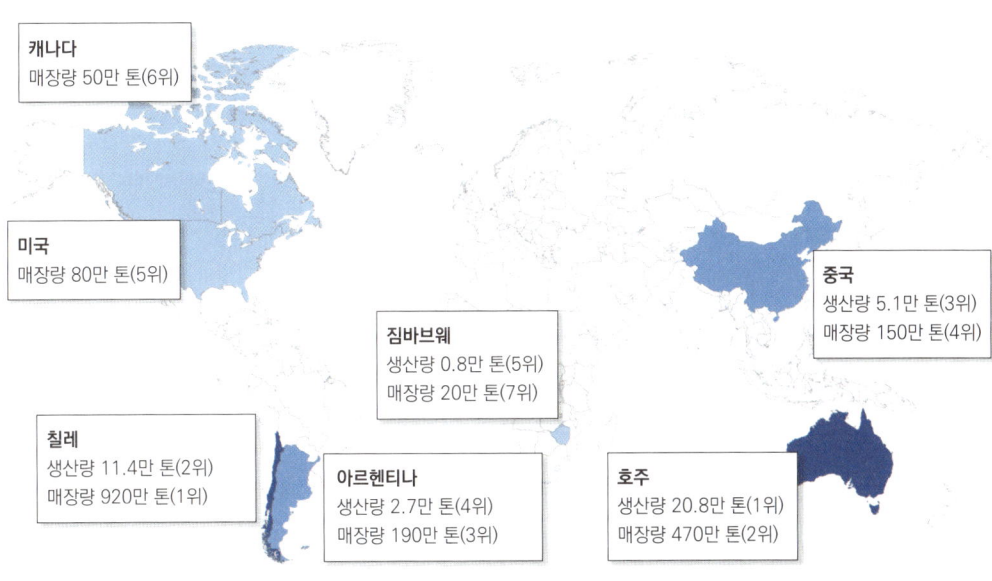

캐나다
매장량 50만 톤(6위)

미국
매장량 80만 톤(5위)

짐바브웨
생산량 0.8만 톤(5위)
매장량 20만 톤(7위)

중국
생산량 5.1만 톤(3위)
매장량 150만 톤(4위)

칠레
생산량 11.4만 톤(2위)
매장량 920만 톤(1위)

아르헨티나
생산량 2.7만 톤(4위)
매장량 190만 톤(3위)

호주
생산량 20.8만 톤(1위)
매장량 470만 톤(2위)

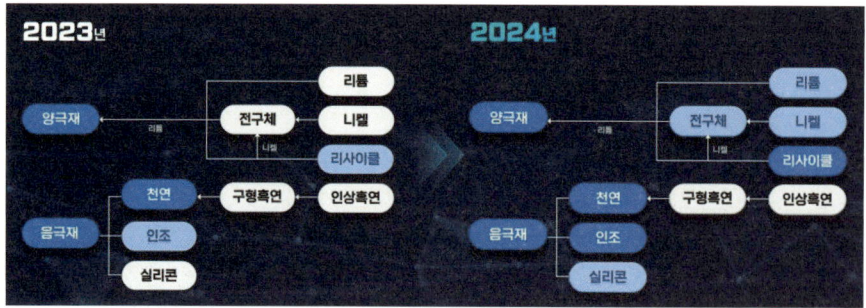

포스코그룹의 계열사별 이차전지 사업 현황: 파란색은 '양산', 하늘색은 '가동 초기', 흰색은 '투자(검토) 중'을 의미함 (출처: 포스코)

    포스코그룹은 제철사이지만 이차전지 광물 분야에 뚜렷한 강점을 보유하고 있었다. 배터리에 투입되는 니켈, 코발트, 망간 등을 기존에 합금 재료로 활용해왔다. 니켈은 스테인리스강 제조를 위해 철과 화합물로 생산된다. 역시 포스코는 니켈 광산 등 공급망을 확보했고 양극재 생산용 전구체 제조를 위한 니켈 정련 기술 또한 보유했다. 망간은 철강의 내식성, 인성 및 강도 상향을 위해 사용된다. 코발트는 고급강을 만들 때 사용된다. 국내 배터리 기업들의 주력 삼원계(NCM) 제품 생산에 최적화된 원소재 솔루션을 제공할 수 있는 포트폴리오를 이미 구축한 셈이다.

    포스코퓨처엠은 2010년 LS엠트론의 음극재 사업부를 인수했고 2012년 보광 휘닉스소재와 합작한 포스코ESM으로 양극재 사업을 개시했다. 이후 기

LG에너지솔루션과 GM이 합작한 얼티엄셀즈의 전기차 리릭
(출처: Cadillac)

술 경쟁력을 기반으로 음극재 영역으로 확장했다. 포스코퓨처엠은 LG에너지솔루션과 삼성SDI를 주요 고객사로 확보하여 완성차 GM의 전기차 프로젝트에 하이니켈 양극재를 판매 중이다.

배터리 소재 공급망시장도 동반 성장

배터리 산업은 광물, 소재, 부품 등의 영역이 균형 있는 조합으로 완성된다. LG에너지솔루션만 주인공은 아니라는 의미다. LG에너지솔루션의 성장과 함께 원소재 공급망 역시 한배를 탔다.

LG에너지솔루션은 과거 NCM111을 시작으로 하이니켈의 배터리 생산을 위한 각종 소재 연구개발에 매진했다. 이를 위해 그룹사 LG화학 첨단소재본부 외에도 외부 기업 양극재(포스코퓨처엠, 엘앤에프), 실리콘 음극재(대주전자재료) 등과 협업한다. 다른 배터리 업체들도 소재 분야에서 적극 협업한 결과, 국내 배터리 생산 기업들의 소재 국산화 비율은 다른 산업에 비해 높다.

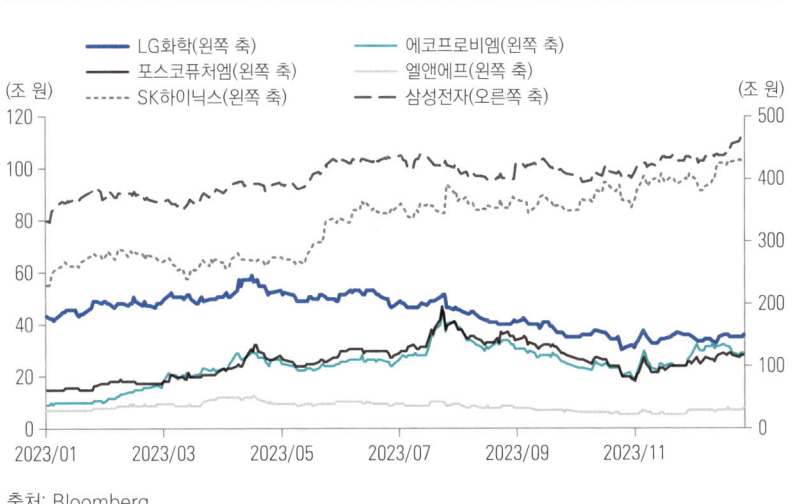

한국 배터리 제조사와 배터리 소재 기업들의 시가총액(2023)

출처: Bloomberg

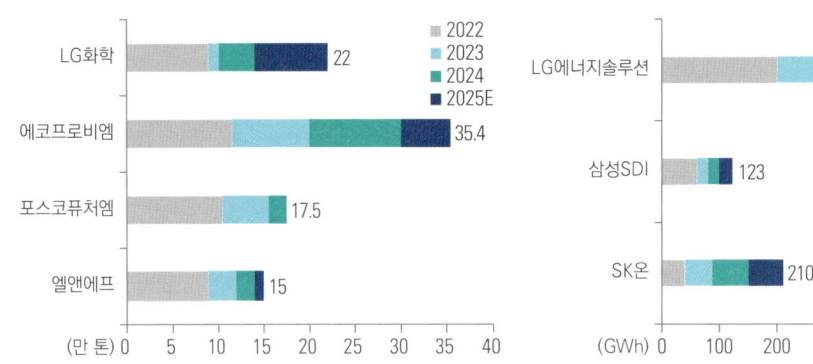

| 한국 양극재 기업들의 생산 용량(2022~2025) | 한국 배터리 3사의 누적 수주량(2022~2024) |

이와 같은 동반 성장 노력은 소재 업체들의 성과로 나타났다. 엘앤에프는 2023년 2월 테슬라향 3.8조 원 규모의 양극재 공급 계약을 체결했다. 에코프로비엠은 같은 해 11월 삼성SDI향 하이니켈 NCA 양극재를 총 43.8조 원 규모로 공급하기로 계약하는 성과를 거뒀다.

배터리 전쟁의 최후 승자는?

한국 배터리업계는 하이니켈 양극재 기반으로 고밀도 에너지에 초점을 두

중국 CTP의 진화

기술	CTP 1.0	CTP 2.0	CTP 3.0	CTP 3.0+
기업	BYD	BYD	CATL	CATL
에너지 밀도(Wh/kg)	140	190	160	200
부피 활용률(%)	60	74	72	72
주행거리(km)	600	1,000	500	830
급속 충전(C)	4	6	2	4.5
개선 사항	셀 상부 직접 냉각		여유 공간 확보로 열 관리 구조 설계 최적화	기린(Qilin)의 급속 충전 기술 확보

고 기술 경쟁력 차별화에 주력한다. 한국 배터리업계의 기술 우위 요소로는 전고체 전지로의 진화에 필요한 고밀도 에너지 기술 및 양산 능력, 양극재 외에도 음극재(실리콘, 리튬메탈 등) 등 기타 소재들과의 연계성 등을 꼽을 수 있다.

중국 배터리 산업은 자국 전기차시장 외에도 유럽과 미국으로 세력을 넓히고 있다. 유럽 BMW 등 완성차들로부터 수주를 이어가고 있으며 미국에서는 테슬라, 포드, GM 등과 LFP 사업 협력을 모색하고 있다. 고객사 저변이 확대된 배경은 기존 가격 경쟁력 외에 CTP(Cell to Pack) 기반의 에너지 성능 개선(주행거리 증가)이 이뤄진 점이다. 중국 LFP 배터리는 가격 경쟁력 외에 기술 진전으로 고밀도, 고용량을 향해 가고 있다. BYD와 CATL 중심의 CTP 기술 진보로 삼원계 하이니켈 배터리 성능과 유사한 주행거리를 확보한 점이 매력적이다.

최종 승자는 누가 될까? 가격 기반의 양적 전략을 펴는 중국일까, 질적 성장을 꾀하는 한국일까? 평가 시점에 따라 반응은 상이하겠다. 전기차시장 초기 성장 시점에는 기술(주행거리) 우위의 삼원계, 현재의 성숙 시장 기준은 가격 우위의 인산철계가 우세하다. 한국 배터리업계의 삼원계 분야는 기술력이 우월하다. 결국 중국과의 점유율 축소를 위한 노력은 가격 경쟁력(인산철계, 망간리치 등의 저가형 배터리), 거점별 수요 시장 점유율 확보가 더욱 필요하다.

배터리 조성별 에너지 밀도

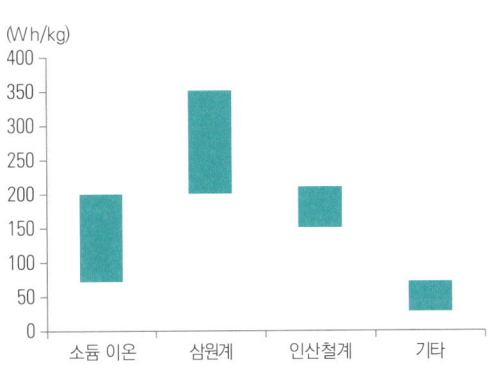

이차전지 밸류체인

대분류	소분류	기업명	티커	사업 내용(주요 고객사)
배터리 셀		LG에너지솔루션	373220 KS	GM, Ford, Tesla, 현대차, Stellantis, Toyota, Honda, VW, Volvo, Nissan, Rivian
		삼성SDI	006400 KS	현대차, BMW, VW, Stellantis, GM, Rivian, Lucid
		SK이노베이션	096770 KS	현대차, Ford, Nissan, VW
		Panasonic Holdings	6752 JP	Tesla, Toyota, Lucid, Mazda
		CATL	300750 CH	Tesla, BMW, 현대차, Ford, VW, Toyota, Honda, Volvo
		EVE Energy	300014 CH	BMW, Ford, Tesla, GM, Benz
		BYD	002594 CH	BYD
		GOTION	002074 CH	VW, VinFast
배터리 소재	양극재	에코프로비엠	247540 KS	삼성SDI, SK온
		포스코퓨처엠	003670 KS	LG에너지솔루션, 삼성SDI, Panasonic
		엘앤에프	066970 KS	LG에너지솔루션, Tesla, SK On
		LG화학	051910 KS	LG에너지솔루션, GM, Toyota
		코스모신소재	005070 KS	LG에너지솔루션, 삼성SDI, LG화학
		Umicore	UMI BB	LG에너지솔루션, 삼성SDI, SK온, VW
		SMM	5713 JP	Panasonic, Toyota
		Nichia	5393 JP	Panasonic, Tesla, LG에너지솔루션
		Easpring Tech	300073 CH	LG에너지솔루션, SK온, Panasonic, BYD, Murata
		Ningbo Ronbay New Energy	688005 CH	삼성SDI, EVE Energy
	음극재	포스코퓨처엠	003670 KS	LG에너지솔루션, 삼성SDI, SK온
		대주전자재료	078600 KS	LG에너지솔루션, SK온, Panasonic
		Hitachi	6501 JP	Panasonic, Honda
		Mitsubishi	8058 JP	AESC, GS Yuasa
		Zichen	7371 JP	CATL, BYD, EVE Energy, CALB, SK온
		BTR	835185 CH	Panasonic, 삼성SDI, LG에너지솔루션, SK온, CATL, BYD
		ShanShan	600884 CH	CATL, BYD, LG에너지솔루션, 삼성 SDI, SK온
	분리막	SK아이이테크놀로지	361610 KS	SK온, LG에너지솔루션, Sunwoda
		더블유씨피	393890 KS	삼성SDI
		W-Scope	6619 JP	Lishen Energy
		Asahi Kasei	3407 JP	LG에너지솔루션, 삼성SDI
		Toray Industries	3402 JP	LG에너지솔루션, 삼성SDI
		Yunnan Energy	002812 CH	LG에너지솔루션, Gotion, EVE Energy

이차전지 밸류체인

대분류	소분류	기업명	티커	사업 내용(주요 고객사)
배터리 소재	전해질	엔켐	348370 KS	Tesla, SK온, Ultium Cells, Panasonic
		동화일렉트로닉스	025900 KS	SK온
		솔브레인홀딩스	036830 KS	삼성SDI, SK온
		덕산테코피아	317330 KS	LG에너지솔루션, 삼성SDI, SK온
		Mitsubishi	8058 JP	Panasonic, LG에너지솔루션, 삼성SDI
		UBE	4208 JP	삼성SDI, BYD
		Shenzhen Capchem	300037 CH	CATL, BYD, Gotion
		Guangzhou Tinci Materials	002709 CH	CATL, BYD
	동박	SKC	011790 KS	SK온, Panasonic, CATL, LG에너지솔루션
		롯데에너지머티리얼즈	020150 KS	삼성SDI, LG에너지솔루션
		솔루스첨단소재	336370 KS	Tesla, GM, ACC
		Furukawa Electric	5801 JP	Panasonic, Sony, Sanyo Electric
		Nuode	600110 CH	CATL, BYD, LG에너지솔루션, Panasonic
		Changchun High-Tech Industry	000661 CH	CATL, BYD, LG에너지솔루션, 삼성SDI
	전구체	에코프로머티리얼즈	450080 KS	에코프로비엠, 삼성SDI, 포스코퓨처엠
		에코앤드림	101360 KS	Umicore
		CNGR	300919 CH	Tesla, CATL, LG화학, 포스코퓨처엠, 엘앤에프
		Huayou Cobalt	603799 CH	LG화학, 포스코퓨처엠, Volkswagen(VW), Ford
		GEM	002340 CH	CATL, 에코프로비엠, 삼성SDI
배터리 원료	리튬	Albemarle	ALB US	Tesla, Panasonic, 삼성SDI, Umicore
		SQM	SQM US	LG에너지솔루션, 현대차, Ford
		Lithium Americas	LAC US	GM, Ford, Tesla, 현대차, Stellantis, Toyota, Honda, VW, Volvo, Nissan
		Pilbara Minerals	PLS AU	포스코
		Ganfeng Lithium	002460 CH	현대차, Tesla, LG에너지솔루션
		Tianqi Lithium	002466 CH	CATL, BYD, LG에너지솔루션
	니켈	Indonesia Nickel	ANTM JK	CNGR, SK온, 포스코
		Vale S.A.	VALE US	Tesla, GM
	코발트	Glencore	GLEN LN	GM, Ford, Tesla, 현대차, Stellantis, Toyota, Honda, VW, Volvo, Nissan
		Huayou Cobalt	603799 CH	LG에너지솔루션, LG화학, 포스코퓨처엠, Ford, VW, Tesla
차세대	전고체	이수스페셜티케미컬	298020 KS	국내외 고체 전해질 생산 기업과 배터리 생산 기업
		레이크머티리얼즈	281740 KS	국내외 고체 전해질 생산 기업과 배터리 생산 기업
		한농화성	011500 KS	국내외 고체 전해질 생산 기업과 배터리 생산 기업
		QuantumScape	QS US	VW
		Solid Power	SLDP US	BMW, Ford, SK온

배터리 셀

삼원계·인산철계(LFP)

한국
- **LG에너지솔루션**
- 삼성SDI
- SK온

독일
- PowerCo

중국
- **CATL**
- BYD
- EVE Energy
- Gotion
- CALB
- Sunwoda

일본
- Panasonic

스웨덴, 노르웨이
- Northvolt(스)
- Freyr(노)
- Morrow(노)

전고체

한국
- 삼성SDI
- **LG에너지솔루션**
- SK온
- 현대차
- 이수스페셜티케미컬
- 레이크머티리얼즈
- 한농화성
- 롯데에너지머티리얼즈

중국
- **CATL**
- BYD
- EVE Energy
- Gotion

미국
- QuantumScape
- Solid Power
- Factorial

일본
- Toyota
- Nissan

프랑스
- Blue Solutions

영국
- Llika

소듐

한국
- **LG에너지솔루션**
- 에코프로비엠
- 애경케미칼
- WCP

중국
- Hina battery
- Ronbay
- GEM
- BTR
- Senior Material
- Shenzhen Capchem

일본
- Kuraray

캔 케이스

한국
- 동원시스템즈
- 상신이디피
- TCC스틸

중국
- Kedali Industry
- Shanghai Metal
- Civen Metal

배터리 소재

양극재

한국
- LG화학
- 에코프로비엠
- 포스코퓨처엠
- 엘앤에프

벨기에
- Umicore

중국
- Easpring
- Ronbay

일본
- Nichia
- SMM

전해질

한국
- 엔켐
- 동화일렉트로닉스
- 솔브레인홀딩스

음극재

한국
- 포스코퓨처엠
- 대주전자재료

중국
- BTR
- ShanShan

일본
- Hitachi
- Mitsubishi
- Zichen

분리막

한국
- SKIET
- 더블유씨피

배터리 광물

알루미늄박

중국
Shenzhen Capchem
Tinci Materials

일본
Mitsubishi
UBE

한국
롯데알루미늄
삼아알루미늄
한국알루미늄

중국
China Hongqiao
Shandong Nanshan

일본
UACJ
Furukawa Electric

리튬

미국
Albemarle
Lithium Americas

호주
Pilbara Minerals

중국
Ganfeng Lithium
Tianqi Lithium

칠레
SQM

니켈

한국
켐코

러시아
Nornickel

중국
Tsingshan Delong

일본
SMM

코발트

스위스
Glencore

벨기에
Umicore

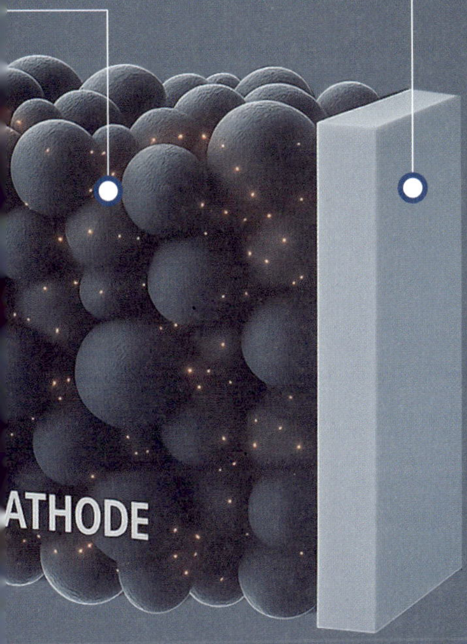

이차전지

동박

중국
Yunnan Energy
Huiqiang New Energy

일본
W-SCOPE
Asahi Kasei
Toray

한국
SKC
롯데에너지머티리얼즈
솔루스첨단소재

중국
Changchun High-Tech
NUODE

일본
Furukawa Electric

배터리 리사이클링

한국
성일하이텍
에코프로씨엔지
포스코HY클린메탈

중국
Huayou Cobalt
GEM
Brunp Recycling

미국
Redwood Materials

노르웨이
Hydrovolt

7장 반도체

반도체, 특히 후공정으로 완성되는 AI

김선우
반도체·디스플레이

김동관
IT 소재장비

디지털 두뇌 반도체의 진화

모든 전자제품의 핵심 부품

'아날로그'는 연속되는 값으로 표현되는 정보인 데 비해 '디지털'은 0과 1을 바탕으로 서로 다른 숫자로 표시되는 정보다. 디지털 정보의 세계는 0과 1을 저장 또는 연산하기 위해 실리콘에 트랜지스터 구조로 제작된 반도체를 통해 활짝 열렸다.

이후 반도체의 중요성은 나날이 부각되고 있다. 이는 우리의 소통 및 생활 방식의 변화와 관련이 있다. 물리적 공간을 공유하는 오프라인 소통의 시간이 줄어들며, 스마트폰과 PC 등 온라인을 통한 정보 전달이 압도적으로 늘어나고 있기 때문이다. 1과 0으로 디지털화되어 처리, 가공되는 데이터의 양은 향후 인공지능(AI) 등 새로운 연산 방식의 등장과 함께 기하급수적인 성장이 예상된다. 우리나라의 대표 수출 품목인 반도체는 바로 이 디지털 데이터를 저장하고 처리하는 도구로서, 그 쓰임새는 앞으로도 계속 커질 것으로 전망된다.

반도체는 모든 전자제품에 필수불가결한 핵심 부품이다. 우리가 일반적으로 많이 사용하는 PC를 비롯해 자동차, 통신 장비, 가전제품, 산업 시스템 등

세계에서 하루에 발생하는 데이터의 양(2010~2035)

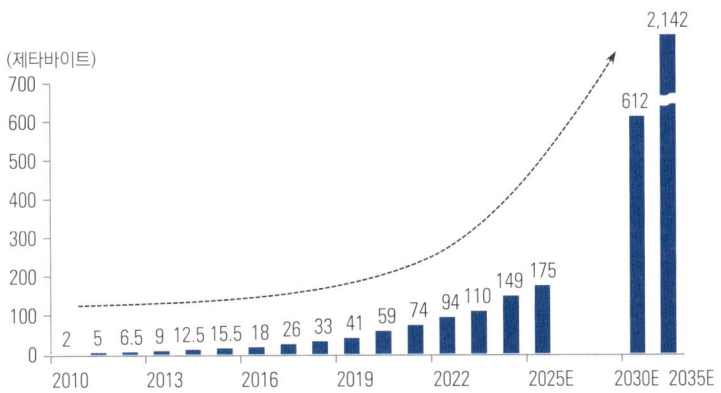

* 일평균 데이터 발생량은 2019년 41제타바이트(1제타바이트 = 10^{21}바이트)에서 2025년 175제타바이트, 2035년에는 2,142제타바이트로 증가할 것으로 전망된다.
출처: World Economic Forum

적용 분야가 매우 넓다. 따라서 시장 규모가 거대하고 부가가치도 막대하다. 시장조사기관 가트너(Gartner)는 2024년 세계 반도체시장의 규모를 6,260억 달러로 집계했다. 정보기술(IT) 완성품 중 가장 비중이 큰 품목인 스마트폰의 시장 규모가 5,661억 달러라는 사실과 비교하면, 일개 부품인 반도체가 얼마나 큰 시장을 형성하는지 알 수 있다.

다양한 반도체 품목 중 데이터를 저장하는 용도로 사용되는 메모리 반도체의 시장 규모는 1,432억 달러로서 전체 반도체시장의 4분의 1 정도를 차지한다. 우리나라 주요 반도체 제조사인 삼성전자와 SK하이닉스가 메모리 반도체시장에서 차지하는 비율이 무려 60% 수준으로 압도적이다. 다만 이 시장의 변동성이 너무 큰 탓에 기업 실적 역시 크게 변동한다. 메모리 반도체에서 디램(DRAM)은 55%, 낸드(NAND)는 40%가량을 차지하는데, 두 품목만으로도 반도체가 한국 수출의 20% 가까운 비중을 차지한다.

반도체는 전방시장의 성장과 쇠락에 절대적인 영향을 받는다. 1980년대에 시작된 컴퓨터의 소형화와 PC 보급 덕분에 반도체시장은 장기 성장을 구가했다. 중앙처리장치(CPU)는 반도체 집적도 향상과 함께 성능이 거듭 개선되

세계 반도체시장의 성장 추세(1994~2028)

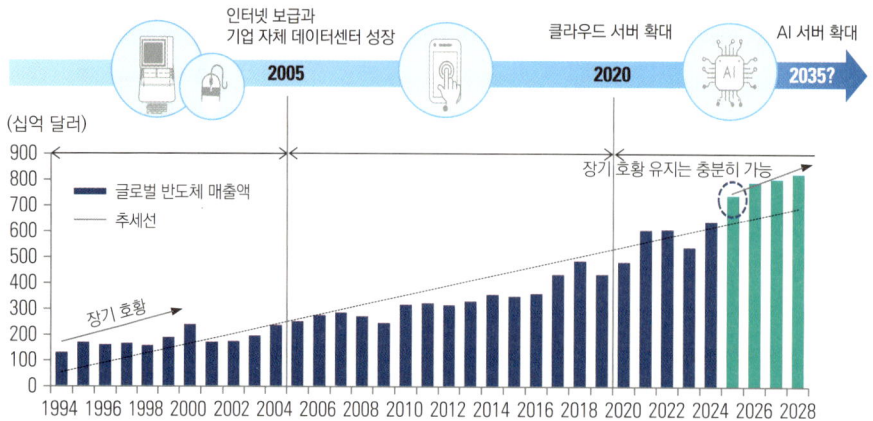

* PC 시대에는 반도체시장의 성장이 추세선을 상향 이탈했고, 모바일 시대에는 하향 이탈했으며, 다가오는 AI 시대에는 다시 상향 이탈할 것으로 예상된다.
출처: Gartner

었으며 물량과 판가도 빠르게 성장했다. 고성장 이후 2000년대 초반 기술주 버블기를 겪으며 시장이 잠시 위축되기도 했지만, 이후에도 반도체시장 내 가장 큰 품목 자리를 지켜왔다.

한편 모바일 기기가 확산되면서 반도체의 저전력화가 요구되었다. 여기에 영국 반도체 설계자산(IP)회사인 ARM의 RISC(Reduced Instruction Set Computer) 아키텍처가 채택되었다. RISC는 인텔(Intel)이 주도한 CISC(Complex Instruction Set Computer)에 비해 간단하고, RISC 칩은 CISC 칩에 비해 전력 소모량이 훨씬 적다.

애플은 RISC 칩을 활용하는 데서 더 나아가 PC와 피처폰을 결합한 스마트폰을 개발했다. 애플이 아이폰으로 시장을 주도하면서 스마트폰시장이 급성장했다. 스마트폰시장은 2000년대 중반부터 반도체시장의 주요 전방시장으로 등극했고 이후 15년여간 반도체시장의 견인차 역할을 해왔다.

스마트폰은 2010년대 중후반에 연간 14~15억 대 판매되며 시장이 성장했다. 전 세계에서 스마트폰 수십억 대가 쓰이면서 네트워크 사용량이 폭발적

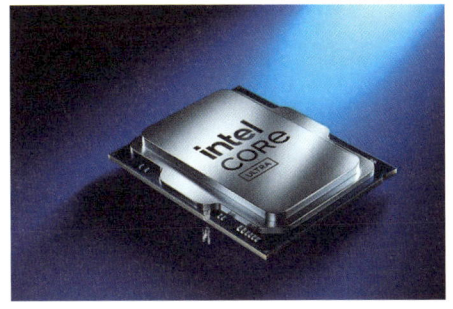
컴퓨터용 CPU (출처: Intel)

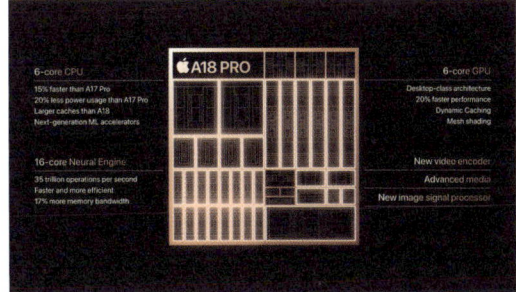
스마트폰용 애플리케이션 프로세서 (출처: Apple)

으로 증가했고, 이에 따라 데이터센터가 반도체의 주력 수요처로 급부상하게 된다. 데이터센터는 연산 시스템과 하드웨어 장비를 저장하는 대규모 시설을 가리킨다. 그 과정에서 메모리 반도체 공급 부족이 심화되면서 메모리 반도체 제조사들이 호황을 누렸다.

스마트폰이 2019년 최대 판매량을 기록한 후 메모리 반도체시장은 코로나 팬데믹으로 인한 글로벌 경기 침체, 스마트폰 판매의 추세적 감소, 서버 고객들의 재고 과다 축적 등의 영향으로 침체에 빠졌다. 심지어 메모리 반도체의 업황은 2023년 산업 전체가 적자로 전환되는 수준까지 악화하는 지경에 이르렀다.

이러한 위기의 순간에서 반도체를 기사회생시킨 주역은 바로 '인공지능'의 등장이었다. 우리의 뇌는 고작 2W의 추정 소비전력으로 다양한 연산과 추론을 해낼 수 있는데, 이제 반도체도 집적도 수준이 충분히 향상되면서 다양한 매개변수를 처리하며 인공지능을 구사할 수 있게 된 것이다. 우리 뇌에 비해 반도체는 칩당 700~1000W 수준의 많은 전력을 소비한다.

인공지능, 반도체 집적도 향상으로 탄생

2023년부터 오픈AI의 챗GPT 흥행과 엔비디아의 AI 반도체 사업화 성공으로 2024년에도 AI에 대한 시장의 관심이 지속적으로 확대되었다. AI시장 성장은 반도체 수요 증가의 강력한 동인이다. 반도체의 최대 응용처인 스마트폰과 PC 시장의 추세적 성장이 꺾인 상황에서 새로운 수요처로 AI가 더욱 크게 부각되고 있다.

시장조사기관 가트너는 AI 반도체시장이 2023년 537억 달러에서 2027년 1,194억 달러까지 성장할 것으로 예상했다. 2023년부터 이어진 엔비디아의 호퍼(Hopper), 블랙웰(Blackwell) 시리즈와 AMD의 MI 시리즈, 그리고 지역별 AI 투자 열풍을 감안할 때, 향후 성장성은 지속적으로 상향 조정될 가능성이 높아 보인다. 엔비디아는 챗GPT와 같은 생성형 AI를 구동하기 위해 전 세계적으로 1조 달러 규모의 데이터센터 인프라 업그레이드가 이뤄질 것으로 전망했다.

반도체 중 그래픽 처리 장치인 GPU(Graphics Processing Unit)는 AI 밸류체인에서 가장 중요하게 여겨지는 제품이다. CPU가 단순 직렬 연산을 하는 데 비해 GPU는 많은 양의 데이터를 병렬로 처리한다. 두 방식의 차이를 대형 마트에서 다양한 물건을 구매하는 과정에 비유하면, CPU는 하나의 쇼핑카트로 통로를 지나다니며 물건을 담는 방식이고, GPU는 수십 명이 장바구니를 들고 동시에 물건을 나르는 방식이다. 그래서 연산 속도가 빠른 GPU가 인공지능 연산에 주로 사용되고 있다.

그 밖에 FPGA(Field-Programmable Gate Array, 논리회로 변경 가능 반도체)와 ASIC(Application-Specific Integrated Circuit, 특정 용도용 집적 회로) 역시 인공지능 구현을 위해 사용되고 있지만 아직 효율이 떨어진다.

안타깝게도 향후 반도체 수요의 중심이 될 AI라는 주제에서 한국 반도체업계는 주인공과는 거리가 멀다. 마이크로소프트, 메타, 아마존 등 미국의 빅테크 투자 주체들은 AI 서버 비중을 서둘러 늘리면서 일반 서버의 비중을 줄이고 있다. 그래서 서버에 기본적으로 장착되는 메모리 반도체의 전체 수요량이 2024년 감소세를 보였다.

다행히 디램에서는 AI 서버의 GPU 등 가속기에 장착되는 고대역폭 메모

반도체 제조 3사의 트랜지스터 집적도 향상(2011~2027)

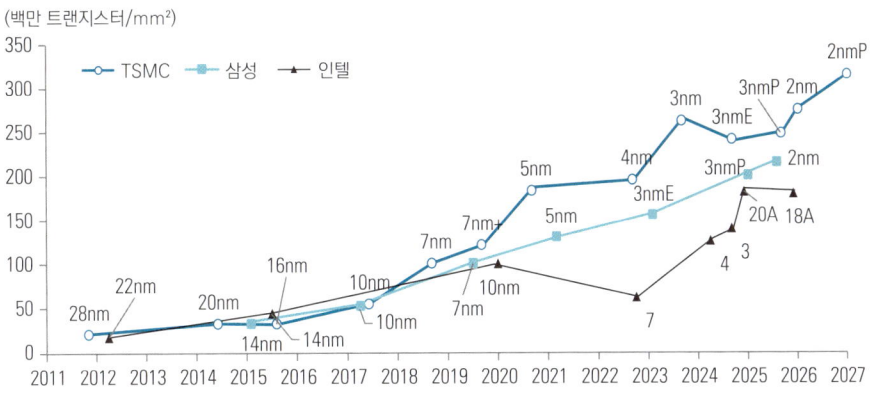

출처: Techinsights

리(High Bandwidth Memory, HBM)라는 특수 품목의 수요가 빠르게 증가 중이다. 이에 SK하이닉스와 삼성전자는 최첨단 HBM 개발과 양산을 위한 노력을 이어가고 있다. HBM은 향후 적층된 층수를 늘려가며 용량을 증가시킬 수 있다. 이를 위해 층간을 연결하는 기술의 진보가 필요하다. 현재로서는 MR-MUF(Mass Reflow-Molded UnderFill)와 TC-NCF(Thermo Compressive - Non Conductive Film) 등의 기술을 이용해 여러 칩을 적층한다. 향후에는 두께를 줄이기 위해 하이브리드 본딩을 적용하는 방향으로 진화할 전망이다. 이는 기존 칩 연결에 쓰이는 솔더볼(solder ball)이나 범프(bump)를 쓰지 않는 기술로, 완벽한 연결성을 위해 개발하고 있다.

메모리 반도체는 막대한 변동성이 불가피하다. 용량별로 규격화되어 있고 서로 다른 업체의 제품 간에 호환성이 높아서, 수급 상황에 따라 단가가 크게 등락한다. 같은 제품인데도 시간이 지나며 값이 2배가 되기도 하고 반토막이 되기도 한다.

그러나 AI에 필수품인 HBM의 몸값은 크게 뛰어 거래된다. 특히 일반적인 메모리와 달리 주문 제작형 특성이 있는 까닭에 매출 가시성도 일반 메모리보다는 높다. 한국 수출에서 반도체가 차지하는 막대한 비중을 감안할 때

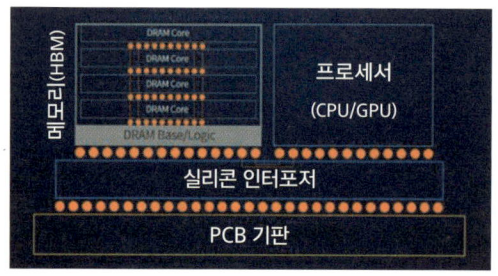
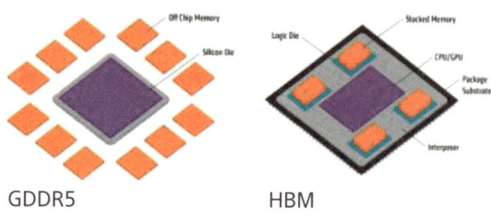

HBM은 디램을 수직으로 겹겹이 쌓고 많은 구멍을 뚫어 데이터 통로를 만든다. (출처: SK하이닉스)

GPU 주변에 메모리를 나열한 그래픽 디램(GDDR)보다 HBM 의 데이터 전송 속도가 빠르다. (출처: AMD)

HBM의 견조한 시장 성장은 수출 안정성에도 큰 도움을 줄 전망이다.

한국 반도체가 나아갈 길

AI 투자 열풍은 국내 반도체 기업들에 사활이 걸린 중장기 숙제를 던졌다. AI 시스템 내에서 메모리의 원가 비중이 낮게 책정되며 GPU 제조업체들이 부가가치를 독식하고 있다. 과거 PC와 스마트폰 등에서 주인공급으로 활약하던 메모리는 이제 조연으로 밀려버렸다. 게다가 PC와 스마트폰은 충분한 보급으로 성장이 멈춘 원숙한 시장이기에 메모리 제조사들의 기회 창출 여력은 제한된다.

막상 GPU, ASIC 등 연산 영역의 반도체를 생산하기에는 국내 반도체 제조사들의 설계 능력이 세계적 수준에 비해 크게 떨어진다. 삼성전자는 위탁 제조하는 파운드리 사업도 영위하고 있기에, 충분한 기술력이 확보된다면 AI 반도체 생산 수주를 통한 이익 창출이 가능하긴 하다. 그러나 기술 발전의 미비와 열악한 주문 이력, 삼성전자 내 기타 사업부 간의 정보 공유 우려 등 주문을 가로막는 요인이 많은 상황이다. 막상 생산 주문을 수주하더라도 수율이 확보되지 않으면 적자가 날 수도 있다. 엔비디아와 AMD 등 핵심 팹리스(fabless) 업체들과 주문 계약을 체결하고 파트너십을 형성하는 것이 삼성전자의 최우선 과제다.

물론 불리한 여건도 있다. 과거 모바일 시대에 반도체의 소형화가 핵심이었다면, 이제 AI 반도체는 전력 소모량보다는 성능 최대화가 목표이기에 사이즈가 커지는 상황을 마주하게 됐다. 스마트폰에 들어가는 애플리케이션 프로세서(AP) 대비 AI GPU는 20~50배나 크다. 반도체 사이즈가 커지면 선단 공정에서 티끌만 한 수율 차이가 엄청난 원가 차이를 가져올 수 있기 때문에 선단 공정의 최첨단화가 더욱 절실하다.

비유적으로 설명하면 소형 반도체 생산 공정은 잘라놓은 사과 조각 중 상한 것 하나만 버리면 되지만, 대형 반도체 생산 공정은 사과가 일부만 상해도 통째로 버려야 한다. 이 때문에 업계 최고 수율을 자랑하는 TSMC의 파운드리 독점 구도가 더욱 강화될 가능성이 높다.

아울러 삼성전자와 SK하이닉스 모두 AI 특수 목적 메모리 반도체 개발에 더욱 매진할 필요가 있다. 향후에 일반 메모리 반도체보다는 고객 맞춤형 성격의 HBM, 그리고 더 나아가 PIM(Processing-In-Memory) 등 신규 메모리 반도체의 시장이 더 빠른 속도로 성장할 게 분명하기 때문이다. PIM은 병렬 연산이 가능한 메모리로서 기존 메모리에 비해 성능이 뛰어나다. 이를 위해 과거의 전공정 기술력 개발뿐 아니라 다양한 후공정 패키징 기술 개발이 절실하다. 집적도만 올리는 과거의 방식 대신, 다양한 반도체를 이어 붙여서 더 높은 성능을 내는 시대가 열렸기 때문이다.

느려진 혁신, 돌파구는 새로운 기술에 있다

한계에 다다른 미세화

과거에도 현재도 반도체 제조 기술은 '더 작고 미세하게'를 목표로 발전해왔다. 칩의 크기를 줄이면 반도체의 원재료인 웨이퍼당 칩 생산량이 증가해 칩당 원가 절감이 가능하다. 회로 선폭을 더 미세하게 하면 동일 면적에 더 많은 회로를 구현해 트랜지스터의 집적도가 향상된다. 1965년 인텔의 공동 창립자 고든 무어(Gordon Moore)가 만든, '반도체 칩에 들어가는 트랜지스터 수는 2년마다 2배씩 증가한다'는 '무어의 법칙'은 1965년 이후 반도체 성능 발전 흐름을 요약한다.

반도체 제조 공정은 원재료인 웨이퍼에 회로를 형성하는 전공정과, 완성된 웨이퍼를 각각의 칩으로 절단하고 완성품으로 만드는 후공정으로 구분된다. 따라서 더 미세한 회로 형성을 통해 더 작은 칩을 만들어내는 발전 과정은 전공정 고도화에 해당한다. 글로벌 반도체산업협회 SEMI에 따르면 2024년 기준 전체 반도체 장비시장은 1,130억 달러이며 이 중 전공정이 1,008억 달러로 약 90%를 차지한다. 전공정 미세화는 지금까지 반도체 성능 발전의 중심축이었다.

파운드리 3사의 연구개발비 추이(2000~2024)

출처: Bloomberg

그러나 회로 선폭이 10나노미터(nm) 미만으로 접어들며 미세화 중심의 성능 개선 추세가 급격히 둔화되었다. 기업들의 설비 투자와 연구개발 비용이 가파르게 증가했지만 기술 진보 속도는 눈에 띄게 느려졌다. 공정 난도(難度)가 급격히 상승하자 엔비디아의 CEO 젠슨 황은 2020년대 초반 들어 '무어의 법칙은 죽었다'고 선언했다.

전공정 미세화로 성능을 끌어올리는 방식이 한계에 다다르자 반도체업계는 새로운 소재, 장비, 구조를 적극적으로 도입하고 있다. 현재 도입되고 있거나 도입이 예상되는 몇 가지 기술을 소개한다.

유리기판: 소재를 통한 성능 개선

유리기판은 새로운 소재 도입을 통해 성능 개선을 도모하는 대표적인 사례다. 이 분야에서는 기존의 유기기판(organic substrate)을 대체하기 위한 '글래스 코어 기판'과, 고성능 반도체에서 사용되는 실리콘 인터포저(interposer)를 대체하기 위한 '글래스 인터포저'가 동시에 개발되고 있다.

유리기판이 주목받는 이유는 크게 세 가지다. 첫째, 재료 자체의 안정성이 높아 대형화에 유리하고 휨 현상에도 강하다. 둘째, 전력 효율이 우수하다.

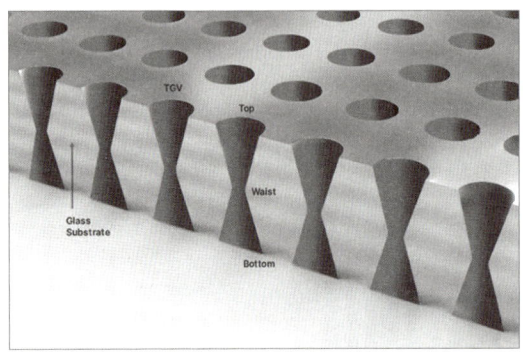

유리기판을 수직으로 뚫어 신호를 전달하는 TGV (출처: SemiEngineering)

마지막으로 높은 평탄도 덕분에 얇고 정밀한 회로 구현에 유리하다.

유리기판은 기존 유기기판보다 전력 효율이 높다. 이 장점은 유리기판의 구조를 통해 이해할 수 있다. 유리기판에는 상단에 부착되는 칩에서 발생한 신호를 기판 하단의 메인보드까지 연결할 수 있도록 통로가 형성된다. 유리기판에 수직으로 구멍을 뚫어 형성된 통로는 TGV(Through Glass Via)라고 부른다. 유리는 기계적 안정성이 뛰어나기 때문에 같은 면적에도 더 좁은 간격으로 더 많은 통로 형성이 가능하다. 이 통로에 구리가 기둥 모양으로 가득 채워진다.

열 안정성 측면에서도 유리기판이 유리하다. 유기기판의 열팽창계수는 반도체 칩의 원재료인 실리콘의 열팽창계수와 차이가 크다. 그래서 고온 공정에서 기판이 휘는 현상이 발생하기 쉽다. 특히 기판이 얇고 클수록 이런 문제가 더 심각해진다. 반면에 유리는 실리콘과 유사한 열팽창계수로 조절 가능하니 열로 인한 변형을 최소화할 수 있다.

높은 평탄도는 미세 회로 형성에 유리한 조건을 제공한다. 기판 위에도 칩 간 신호 전달을 위해 회로를 형성해야 하는데, 기존의 유기기판은 표면이 거칠어 미세 회로를 새기기가 불리했다. 유리기판은 평탄도가 10nm 미만이어서 미세 회로를 형성하기 유리하다. 데이터 양과 속도가 증가하면서 더욱 미세한 회로가 촘촘히 구현돼야 하는 상황이다. 유리기판은 그래서 고성능 반

기판 종류별 특성 비교

기판 종류	유기기판	실리콘 기판	유리기판
표면의 거칠기(nm)	400~600	<10	<10
열팽창계수(ppm/K)	3~17	2.9~4	3~9
영률(Gpa)	10~40	165	50~90
열전도율	0.9	148	1.1
수분 흡수율	0.04%	0%	0%
패키징 사이즈(mm)	70x70	35x35	100x100
웨이퍼-패널 사이즈	710mm²	300mm²	710mm²

출처: Penn State, CHIMES, SK하이닉스

도체의 성능을 온전히 구현하는 데 필수적인 요소가 되었다.

유리기판이 특히 주목받는 것은 반도체의 대면적화, 전력 효율성의 중요성 대두와 같은 최근 반도체 발전 방향과 맞물려 있기 때문이다. 2023년 AI 투자가 본격화되며 AI 학습과 추론을 위한 반도체인 GPU, AI ASIC 등 AI 가속기의 수요가 급증했다. AI 가속기는 고성능 구현이 필수이며 이 과정에서 전체 패키지의 면적이 점점 커지는 추세다. 엔비디아가 2023년 출시한 GPU 호퍼의 칩 면적은 기존 PC나 스마트폰 연산 칩 대비 크게 증가했다. 2025년 출시한 차세대 GPU 블랙웰은 칩 두 개를 함께 사용하기 때문에 전작 대비 면적이 확대되었다.

대면적의 이점은 실리콘 인터포저를 대체하는 과정에서 두드러진다. 실리콘 웨이퍼로 만든 인터포저는 AI 가속기에서 연산 칩과 메모리를 연결하는 목적으로 사용하는 특수 기판이다. 인터포저를 생산할 때는 지름 12인치의 웨이퍼를 사용한다. 칩의 대형화로 인터포저도 커지면서 웨이퍼당 생산되는 인터포저 개수가 감소한다. 이는 인터포저 개당 고정비 부담이 심화되는 결과를 낳는다.

실리콘 인터포저를 대체하기 위한 글래스 인터포저는 사각 패널 형태로 생산된다. 지름 12인치보다 더 큰 형태의 패널도 가공이 가능해 공정당 생산되

AI 가속기 칩 크기 비교

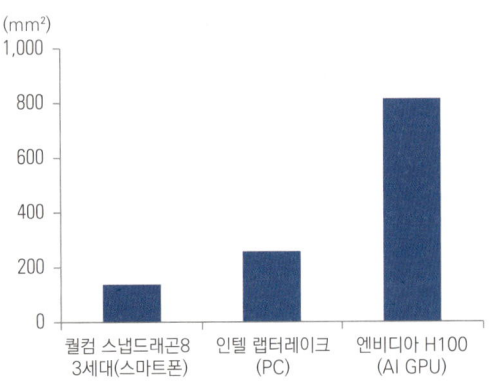

출처: Qualcomm, Intel, NVIDIA

사각 패널로 가공하는 글래스 인터포저

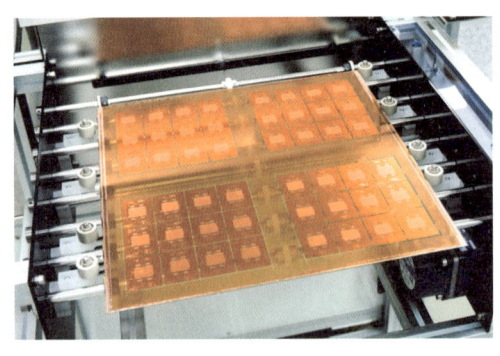

출처: 앱솔릭스

는 인터포저 개수를 증가시킬 수 있다. 개당 생산에 필요한 고정비를 절감함으로써 실리콘 인터포저의 최대 단점인 높은 원가를 극복할 수 있다.

국내외 주요 기업들은 유리기판 개발에 본격적으로 뛰어들고 있다. 적극적으로 유리기판 도입에 나설 계획을 발표한 기업은 인텔이다. 인텔은 2023년 9월 자사의 유리기판 기술을 공개했다. 2030년 전까지 상용화에 성공함으로써 2030년 이후에도 무어의 법칙을 이어갈 방법으로 유리기판 솔루션을 제시한 상태다. 인텔이 생산하는 서버용 CPU, AI 가속기 등 고성능 제품군에 우선 적용할 것으로 예상된다.

국내 기업들도 유리기판시장에 본격 진입하고 있다. 인텔이 전공정부터 유리기판을 활용한 완성품까지 일괄 생산하는 반면, 국내 기업들은 유리기판 생산 자체에 집중하는 형태다. 국내에서는 삼성전기와 SK그룹 SKC의 자회사 앱솔릭스가 대표적이다.

삼성전기는 2024년 1월 CES를 통해 유리기판시장 진출 계획을 발표했다. 이후 세종 사업장에 시생산 라인을 구축하기 시작했으며 2025년 글로벌 빅테크 고객사로 프로모션에 나설 계획이다. 양산 목표 시기는 2027년으로 주요 부품 공급업체들과의 컨소시엄 구축도 추진 중이다. 그룹 내 삼성전자와

유리기판의 기술적 이점

항목	기술적 이점
제품의 미세화	금속층 수 감소, 패키지 크기 감소, 더 많은 기능 탑재
접합부 간격 축소	칩 면적과 전력 소모량 절감, 연결부 밀도 증가로 연결성 향상
더 많은 실리콘 집적, 대형 패키지	칩의 복잡도가 상승하고 패키지가 커지는 상황에서 칩 면적을 줄이는 데 유리
고속 신호 전달	복잡하고 높은 원가의 광학 기술 전환 없이 448G급 속도 구현
전력 공급 향상	강력한 성능과 전력 효율성 구현

출처: Intel

의 양산 이후 시너지도 기대된다.

SK그룹도 유리기판 사업을 적극 추진 중이다. 앱솔릭스는 미국 조지아주 코빙턴에 1공장을 완공했으며, 현재 주요 고객사들을 대상으로 제품 테스트를 진행 중이다. 2024년 12월, 미국 정부는 해당 공장에 7,500만 달러 규모의 생산 보조금 지급을 확정했다. 앱솔릭스는 향후 2공장 건설을 통해 양산 고객사 물량 대응을 위한 생산 능력을 확보할 계획이다.

첨단 패키징: 재평가되는 후공정의 역할

패키징은 반도체 완성 과정에서 반드시 필요한 공정이다. 전공정이 끝난 웨이퍼는 절단되어 개별 칩(다이)이 된다. 다이는 회로가 외부에 노출되어 충격에 취약하고, 기판과 연결하려면 별도의 처리가 필요하다. 따라서 패키징을 통해 외부 충격에서 보호하며 기판과 전기적으로 연결한다. 기존에는 보호와 연결이 주된 역할이었다면 지금은 성능 향상까지 패키징의 역할이 확대되고 있다.

고성능 반도체는 방대한 데이터를 손실 없이, 효율적으로, 빠르게 처리할

후공정 이전 상태의 웨이퍼 (출처: Intel)

후공정이 끝난 최종 완제품 반도체 (출처: Intel)

수 있어야 한다. 이를 위해 첨단 패키징은 크게 두 가지 방향으로 발전하고 있다. 첫째, 다양한 기능을 나눠 설계하고 조립하는 칩렛(chiplet) 방식이다. 둘째, 칩 간 송수신을 담당하는 인터커넥트 밀도의 향상이다.

첨단 패키징은 이제 전공정 수준의 기술력을 요구하고 있다. 이에 따라 전공정 역량이 있는 기업들이 첨단 패키징의 주도권을 쥐고 있다. TSMC는 높은 수율, 고객 신뢰, 순수 파운드리 특유의 중립성을 무기로 독주 체제를 유지하고 있다. 반면, 인텔과 삼성전자는 자체 반도체 설계·생산을 병행하는 강점을 살려 기술 고도화를 추진 중이다. 향후 누가 고객을 더 많이 확보하고 더 빠르게 양산을 개시해 수율과 원가 경쟁력을 잡느냐에서 승부가 갈릴 것이다.

칩렛: 대형화 대응을 위한 새로운 접근

칩렛은 고성능 칩의 대형화 문제를 해결하기 위한 구조다. 기존에는 여러 기능을 하나의 칩에 통합한 SoC(System on Chip) 방식이 주류였다. SoC는 연결성이 좋고 대량 생산에 유리하다는 장점이 있다. 그러나 칩의 성능이 고도화되며 면적이 커질수록 생산 수율이 낮아지고 설계 유연성도 떨어진다. 단일 SoC로 생산하기에는 난도도, 원가 부담도 점증하기 시작했다.

칩렛은 SoC의 대안으로 등장했다. 연산, 통신, 인터커넥트 등 기능을 나눠 각기 다른 소자를 설계하고 이를 패키징 공정에서 하나로 통합한다. 이렇게

한계에 도달한 개별 칩 크기

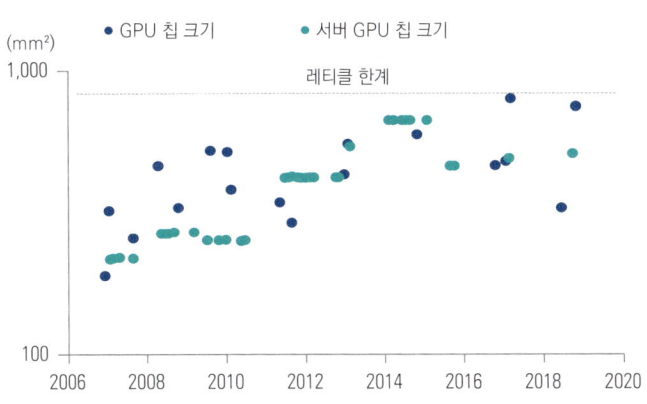

출처: International Electron

칩 크기와 수율의 관계

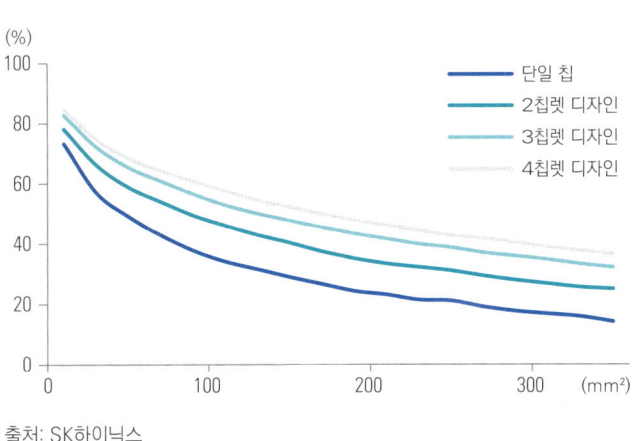

출처: SK하이닉스

서로 다른 종류의 반도체를 패키징 기술을 통해 통합하는 방식을 이종집적(Heterogeneous Integration)이라고 한다. 칩렛과 이종집적은 더 크고 복잡한 반도체를 생산하기 위한 새로운 돌파구다.

칩렛 방식은 수율 향상과 유연한 공급망 구축에 유리하다. 기능별 칩의 면적이 작기 때문에 수율이 높고, 서로 다른 업체가 각각의 칩을 생산해 공급할 수 있어 유연성도 높다. 또 특정 기능이 변경될 경우 전체 설계를 수정할 필

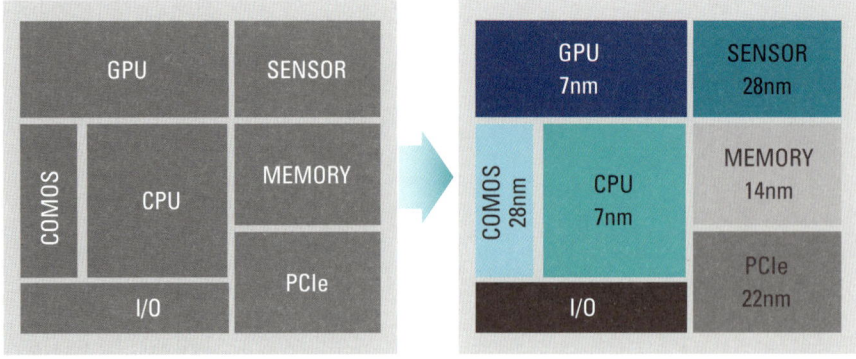

SoC와 칩렛의 구조 (출처: Trendforce)

요 없이 해당 칩만 교체하면 되어 SoC보다 설계 자유도가 크고 비용도 절감된다.

인터커넥트 밀도: 고성능 구현의 핵심

고성능을 구현하기 위해 인터커넥트 밀도 향상도 중요해졌다. 칩 성능이 고도화되고 칩렛 도입이 가속화될수록 원활한 신호 송수신이 중요해진다. 칩과 기판이 접촉해 신호를 전달하는 통로를 인터커넥트 혹은 I/O(Input/Output)라고 한다. 결국 최종 전송 속도가 중요하기 때문에 후공정 패키징에서 인터커넥트 밀도를 높여 완성품 반도체의 속도를 높이려는 시도다.

패키징 기술은 I/O의 밀도를 높여가는 방향으로 발전하고 있으며 크게 세 가지 접근 방식으로 구분된다. 첫째, 패키지의 크기 자체를 키워 더 많은 I/O를 만드는 방식이다. 둘째, 실제 I/O 역할을 하는 접합부를 의미하는 범프의 크기를 줄여 더 많은 범프를 부착하는 방식이다. 마지막으로 이 범프 간 간격(pitch)을 줄여 동일 면적 내 더 많은 I/O를 형성하는 방식이다.

데이터의 양이 비약적으로 증가하고 있다. 충분한 I/O가 확보되지 않아 병목 현상이 생기면 속도 저하, 발열, 전력 손실이 빚어진다. 칩렛 구조하에서 서로 다른 칩이 하나의 칩처럼 지연 없이 작동하기 위해서도 이러한 상호 연결성 강화가 필수적이다.

2.5D 패키징

현재 수요가 가장 강한 첨단 패키징 기술은 단연 2.5D 패키징이다. 2D 패키징은 칩을 기판 위에 수평으로 부착하고, 3D 패키징은 칩을 수직으로 적층한다. 2.5D는 이 중간 단계로서 수평 구조에 인터포저를 중간 기판으로 삽입한다. 인터포저는 고속 신호 처리가 가능한 특수 기판이며 웨이퍼 기반으로 나노미터 공정을 거쳐 생산된다. 기존의 2D 패키징 대비 저지연, 저전력의 이점이 있다.

TSMC는 2.5D 패키징의 선두 주자다. CoWoS(Chip on Wafer on Substrate)라는 이름으로 2.5D 패키징 서비스를 제공하고 있으며 엔비디아의 호퍼와 블랙웰 같은 GPU, AWS와 구글 등의 AI 반도체가 모두 이 공정을 거쳐 생산된다. AI 반도체 시대가 개화한 2023년 이후 특히 수요가 급증했다. TSMC는 이에 대응해 2024년과 2025년 모두 전년 대비 두 배 이상 생산 능력을 확대하고 있다. TSMC의 CEO 웨이저자(魏哲家)는 "CoWoS 생산 능력이 수요에 미치지 못하고 있다"고 여러 차례 언급하기도 했다.

TSMC의 CoWoS는 인터포저 구조 변화에 따라 CoWoS-S, CoWoS-L,

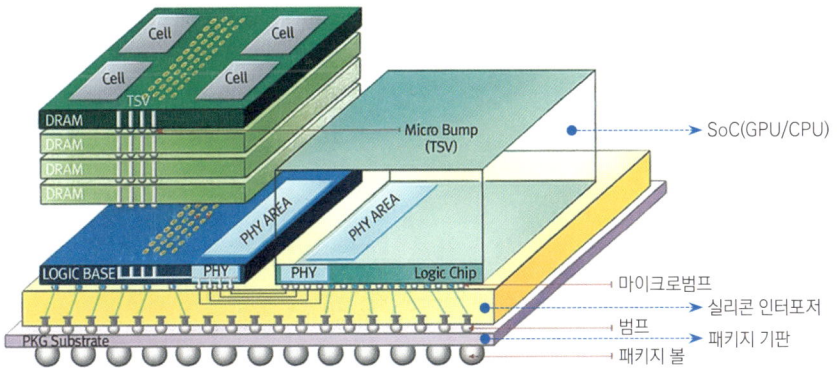

2.5D 패키징 구조도 (출처: SK하이닉스)

CoWoS-R로 구분된다. CoWoS-S를 통해 생산된 대표적인 제품은 2023년 출시된 엔비디아의 호퍼 GPU다. CoWoS-S는 실리콘 인터포저를 사용하는 것이 특징이다. 실리콘 인터포저에 수직으로 구멍을 뚫어 상하단을 연결하는 TSV(Through Silicon Via) 기술이 적용되었다. 정밀도와 속도 측면에서 이점이 있지만 실리콘 웨이퍼를 원재료로 사용하고 TSV 공정을 적용함에 따라 원가가 높은 것은 단점이다.

CoWoS-L은 2025년부터 양산 중인 블랙웰 GPU에 본격적으로 적용되기 시작했다. 기존 기판의 칩 간 연결 부분에만 LSI(Local Silicon Interconnect)라는 실리콘 소재의 칩을 위치시킨다. 칩이 연결될 부분에 LSI만 심으면 패키지 대형화가 가능하기 때문에 고성능 반도체의 대형화 트렌드를 대응하기 적합하다. 또한 전체를 실리콘 웨이퍼를 원재료로 만드는 CoWoS-S 대비 원가에서도 이점을 갖는다.

CoWoS-R은 유기기판에 재배선층(Redistribution Layer, RDL)을 형성해 인터포저로 사용하는 방식이다. 유기기판을 원재료로 사용하기 때문에 원가 이점이 있다. 부족한 송수신 성능은 기판에 칩 간 신호 송수신을 담당하는 RDL을 형성해 보완한다. 실리콘 소재를 사용하지 않고 nm 단위 반도체 공정을 사용하지 않기 때문에 연결 속도가 CoWoS-S와 CoWoS-L보다 낮다. 이 방식은 차량용 자율주행 반도체 등에 적용하기 위해 개발 중이다.

CoWoS 이후 발전 방향은 대형화

첨단 패키징의 발전 방향에서 가장 눈에 띄는 특징은 패키지의 대형화다. 더 많은 메모리를 탑재하고 더 강한 연산 성능을 가진 칩을 패키징하는 과정에서 패키지의 크기가 커지고 있다. 흔히 패키지의 크기는 레티클(reticle)을 기준으로 판단한다. 레티클은 반도체 전공정의 핵심 공정 중 하나인 노광에 사용되는 마스크의 면적이다. 1레티클은 858mm^2 수준이며 이는 개별 다이를 설계할 수 있는 최대 크기다.

현재 양산 중인 CoWoS-S는 인터포저의 크기가 2,800mm^2여서 3.3레티클

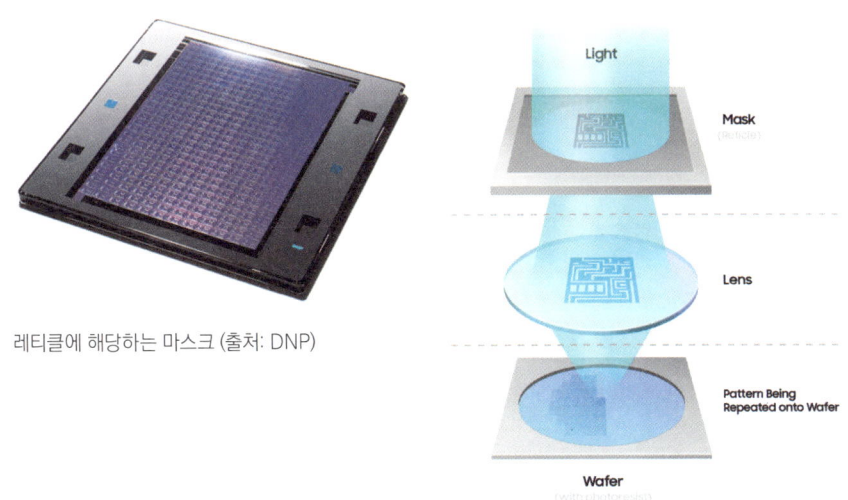

레티클에 해당하는 마스크 (출처: DNP)

노광 공정에서 사용되는 포토마스크 (출처: 삼성전자)

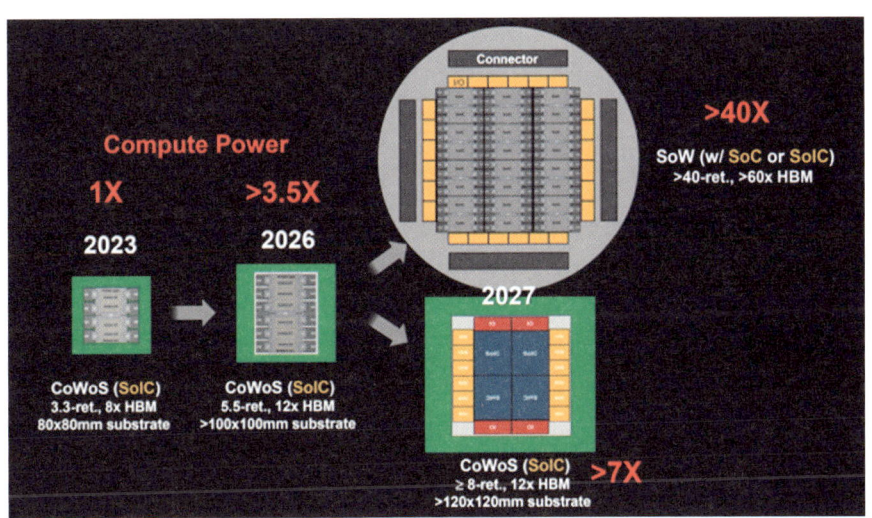

CoWoS의 발전 방향: 대형화 (출처: TSMC)

에 해당한다. TSMC는 2026년 5.5레티클, 2027년에는 8레티클 이상에 해당하는 대형 패키지 기술 출시를 준비 중이다. 더 많은 로직 반도체와 HBM을 탑재하기 위한 목적이다.

장기적인 기술 로드맵으로 TSMC는 SoW(System on Wafer)를 제시했다. 절단하지 않은 웨이퍼 자체를 인터포저 기판처럼 사용하는 방식이다. 2024년 TSMC는 SoW를 적용할 때 패키지 크기는 40레티클 이상, HBM은 60개 이상 탑재할 수 있다고 밝혔다. 2025년 4월에는 SoW-X 기술을 발표했으며 이는 현재 CoWoS 대비 40배 이상의 연산력 구현이 가능하다. TSMC는 SoW의 양산 목표 시점을 2027년으로 밝히고 있다.

하이브리드 본딩

하이브리드 본딩은 인터커넥트 밀도를 극대화할 수 있는 차세대 기술이다. 현재 서로 다른 칩을 연결할 때는 범프라는 매개체를 사이에 배치한다. 이에 비해 하이브리드 본딩은 칩을 적층할 때 범프 없이 구리 패드를 직접 맞닿게 해 연결하는 방식이다. 범프를 통하지 않으니 칩 간 연결 경로가 단축되고, 범프의 저항이 없으니 속도와 전력 효율도 크게 개선된다. 범프를 사용할 때 대응이 어려운 20μm 미만 피치도 하이브리드 본딩에서는 적용이 가능하다.

하이브리드 본딩은 기술적 난도가 높다. 범프 없이 칩을 접합하려면 구리 패드를 이물질 없이 평탄하게 만들어야 한다. 이물질이 접합 면 사이에 위치하면 빈 공간이 생겨 접합 불량이 발생한다. 따라서 일반적인 후공정 라인보다 강도 높은 클린룸이 필요하며 전공정에서 주로 사용되는 장비들도 동원해야 한다.

접합하는 방식에 따라 W2W(Wafer to Wafer), D2W(Die to Wafer), D2D(Die to Die)로 구분된다. 웨이퍼 상태인지, 절단된 칩(다이) 상태인지에 따라 차이가

하이브리드 본딩 공정

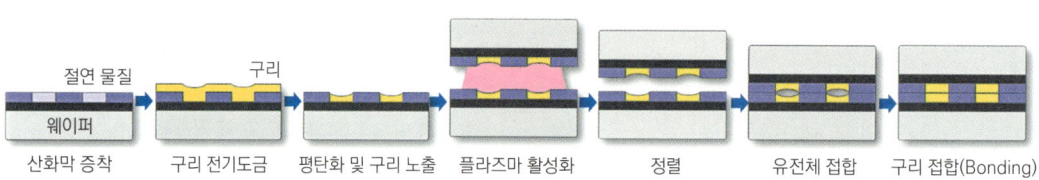

출처: SK하이닉스

나타난다. 하이브리드 본딩은 상하단 칩 간 접합 위치를 정확히 정렬하는 것이 중요하다. W2W 방식은 1회 만에 일괄적으로 정렬하기 때문에 생산 속도 측면에서 우수한 강점이 있다. 현재 하이브리드 본딩이 이미 상용화된 제품들은 대부분 W2W 방식을 적용하고 있다.

한편 W2W 하이브리드 본딩의 한계점도 명확하다. 상하단 칩의 크기가 동일해야 하기 때문에 이종집적에 적합하지 않다. 웨이퍼를 일괄 본딩 후 개별 칩을 절단하기 때문에, 웨이퍼에 불량 칩이 있더라도 본딩 전에 골라낼 수가 없다. 양품과 접합한 후 폐기해야 하니 양품 손실이 불가피하다.

D2D와 D2W는 양품 칩을 선별해 접합할 수 있어 칩의 크기가 커질수록 W2W 대비 비용 측면에서 효율적이다. 칩의 대형화는 수율 감소로 이어지고, 웨이퍼당 수율 감소는 W2W 방식에서 치명적이기 때문이다.

현재 하이브리드 본딩 상용화는 로직 반도체에서 먼저 적용되고 있다. TSMC와 인텔은 각각 'SoIC-X'와 'Foveros Direct'라는 3D 적층 하이브리드 본딩 방식을 발표했다. 빠른 데이터 전송 속도와 전력 효율이 요구되는 고성능 반도체를 중심으로 적용되고 있다.

향후에는 메모리 반도체로 하이브리드 본딩의 영역이 확장되고, 낸드와 HBM에서 순차적으로 하이브리드 본딩 방식이 적용될 계획이다.

마이크로범프와 하이브리드 본딩 성능 비교

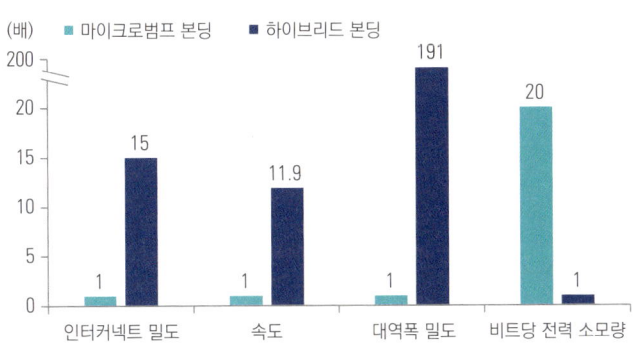

출처: TSMC

낸드는 단수가 높아지며 저장 용량이 증가하고 용량당 원가가 절감된다. 2024년 11월, SK하이닉스가 321단 낸드를 양산하며 300단 이상 낸드가 등장했다. 낸드는 데이터를 저장하는 셀 영역과 셀을 구동하는 주변회로 영역으로 구분된다. 현재 양산되는 낸드는 셀 하단에 주변회로가 위치하는 구조다. 셀의 단수가 높아지면 열과 압력에 의해 하단부 주변회로가 손상될 위험이 커지며 이를 개별 웨이퍼로 생산해야 할 필요성이 대두된다. 2025년 말~2026년 초 양산될 400단 이상 낸드부터 국내 업체들의 하이브리드 본딩이 적용될 예정이다.

차세대 HBM에서도 하이브리드 본딩을 통한 세대 전환이 나타날 예정이다. HBM은 D램 칩을 수직으로 적층한 구조이며 세대가 높아질수록 적층 수가 많아진다. 2025년 5월 현재 가장 최신 세대인 HBM3E는 8단과 12단 제품이 양산되고 있다. SK하이닉스는 HBM3E 16단 제품의 개발 사실을 발표하기도 했다.

단수가 높아질수록 HBM 완성품의 패키징 높이가 높아진다. 이때 범프 없이 접합하는 하이브리드 본딩을 적용하면 패키징 높이를 줄이는 데 효과적이다. HBM4의 패키징 높이 규격이 기존 720 μm에서 775 μm로 완화되며 하이브리드 본딩 적용 시기도 늦춰지는 분위기다. 하지만 패키징 소형화와 대역폭 강화를 위해 향후 적용될 가능성이 높다.

BSPDN: 전공정에 새로운 구조를 도입하다

지금까지 후공정에서 신기술을 도입해 기술적 돌파구를 마련하는 사례를 살펴봤다. 전공정에서 새로운 구조를 도입하는 시도로는 BSPDN(Backside Power Delivery Network)을 꼽을 수 있다.

BSPDN은 기존 반도체 구조인 FSPDN(Frontside Power Delivery Network)과 대조되는 개념이다. 일반적인 반도체 칩은 전력 라인(전력을 받아 트랜지스터에 전송하는 배선층), 트랜지스터, 신호 라인(트랜지스터에서 발생한 신호를 칩 외부로 전달하는 배선층)으로 나뉜다. 기존 FSPDN에서는 트랜지스터 전면부에 전력 라

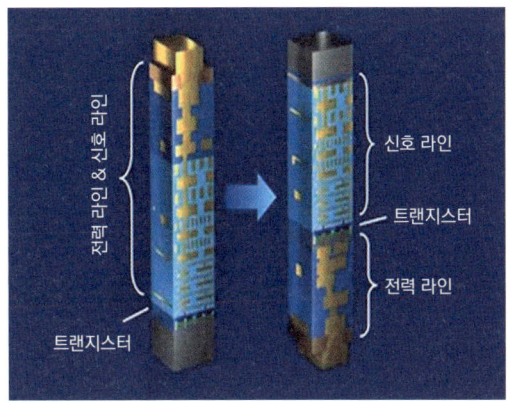

FSPDN(왼쪽)과 BSPDN(오른쪽) (출처: Intel)

인과 신호 라인이 겹쳐서 위치했다. 하지만 BSPDN에서는 전력 라인이 웨이퍼 후면에 위치한다. 트랜지스터가 신호 라인과 전력 라인 사이에 끼는 모습을 상상하면 된다.

BSPDN을 적용하면 전력 효율성이 개선되고 셀 면적이 줄어서 반도체 밀도 개선이 가능해진다. 기존 구조에서는 전력 라인에서 인가된 전력이 신호 라인을 거쳐 트랜지스터로 전달된다. 이 과정에서 전력 손실이 발생하며, 특히 선단 공정에서 구리 배선의 직경이 20nm 이하로 줄면 저항이 기하급수적으로 상승한다. 높은 저항은 전력 효율 저하와 발열 문제로 이어진다. BSPDN을 적용하면 전력 라인과 트랜지스터가 직접 맞닿는 만큼 이러한 문제를 해결할 수 있다.

주요 파운드리와 반도체종합기업(IDM)들이 모두 BSPDN 기술을 적용할 예정인 가운데 인텔은 가장 빠른 양산 목표를 갖고 있다. 인텔은 2025년 하반기 출시 예정인 '팬서레이크(Panther Lake) CPU'부터 자체 BSPDN 기술인 '파워비아(PowerVia)'를 적용한다. 팬서레이크는 18A(18나노) 공정으로 생산할 계획인데 해당 제품에서 새로운 공정을 선제적으로 도입함으로써 파운드리 경쟁력을 되찾으려는 시도로 해석된다.

TSMC는 2026년 말 양산 예정인 A16(1.6나노) 공정부터 BSPDN을 적용할

주요 기업의 BSPDN 도입 예상 시점

기업명	자체 기술명	도입 예상 공정	도입 예상 시점
인텔	PowerVia	인텔 18A(1.8나노)	2025년
TSMC	Super Power Rail	1.6나노	2026년 말
삼성전자	미공개	SF2Z(2나노 개선 버전)	2027년

출처: Intel, TSMC, 삼성전자

계획이다. '슈퍼파워레일(Super Power Rail)'이라는 이름으로 BSPDN 기술을 준비 중이다. TSMC에 따르면 A16 공정은 N2P(2나노) 공정 대비 8~10%의 속도 개선, 15~20%의 전력 소모량 절감, 1.07~1.10배의 칩 밀도 개선이 가능할 전망이다.

국내 기업 중에서는 삼성전자가 2나노 공정부터 BSPDN 기술을 도입할 계획이다. 삼성전자는 2024년 파운드리 포럼을 통해 2027년 SF2Z(2나노 개선) 공정부터 BSPDN 기술을 도입할 계획을 발표했다. 아직 BSPDN 자체 기술명을 공개하지 않았지만 BSPDN을 적용한 SF2Z는 FSPDN 대비 성능이 8%, 전력 효율은 15%, 면적은 17% 절감이 가능하다고 발표한 바 있다.

기술적 돌파구를 찾기 위한 다양한 시도

본문에서 소개한 기술 외에도 미세화의 한계를 극복하며 더 나은 반도체를 만들려는 시도가 다각도로 이루어지고 있다. 새로운 소재와 장비를 도입하고 트랜지스터의 구조를 변경하면서 빠르고 강력하며 효율적인 반도체를 개발하기 위해 노력하고 있다.

AI 시대가 열리고 더 높은 성능의 반도체가 요구되며 이러한 추세가 빨라지고 있다. 기하급수적으로 증가하는 데이터를 처리하기 위해 연산 속도, 전력 효율, 저장 용량, 발열 등 모든 특성을 개선해야 한다.

새로운 기술의 도입은 밸류체인 내 기업들이 새로운 사업 기회를 맞이하는 계기로 작용할 수 있다. 미국의 대표적인 장비 업체 어플라이드 머티리얼즈(Applied Materials)는 BSPDN 도입을 통해 전체 장비시장 규모(Total Addressable Market, TAM)가 10억 달러 증가할 것으로 전망한다. 본문에서는 완성품 반도체를 생산하는 업체들 중심으로 소개했지만 이러한 기술 고도화는 장비, 소재 업체들에도 새로운 기회로 다가올 것이다.

반도체 밸류체인

분류	기업명	티커	사업 내용
클라우드·데이터센터	Alphabet	GOOGL US	글로벌 3위 클라우드 서비스 사업자(CSP)로서 자체 AI 모델(Gemini), 자체 AI ASIC(TPU) 활용한 AI 사업 역량 확보
	Meta Platforms	META US	인스타그램, 페이스북 등 소셜미디어 사업 운영 중. 소셜 플랫폼 기반 데이터와 자체 개발 오픈소스 LLM(LLaMA)을 활용한 AI 역량 제고
	Amazon	AMZN US	글로벌 1위 클라우드 서비스 사업자(CSP)로서 자체 AI ASIC(Trainium·Inferentia) 활용한 AI 슈퍼컴퓨터 개발 중
	Microsoft	MSFT US	글로벌 2위 클라우드 서비스 사업자(CSP)이자 Open AI 주요 투자자. 자체 AI 반도체(Cobalt, Maia) 개발 및 AI 데이터센터 운영 중
	Alibaba	9988 HK	중국 1위 클라우드 서비스 사업자이자 알리·타오바오 등 커머스 사업 영위. 자체 AI 모델 Qwen3 개발
	Tencent	0700 HK	중국 2위 클라우드 서비스 사업자이자 광고·게임 사업 영위. 자체 AI 추론 모델 훈위안(Hunyuan) 운영 중
팹리스	NVIDIA	NVDA US	AI 반도체 글로벌 1위. 블랙웰 아키텍처 기반 차세대 GPU 출시. AI CPU 및 PC용 AI GPU 사업까지 확장
	AMD	AMD US	CPU, GPU 전문 설계 기업. 서버 CPU(EPYC), PC CPU(라이젠), GPU(라데온), AI 가속기(MI시리즈) 제품군 보유
	Qualcomm	QCOM US	스마트폰용 모바일 SoC, 통신 칩, 차량용 SoC 설계 전문 업체. AI 연산 탑재한 CPU, AP로 사업 역량 강화
	Broadcom	AVGO US	통신, 서버용 반도체 및 네트워크 칩 설계 전문 업체. 빅테크 기업과의 협업 통해 AI ASIC 개발 중
	MediaTek	2454 TT	대만 기반 모바일 AP 전문 설계 업체. 중화권 스마트폰 내 점유율 1위 업체로 최근 ASIC시장 침투 본격화
메모리	삼성전자	005930 KS	메모리 반도체(D램, 낸드) 글로벌 상위 업체이자 파운드리, 설계 사업도 함께 영위. 메모리, 로직, 세트(모바일·PC·가전) 사업 병행
	SK하이닉스	000660 KS	D램, 낸드 주요 제조업체이자 AI용 메모리 HBM의 선두 업체. 엔비디아 AI용 GPU의 주요 HBM 공급 업체
	Micron Technology	MU US	미국 기반 메모리 제조사로 D램, 낸드 사업 영위 중. HBM과 저전력 D램 등을 통한 AI시장 대응 본격화
	Kioxia	285A JP	글로벌 3위 낸드 사업자로서 Western Digital과의 공동 투자를 통해 3D 낸드 기술 경쟁력 강화 중
	CXMT	비상장(중국)	중국 1위 D램 사업자. 중국 로컬 D램 자립화의 핵심 기업. 모바일·PC용 DDR4 제품 중심에서 고사양 D램으로 확장 중
	YMTC	비상장(중국)	중국 1위 낸드 제조 업체로 3D 낸드 기술 내재화 및 자체 메모리 적층 기술 Xtacking 보유
IDM·파운드리	TSMC	2330 TT	세계 최대 파운드리 업체로 애플, 엔비디아, AMD 등의 첨단 반도체 위탁 생산. 2nm 이하 공정과 CoWoS, SoIC 등 첨단 패키징 선도
	Intel	INTC US	CPU 중심 종합 반도체 기업으로 파운드리 사업도 함께 영위. 글로벌 1위 서버 CPU 사업자

반도체 밸류체인

분류	기업명	티커	사업 내용
IDM·파운드리	UMC	2303 TT	대만 2위 파운드리 기업으로, 28~40nm 레거시 공정 중심 사업 구조 영위
	SMIC	0981 HK	중국 최대 파운드리 업체로 7nm 이하 공정 내재화 시도. 미국 제재 속 로컬 고객 중심 첨단 공정 생산 확대 추진 중
반도체 장비	ASML	ASML NA	네덜란드 기반 글로벌 1위 노광 장비 업체. EUV 장비 글로벌 독점 공급 및 차세대 하이NA EUV 장비 양산 준비 중
	Lam Research	LRCX US	반도체 식각 및 증착 장비 전문 업체. AI 반도체 공정 정밀도 향상에 필수적인 장비 공급
	Applied Materials	AMAT US	반도체 박막 증착(CVD, PVD 등) 및 식각, CMP 등 전공정 장비 전문 업체. AI 반도체 공정 정밀도 향상에 필수적인 장비 공급
	Tokyo Electron	8035 JP	일본 기반 글로벌 Top4 전공정 장비 업체로 반도체 식각 및 증착 장비 전문 업체
	ASM	ASM NA	네덜란드 기반 반도체 전공정 장비 제조사로 ALD(원자층 증착) 공정 분야 글로벌 선도 기업
	KLA	KLAC US	글로벌 1위 결함 검사·계측 장비 업체. 반도체 미세화 및 공정 난도 상승에 따른 수요 증가세 지속
	Teradyne	TER US	미국 기반 반도체 테스트 장비 선두 업체로 SoC·메모리·AI 칩 고속 테스트 수요 증가에 따른 수혜 지속
	Advantest	6857 JP	일본 최대 반도체 테스트 장비 업체로 HBM·SoC 테스트 장비에 강점. 미세화 및 AI 반도체 수요 증가로 테스트 중요성 확대
	NAURA	002371 CH	중국 1위 전공정 장비 업체. 식각·증착·열처리 장비 등 전공정 주요 장비 제조. 중국 장비 국산화의 대표 주자
	Advanced Micro Fabrication	688012 CH	중국 반도체 식각 장비 대표 업체로 YMTC·SMIC 등 주요 중국 반도체 고객사에 공급 중. 중국 장비 국산화 흐름의 수혜 기업
반도체 소재·부품	Shin-Etsu Chemical	4063 JP	일본 기반 글로벌 1위 반도체용 실리콘 웨이퍼 제조사로 고순도 웨이퍼 및 EUV용 포토레지스트 공급 등에서 핵심 역할 수행
	SUMCO	3436 JP	일본 기반 글로벌 2위 반도체용 실리콘 웨이퍼 제조사로 미세공정용 300mm 웨이퍼 중심 사업 구조 영위
	Air Liquide	AI FP	프랑스 기반 반도체용 고순도 특수가스 및 케미칼 전문 업체
	Air Products	APD US	미국 기반 반도체 제조용 고순도 특수가스 전문 업체
	Linde	LIN US	초고순도 가스 글로벌 1위 업체. 크립톤, 제논, 네온 등 반도체 공정용 희귀 가스 공급
	Entegris	ENTG US	미국 기반 반도체 제조용 고순도 케미칼 등 소재 전문 업체
	Formfactor	FORM US	반도체 제조 공정 내 테스트에 필요한 부품 및 솔루션 제공 업체. 프루브 시스템, 프루브카드 등을 주요 반도체 제조 업체에 공급
	Winway	6515 TT	반도체 파이널 테스트에 사용되는 테스트 소켓 전문 업체. AI GPU 수요 급증에 따른 수혜로 실적 성장 중

서버·데이터센터

CSP·데이터센터

미국
Amazon
Microsoft
Alphabet
Meta Platforms
IBM
Oracle
Salesforce
xAI
OpenAI

중국
Alibaba
Tencent
ByteDance

서버 제조

서버 OEM
Dell(미)
HPE(미)
IEIT(중)
Lenovo(중)
xFusion(싱가포르)
H3C(중)

서버 ODM
Foxconn(대)
Quanta Computer(대)
Wistron(대)
Inventec(대)
Wiwynn(대)

네트워크 장비
Cisco(미)
Arista Networks(미)
Juniper Networks(미)
Huawei(중)

마더보드
ASUS(대)
MSI(대)
GIGABYTE(대)
ASRock(대)

냉각 솔루션
Delta(대)
Vertiv(미)
AVC(대)
Auras(대)
Kaori(대)
Ingrasys(대)

소재·부품·장비

공정 소재

웨이퍼
Shin-Etsu Chemical(일)
SUMCO(일)
GlobalWafers(대)
SK실트론(한)

특수가스, 케미칼
Air Liquide(프)
Air Products(미)
Linde(독)
Entegris(미)

포토 레지스트
TOK(일)
DuPont(미)
JSR(일)
동진쎄미켐(한)

기판

메모리 기판
삼성전기(한)　　**LG이노텍(한)**
티엘비(한)　　심텍(한)
해성디에스(한)　　대덕전자(한)

PCB 기판
Ibiden(일)　　**Unimicron(대)**
Kinsus(대)　　이수페타시스(한)
GCE(대)　　WUS Printed(중)
Victory(중)　　Shennan(중)

장비

전공정 장비
ASML(네)　　**TEL(일)**
AMAT(미)　　**Lam Research(미)**
Naura(중)　　AMEC(중)

후공정 장비
Teradyne(미)　　Advantest(일)

부품

반도체

디램·HBM
SK하이닉스(한)
삼성전자(한)
Micron(미)
CXMT(중)
Nanya(대)

낸드
SK하이닉스(한)
삼성전자(한)
Micron(미)
Kioxia(일)
SanDisk(미)
YMTC(중)

엔비디아 GB200
(Grace CPU
+ Blackwell GPU)

로직 반도체

GPU·AI 가속기
NVIDIA(미): Blackwell, Rubin 시리즈
AMD(미): MI 시리즈
Intel(미): Gaudi 시리즈
Huawei(중): Ascend 시리즈

AP
Apple(미)
Qualcomm(미)
MediaTek(대)
삼성전자(한)
Alphabet(미)
HISILICON(중)

서버 CPU
Intel(미)
AMD(미)
NVIDIA(미)
Apple(미)

파운드리(생산)
TSMC(대)
삼성전자(한)
Intel(미)
GlobalFoundries(미)
UMC(대)
SMIC(중)
Hua Hong Semiconductor(중)

AI ASIC
Broadcom(미)
Marvell(미)
MediaTek(대)
AIChip(대)
GUC(대)

IP
Arm(영)
Synopsys(미)
Cadence(미)

PC CPU
Intel(미)
AMD(미)
Apple(미)
Qualcomm(미)
NVIDIA(미)

어드밴스드 패키징(후공정)
TSMC(대)
삼성전자(한)
Intel(미)
ASE Holdings(대)
Amkor(미)
SPIL(대)
JCET(중)

8장   전기전자

AI가 세트와 부품도
바꾸고 있다

양승수

전기전자·IT 부품

새 패러다임이 요구되는 즈음

다양한 IT 기기의 비약적인 발전은 우리의 삶 전반을 바꿔왔다.

첫 번째 전환점은 개인용 컴퓨터(Personal Computer, PC)의 등장이다. 1970년대에 집적회로(IC) 칩이 탑재되기 시작하면서, PC는 사람과 상호작용할 수 있는 기기로 진화했다. 1990년대 이후 출시된 PC 대부분에는 중앙처리장치(CPU)가 기본으로 탑재되었고, 이 시기를 기점으로 '개인용 디바이스'라는 개념이 보편화되었다.

이어 1995년 윈도95의 대중화로 본격적인 인터넷 시대가 열렸다. 기존의 PC 통신 서비스는 인터넷 기반 서비스로 전환되었다. 구글, 야후(Yahoo!) 등

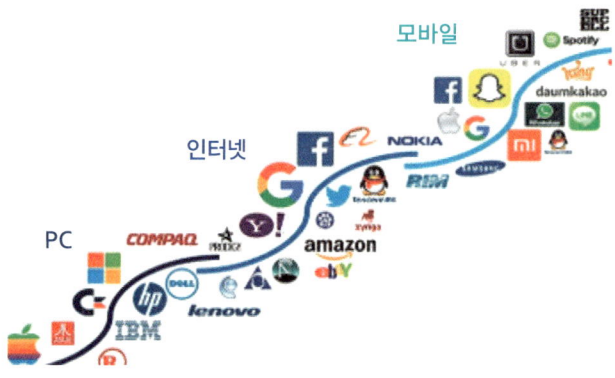

IT 기기는 PC에서 인터넷을 지나 모바일로 발전하고 있다.

의 검색엔진 플랫폼이 대중화되면서 소비자들의 디지털 기기 사용 시간이 급격히 증가했다. 아마존을 비롯한 온라인 유통업체들이 등장했고, 기기를 활용한 경제활동이 한층 더 활발해졌다.

그리고 2007년, 애플의 아이폰을 필두로 스마트폰 시대가 본격화되었다. 스마트폰은 '휴대 가능한 PC'로 기능하며 사용자의 플랫폼 체류 시간을 폭발적으로 늘렸다. 페이스북, 트위터(Twitter) 같은 소셜미디어와 넷플릭스, 유튜브 등 동영상 콘텐츠 소비가 급격히 확대되었다. 아울러 모바일 금융, 원격근무, 실시간 커뮤니케이션 등 모바일 중심의 디지털 생태계가 꽃을 피웠다.

이처럼 스마트폰, 태블릿 등 최종 소비자용 완제품을 통칭하는 IT 세트의 시장은 단순한 디바이스 판매시장을 넘어 주변 생태계의 활성화를 좌우하는 핵심 축으로 기능한다. 그 과정에서 IT 세트 생태계는 소비자가 더 오래, 더 자주 머물 수 있는 경험을 제공하는 데 초점을 맞춰왔다.

IT 기기 업체들은 소비자 체류 시간 연장을 위해 하드웨어 사양을 지속적으로 고도화해왔다. 즉 디스플레이 해상도를 향상시켰고 카메라 모듈을 다중화했으며 배터리 수명을 늘려왔다. 카메라 모듈은 싱글 렌즈에서 듀얼, 트리플, 쿼드 카메라까지 확대되며 단순 촬영 기능을 넘어 사용자의 커뮤니케이션 도구로 변화해왔다. 디스플레이 역시 고주사율·고해상도화가 진행되며 콘텐츠 몰입감을 강화하고 있다. 폴더블 등 폼팩터(form factor) 혁신은 소비자

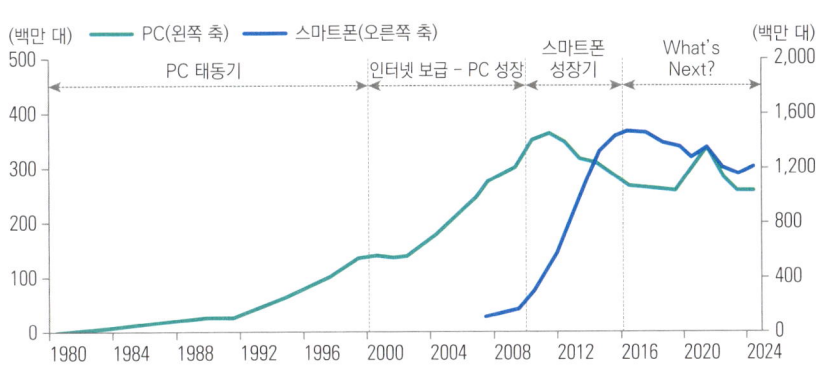

IT 세트시장의 변천(1980~2025)

의 활용 영역 확장에 기여해왔다.

하드웨어 성능 개선과 소비자 체류 시간 증가가 맞물리며 IT 세트시장은 2020년대 이전까지 꾸준한 성장세를 이어왔다. 특히 스마트폰은 한때 연간 출하량이 15억 대에 육박하며 글로벌 IT 세트시장의 중심으로 자리 잡았다.

그러나 하드웨어 발전의 체감 효과가 점차 약화되고 있다. 과거에는 디바이스의 하드웨어적인 발전이 실사용자에게 명확한 체감 가치를 제공하며 교체 수요를 견인했다. 그러나 주요 세트 제품의 하드웨어 스펙이 상향 평준화되었고 이후 성능 상향 폭이 제한적인 상황에서는 소비자들이 기존 기기를 계속 사용하는 경향이 짙어지고 있다. 그 결과 스마트폰시장은 2018년에 처음으로 역성장했다. 2021년 코로나19 특수로 인한 일시적 반등을 제외하면 전반적인 업황은 장기적인 부진 흐름을 벗어나지 못하고 있다.

이러한 상황을 돌파하기 위해 IT 세트 기기 제조업체들이 취할 전략은 두 가지로 요약된다. 첫째, 디바이스 판매가 아닌 새로운 방식으로 차별점을 강조하고 구독 등 서비스를 제공해 정기적인 수익을 창출한다. 둘째, 스마트폰을 잇는 차세대 디바이스를 발굴한다.

온디바이스 AI, 세트시장의 중심으로

삼성전자와 애플, 다른 전략으로 접근

인공지능(AI)이 IT 세트시장에서 기존 소비자의 잔류 유도와 수익화 전략의 핵심 도구로 자리 잡고 있다. 예컨대 스마트폰·PC 제조사들은 디바이스에 AI 기능을 탑재해 사용자 경험을 개선하고, 기기 내 체류 시간을 늘리며, 서비스 연계 수익을 창출한다. '온디바이스(on-device) AI' 시대가 개화하고 있다.

온디바이스 AI는 클라우드 기반 AI에서 벗어나 기기 내부에서 직접 AI 연산을 처리하는 기술을 의미한다. 이는 최근 칩셋과 하드웨어 성능의 발전, 경량화된 AI 모델 개발 등이 어우러지면서 가능해졌다.

챗GPT의 등장 후 AI에 대한 관심이 고조되면서, AI를 어떻게 효과적으로 활용할 수 있을지에 대한 시장 참여자들의 고민이 지속되어왔다. 챗GPT 중심의 생성형 AI는 거대 클라우드를 활용해 학습하고 추론을 진행하기 때문에 복잡하고 정밀한 모델을 실행할 수 있다는 확장성과 유연성이 있는 반면 연결 지연, 데이터 전송 비용, 보안 우려 등의 단점이 존재하기 때문이다.

이에 비해 온디바이스 AI는 빠른 반응 속도, 실시간 처리, 그리고 인터넷 연결 없이 동작할 수 있다는 장점과 함께, 데이터가 외부 서버로 전송되지 않기 때문에 개인정보 보호 측면에서도 강점이 있다. 세트 업체들은 스마트폰, 데스크톱, 노트북 등 이미 시장 침투가 완료된 제품에 AI를 접목해 한동안 정체된 세트시장의 교체 수요를 유도하고 있다.

대표적으로 삼성전자는 스마트폰 세트 기업 중 가장 적극적으로 온디바이스 AI를 자사만의 경쟁력으로 강조하고 있다. 2024년 갤럭시 S24 시리즈를 시작으로 S25, 폴더블 시리즈까지 온디바이스 AI를 성공적으로 확대 적용하였다. 이와 함께 하드웨어 중심의 강점을 살려 다양한 기기 간 연동을 강화하는 개방형 생태계를 구축하고 있다. 기능적으로는 빅스비와 같은 음성 인식뿐만 아니라 카메라, 배터리 최적화, 보안 등 다양한 기능에 온디바이스 AI를 적용하고 있다. 구글 및 오픈소스 AI 모델과의 협력을 통해 소프트웨어 유연

한계효용 체감의 법칙이 적용되기 시작한 AI

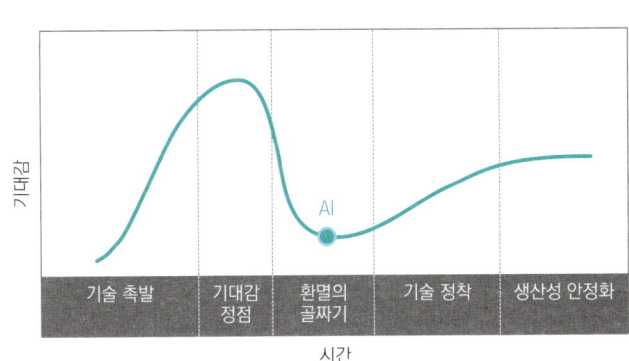

성 확보에도 집중하고 있다.

애플은 온디바이스 AI 전략에서 개인정보 보호를 핵심 가치로 내세우며 철저한 로컬 처리 구조를 지향하고 있다. 대표적으로 iOS 기기의 시리 음성 명령, 사진 분류, 얼굴 인식, 키보드 추천 등은 대부분 기기 내에서 처리하며 클라우드 의존도를 최소화한다. 이를 가능하게 하는 것이 애플의 자체 설계 칩인 A시리즈 및 M시리즈의 강력한 신경망처리장치(NPU) 성능이다.

또한 애플은 새로운 AI 역량을 강화하기 위해 오픈AI와의 협력을 추진하고 있다. 이를 통해 챗GPT 기반의 생성형 AI 기술을 시리 또는 애플 생태계 전반에 통합할 가능성이 제기되고 있다. 이는 애플이 온디바이스 AI의 한계를 보완하고 사용자 경험을 한층 확장하려는 시도로 해석된다. 다만 향후 애플의 자체 생성형 AI 모델인 에이잭스(AJAX) 모델의 완성도가 높아지는 시점에서 독자적인 생성형 AI 생태계를 구축할 가능성이 상존한다.

화웨이, 샤오미, 오포(OPPO) 등 중화권 업체들은 실용적인 온디바이스 AI 기능을 빠르게 상용화하며 시장 점유율 확대를 추구하고 있다. 화웨이는 일찍이 기린 칩에 NPU를 탑재해 카메라 인식, 음성 명령, 번역 기능 등에 AI를 적용하였으며, 자체 하모니 OS를 통해 다양한 기기 사이의 온디바이스 AI 연동을 강화하고 있다. 샤오미는 사용자 데이터를 디바이스 내부에서 처리하면서도 클라우드와의 연계를 유지하는 하이브리드 모델을 적극 추진 중이다.

다만 아직까지 온디바이스 AI는 킬러 앱의 부재와 핸즈프리 구현의 어려움

오픈AI가 구분한 AI의 다섯 단계

단계	기능
레벨 1	대화형 언어를 사용하는 챗봇
레벨 2	인간 수준의 문제 해결 능력을 가진 추론형 AI
레벨 3	행동을 수행할 수 있는 에이전트 AI
레벨 4	발명을 도울 수 있는 혁신형 AI
레벨 5	조직 전체의 업무를 수행할 수 있는 조직형 AI

등 기존 디바이스의 물리적·기술적 한계를 완전히 극복하지 못하고 있다. 이로 인해 소비자의 호응을 이끌어내지 못하고 있다.

이런 상황에서 주목해야 할 개념이 바로 에이전트 AI(Agent AI)다. 간단히 설명하면 에이전트 AI는 프롬프트에 답변하는 데 머물지 않고, 사용자의 요구에 따라 이메일 발송과 온라인 쇼핑 등 작업을 수행한다.

IT 세트시장에서 에이전트 AI를 주목해야 하는 것은, 디바이스 내 AI 에이전트가 구현될 경우 사용자의 시간을 절약하고 실생활에서의 생산성 향상을 유도하는 보다 '직접적인 AI'로서 킬러 앱 역할을 수행할 수 있기 때문이다. 앞서 언급했듯, 단순히 AI가 탑재되었다는 사실만으로는 소비자에게 충분한 차별점을 제공하기 어려워졌으며, 이로 인해 많은 세트 제조 기업이 AI 기술을 제품에 접목하더라도 새로운 수요 창출 및 수익화에 어려움을 겪고 있다.

하지만 에이전트 AI가 사용자 개개인의 니즈를 학습해 맞춤형 솔루션을 제공하게 될 경우, 현재의 AI와 다르게 디바이스를 통해 소비자는 실질적인 편의성과 효율성의 향상을 직접 체감할 수 있다. 그렇게 되면 소비자들은 AI 디바이스에 대한 지불 의사가 높아지는 동시에 업체들은 다양한 AI 서비스를 구독 모델로 전환할 수 있다.

엔비디아가 제시한 에이전트 AI의 4대 구성 요소

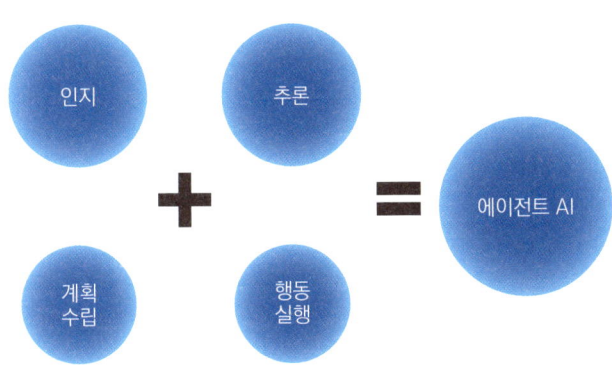

AI 스마트폰 출하량과 비중(2023~2027)

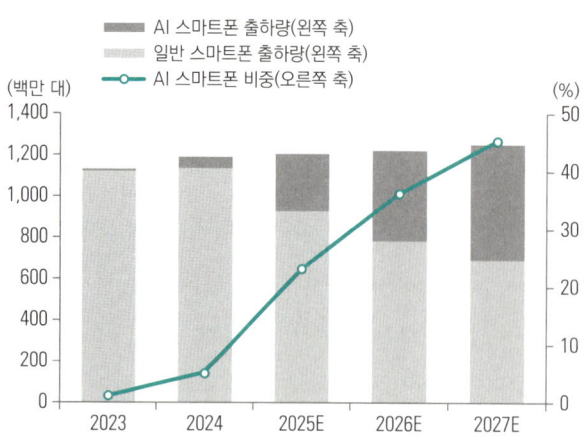

출처: Canalys

에이전트 AI vs. 생성형 AI

	에이전트 AI	생성형 AI
개념	특정 작업을 수행하거나 사용자와 상호 작용하기 위해 설계된 AI 시스템	새로운 데이터(텍스트, 이미지 등)를 생성하는 AI 기술
목적	사용자의 명령을 이해하고 특정 목표를 달성하거나 자동화된 작업을 수행	주어진 데이터를 바탕으로 창의적이고 새로운 콘텐츠를 생성
역할	· 의사결정 · 프로세스 자동화 · 사용자 요청 처리	· 텍스트 생성(예: 문장 작성) · 이미지 생성 · 코드 생성
예시	· 물류 시스템 자동화 · 고객 상담 챗봇 · AI 기반 추천 시스템	· 챗GPT와 같은 텍스트 생성 AI · DALL-E와 같은 이미지 생성 AI
기술 초점	효율성 및 실행 가능성: 데이터를 분석하고 작업을 수행하며 의사결정을 지원함.	창의성과 데이터 생성: 입력 데이터의 패턴을 학습하고 이를 기반으로 새로운 데이터를 생성함.
핵심 기술	· 규칙 기반 알고리즘 · 머신러닝, 강화 학습	· 딥러닝 · 생성적 적대 신경망(GAN), 트랜스포머(예: GPT)
한계	· 창의적 콘텐츠 생성 능력이 부족 · 미리 정의된 역할과 규칙에 의존	· 데이터 편향 및 오류 가능성 · 실행 가능성과 효율성보다는 창의성에 초점

AI가 부품 업체에 미치는 영향은?

디바이스 내 AI 채택 확산은 밸류체인 내 다양한 하드웨어 산업 전반의 재편을 가속화하는 요인으로 작용할 전망이다. 온디바이스 AI를 구현하기 위해서는 디바이스 내 AI 연산을 처리하기 위한 NPU, 고성능 SoC, 대용량 메모리, 전력 효율을 높이기 위한 배터리, 방열 기능 강화 솔루션 확대 등 고사양 부품 탑재가 요구되기 때문이다.

따라서 AI 도입과의 연관성에 따라 부품별로 수혜에 차이가 날 것으로 예상된다. 대표적으로 반도체, 메모리, 방열 부품 등 AI 관련성이 높은 분야는 기술력과 공급 역량을 보유한 소수 업체 중심으로 공급 집중도가 더욱 강화될 가능성이 크다. 반면, AI와의 연관성이 낮은 일반 부품 분야는 원가 절감 압박에 따른 가격 경쟁 심화가 불가피할 전망이다.

이를 스마트폰시장의 선두 주자인 애플을 예로 들어 살펴본다. 애플은 아이폰 12 출시 이후 약 5년간 제품 가격을 사실상 동결했다. 그러나 모델 간 차별화 전략을 통해 프로 및 프로맥스 모델의 출하 비중을 확대함으로써, 제

아이폰 판매 가격(2015~2024)

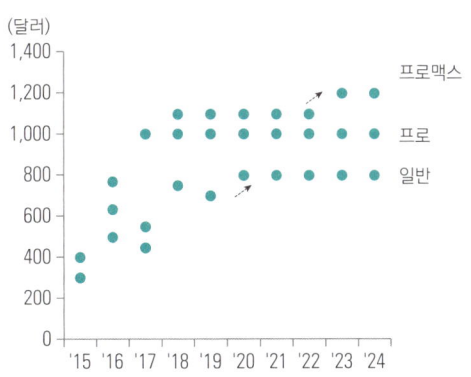

* 해당 연도에 출시된 신모델 중 128GB 모델 기준이고, 2023년 아이폰 15 프로맥스 제품부터 256GB로 기본 탑재량 변경

아이폰 신모델 가격대별 출하 구성(2018~2024)

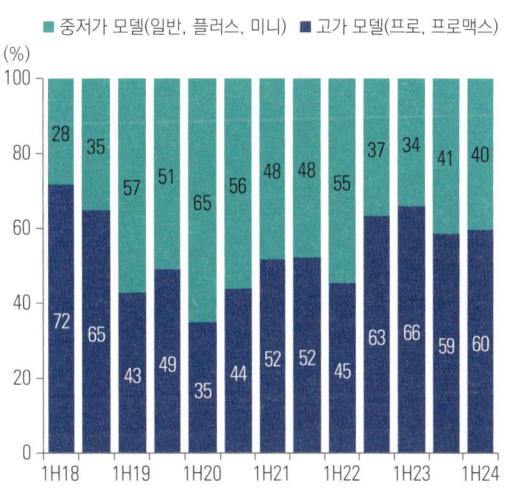

애플의 서비스 매출(2014~2024)

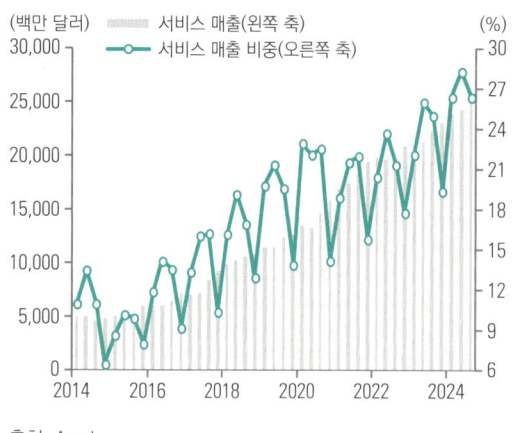

출처: Apple

아이폰 모델별 주요 부품 원가 비중

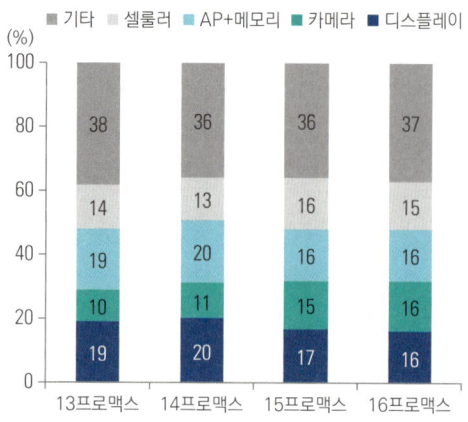

품 가격을 인상하지 않고도 제품 믹스를 개선해왔다. 이러한 흐름 속에서 가장 주목받은 밸류체인은 카메라 모듈과 디스플레이다. 애플의 스마트폰 원가 구조 내에서 이 두 부품은 가장 큰 비중을 차지하며, 고화질 디스플레이와 고성능 카메라는 플래그십 모델의 핵심 차별화 요소로 자리 잡아왔다. 이에 따라 관련 부품의 단가는 수년간 꾸준히 상승해왔다.

그러나 최근 온디바이스 AI가 스마트폰 경쟁력의 핵심으로 부상하면서 애플 공급망 내에서 지각 변동이 발생하고 있다. 즉 AI 연산과 직결된 부품들(고성능 NPU가 탑재된 SoC, 대용량 LPDDR D램, 스토리지, 방열 부품 등)의 중요성과 원가 비중이 급격히 확대되고 있다. 이러한 변화 속에서 애플은 마진을 방어하기 위해 AI와 연관성이 낮은 부품에 대해 원가 절감 압박을 강화하고 있다.

이에 따라 AI 기능 구현과 직접적인 연관성이 낮은 카메라 모듈과 디스플레이는 가격 협상력이 약화되며 판가 인하 압력에 더 크게 노출되고 있는 것으로 분석된다. 예를 들어 국내 대표적인 애플 카메라 모듈 공급사인 LG이노텍의 경우, 2024년 아이폰 출하량은 2023년 대비 소폭인 0.8% 감소했는데 영업이익은 10.1% 감소했다.

아이폰 출하량(2017~2024)

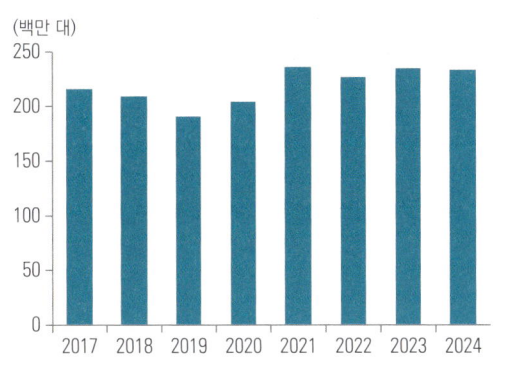

출처: IDC

LG이노텍의 연도별 영업이익(2017~2024)

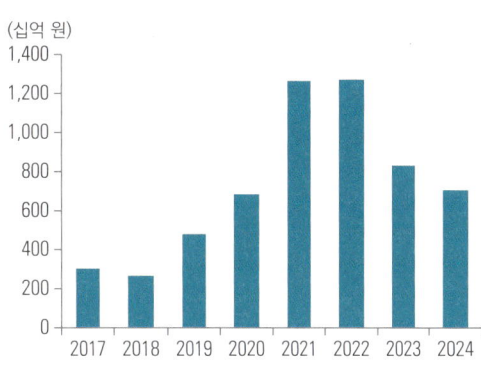

온디바이스 AI와 새로운 폼팩터의 등장

AI가 AR 글라스를 재정의하다

2024년 온디바이스 AI를 내세운 제품 다수가 기대에 미치지 못하는 성과를 보인 반면, AI 기술이 부각되며 오히려 예상 이상의 흥행을 거둔 제품도 존재한다. 바로 메타가 선글라스 브랜드 레이밴(Ray-Ban)과 공동으로 출시한 스마트 글라스 제품인 '레이밴 메타'이다. 특히 2024년 10월에 출시한 2세대 제품은 멀티모달 AI 탑재를 통해 AI 성능을 향상시키고 편안한 착용감까지 더해져 대중적인 흥행에 성공한 것으로 평가받고 있다. 시장조사기관 IDC에 따르면 레이밴 메타 2세대 제품은 출시 후 3분기 동안 약 100만 대 판매되었다. 이후 생산량이 늘어나면서 연간 판매량이 200만 대를 돌파한 것으로 예상된다.

2세대 레이밴 메타가 좋은 시장 평가를 얻은 이유는 차별화된 AI 경험과 개선된 디자인 및 편안한 착용감으로 분석된다. 레이밴 메타는 우선 음성 인식, 번역, 사진 촬영 등 기본 기능 외에 사용자 질문에 실시간 답변하고 주변 환경에 대해 정보를 제공하며 페이스북 등 다양한 소셜미디어 플랫폼과 연동

메타와 레이밴이 공동 출시한 스마트 글라스 '레이밴 메타'와 활용 예시 (출처: Meta)

된다. 또 착용이 간편하고 디자인과 색상이 다양해 패션 아이템으로서 부가 가치를 인정받았다.

레이밴 메타의 성공에 고무된 메타는 2024년 10월 증강현실(AR) 글라스 '오라이언'을 공개했다. 시연 영상에서 공개된 오라이언은 멀티모달 AI 어시스턴트를 활용해 눈으로 볼 수 있는 이미지와 귀로 들을 수 있는 음성을 인식하는 기술을 선보였다. 이를 통해 시야 전체를 활용한 컴퓨팅이 가능해졌으며, 기존 스마트폰과 달리 완전한 핸즈프리 환경을 구현하는 데 성공했다. 오라이언은 AI를 통해 기존 AR과 다른 새로운 차원의 사용자 경험을 제공하며, AR 글라스의 흥행 가능성을 한층 더 부각했다.

또한 기존 디바이스와 다른 오라이언의 장점은 '무선'과 '경량'이다. 애플의 '비전 프로'와 기존 중국 AR 글라스들은 무선이 아닌 외부 유선 연결 방식이었다. 비전 프로는 외장 배터리에 연결되어 있어서 야외에서 사용하기가 매우 불편하다. 중국의 AR 글라스들은 스마트폰 화면을 단순히 '미러링'해주는 역할로 활용되어왔다. 반면 오라이언은 '퍽(Puck)'이라는 컴퓨팅 기기와 함께 사용하는데, 이는 글라스와 무선으로 연결된다. 글라스가 일부 미러링 역할을 한다는 점은 동일하지만 상대적으로 매우 편리하다.

오라이언의 무게는 98g이어서, 600g에 육박하는 비전 프로에 비해 매우 가볍다. 오라이언은 전방 시야 확보 관점에서 OST(optical see-through) 방식을 활용하는 반면, 애플은 VST(video see-through) 방식을 활용하기 때문이다. 애플

메타의 AR 글라스 '오라이언'과 활용 예시 (출처: Meta)

의 VST는 12개의 카메라, 5개의 센서, 비전 프로 전용 R1 칩 등을 탑재해 매우 무겁다. 하드웨어를 추가 탑재함으로 인해 전력 소모가 늘어나고, 이를 위해 배터리 용량이 늘어날 수밖에 없다는 점도 무거운 무게에 영향을 미친다.

글로벌 빅테크 기업들의 AI, AR 글라스 개발 동향

국가	기업	내용
미국	애플	차세대 비전 프로 개발이 아니라 저가형 헤드셋 개발로 노선을 변경했고 애플 인텔리전스 탑재 유력. 아울러 스마트 글라스 개발을 통한 애플 생태계 확장 계획
	메타	AR 글라스 오라이언, 스마트 글라스 레이밴 메타를 잇따라 공개했고 다양한 가격대와 스펙의 제품 개발 중
	구글	2012년 스마트 글라스를 업계 최초로 출시했지만 3년 만에 사업 포기. 삼성전자 스마트 글라스를 비롯한 확장현실(XR) 기기들이 작동되는 운영 체제 시스템(OS)인 안드로이드 XR 공개
중국	샤오미	5메가픽셀 카메라, 마이크로 LED 디스플레이, 음성 내비게이션 등의 기능을 탑재하고 있으며 지속적인 기술 개발을 통해 사용자 경험을 개선
	엑스리얼	BMW 그룹, 구글, 퀄컴, 보스(Bose) 등과 파트너십을 맺으며 AR 글라스 생태계 확장을 위해 노력 중. 특히 BMW와는 자동차 내부에서 AR 글라스를 통해 3D 엔터테인먼트 서비스 지원
	TCL	넥스트웨어 S는 선글라스 형태의 디자인으로 휴대성과 편의성을 강조. 스마트폰, 게임기 등 다양한 디바이스와 연결하여 사용 가능
한국	삼성전자	안드로이드 XR을 기반으로 하며 AI 서비스를 탑재한 XR 헤드셋과 AI 글라스를 잇달아 출시할 것으로 예상

메타가 오라이언을 공개한 후, 다른 빅테크 기업들도 AI를 활용한 AR 글라스 관련 제품을 활발히 개발하고 있다. 최근 구글은 안드로이드 확장현실(XR) 운영 체제를 공개함과 동시에 디스플레이를 탑재한 스마트 글라스를 선보였다. 삼성전자는 갤럭시 AI를 활용한 스마트 글라스를 2025년 공개할 계획이다. 2025년부터 소비자들이 체험할 수 있는 다수의 AI 기반 AR 글라스가 출시될 것으로 예상된다.

글라스 형태의 제품은 휴대성과 몰입감이라는 장점을 지녔음에도 불구하고 시장을 본격적으로 형성하지 못하고 있었다. 가장 큰 이유는 사용자에게 실질적 가치를 제공할 수 있는 킬러 앱이 없다는 점이다. 그러나 AI가 사용자 경험 전반을 재정의하는 전환점으로 작용함에 따라 글라스의 시장 재진입이 이루어지고 있다.

AI AR 글라스와 함께 부각될 두 기술

AI 기반 AR 글라스의 개화와 함께 차세대 디스플레이 기술과 광학 기술로 LEDoS와 웨이브가이드(Waveguide) 방식이 부각되고 있다. 현재 AI AR 글라스를 개발하는 빅테크 업체들이 요구하는 디스플레이 스펙은 작은 픽셀 사이즈(2~10㎛)와 높은 휘도, 저전력 구동이다. 특히 실내에서 가상세계를 구현하는 VR과 달리 AR은 높은 휘도 확보가 중요하다. 왜냐하면 주변광에 영향을 받고, 야외에서도 사용해야 하며, 광학계로 사용되는 웨이브가이드 방식의 빛 효율이 낮기 때문이다. 또한 외장 배터리 없이 무선으로 사용하기 위해서 모든 부품에 저전력 솔루션이 요구된다. 현재 IT 세트 소비전력 내 디스플레이 비중은 OLED 기준 약 40%로 추정된다.

저전력과 휘도, 두 가지 측면을 동시에 만족시킬 수 있는 디스플레이가 바로 LEDoS(Micro LED on Silicon)이다. LEDoS는 실리콘 웨이퍼 기반의 백플레인 위에 마이크로 LED를 이용해 디스플레이 화소를 구현하는 기술이다. 이는 차세대 디스플레이인 '마이크로 디스플레이'의 하나로 분류된다. 마이크로 디스플레이 기술의 주요 차별점은 실리콘 웨이퍼를 기판으로 사용, 작고

정교한 구동회로를 구현할 수 있다는 점이다.

XR 기기들은 기존 IT 세트들과 달리 눈 가까이에 대형 화면을 구현하는 방식을 채택한다. 이러한 디스플레이에서 선명한 화질을 구현하기 위해서는 높은 PPI(Pixels Per Inch)를 실현해야 한다. 그러나 스마트폰에 주로 사용되는 OLED나 LCD 패널은 구조적 한계로 인해 일정 수준 이상의 PPI 구현에 제약이 있다. 그렇기 때문에 XR시장에서는 마이크로 디스플레이가 부각받고 있다. 현재 마이크로 디스플레이는 크게 세 가지 기술, 즉 LCoS(Liquid Crystal on Silicon), OLEDoS(OLED on Silicon), LEDoS로 구분된다.

LCoS는 LCD와 마찬가지로 휘도가 높고 LCD 공정을 그대로 활용할 수 있어 대량 생산에 적합하다. 그러나 기존 LCD의 단점인 크기와 무게 측면의 문제점이 그대로 유지된다. 즉 착용감이 좋지 않기 때문에, 가벼운 무게와 실용성이 중요한 글라스시장에 적합하지 않다.

비전 프로에 적용된 OLEDoS는 LCoS와 달리 OLED가 자체 발광하는 방식이므로 별도의 외부 광원이 필요 없으며, 기판과 OLED의 응답 속도가 모두 우수해 고화질 초고해상도 화면 구현에 유리하다. 그러나 OLED의 특성상 짧은 수명과 번인(burn-in)이라는 문제점이 존재하고, 휘도가 낮아 외부 환경에서 사용하기가 어렵다. 또한 컬러필터를 사용하는 WOLED 방식의 OLEDoS는 소비전력이 높다는 단점 또한 존재한다.

반면 LEDoS는 휘도, 전력 소모, 내구성 측면에서 기존 AR용 디스플레이로 각광받던 LCoS와 OLEDoS 대비 뛰어난 것으로 평가된다. LEDoS의 무기물 LED 소자가 스스로 빛을 내기 때문에 높은 휘도를 제공하며, 광학 손실이 적기 때문이다. 또한 유기물에 기반한 OLED 대비 발광층의 내구성이 높고, 광 효율도 높기 때문에 동일한 밝기를 출력하기 위해 더 적은 전력이 사용된다.

다만 LEDoS는 아직까지 공급망이 제한적이며, 공정 난도가 높아 가격 측면에서 부담이 큰 상황이다. 시장조사기관 트렌드포스(TrendForce)는 2024년 AR 디바이스 내 LEDoS의 점유율을 18%로 추정했다. 그러나 LEDoS의 장점이 부각되면서 2030년이 되면 점유율이 44%까지 확대될 것으로 전망된다.

이에 따라 2024년 기준 3,880만 달러 규모에 불과한 LEDoS시장은 연평균 약 61% 성장해 2028년 기준 약 4억 8,590만 달러에 이를 것으로 기대된다.

또한 LEDoS 방식과 함께 광학엔진으로는 웨이브가이드 방식의 확대 적용이 예상된다. 기존 AR 글라스광학계로 주로 활용되던 방식은 버드배스(Birdbath)로, 반거울 형태의 광학계 두 개를 조합해 구현하며 밝기가 우수하고, 광학 설계 및 생산 공정이 비교적 단순하다는 장점이 있다. 다만 광학계 2개를 조합한 결과 두껍고, 외관적 제약으로 인해 디자인 자유도가 떨어진다는 단점이 있다.

웨이브가이드 방식은 빛을 도파관 구조를 통해 눈으로 전달하는 방식으로, 빛의 굴절과 회절 특성을 활용하여 디스플레이 이미지를 투사하는 형태다. 빛이 구부러지는 성질을 이용해서 더 얇고 디자인 구현이 가능하다는 장점이 있다. 다만 굴절과 회절을 통해 빛을 전달하는 과정에서 구조적 특성상 광 손실이 크고 광효율이 낮다는 점이 가장 큰 단점으로 지적되어왔다.

그러나 최근에는 고휘도 특성을 갖춘 LEDoS 기술과의 결합을 통해 이러한

AR 디스플레이 기술별 장단점 비교

	LCoS	OLEDoS	LEDoS
구조	실리콘층 위 액정	CMOS 실리콘 웨이퍼 칩 위 OLED	CMOS 실리콘 웨이퍼 칩 위 마이크로 LED
소비 전력	*	**	***
밝기	**	*	***
명암비	**	***	***
수명	**	**	***
응답 속도	*	**	***
기술 성숙도	상용화	상용화	개발 중
비용	낮음	높음	매우 높음

출처: Omdia

한계를 보완하고 있다. 두 기술의 조합은 AR 디스플레이의 밝기, 선명도, 소형화 측면에서 높은 완성도를 구현하고 있다. 향후 시장이 본격적으로 개화할 경우, LEDoS와 웨이브가이드 광학 방식은 핵심 기술로서 가파른 성장세를 보일 가능성이 크다.

전기전자 밸류체인

대분류	소분류	기업명	티커	사업 내용
세트	종합	Apple	AAPL US	iPhone, iPad, Mac, Apple Watch 등 하드웨어와 iOS, macOS, iCloud 등 소프트웨어 및 서비스 사업을 영위. 고부가가치 생태계와 프리미엄 브랜드 이미지로 높은 수익성 유지
		삼성전자	005930 KS	글로벌 반도체, 스마트폰, 디스플레이, 가전 등 제조 사업을 영위하는 종합반도체(IDM) 업체
		LG전자	066570 KS	생활가전, TV, 전장 부문의 제조 사업 영위. LG ThinQ, OLED TV, 휘센 에어컨 등 프리미엄 가전 브랜드 운영
	데스크톱, 노트북	HP	HPQ US	PC 및 프린터 제조 사업 영위. 2015년 Hewlett-Packard에서 기업용 솔루션 부문(Hewlett Packard Enterprise)과 소비자용 제품 부문(HP Inc.)으로 분할
		Lenovo	0992 HK	글로벌 PC시장 1위 기업. IBM의 PC 사업 인수 이후 ThinkPad, IdeaPad 브랜드로 유명. 서버 및 스마트폰 사업 부문 또한 영위 중
		ASUS	2357 TT	PC 부품(메인보드, 그래픽카드), 노트북(특히 게이밍 브랜드 ROG), 스마트폰(ROG Phone) 등 제조
	모바일	Xiaomi	1810 HK	스마트폰, IoT, 스마트 가전, 웨어러블 기기 등을 제조. 최근 전기차 제조 부문으로 포트폴리오 확장
		OPPO	비상장(중국)	중국 BBK전자 산하 브랜드로, 고성능 스마트폰을 주력으로 함. 디자인 및 카메라 성능 강조
		VIVO	비상장(중국)	OPPO와 동일하게 BBK전자 산하 스마트폰 브랜드. 중저가에서 프리미엄까지 다양한 제품 라인업 확보
		Honor	비상장(중국)	과거 Huawei의 서브 브랜드였고 미국 제재 이후 분사. 중가~프리미엄 스마트폰 라인업 보유
	데스크톱, 노트북, OEM, ODM	Foxconn	2354 TT	세계 최대 전자 제품 위탁생산 업체로 스마트폰, 서버, AI 데이터 센터, 전기차 등 다양한 전자 제품을 제조. 최근 AI 데이터 센터 구축 및 전기차 분야로 사업 확장
		Quanta Computer	2382 TT	노트북, 서버, 데이터센터 장비 등 다양한 전자 제품을 설계 및 제조하며 Apple, HP, Dell, Lenovo, Microsoft 등 주요 글로벌 브랜드에 제품 공급
		Compal Electronics	2324 TT	노트북, 태블릿, 모니터 등 다양한 전자 제품을 설계 및 제조하며 Apple, HP, Dell, Lenovo 등 주요 글로벌 브랜드에 제품 공급
		Wistron	3231 TT	노트북, 서버, 스마트폰 등 다양한 전자 제품을 설계 및 제조. 최근 NVIDIA와 협력하여 AI 서버 생산을 위한 미국 내 제조 시설 투자 발표
		Inventec	2356 TT	노트북, 서버, 스마트폰 등 다양한 전자 제품을 설계 및 제조하며 HP, Acer, Toshiba 등 주요 글로벌 브랜드에 제품 공급
		Pegatron	4938 TT	노트북, 스마트폰, 게임 콘솔 등 다양한 전자 제품을 설계 및 제조하며 Apple, ASUS, Microsoft 등 주요 글로벌 브랜드에 제품 공급
	스마트 글라스	Meta	META US	'레이밴 메타 스마트 글라스'의 성공적인 출시 이후, '차세대 컴퓨팅 플랫폼'으로서 스마트 글라스 사업을 확장하기 위해 노력 중. 차세대 오라이언 제품이 공개되었으며 상용화를 위해 밸류체인 구성 중
		사피엔반도체	452430 KS	LEDoS용 DDIC(컨트롤러) 설계 전문 팹리스 기업. LEDoS는 높은 휘도, 저전력 등의 강점을 바탕으로, 실외 사용이 가능한 스마트 글라스시장에서 주류로 자리 잡을 것으로 기대. 빅테크 기업 다수와 제품 개발 및 다년간 공급 계약을 체결하거나 논의 중
		Intellifusion Technologies	688343 CH	스마트 글라스에 들어가는 소프트웨어 개발 업체. 자체 개발한 '윈텐수(云天数, Yuntianshu)' 대형 언어 모델 및 멀티모달 모델을 포함한 다양한 시리즈를 보유
		YuTong Optical Technology	300790 CH	광학 분야에서 기술력을 보유하고 있으며 AI 글라스 관련 사업을 적극 확장 중. 스마트 웨어러블 기기를 위한 고성능 광학 솔루션 제공
부품	카메라	LG이노텍	011070 KS	모바일용 카메라 모듈, 반도체 기판(FC-BGA), 자동차 전장 부품 등을 제조하며, Apple의 주요 공급 업체
		삼성전기	009150 KS	적층세라믹콘덴서(MLCC), 카메라 모듈, 통신 모듈 등 모바일, 자동차 분야의 부품 생산
		엠씨넥스	097520 KS	모바일 및 자동차용 카메라 모듈, 바이오메트릭 센서, AR·VR 솔루션 등을 개발 및 양산
		세코닉스	053450 KS	광학 전자 부품을 개발 및 제조. 스마트폰 카메라 렌즈, 자동차용 카메라, PICO 프로젝터 등을 생산
		Sunny Optical	2382 HK	모바일폰 렌즈, 자동차 렌즈, 카메라 모듈 등 광학 및 광전자 제품 제조
		Largan	3008 TT	고해상도 카메라 렌즈를 전문으로 제조하며, 주요 스마트폰 제조업체에 공급하는 광학 부품 사업 영위

전기전자 밸류체인

대분류	소분류	기업명	티커	사업 내용
부품	PCB, FPCB	대덕전자	353200 KS	반도체용 인쇄회로기판, 모듈 PCB, 패키지 기판 등 제조
		코리아써키트	007810 KS	반도체용 인쇄회로기판, 모듈 PCB, 패키지 기판 등 제조
		심텍	222800 KS	반도체용 인쇄회로기판, 모듈 PCB, 패키지 기판 등 제조
		티엘비	356860 KS	반도체용 인쇄회로기판, 모듈 PCB, 패키지 기판 등 제조
		해성디에스	195870 KS	반도체용 리드 프레임, 패키지 기판 등 제조
		이수페타시스	007660 KS	서버, 스토리지, 슈퍼컴퓨터용 초다층 PCB 제조
		TTM Technology	TTMI US	인쇄회로기판 및 관련 전자 부품 제조
		Ibiden	4062 JP	인쇄회로기판, 패키지 기판, 세라믹 필터 등 생산
		Shinko Electric	6967 JP	반도체 패키지, 리드 프레임, 플라스틱 라미네이트 패키지 등 제조
		Nanya PCB	8046 TT	반도체 패키지용 인쇄회로기판을 제조하며 메모리 모듈, 서버, 통신 장비 등에 사용
		Kinsus	3189 TT	반도체 패키지 기판, 고다층 PCB 등을 제조하며 모바일, 컴퓨팅, 통신 분야에 제품 공급
		Unimicron	3037 TT	고밀도 인터커넥션 PCB, 플렉서블 PCB, 반도체 패키지 기판 등 제조
		비에이치	090460 KS	모바일 기기용 OLED 디스플레이에 사용되는 FPCB를 주력으로 생산하며, 자동차 전장 및 기타 전자기기 분야로도 사업 확장
		Zhen ding	4958 TT	인쇄회로기판, 플렉서블 PCB, 고다층 PCB 등 제조
	MLCC	삼성전기	009150 KS	MLCC, 카메라 모듈, 통신 모듈 등 모바일·자동차 분야의 부품 생산
		삼화콘덴서	001820 KS	전해 콘덴서, 세라믹 콘덴서, 필름 콘덴서 등 제조
		Murata	6981 JP	MLCC, 인덕터, 센서 등 수동 부품을 제조하며 스마트폰 및 자동차 전장 분야에 공급
		Taiyo Yuden	6976 JP	MLCC, 인덕터, 고주파 부품, 전도성 고분자 하이브리드 알루미늄 전해 캐패시터 등 전자 부품 제조
		TDK	6762 JP	MLCC, 인덕터, 센서, 자성 응용 제품, 에너지 응용 제품 등 전자 부품 제조. 최근 실리콘 음극 배터리 및 고체 배터리 개발 중
		Yageo	2327 TT	MLCC, 인덕터, 센서 등 수동 부품을 제조하며 스마트폰 및 자동차 전장 분야에 공급
	디스플레이	덕산네오룩스	213420 KS	OLED 디스플레이용 유기재료 전문 기업으로, HTL, Red Host, R Prime, G Prime 등을 양산. 스마트폰, 태블릿, 노트북, TV 등 OLED 디스플레이에 적용
		이녹스첨단소재	272290 KS	FPCB 및 디스플레이용 소재 제조
		피엔에이치테크	239890 KS	고굴절 CPL, 저굴절 CPL, QD 소재 등 OLED 관련 소재 제조
		PI첨단소재	178920 KS	폴리이미드(PI) 필름 제조업체로 FPCB용, 방열시트용, 산업공정용, 전기차 배터리용 등 다양한 용도의 PI 필름 생산
		LX세미콘	108320 KS	TV 및 모바일 디스플레이 구동 칩(DDI), 전력 관리 IC 등을 개발하는 팹리스 기업
		Novatec Microelectronics	3034 TT	TV, 모니터, 모바일 디스플레이 구동 칩(DDI), 터치 컨트롤러 IC 등을 개발하는 팹리스 기업
		Corning	GLW US	특수 유리 및 세라믹 제조 사업 영위. 강화 유리인 '고릴라 글라스'를 개발하여 스마트폰, 태블릿 등 다양한 IT 기기에 공급
	폴더블	KH바텍	060720 KS	모바일 기기용 힌지, 정밀기구 부품, 연성 FPCB 등 제조
		세경하이테크	148150 KS	기능성 필름 제조 사업을 영위 중이며, 모바일 기기의 전·후면 글라스용 데코 필름, 디스플레이용 광학 필름, 기구·사출 모듈용 보호 필름 등을 양산. 폴더블 특수필름 제조 기술 또한 보유
		파인엠텍	160580 KS	모바일 기기용 부품, FPCB 등 제조

완제품

세트업체

종합
- Apple(미)
- 삼성전자(한)
- LG전자(한)
- Xiaomi(중)
- Huawei(중)

모바일
- OPPO(중)
- VIVO(중)
- Honor(중)
- Transsion(중)

데스크톱·노트북
- HP(미)
- Lenovo(중)
- ASUS(대)
- DELL(미)

세트 부품

PCB·FPCB
- 이수페타시스(한)
- 티엘비(한)
- 대덕전자(한)
- 코리아써키트(한)
- 심텍(한)
- 비에이치(한)
- 해성디에스(한)
- TTM Technology(미)
- **Ibiden(일)**
- **Shinko Electric(일)**
- **삼성전기(한)**
- **Unimicron(대)**
- Kinsus(대)
- Nanya PCB(대)
- Zhen Ding(중)
- GCE(대)
- WUS Printed(중)

MLCC
- **삼성전기(한)**
- **Murata(일)**
- 삼화콘덴서(한)
- Taiyo Yuden(일)
- TDK(일)
- Yageo(대)

모바일·PC·서버 ODM

- **Foxconn(대)**
- **Quanta Computer(대)**
- Wistron(대)
- Compal(대)
- Inventec(대)
- Pegatron(대)

폴더블 스마트폰 분해도

부품

전기전자

소재·부품

디스플레이

패널

삼성디스플레이(한)	Visionox(중)
LG디스플레이(한)	CSOT(중)
BOE(중)	Tianma(중)

소재

Universal Display(미)	Corning(미)
덕산네오룩스(한)	Schott(독)
이녹스첨단소재(한)	Merck(독)
피엔에이치테크(한)	LG화학(한)
PI첨단소재(한)	솔루스첨단소재(한)

폴더블

외장힌지

Amphenol(미)	KH바텍(한)
Shin Zu Shing(대)	

내장힌지

파인엠텍(한)	Lingyi iTech(중)

초박형 강화유리

도우인시스(한)	이코니(한)
유티아이(한)	

보호 필름

Lens Technology(중)	세경하이테크(한)

배터리

삼성SDI(한)
LG에너지솔루션(한)
CATL(중)

커버

Corning(미)
제이앤티씨(한)
Lens Technology(중)

디램

SK하이닉스(한)	Micron(미)
삼성전자(한)	CXMT(중)

낸드

SK하이닉스(한)	Kioxia(일)
삼성전자(한)	SanDisk(미)
Micron(미)	YMTC(중)

로직 반도체

AP

Apple(미)	삼성전자(한)
Qualcomm(미)	Alphabet(미)
MediaTek(대)	HISILICON(중)

CPU

Intel(미)	Qualcomm(미)
AMD(미)	Apple(미)

디스플레이 구동칩(DDIC)

LX세미콘(한)	Tianma(중)
Novatek(대)	

파운드리(생산)

TSMC(대)	UMC(대)
삼성전자(한)	SMIC(중)
Intel(미)	Hua Hong Semiconductor(중)
GlobalFoundries(미)	

어드밴스드 패키징(후공정)

TSMC(대)	Amkor(미)
삼성전자(한)	SPIL(대)
Intel(미)	JCET(중)
ASE Holdings(대)	

카메라 모듈

삼성전기(한)	엠씨넥스(한)
LG이노텍(한)	Cowell(중)
Sunny Optical(중)	파트론(한)

광학렌즈

Largan(대)
Sunny Optical(중)
세코닉스(한)
GESO(중)

액추에이터

LG이노텍(한)
자화전자(한)
액트로(한)
재영솔루텍(한)

이미지 센서

Sony(일)
삼성전자(한)

BIG SHIFT

2부

전통·소비주
: 새로운 시장의 규칙

9장   금융

0.1조각의 세상, 누구나 투자자가 된다

조아해

금융

디지털 자산은 왜 피할 수 없는가

우리는 지금 금융의 형태가 바뀌는 시대를 살고 있다. 스마트폰으로 미술품 0.1조각, 부동산 1제곱미터, 주식 0.1주를 사는 일은 더 이상 상상이 아니다. 이미 '되고 있는 중'이다. 앞으로 스마트폰에서 코인으로 부동산에 투자하고, 대체불가토큰(Non-Fungible Token, NFT)으로 예술품을 사고, 스테이블 코인(기존 화폐에 고정 가치로 발행되는 암호화폐)으로 월세를 낼 수 있는 세상이 올 것이다. 금융 생활이 디지털 자산 중심으로 바뀌고 있다.

예전에는 자산을 갖기 위해선 많은 돈이 필요했다. 부동산은 '한 채', 미술품은 '한 점', 주식은 '한 주' 단위로만 거래되었기 때문이다. 이 구조 속에서 자산이란 부자들만 가질 수 있는 것이었다.

지금은 다르다. 세상은 '쪼개기'에 익숙해졌다. 핸드폰 요금도, 커피도, 음악도 다 월정액 혹은 분할 결제가 가능하다. 자산 역시 마찬가지다. 쪼갤 수 있고 디지털화할 수 있다면 무엇이든 투자 대상이 될 수 있다.

예를 들어보자. 유명한 미술 작품 한 점을 직접 살 수 있는 사람은 극소수다. 하지만 그 미술품의 디지털 소유권을 1,000조각으로 나누고 이를 토큰 형태로 판매한다면? 이제는 누구나 이중섭 작가의 '황소' 작품 0.001조각을 소유할 수 있다.

이미 곳곳에서 이러한 변화가 감지되고 있다. 대표적인 것이 플랫폼 증권

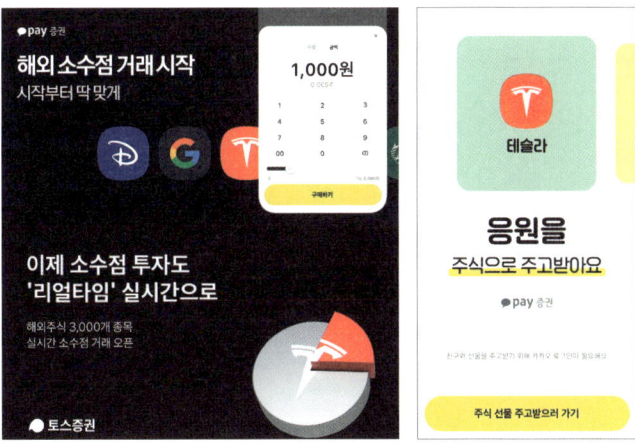

플랫폼 증권사들의 소수점 거래 화면 (출처: 토스증권, 카카오페이증권)

사가 시작한 주식 소수 단위 거래 서비스다. 테슬라 0.1주를 사고 심지어 이를 친구에게 선물할 수 있는 기능까지 생겨난 요즘이다. 이미 자산은 쪼개지기 시작한 것이다.

핵심은 '단위의 변화'다. 과거에는 '전체 소유'가 전제였다면 이제는 '부분 참여'가 가능하다. 그리고 그 참여는 디지털이라는 형태를 통해 훨씬 쉽게, 저렴하게, 빠르게, 글로벌 어디서든 이루어진다.

그래서 디지털 자산은 피할 수 없다. 더 많은 사람이 더 쉽게 자산을 다룰 수 있게 되기 때문이다. 이것은 기술의 문제가 아니다. 사회 전체가 '접근성' 중심으로 전환되고 있기 때문에 발생하는 구조적인 변화다.

이런 변화 속에서 비트코인은 단순한 시작점일 뿐이다. 앞으로는 음악 저작권, 부동산, 명품, 지식재산권, 심지어 한우까지 실물에 존재하는 모든 것이 디지털 자산화가 될 수 있다.

이제 우리는 묻게 된다. "그건 실물 자산이야?"가 아니라 "그건 디지털로 쪼갤 수 있어?"라고.

아버님이 누구니?
유전지수

베테랑 농가가 키운다!
농가등급

미리 예상해보는
한우 예상수익률

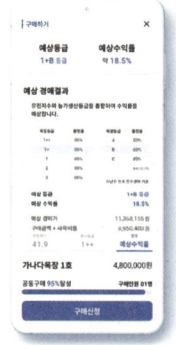

한우 투자 플랫폼 (출처: 스탁키퍼)

비트코인이 증명한 변화의 현실

비트코인은 더 이상 가상의 화폐가 아니다. 2025년 기준으로 전 세계 시가총액 5위. 그 위에는 금, 마이크로소프트, 애플이 있고 그 아래에는 아마존, 구글, 은(silver), 메타가 있다. 단순한 숫자의 나열이라고 보기엔 어렵다. 이제 비트코인은 전통 자산군 속에서 '존재를 인정받은 자산'이 되었다. 금융시장 한가운데에 비트코인이 들어온 것이다.

중요한 것은 시가총액의 크기가 아니라 '편입'되었다는 사실이다. 투자자들의 눈에 비트코인은 더 이상 투기적 대상이 아니다. 금처럼 보존의 수단이자, 전통 금융 자산군에 편입됨에 따른 포트폴리오 다변화의 한 축이 되었다.

그리고 이런 흐름은 투자자뿐만 아니라 정치와 제도, 국가 단위로 퍼지고 있다. 그 중심에 미국이 있다. 미국은 디지털 자산을 이제 '제도권 안'으로 편입하려 한다. 단순히 투자자 보호 차원이 아니다. 전략 자산으로 디지털 자산을 관리하려고 한다.

실제로 트럼프 대통령은 미국을 '세계 암호화폐 수도'로 만들겠다는 목표 아래 규제 완화와 제도 정비를 추진하고 있다. 수많은 디지털 자산 관련 법안

글로벌 주요 자산 시가총액 비교

	이름	티커	시가총액(십억 달러)
1	금	GOLD	21,664
2	마이크로소프트	MSFT	3,260
3	애플	AAPL	2,965
4	엔비디아	NVDA	2,846
5	비트코인	BTC	2,076
6	아마존	AMZN	2,049
7	알파벳(구글)	GOOG	1,863
8	은	SILVER	1,814
9	사우디아람코	2222.SR	1,644
10	메타(페이스북)	META	1,489

* 사우디아람코를 제외한 주식은 2025년 5월 9일 종가 기준, 원자재와 원자재, 비트코인, 사우디아람코 주식은 2025년 5월 12일 오후 5시 기준
출처: CompaniesMarketCap

이 발의되고 있다. 법안의 핵심은 달러 기반의 스테이블 코인을 주요 지급 수단으로 활용하는 것, 비트코인을 '미국의 전략 비축자산'으로 보겠다는 것이다. 이제 비트코인은 외환보유고처럼 다뤄진다. '디지털 골드'가 정치와 정책의 중심으로 이동하는 것이다.

관련 법안들은 크게 두 가지를 말한다. 첫째, 디지털 자산을 제도권 안으로 끌어들일 것. 둘째, 달러의 디지털 확장을 위해 스테이블 코인을 전략적으로 육성할 것. 미국의 목표는 명확하다. 디지털 시대에도 달러의 패권을 유지하는 것이다. 그 수단으로 비트코인과 스테이블 코인을 양손에 쥐고 움직인다.

이런 제도화 흐름은 디지털 자산시장 전체에 신뢰를 불어넣는다. 제도화가 이루어지면 더 많은 투자자가 들어온다. 그 말은 시장이 커지고 자산의 가치는 더욱 견고해진다는 뜻이다.

이 모든 흐름의 가장 상징적인 존재가 바로 비트코인이다. 비트코인은 증명

바이든과 트럼프 정부의 디지털 자산시장 정책 비교

	바이든(민주당)	트럼프(공화당)의 정책과 근거	
규제 명확성	불명확 (집행을 통한 규제)	명확 (입법을 통한 규제)	· 트럼프 공약집(바이든 디지털 자산 정책 반대) · 118대 의회 공화당 입법안 참조
지급 수단 토큰화	CBDC (소극적 제도화)	스테이블 코인 (적극적 제도화)	· 트럼프 공약집(CBDC 반대) · 118대 의회 공화당 입법안 참조
달러 패권	분산원장기술(DLT) 네트워크 무관심	분산원장기술(DLT) 네트워크 지배력 강화	· 트럼프의 20개 핵심 공약 중 13번(미 달러의 기축통화 유지) · 트럼프 공약집(모든 정책의 상위 개념이 MAGA)

출처: KCMI 자본시장연구원

미국 가상자산 관련 법안 현황(2025년 1~5월)

1월	· 행정명령 14178호를 통해 디지털 금융 기술 분야에서 미국의 리더십 강화를 선언 - 디지털 자산시장에 대한 연방 규제 프레임워크 수립을 위한 대통령 직속 워킹그룹 설치 - 중앙은행 디지털화폐(CBDC) 발행 및 추진 금지 - 바이든 행정부 시절의 디지털 자산 관련 규제 철회
3월	· 미국 정부가 보유한 비트코인을 활용하여 '전략적 비트코인 비축'을 설립하는 행정명령을 발표
4월	· 트럼프 대통령은 암호화폐 친화적 인사인 폴 S. 앳킨스를 SEC 위원장으로 임명 · 연방준비제도(Fed), 연방예금보험공사(FDIC), 통화감독청(OCC)은 은행의 암호화폐 관련 활동에 대한 이전의 신중한 접근을 철회하고 관련 지침을 완화
5월	· 미 하원, 디지털 자산시장의 구조를 체계화하는 초안 발표 - 증권거래위원회(SEC; 증권으로 분류되는 자산)와 상품선물거래위원회(CFTC; 디지털 상품의 현물시장)의 감독 권한을 명확히 구분 - 규제 불확실성 해소 및 체계화된 디지털 자산시장 형성 가능 · 뉴햄프셔주가 미국 최초로 비트코인 전략 비축 법안 통과: 가상화폐를 공식 준비자산으로 보유할 수 있도록 하는 법안 통과 - 전체 준비금의 최대 5%까지 비트코인 등 디지털 자산 투자 가능(투자 대상: 시가총액 5,000억 달러 이상)

했다. 디지털 자산은 현실이다. 그리고 지금, 제도는 그 현실을 따라오고 있다.

거래소는 은행이 되고, 코인은 돈이 된다

주식에는 증권사가, 예금에는 은행이 있는 것처럼 디지털 자산에는 거래소가 있다. 이 거래소는 디지털 자산을 안전하게 보관하고, 자유롭게 거래하며, 금융적으로 활용할 수 있도록 한다. 따라서 거래소는 기술 플랫폼이 아니라 디지털 시대에 맞춘 새로운 형태의 은행인 셈이다.

이는 전혀 새로운 이야기가 아니다. 오히려 전통 금융의 역사를 떠올려보면 익숙한 흐름이다. 17세기 영국에서 금 세공업자들은 고객들의 금을 보관하면서, 금을 맡겼다는 증표로 일종의 보관증을 발행했다. 사람들은 점차 금 대신 그 보관증을 지불 수단으로 사용하기 시작했고, 이 보관증은 점차 신뢰를 얻게 되어 거래가 가능해졌다. 결국 금 세공업자는 단순한 금 보관인을 넘어 예금, 대출, 이자 지급 등 금융 서비스를 제공하는 은행으로 진화했다.

지금의 디지털 자산 거래소도 정확히 17세기 영국의 금 세공업자들과 같은 경로를 밟고 있다. 디지털 자산을 담는 공간에서 시작해 그 위에 금융적 활용이 덧붙여지고 있다. 금 세공업자에서 은행으로 진화한 것처럼 거래소는 기술에서 금융으로 넘어가는 중이다.

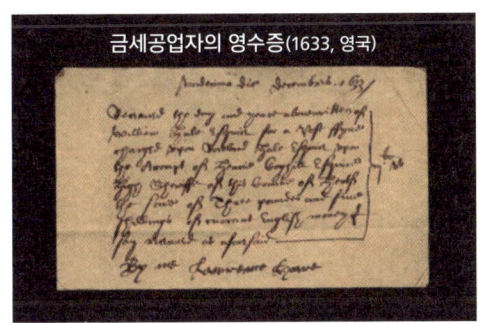

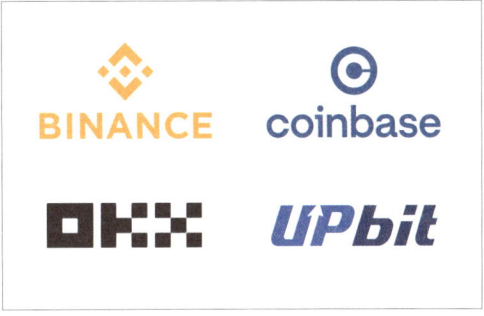

17세기 영국 금 세공업자에서 비롯된 은행 시스템 (출처: EBS)　디지털 금융의 '금 세공업자'인 디지털 자산 거래소

과거의 암호화폐와 다른 현재의 암호화폐

거래소의 커스터디(보관) 기능을 기반으로 암호화폐 자체의 기능도 빠르게 확장되고 있다. 과거에는 사고파는 거래 수단에 불과했던 암호화폐가 이제는 이자 수익을 만들고, 실생활 결제를 가능하게 하며, 대출의 담보로까지 활용되고 있다. 암호화폐가 점점 더 '금융 도구'에 가까워지고 있는 것이다.

보관에서 스테이킹(예금)으로

암호화폐 기능은 우선 '스테이킹'으로 확장되었다. 스테이킹은 블록체인 네트워크가 작동하는 방식을 근본적으로 바꿔놓은 개념이다. 기존에는 비트코인처럼 컴퓨팅 파워를 경쟁시키는 작업증명(PoW) 방식이 주류였다면, 이제는 자산을 일정 기간 예치함으로써 네트워크 운영에 기여하는 지분증명(PoS) 방식이 점점 주류가 되고 있다.

스테이킹을 통해 사용자는 블록 생성과 검증에 참여하고 그 대가로 보상을 받는다. 기술적으로는 복잡하지만 사용자는 단지 보유한 자산을 '예치'하는 것만으로 마치 은행 이자를 받듯 자동으로 수익을 얻게 된다. 일례로 이더리움의 전체 공급량 중 스테이킹 규모는 2021년 8%에서 2024년 30%로 꾸준히 상승하고 있다.

이처럼 스테이킹은 이제 '투자 후 보관'이 아닌 '투자 후 운용'의 단계로 디지털 자산을 끌어올리고 있는 핵심 기능이다. 이와 같은 구조 변화는 거래소에도 새로운 기회를 만들었다. 사용자가 거래소를 통해 스테이킹할 경우, 일부 수수료나 리워드의 일정 비율이 거래소에 귀속되는 구조이기 때문이다. 즉 보관만으로는 수익을 내기 어려웠던 거래소들이 이제는 고객 자산을 스테이킹 서비스에 연결함으로써 안정적인 수익원을 확보하게 되었다.

스테이킹에서 결제로

암호화폐의 둘째 기능은 '결제'다. 암호화폐는 한때 디지털 금, 즉 가치 저

암호화폐의 기능 확장

커스터디(보관) → 스테이킹(예금) → 결제 → 대출

장 수단으로만 여겨졌지만 지금은 실생활에서 사용할 수 있는 지불 수단으로 점차 확장되고 있다. 이 변화의 선두에 있는 기능이 바로 암호화폐 기반 직불카드다.

미국 기업 코인베이스(Coinbase)는 자사 사용자에게 '코인베이스 카드'라는 이름의 직불카드를 발급한다. 이 카드는 비자(Visa) 네트워크를 기반으로 하며, 사용자는 자신이 보유한 암호화폐를 실시간으로 법정화폐로 환전해 결제에 사용할 수 있다. 예컨대 미국의 한 사용자가 편의점에서 5달러어치 물건을 살 경우, 그 순간 코인베이스는 사용자의 이더리움 일부를 시장 가격으로 매도하고 이를 달러로 전환해 결제를 실행한다. 이 모든 과정은 백그라운드에서 1초 이내에 자동으로 처리된다.

여기서 중요한 점은, 사용자는 암호화폐를 따로 인출하거나 변환하지 않아도 된다는 것이다. 카드 결제를 통해 '자동 환전 → 자동 지불 → 자동 정산'이 이루어지고, 그 내역은 코인베이스 앱 내 대시보드에서 실시간으로 확인 가능하다. 이처럼 암호화폐가 별도의 준비 없이 실생활에서 즉시 사용될 수 있는 상태가 만들어지고 있다는 점은 디지털 자산의 실질적 '화폐화'를 상징하는 매우 중요한 진화다.

또한 코인베이스 카드는 리워드 기능도 제공한다. 사용자는 카드로 결제할 때 결제 금액의 일정 비율을 다시 암호화폐로 보상받을 수 있다. 이 리워드 시스템은 단순히 '쓸 수 있다'를 넘어 '쓸수록 이득'이라는 소비 인센티브를 만들어낸다. 전통 금융의 캐시백, 마일리지 시스템과 유사한 구조지만, 보상이 암호화폐로 주어진다는 점에서 사용자의 자산 포트폴리오 확대에도 기여한다.

게다가 암호화폐는 단지 사용 가능한 인프라를 넘어 실제 사용자 수 측면에서도 기존 금융 플랫폼을 앞서기 시작했다. 2024년 기준 전 세계 암호화폐의 활성 사용자 수는 약 6.2억 명으로 추정되며, 이는 아메리칸 익스프레스(1.4억 명)과 페이팔(4.3억 명)의 사용자 수를 압도적으로 상회하는 수치다. 암호화폐는 이제 '결제가 가능한 수단'을 넘어서, 전 세계적으로 가장 빠르게 확산되는 결제 네트워크 중 하나로 자리 잡고 있다. 단순히 금융 혁신에 국한되지 않고 실질적인 사용자 기반에서 기존 플랫폼과 경쟁하고 있다는 점은 암호화폐 결제의 확장성과 지속 가능성을 강하게 뒷받침한다.

실제 현장에서도 이러한 흐름이 가시화되고 있다. 예컨대 미국의 대형 창고형 마트 코스트코(Costco)는 일부 매장에 비트코인 ATM을 설치하고 있다. 사용자는 이 ATM을 통해 현금을 비트코인으로 바꾸거나, 반대로 비트코인을 현금으로 인출해 사용할 수 있다. 암호화폐가 점차 현금과 유사한 오프라

비트코인 ATM을 설치하고 있는 코스트코 (출처: Coinsauce)

인 사용성을 확보하고 있다는 상징적 장면이다.

스테이킹에서 대출로

확장된 암호화폐의 셋째 기능은 '대출'이다. 디지털 자산이 더 이상 단순히 보유하는 자산이 아니라 유동성을 창출하는 자산으로 진화하고 있다. 전통 금융에서 담보를 맡기고 대출을 받는 구조가 일반적이듯, 디지털 자산을 활용한 대출 역시 같은 원리로 작동한다. 즉 사용자가 자신의 암호화폐를 거래소나 특정 플랫폼에 담보로 맡기면, 이를 기반으로 일정 비율의 스테이블 코인을 대출받을 수 있다.

대표적인 예가 메이커DAO(MakerDAO)다. 메이커DAO는 탈중앙화된 스테이블 코인 플랫폼으로, 사용자가 보유한 암호화폐를 담보로 예치하면 DAI라는 스테이블 코인을 대출받을 수 있도록 설계되어 있다. DAI는 1달러에 페깅된 디지털 자산이며, 시장에서는 사실상 '달러 대용 디지털 화폐'처럼 쓰인다. 사용자는 이더리움을 매도하지 않고도 DAI를 빌려 다른 투자나 결제에 활용할 수 있으며, 일정 조건하에 언제든지 이더리움을 되찾을 수 있다.

이러한 구조는 디지털 자산이 더 이상 단순한 '보유용 자산'이 아니라, 담보로 활용되고 다시 현금처럼 사용되는 자산으로 진화하고 있음을 보여준다. 메이커DAO 외에도 에이브(Aave), 컴파운드(Compound)와 같은 다양한 프로토콜이 비슷한 기능을 제공하고 있으며, 이 생태계는 빠르게 확장 중이다. 사용자는 지갑 하나만 있으면 스마트계약을 통해 자산을 담보로 맡기고, 중개자 없이 대출을 실행할 수 있다.

중요한 점은 이 모든 대출 구조의 기반이 거래소 같은 인프라로부터 출발한다는 것이다. 암호화폐를 보관하고 네트워크에 연결해주며 자산을 관리할 수 있는 시스템이 없다면 이런 대출 구조도 불가능하다. 결국 거래소는 직접 대출을 제공하지 않더라도 디지털 자산의 유동성과 금융화를 가능케 하는 출입구이자 관문 역할을 하고 있다.

디지털 금융 생태계의 핵심, 코인베이스

앞선 이야기에서 자연스럽게 등장한 이름이 바로 코인베이스다. 암호화폐가 단순히 보관되는 자산이 아니라 스테이킹으로 수익을 창출하고, 결제로 실생활과 연결되며, 대출의 담보가 되어 유동성을 만들어내는 흐름은 결코 저절로 이루어진 것이 아니다. 이런 다양한 기능이 가능해지려면 반드시 그 기반이 되는 인프라가 있어야 한다. 그리고 그 기반을 가장 먼저, 가장 완성도 있게 구축한 플랫폼이 바로 코인베이스다

많은 거래소가 존재하지만 코인베이스가 주목받는 것은 단순한 기능 때문이 아니다. '신뢰'와 '제도화'라는 두 가지 무기를 모두 갖춘 플랫폼이기 때문이다.

코인베이스는 미국에서 가장 큰 규제 준수형 거래소이자, 가장 많은 기관 투자자가 자산을 예치하고 운용하는 곳이다. 개인 사용자뿐 아니라 연기금, 자산운용사, 헤지펀드들이 선택하는 거래소라는 점에서 이미 '디지털 자산 전용 은행'이라는 표현이 어색하지 않다.

코인베이스의 수탁 기능은 특히 독보적이다. 고객 자산의 대부분을 인터

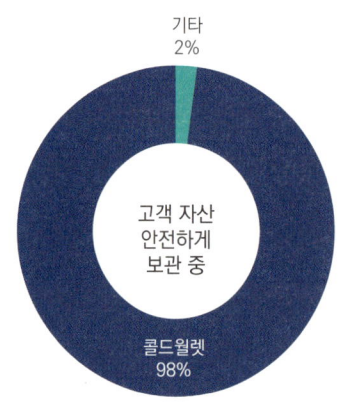

코인베이스의 커스터디 형태

출처: Coinbase

넷과 단절된 콜드월렛에 보관하며(콜드월렛 저장 비율 98%), FDIC 수준의 보험 시스템과 보안 정책을 적용하고 있다.

그뿐만 아니라 코인베이스는 기관 전용 트레이딩 플랫폼, 프라임 브로커리지 서비스, API 기반의 자동 투자 시스템 등으로 확장 중이다. 기존 은행이 기업금융, 자산 관리, 투자은행 기능을 병행하듯, 코인베이스는 디지털 자산 분야에서 그와 동일한 금융적 위상을 갖춰나가고 있다.

코인베이스가 단순히 '은행 같다'는 비유로만 설명되는 것은 아니다. 실제 수치를 보면 이 플랫폼이 얼마나 실질적인 금융기관에 가까워졌는지 명확히 드러난다. 2024년 말 기준, 코인베이스는 약 4,000억 달러에 달하는 고객 자산을 보관하고 있다. 자산 규모 기준으로는 미국 전체 금융사 중 22번째로 크다. 즉 이름만 '거래소'일 뿐, 자산 규모와 역할은 이미 중대형 은행에 해당한다.

미국 금융사 자산 규모 순위

순위	금융기관명 (지주회사)	총자산 (십억 달러)	순위	금융기관명 (지주회사)	총자산 (십억 달러)
1	JP모간체이스	4,003	15	시티즌파이낸셜	470
2	뱅크 오브 아메리카	3,349	16	M&T뱅크	460
3	씨티그룹	2,201	17	헌팅턴뱅크셰어즈	450
4	웰스파고	1,932	18	키코프	440
5	골드만삭스	1,500	19	자이언스뱅코프	430
6	모건스탠리	1,100	20	코메리카	420
7	US뱅코프	660	21	퍼스트리퍼블릭 뱅크	410
8	트루이스트 파이낸셜	550	22	코인베이스	404
9	PNC 파이낸셜 서비스	530	23	리전스뱅크	400
10	캐피털원 파이낸셜	510	24	뉴욕커뮤니티 뱅코프	390
11	스테이트스트리트	500	25	시노버스 파이낸셜	380
12	피프스서드 뱅코프	490	26	어소시에이티드 뱅코프	370
13	리전스파이낸셜	480	27	이스트웨스트 뱅코프	360
14	찰스슈왑	480			

* 2024년 말 기준
출처: 각 사

코인베이스 매출 구성

항목		내용
거래 수수료		개인과 기관에 거래 서비스 제공
구독·서비스	스테이블 코인 수익	USDC 관련 이자와 서비스 수익
	스테이킹 수익	스테이킹 참여로 얻은 리워드 수익 (고객에게 수수료 수취 10~30%)
	이자 수익	예치금, 대출 이자 등
	커스터디 수익	기관 대상 보관 서비스 수수료
	기타	프리미엄 서비스, 결제 수수료 등

출처: Coinbase

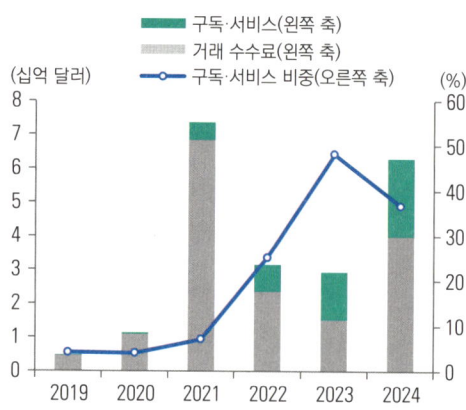

코인베이스 매출 추이(2019~2024)

출처: Coinbase

요컨대 지금의 코인베이스는 단지 암호화폐를 사고파는 공간이 아니라 디지털 자산을 기반으로 한 차세대 은행이라고 해도 과언이 아니다. 은행이라는 개념이 물리적 지점과 창구에서 디지털 인터페이스와 보안 인프라로 전환되고 있는 시대에, 코인베이스는 그 변화를 가장 선명하게 보여주는 플랫폼이다. 이 플랫폼이 중심이 된 생태계는 이제 실험을 넘어 현실 속의 새로운 금융 표준이 되고 있다.

로빈후드, 디지털 금융의 입구이자 미래

앞서 말했듯 디지털 자산이 진짜 자산으로 자리 잡기 위해서는 이를 안전하게 보관하고, 자유롭게 거래하며, 다양한 방식으로 활용할 수 있는 기반이 필요하다. 그 기반을 누구보다 먼저 만들고 제도권 금융과의 연결 통로를 구축한 주체가 바로 코인베이스였다. 코인베이스는 보관과 거래를 넘어 스테이킹, 결제, 대출 등 암호화폐의 기능을 현실에서 작동시키는 구조를 만들어냈고, 그 위에 디지털 자산 생태계의 '깊이'를 쌓아 올렸다.

이처럼 코인베이스가 만든 것은 '안쪽 세계'였다. 디지털 자산을 실제로 운용할 수 있는 시스템, 제도적 신뢰, 기관투자자의 참여 환경, 말 그대로 생태

코인베이스 & 로빈후드: 디지털 금융 생태계 구축의 두 축

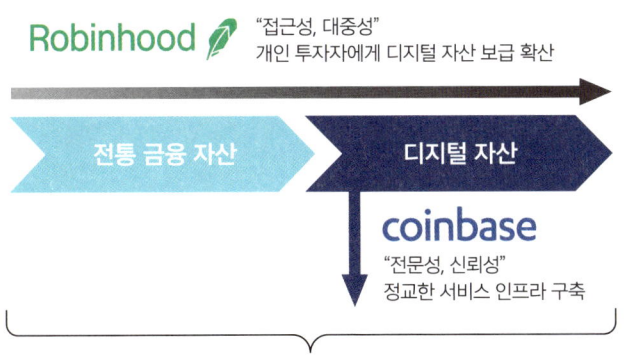

디지털 금융시장 전체의 참여자층을 확장

계의 인프라다. 이 공간은 복잡하고 정교하며 기능적으로 완성되어 있다. 하지만 하나의 질문이 남는다. 이렇게 정교한 생태계에 사람들은 어떻게 들어오게 되었을까? 코인베이스는 초대장을 보내는 플랫폼이 아니다. 오히려 누군가의 초대장을 받아 '도착한 이들'을 위한 공간에 가깝다.

그럼 그 초대장을 쥐여준 주체는 누구일까? 바로 로빈후드(Robinhood)다. 로빈후드는 이 세계로 들어오는 입구였다. 주식을 몇천 원 단위로 사고, 클릭 몇 번으로 암호화폐를 사고팔 수 있는 구조. 복잡한 절차도 없고 어려운 용어도 없다. 누구나 쉽게 접근할 수 있고 결과는 실시간으로 피드백된다. 로빈후드는 디지털 자산이라는 생태계가 낯설지 않게 느껴지도록 만든 첫 번째 플랫폼이었다. 코인베이스가 깊이를 만들었다면 로빈후드는 입구를 만들었다.

그래서 로빈후드는 단순한 앱 이상이다. 이 플랫폼은 디지털 금융 세계의 문을 열고, 사람들에게 그 안으로 들어올 수 있는 기회를 제공했다. 많은 이가 로빈후드를 통해 처음으로 '투자'를 시작했고, 그 경험이 곧 디지털 자산 생태계 진입으로 이어졌다.

로빈후드는 이 세계의 초대장에 머물지 않는다. 자산 관리에 이어 은행 기능으로까지 영역을 확장하고 있다. 로빈후드에 주목해야만 하는 이유다.

미국 세대별 투자 선호도

21~43세	(%)
부동산	31
암호화폐·디지털 자산	28
사모펀드	26
창업	24
기업 직접 투자	22
ESG 기업	21
채권	17
미국 주식	14

44세 이상	(%)
미국 주식	32
부동산	32
신흥시장 주식	25
해외 주식	18
사모펀드	15
기업 직접 투자	15
채권	12
암호화폐·디지털 자산	4

* 2024년 1~2월 설문조사 기준
출처: Bank of America

금융과 투자에 대한 MZ만의 접근

투자 플랫폼 변화의 중심에는 MZ세대가 있다. 미국 기준으로 1980년대 후반부터 2000년대 초반까지 기간에 태어난 이들은 자산의 절대 규모는 작지만 투자에 가장 적극적으로 참여하는 세대다. 이전 세대와 달리 '투자' 자체를 일상적 행위로 받아들이며 자신의 취향과 속도, 정보 소비 패턴에 맞는 플랫폼을 선호한다. 과거에는 직장에 다니고 목돈을 마련한 뒤에야 시작했던 투자가 이 세대에게는 10대, 20대에 이미 '시작된 일'이다.

MZ세대는 투자 대상도 확연히 다르다. 과거 세대가 주식과 부동산 같은 전통 자산에 집중했다면, MZ세대는 디지털 자산, 암호화폐, 심지어 NFT와 같은 비정형 자산군에도 거리낌 없이 접근한다. 이들은 자산을 '소유'보다는 '접속'의 관점에서 바라보며 소수 단위 거래, 실시간 이동성, 온라인 기반 보관 등을 자연스럽게 받아들인다. 이른바 '소유보다 경험'이라는 소비 철학은 금융 자산의 운용 방식에도 영향을 미치고 있다.

실제로 미국의 세대별 투자 선호도를 살펴보면 21세에서 43세 사이의 MZ

세대는 암호화폐와 디지털 자산에 대한 선호도가 28%인 반면, 44세 이상 세대는 단 4%에 불과하다. 이 수치는 디지털 자산이 MZ세대에게 얼마나 자연스럽고 선호되는 자산군인지 단적으로 보여준다.

또한 MZ세대는 금융 정보를 대하는 방식도 다르다. 이들은 증권사 리포트나 뉴스 대신 유튜브 영상, SNS 클립, 챗봇 요약본을 선호하며, 투자 실행 시에도 분석보다 인터페이스와 경험을 더 중시한다. SNS 기반 정보를 접하는 것에 익숙하고 무엇보다 빠르고 직관적인 피드백을 기대한다. 기존 은행이나 증권사 앱의 복잡한 인터페이스보다 직관적인 모바일 인터페이스를 더 신뢰하며, 빠른 실행과 가시적인 반응을 중요하게 여긴다. 모든 것이 앱 안에서 빠르게 이루어지고 실시간으로 변화를 체감할 수 있는 환경을 원하는 것이다.

로빈후드의 전략, SNS처럼 금융을 디자인하다

이처럼 MZ세대는 자산을 바라보는 방식, 투자에 접근하는 태도, 그리고 원하는 플랫폼의 조건까지 기존 세대와는 명백히 다르다. 이 새로운 세대의 감각에 가장 먼저 반응한 플랫폼이 있었다. 바로 로빈후드다. 로빈후드는 이들의 특성과 완벽히 맞물린 투자 플랫폼이다.

로빈후드는 처음부터 목표가 뚜렷했다. '투자를 모두에게 가능하게 하자.'

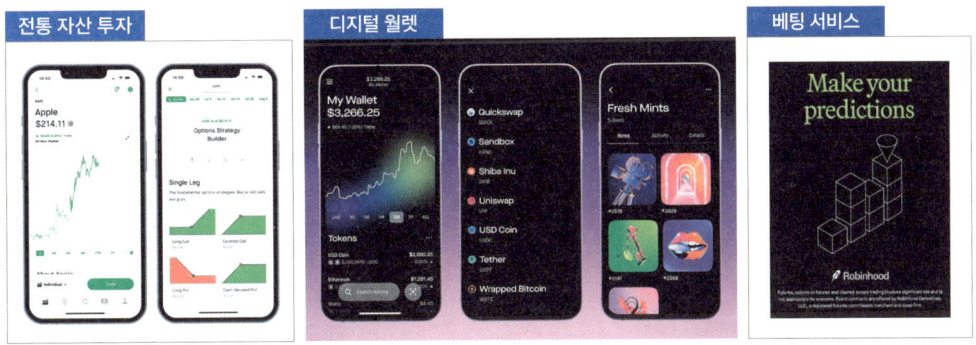

로빈후드의 다양한 투자 상품 라인업 (출처: Robinhood)

미국 인구의 로빈후드 사용 현황

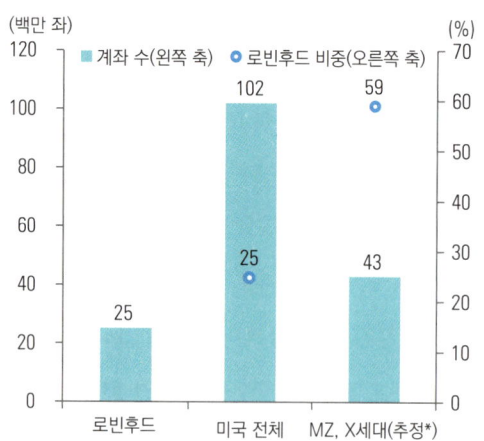

* 세대별 가계자산 비중 기준으로 추정
출처: Robinhood

미국 세대별 2028년 상속 자산 규모 전망

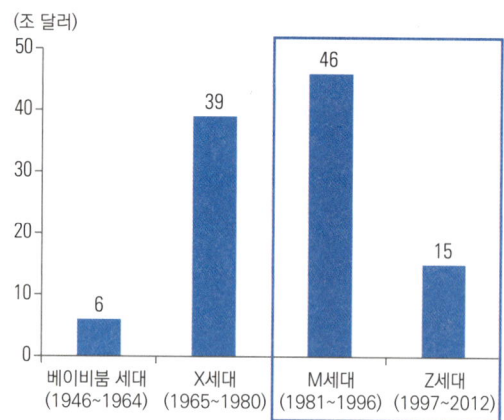

출처: Cerulli Associates, Bank of America

그래서 선택한 전략은 명확했다. 수수료 0원, 가입은 3분 만에, 디자인은 인스타그램처럼 직관적, 1달러로 시작 가능한 소수 단위 거래. 덕분에 로빈후드는 미국 MZ세대의 금융 입문 플랫폼으로 자리 잡았다.

여기서 로빈후드는 한발 더 나아갔다. MZ세대에게 투자란 단지 돈을 불리는 행위가 아니다. 직접 탐색하고 판단하는 과정, 나만의 선택을 기록하는 경험이다. 로빈후드는 이 경험을 정교하게 설계했다. 주가가 오르면 축하 애니메이션이 나오고, 간단한 그래프와 컬러로 투자 흐름을 파악할 수 있다. 터치 몇 번으로 주식을 사고, 한 화면에서 내 포트폴리오를 정리할 수 있다. 금융 앱이지만 재미있고 빠르고 손에 익는 감각을 제공했다.

게다가 이 플랫폼은 전통 자산부터 디지털 자산, 심지어 예측 시장 기반 베팅 서비스까지 하나의 앱 안에서 모두 투자할 수 있도록 설계되어 있다. 주식과 ETF는 기본이고 비트코인과 이더리움 같은 암호화폐, 나아가 특정 사건의 결과에 베팅할 수 있는 시장까지 통합했다. MZ세대가 원하는 모든 투자 영역을 단일 앱에서 다룰 수 있는 유일한 플랫폼이 된 것이다.

이런 전략은 결과로 이어졌다. 로빈후드가 MZ세대의 대표 플랫폼으로 자

로빈후드 브로커리지 내 자산군별 매출 추이(2021~2025)

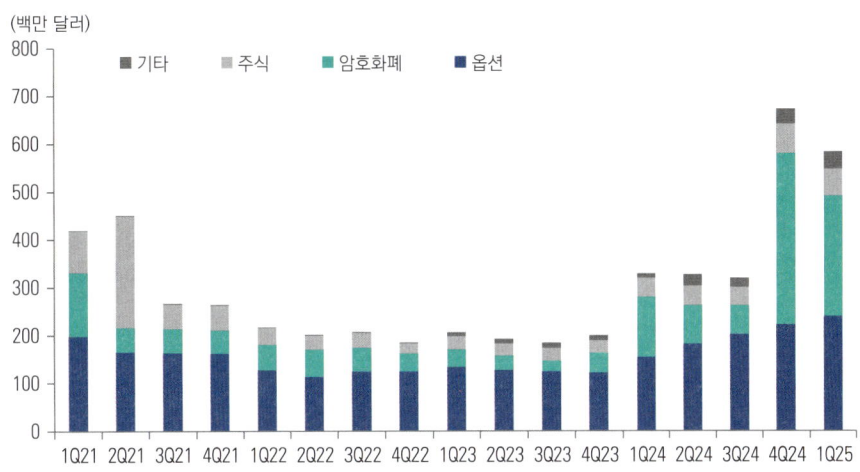

출처: Robinhood

리 잡게 된 것이다. 실제로 로빈후드 전체 사용자 중 약 90%가 MZ세대이고, 미국의 MZ세대 10명 중 6명은 로빈후드 계정을 보유하고 있는 것으로 추정된다. 이는 로빈후드가 단순히 편리해서 쓰는 앱을 넘어서, 한 세대 전체가 금융을 배우고 시작하는 입구 역할을 하고 있다는 뜻이다.

궁극적으로 로빈후드는 MZ세대의 금융 접근 방식을 완전히 새롭게 정의한 플랫폼이다. 금융을 더 이상 어렵고 멀고 무서운 것이 아니라 '가볍고 빠르고 일상적인 것'으로 만든 서비스다. 이 세대가 처음 만나는 금융의 얼굴이 로빈후드라는 점은 앞으로 디지털 금융 생태계의 주도권이 어디로 향할지를 보여주는 상징이기도 하다.

부의 미래가 머무는 투자 플랫폼, 로빈후드

로빈후드가 MZ세대에게 인기를 끈 데에는 분명한 이유가 있었다. 하지만 진짜 이야기는 이제부터다. 이들은 단순한 '젊은 투자자'가 아니라 곧 세상의 부를 책임지게 될 미래의 중심 세대이기 때문이다. 미국 기준으로 MZ세대는 2028년만 해도 약 61조 달러에 이르는 자산을 상속받을 것으로 예상된다.

이들은 디지털 네이티브로서 자산에 대한 관점부터 다르다. 자산에 대한 인식도 '소유'보다는 '접근' 중심인 이들은 온라인에서 모든 금융을 해결할 수 있다는 사실을 당연하게 받아들인다. 이런 세대가 본격적으로 자산을 보유하게 되는 순간, 그들이 필요로 하는 것은 단순한 거래 플랫폼이 아니라 '맞춤형 자산 관리 시스템'이다.

로빈후드는 이 흐름을 일찍이 포착했고 자산 관리 기능을 차례차례 확장하기 시작했다. 그 출발점은 바로 '로빈후드 골드'였다. 이 유료 멤버십은 단순히 프리미엄 계정 이상의 의미를 가진다. 사용자는 골드를 통해 보다 높은 이자 수익, 확대된 예치 한도, 기관투자자 수준의 리서치 리포트, 마진 대출 기능, 그리고 고급 실시간 시세 정보에 접근할 수 있다. 즉 로빈후드 골드 멤버십은 단순한 거래 앱에서 벗어나 자산을 보다 정교하게 운용하고 관리할 수 있게끔 해주는 자산 관리 기능의 출발점이다. 로빈후드는 이 멤버십을 통해 사용자들에게 '금융을 내 기준에 맞춰 설계할 수 있다'는 경험을 제공하며 자산 관리의 문을 열어주고 있다.

여기서 멈추지 않고 자문 서비스까지 포함하는 본격적인 자산 관리로 영역을 넓혔다. 2024년 11월 자산 관리 플랫폼 트레이드PMR(TradePMR)을 인수

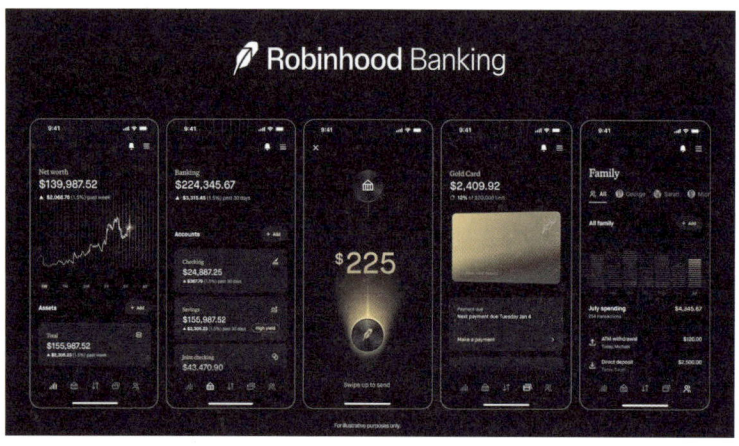

2025년 9월 출시 예정인 로빈후드 뱅킹 (출처: Robinhood)

하면서 자산 관리 기능을 고도화하기 시작했다. 이를 통해 로빈후드 사용자들은 단순한 자동 투자 기능을 넘어 포트폴리오 구성, 위험 분석, 목표 기반 리밸런싱, 장기 재무 전략 수립까지 가능해졌다.

특히 전통 PB 서비스가 자산가 중심이었다면, 로빈후드는 이를 기술 기반으로 재구성하여 누구나 이용 가능한 '열린 PB 플랫폼'으로 확장했다. 자동화된 분석과 추천, 모바일 기반 리포트, 예측 중심 시뮬레이션 등은 MZ세대가 편하게 접근할 수 있는 디지털 자산 관리 환경을 만들어냈다.

이 흐름은 은행 기능으로까지 확장되었다. 2025년 가을, 로빈후드는 로빈후드 뱅킹을 출시할 예정이다. 코스탈커뮤니티뱅크(Coastal Community Bank)와의 제휴를 통해 은행 기능을 본격적으로 제공할 예정이다. 이제 로빈후드 계좌 하나로 월급을 받고, 생활비를 이체하고, 투자를 관리하며, 자산을 자동 리밸런싱하고, 고급 금융 데이터를 실시간으로 확인할 수 있다.

여기서 끝이 아니다. 로빈후드는 세금 관련 컨설팅, 유언장 및 상속 계획 수립 등 고차원적 자산 관리 기능도 하나씩 플랫폼 안에 통합하고 있다. 단순한 거래나 예금 기능을 넘어 이제는 생애 전반에 걸친 자산 설계와 관리를 위한 서비스로 확장된 것이다.

결국 로빈후드는 MZ세대의 첫 투자 앱에서 출발해 그들의 소득, 소비, 자산, 미래까지 아우르는 디지털 자산 관리자로 변신하고 있다. 금융은 더 이상 은행 창구나 고급 사무실에서 정장을 입은 전문가와 대면해야만 하는 일이 아니다. 이제는 스마트폰 하나로 퇴근길 전철 안에서, 출근 전 커피숍에서 자산을 점검하고 리밸런싱하며 금융 계획을 세우는 시대다. 그리고 그 변화의 한복판에서 로빈후드는 기존의 모든 금융 관습을 다시 쓰고 있다.

디지털 자산, 흐름이 아니라 구조다

서두에서 우리는 "스마트폰으로 미술품 0.1조각을 살 수 있는 세상이 도래했다"고 말한 바 있다. 이는 단순한 비유가 아니다. 지금 우리가 목격하고 있는 것은 단지 새로운 투자 수단이 늘어난 것이 아니라 금융의 구조 자체가 변화하는 순간이다.

과거에는 전체를 사야만 했던 자산이 이제는 쪼개지고 디지털화되며 누구나 손쉽게 접근할 수 있게 되었다. 소유의 개념은 절대적 권한에서 상대적 참여로 바뀌고 있으며, 금융은 그 흐름을 따라 접근성과 유연성 중심의 구조로 진화하고 있다. 금융의 '기본 동작'이 디지털 자산 위에서 재구성되고 있는 중이다.

이런 관점에서 본다면 우리가 주목해야 할 것은 단순한 '코인'이나 '차트'가 아니다. 진짜 중요한 것은 이 생태계를 구성하고 유지하고 연결하는 구조들이다. 바로 이 측면에서 우리는 두 개의 플랫폼, 코인베이스와 로빈후드를 살펴봤다. 결국 중요한 질문은 이것이다. '디지털 자산 시대에 무엇에 투자할 것인가?'

단순한 코인이 아니라 이 시장을 설계하고 유지하고 연결하는 구조에 투자해야 한다. 그리고 그 구조를 실제로 운영하며 이미 수익을 내고 있고, 수천만 명의 사용자를 확보하고 있으며, 제도권과도 연결된 기업이 있다면, 그것은 더 이상 미래가 아닌 현재다.

현재 커스터디, 인프라, 지갑, 데이터, 유동성, 디지털 인증, 자산 발행 등 다

변화될 디지털 월렛 예시

양한 분야에서 각기 다른 강점을 가진 주체들이 이 세계를 함께 만들고 있다. 지금은 그중 일부만 보일 뿐이지만 앞으로 더 많은 플랫폼과 기술, 기업들이 디지털 자산 시대의 중심으로 떠오르게 될 것이다.

지금 우리가 해야 할 일은 단순한 종목 선택이 아니라 이 구조를 가장 먼저 설계하고 가장 강하게 작동시키는 주체들이 어디에 있는지를 보는 일이다. 그리고 그 속에서 우리는 단지 투자자가 아닌, 이 흐름을 함께 설계하는 한 사람이 될 수 있다.

대분류	소분류	기업명	티커	사업 내용
		금융 밸류체인		
발행사	전통 금융사	JPMorgan Chase	JPM US	자체 스테이블 코인인 JPM 코인 발행
		Mitsubishi UFJ Financial Group	8306 JP	JPYC와 협력하여 스테이블 코인 발행
		HSBC	0005 HK	실물 금을 기반으로 하는 HSBC 골드 토큰 발행
	핀테크	Circle	CRCL US	자체 스테이블 코인인 USDC 발행
		Tether	비상장 (엘살바도르)	자체 스테이블 코인인 USDT 발행
거래소	전통 금융사	SBI Holdings	8473 JP	STO 플랫폼 운영
		SIX Swiss Exchange	비상장(스위스)	디지털 자산 거래소 운영(중앙화)
	핀테크	Coinbase	COIN US	디지털 자산 거래소 운영(중앙화)
		Binance	비상장(N/A)	디지털 자산 거래소 운영(중앙화)
		업비트	비상장(한국)	디지털 자산 거래소 운영(중앙화)
		빗썸	비상장(한국)	디지털 자산 거래소 운영(중앙화)
		코인원	비상장(한국)	디지털 자산 거래소 운영(중앙화)
		Uniswap	비상장(미국)	디지털 자산 거래소 운영(탈중앙화)
		PancakeSwap	비상장(일본)	디지털 자산 거래소 운영(탈중앙화)
		Securitize	비상장(미국)	STO 플랫폼 운영
		tZero	비상장(미국)	STO 플랫폼 운영
보관 (커스터디)	핀테크 - 전통 금융사 협력	Fireblocks	비상장(미국)	디지털 자산 보관 서비스 제공
		KODA	비상장(한국)	디지털 자산 보관 서비스 제공
		KDAC	비상장(한국)	디지털 자산 보관 서비스 제공
		비트고 코리아	비상장(한국)	디지털 자산 보관 서비스 제공
		디커스터디	비상장(한국)	디지털 자산 보관 서비스 제공

대분류	소분류	기업명	티커	사업 내용
운용 및 관리	전통 금융사	BlackRock	BLK US	비트코인과 이더리움에 투자할 수 있는 ETF 출시, 이더리움 블록체인 기반의 토큰화된 펀드 BUIDL 출시
		Franklin Templeton	BEN US	비트코인과 이더리움에 투자하는 SMA(Separately Managed Accounts) 상품 출시
		UBS	UBSG SW	이더리움 기반의 토큰화된 머니마켓펀드 (MMF) 출시
	핀테크	Robinhood	HOOD US	디지털 자산 투자 및 결제 기능 제공
		PayPal	PYPL US	디지털 자산 투자 및 결제 기능 제공
		Block	XYZ US	디지털 자산 투자 및 결제 기능 제공
		Revolut	비상장(영국)	디지털 자산 투자 및 결제 기능 제공
		Stripe	비상장(미국)	디지털 자산 결제 기능 제공
		SoFi	SOFI US	디지털 자산 투자 기능 제공
		Bakkt	BKKT US	디지털 자산 결제 기능 제공

자산의 변화

주식, 채권, ETF 등
전통 금융자산

굿즈, IP, 수집품 등
소유권 이전 가능 자산

물리적 자산

조각화

전통 금융

은행

KB금융(한)
신한지주(한)
하나금융(한)
우리금융(한)
기업은행(한)
BNK금융(한)
iM금융(한)
JB금융(한)

JPMorgan
　Chase(미)
Bank of
　America(미)
CITI(미)
MUFG(미)
ICBC(중)
HSBC(영)

보험

삼성화재(한)
DB손해보험(한)
현대해상(한)
삼성생명(한)
한화생명(한)
Allianz(독)
AXA(프)
Tokio Marine Holdings(일)

증권

미래에셋증권(한)
삼성증권(한)
한국금융지주(한)
NH투자증권(한)
키움증권(한)
Morgan Stanley(미)
Goldman Sachs(미)
Nomura Securities(일)
CITI Securities(중)

카드사

현대카드(한)
삼성카드(한)
AMEX(미)

네트워크사

VISA(미)
MasterCard(미)
BC(한)

화폐의 변화

주식, 채권, ETF 등
전통 금융자산

비트코인 등 암호화폐

전통 법정화폐

부동산, 원자재 등
비금융 실물 자산

디지털 자산

금융

디지털 금융

디지털 자산 플랫폼

거래소

(중앙화)
업비트(한)
빗썸(한)
코인원(한)
Coinbase(미)
Binance(N/A)

(탈중앙화)
Uniswap(미)
PancakeSwap(일)
Curve(스위스)

조각 투자 플랫폼

카사(한)
테사(한)
스탁키퍼(한)
뮤직카우(한)

발행사

Circle(미)
Tether(엘)

커스터디

KODA(한)
KDAC(한)
디커스터디(한)
BitGo(미)
Fireblocks(미)

금융 플랫폼

송금에서 시작

토스(한)
카카오페이(한)
Revolut(영)

보험에서 시작

보맵(한)
PingAn(중)
Lemonade(미)

차량 호출에서 시작

Grab(싱)

증권에서 시작

Robinhood(미)
Charles Schwab(미)
eToro(이스라엘)

결제에서 시작

네이버파이낸셜(한)
PayPal(미)
Block(미)
Stripe(미)
Ant Financial(중)

대출에서 시작

케이뱅크(한)
카카오뱅크(한)
WeBank
　(Tencent)(중)
MyBank(Ant
　Financial)(중)
Sofi(미)
Upstart(미)
Affirm(미)
Rocket
　Companies(미)
Starling(영)
Monzo(영)

스테이블 코인　　CBDC

디지털 화폐

10장 게임

코로나 이후
정중동(靜中動)

이효진
인터넷·게임

게임의 룰이 바뀌고 있나

한때 '게임'은 일부 마니아들만의 취미처럼 여겨졌다. 이제 게임은 더 이상 단순한 오락이 아니다. 영화, 음악, 드라마와 어깨를 나란히 하는 거대한 문화 콘텐츠이며 수백조 원 규모의 시장을 형성한 핵심 산업으로 성장했다.

그러나 게임 산업의 성장은 옛말이 되어버린 듯한 요즘이다. 시장조사회사 뉴주(Newzoo)에 따르면 2024년 글로벌 게임시장은 1,778억 달러로 전년 대비 0.6% 증가하는 데 그쳤다. 코로나 특수로 몇 년에 걸쳐 진행되었어야 할 성장이 2년간 압축적으로 진행되었고, 그 이후 2022년부터 산업은 다소 정체되어 있다.

다만 같은 게임 산업 내에서도 플랫폼에 따라 다른 모습을 보인다. 게임 산업은 크게 PC와 모바일, 콘솔의 세 분야로 나뉜다. 콘솔에는 플레이스테이션(PS), X박스, 그리고 닌텐도 등 이용 목적이 게임으로 특화된 기기들이 포함된다.

모바일 게임은 플랫폼 중 가장 큰 코로나 특수를 누렸다. 그러나 2022년 이후 2년간 감소했고 2024년, 3년 만에 3%로 성장 전환했다. 중동, 아프리카, 라틴아메리카 지역에서 모바일 게임이 가능한 스마트폰 보급률이 높아지면서 접근 가능한 소비자 풀이 확대되었고 북미와 유럽 지역에서는 캐주얼 게임 장르가 반등을 이끌었다. 아시아는 같은 기간 감소세를 이어갔다.

글로벌 게임 산업의 플랫폼별 매출(2021~2024)

		2021	2022	2023	2024
매출액 (십억 달러)	모바일	102.9	95.2	94.9	97.7
	PC	36.1	35.4	37.3	37.3
	콘솔	45.6	43.3	44.6	42.8
	합계	184.6	173.9	176.8	177.8
매출 비중	모바일	56%	55%	54%	55%
	PC	20%	20%	21%	21%
	콘솔	25%	25%	25%	24%
전년 대비 증감률	모바일	11%	-7%	0%	3%
	PC	8%	-2%	5%	0%
	콘솔	-4%	-5%	3%	-4%
	합계	6.5%	-5.8%	1.7%	0.6%

출처: Newzoo

    PC와 콘솔 게임은 2024년 전반적으로 위축되는 모습을 보였다. 특히 대규모 예산과 오랜 개발 기간을 요하는 트리플 A급 게임 출시가 예년보다 크게 줄어들면서 콘솔시장이 큰 타격을 입었다.

    그 과정을 되짚어 보자. 2022년 후반 플레이스테이션5(PS5) 보급이 본격화되며 2022년과 2023년에 걸쳐 콘솔 패키지(이용을 위해 초기 결제가 필요한 게임)의 대거 출시가 이어졌다. 콘텐츠 공급이 증가하며 콘솔시장의 큰 성장으로

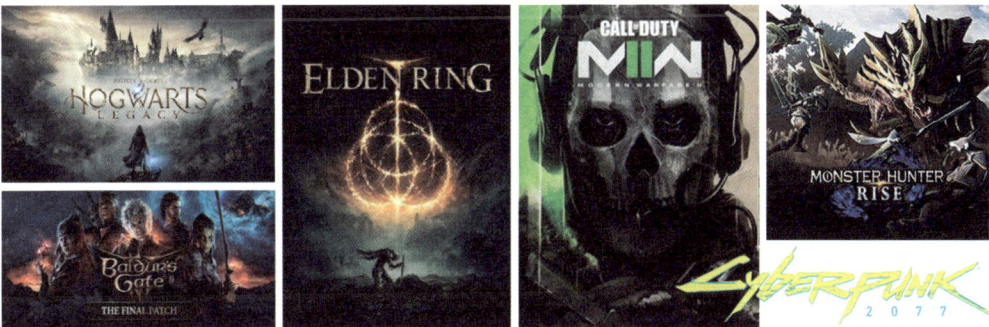

2022년과 2023년에 출시된 트리플 A급 게임들 (출처: Avalanche Software, Larian Studios, FromSoftware, Infinity Ward, Capcom, CD Projekt Red)

이어졌다. 그러나 2024년은 신작의 공백기에 해당했고 관련 매출이 주춤했다. 다만 인게임(in-game)과 같은 라이브 서비스 매출은 2024년에도 증가세를 이어갔다.

숏폼의 나비 효과, 모바일로

요즘 모바일 이용자들의 행동에서 흥미로운 변화가 감지되고 있다. 틱톡과 유튜브 쇼츠처럼 짧은 시간에 강한 자극을 주는 숏폼 콘텐츠가 인기를 끌면서, 모바일 게임을 소비하는 방식에도 영향을 주고 있다.

숏폼 콘텐츠는 짧은 자극을 자주 반복해 이용자의 집중력을 떨어뜨린다. 마이크로소프트에 따르면 인간의 주의 지속 시간은 2000년대 이후 지속적으로 짧아졌다. 이 수치는 최근 8초까지 단축되었다. 금붕어의 평균 주의 지속 시간이 9초임을 고려하면 우리의 집중력은 금붕어보다 짧을 때가 있게 되었다.

롱폼 콘텐츠와 숏폼 콘텐츠를 볼 때 뇌 활성화 차이

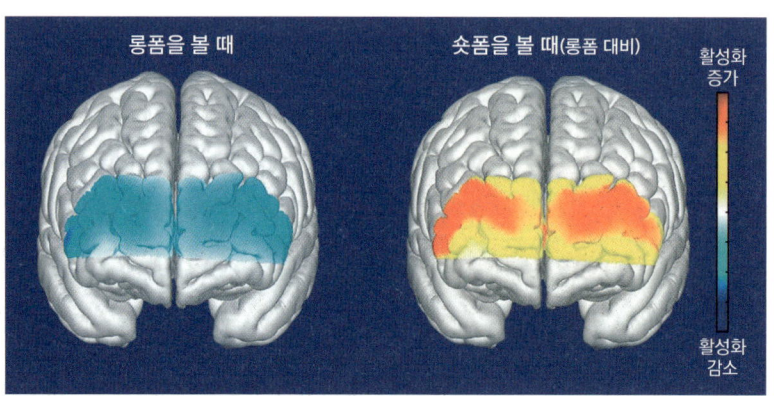

* 롱폼을 볼 때는 뇌 자극이 덜하고 스트레스가 없을 때처럼 뇌 전두엽이 푸른색으로 나타난다. 그러나 숏폼을 볼 때는 계획, 문제 해결, 충동 조절에 중요한 역할을 하는 전전두엽이 더 활성화되어 붉은색으로 표시된다.
출처: 오비이랩

이용자의 주의 집중 시간 단축은 게임 산업 전반에 부정적인 영향을 미친다. 게임 플랫폼 중 가장 타격을 받는 것이 모바일이다. 숏폼과 모바일 게임은 디바이스, 이용 시간, 이용 상황 등 여러 측면에서 공통점이 많기 때문이다.

이러한 변화가 캐주얼 게임에는 오히려 호재로 작용하고 있다. 복잡한 조작 없이 턴이 짧은 캐주얼 게임은 숏폼 콘텐츠 소비 패턴과 유사한 점이 많다. 따라서 숏폼을 즐기는 이용자는 캐주얼 게임에 쉽게 적응한다. 모바일 마케팅 분석 플랫폼 센서타워(Sensor Tower)에 따르면 2024년 전 세계 인앱 수익 1위를 기록한 게임은 스코플리(Scopely)의 '모노폴리 고!'였다. 이 게임은 출시 1년 4개월 내 게임 다운로드 계정이 1억 3,700만 개로 집계되었다. 또 글로벌 누적 매출 30억 달러라는 기록적 성과를 달성했다.

스코플리는 2023년 4월 이 게임을 출시한 이후 15개월간 미국 시장에서만 1억 달러에 이르는 광고비를 집행했다. 이처럼 최근 캐주얼 장르에서 활용하는 대대적인 마케팅은 본래 소셜 카지노에서 주로 활용되어왔다. 적극적인 SNS 광고는 게임의 주요 이용자였던 남성층 외에 여성들까지 끌어들이는 효과를 거두었다. 북미 소셜 카지노시장은 중년 여성이 주요 소비자인데, 최근 캐주얼 시장의 약진에도 성장이 포착되지 않는다. '모노폴리 고!' 같은 캐주얼 장르가 이 시장을 흡수하고 있는 것으로 추정된다.

이러한 성공 방식을 한국 게임사들이 그대로 따르기는 쉽지 않다. 국내 게

2024년 전 세계 모바일 인앱 매출 1위 게임인 '모노폴리 고!' (출처: Scopely)

'승리의 여신: 니케'와 '나 혼자만 레벨업' 일매출 추이

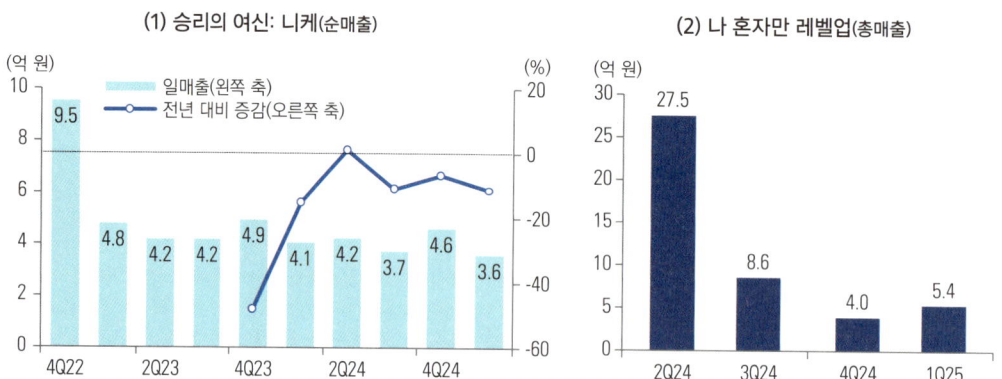

* '승리의 여신: 니케'는 2022년 11월 출시, '나 혼자만 레벨업'은 2024년 5월 출시
출처: 시프트업, 넷마블

임 산업은 RPG(Role Playing Game)처럼 높은 몰입도를 요구하는 장르에서 강세를 보이며 성장해왔기 때문이다.

한편 글로벌 시장에서 주목받았던 한국산 모바일 RPG 게임인 '승리의 여신: 니케'와 '나 혼자만 레벨업' 등의 경우, 초기에는 큰 인기를 끌었지만 매출이 점차 하락하고 있다. 일반 사용자가 점차 이탈하고 소수의 헤비 유저들이 높은 결제를 이어가는 방식으로 매출 구조를 유지하고 있다. 이는 과거 '리니지' 시리즈에서 보였던 패턴과 유사하다.

'스팀' 플랫폼, 더 뜨거워진다

숏폼의 영향으로 소비자의 집중력이 떨어지면서 모바일 게임은 앞으로 더 캐주얼한 방향으로 움직일 것으로 보인다. 반면 게임의 본질적 재미, 특히 누군가가 되어서 활약하는 RPG를 즐기는 이용자들은 몰입도가 높은 PC와 콘솔로 이동하고 있다.

모바일의 경우 진입 경로가 구글플레이와 앱스토어로 정해져 있어 초기부

스팀 매출액과 성장률: 최근 성장 가속화(2018~2024)

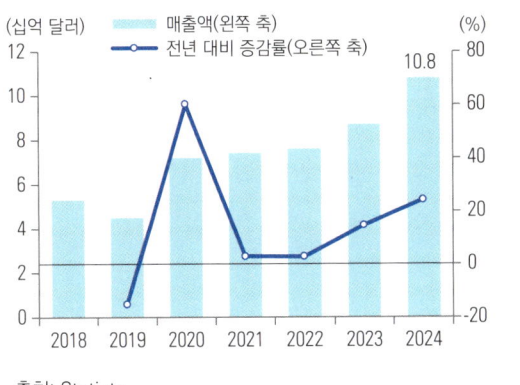

출처: Statista

스팀 출시작 수: 2022년 이후 크게 증가(2014~2024)

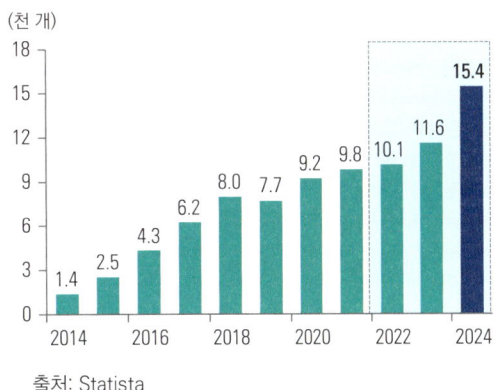

출처: Statista

터 플랫폼 효과가 발현되었다. 그에 비해 PC는 이보다 전부터 존재해왔기 때문에 다소 파편화된 상태였다. 국내에서 2000년 전후 인기를 끈 '스타크래프트'는 블리자드(Blizzard)의 '배틀넷'에서 할 수 있었고 엔씨소프트는 리니지 등을 스스로 서비스했다. '리그 오브 레전드'는 개발사인 라이엇게임즈(Riot Games)에서 직접 운영하고 있다.

이런 가운데 최근 몇 년간 PC 플랫폼 '스팀(Steam)'이 영향력을 키우고 있다. 스팀은 전 세계적으로 가장 널리 사용되는 게임 플랫폼으로, 게임 유통뿐 아니라 사용자와의 소통, 콘텐츠 업데이트 등 다양한 기능을 제공한다.

스팀에 등록된 게임은 2022년 약 1만 개에서 2024년에는 1만 5천 개로 증가했다. 스팀의 월간 동시 접속자 수도 계속해서 기록을 경신하고 있다. 시장조사기관 스태티스타(Statista)에 따르면 2024년 스팀 플랫폼의 매출은 전년 대비 24% 많은 약 108억 달러로 증가했다. 전체 PC시장이 큰 성장을 보이지 않는 데 비해 스팀 플랫폼이 이처럼 대폭 성장한 것은 파편화되었던 각 개발사의 플랫폼에서 이용자가 이탈해 스팀으로 이동하고 있음을 나타내는 또 하나의 지표다.

스팀은 마케팅 플랫폼 기능도 수행하고 있다. 스팀에서의 성공이 하나의 마케팅 지표로도 활용되는 것이다. 어떤 책이 아마존 베스트셀러 1위를 찍으면 해당 출판사가 그 사실을 광고 문구에 활용하는 것이나 마찬가지다.

일본의 캡콤(Capcom)과 반다이 남코(Bandai Namco) 같은 대표 게임 업체들은 스팀을 적극적으로 활용해 판매량을 끌어올리는 데 성공했다. 콘솔만을 고집하던 이들이 과거와 달리 스팀을 포함한 PC 플랫폼에 동시 출시하기 시작한 것은 최근의 일이다. 변화를 이끌어낸 요인은 높아진 개발비였다. 코로나 기간 개발자 임금의 급격한 증가, 그리고 늘어난 개발 기간은 게임사의 비용 부담을 크게 증가시켰다.

떠밀린 선택과 같았던 이 변화는 의외의 결과를 낳았다. PC 동시 출시로 콘솔 게임사들은 높은 성과를 거뒀다. 기기 접근성이 개선된 결과였다. 유명 시리즈 콘솔 게임 다수가 2022년 이후 시리즈 통상 최대 판매고·매출을 기록하는 데 성공했다. 과거 출시된 게임이 역주행하는 성과까지 종종 나타났다.

지속적인 업데이트와 유저 참여를 유도하는 라이브 서비스 게임도 스팀 성장의 주요 동인이다. 대표적으로 '카운터 스트라이크 2', '배틀그라운드'와 같은 게임들은 무료로 서비스를 제공하면서도 다양한 인게임 아이템 판매를 통

콘솔 게임의 PC 동시 출시로 인해 판매 속도와 규모가 과거 대비 확대

게임명	출시일	실적	비고
Call of Duty: Modern Warfare	2019.10.25.	6억 달러	첫 3일간 기록
Call of Duty: Modern Warfare II	2022.10.28.	8억 달러	첫 3일간 기록, 시리즈 최단(출시 10일) 10억 달러 돌파
Resident Evil 3	2020.04.03.	840만 장	출시 5일간 200만 장 기록
Resident Evil 4 Remake	2023.03.24.	920만 장	출시 이틀간 300만 장, 2주 동안 400만 장 기록
Helldivers	2015.08.18.	400만 장	2024년 5월까지의 기록
Helldivers 2	2024.02.08.	1,500만 장	출시 4일간 100만 장 판매, 2024년 2월 스팀 최다 판매 게임
Monster Hunter Rise	2021.03.26.	1,670만 장	출시 3일간 400만 장 기록
Monster Hunter Wilds	2025.02.28.	1,000만 장	출시 한 달간 1,000만 장 기록, 캡콤 게임 중 가장 빠른 판매 기록

스팀 월별 최고 동시 접속자 수(2010~2025)

* 모바일과 달리 2022년 이후에도 계속 성장하고 있음
출처: Steam DB

해 막대한 수익을 올리고 있다. 특히 배틀그라운드는 부분 유료화(F2P) 전환 이후에도 사용자 수가 상승세를 이어가고 있으며, 이는 스팀이라는 플랫폼의 집객력이 얼마나 큰지 보여주는 사례다.

그렇다면 왜 한국 게임시장에서는 이러한 변화를 별로 체감하지 못하는 것일까? 주요 이유는 국내 게임 산업이 여전히 모바일 중심이기 때문이다. 북미와 유럽 시장에서는 콘솔 게임의 점유율이 40%를 넘는다. 반면 아시아 지역, 특히 한국은 이 수치가 한 자릿수에 머물고 있다. 국내 PS5 판매량은 2023년 기준 30만 대에 불과할 정도로 적다.

스팀과 콘솔 시장의 확대는 국내 게임사들에 새로운 기회이자 도전이다. 국내 게임사들은 모바일의 한계를 극복하기 위해 최근 몇 년간 PC·콘솔 게임 개발에 본격적으로 뛰어들었다. 특히 2022년 전후로 다수 업체가 중대형 프로젝트에 착수했으며, 2025년은 그 성과를 거둘 시기다.

일본 게임사들의 PC·콘솔 동시 출시는 소비자 접근성을 키움으로써 모바일 대비 수익성이 열위로 평가받던 PC·콘솔시장의 단점을 보완하고 있다. 이 기회를 얼마나 전략적으로 활용하느냐에 따라 게임 산업의 지형도는 다시 한 번 크게 요동칠 수 있다.

2023년 지역별 게임시장의 플랫폼 비중

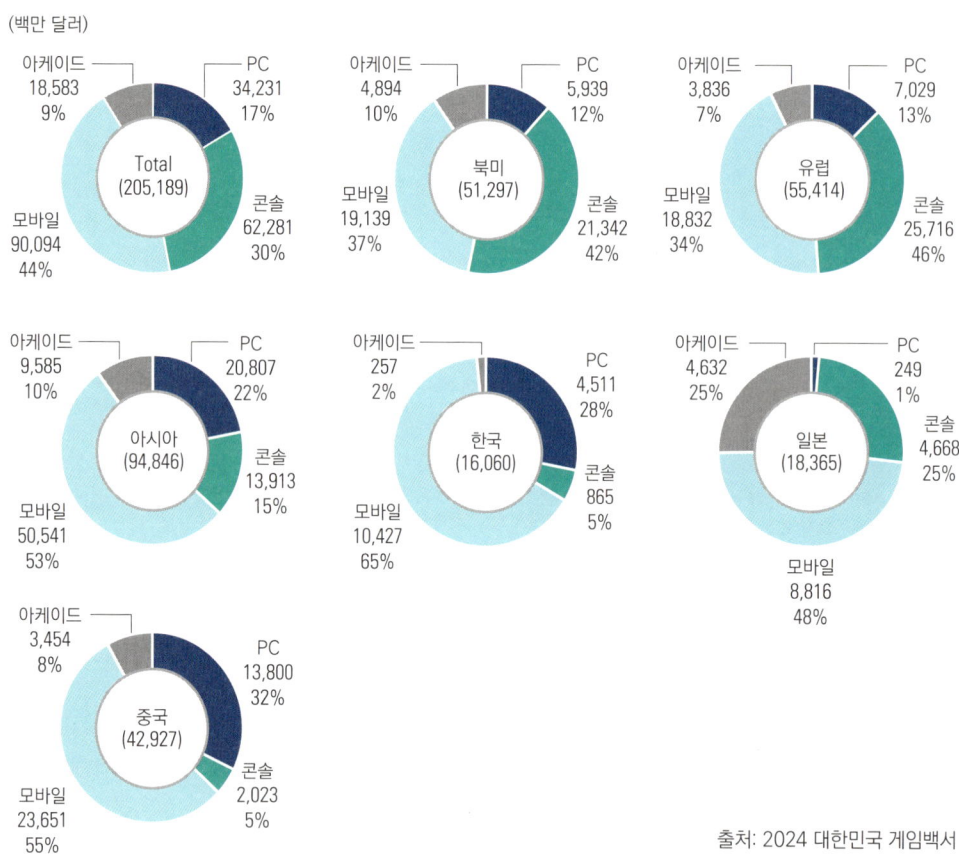

출처: 2024 대한민국 게임백서

AI가 게임 개발에도 뛰어들었다

생성형 인공지능(AI)의 등장은 게임 산업의 개발 분야에도 혁명적 변화를 일으키고 있다.

게임 산업의 비용은, 출시 직전 가장 크게 지출되는 마케팅비를 제외하면 인건비가 대부분을 차지한다. 개발 기간 중 가장 많은 인력·시간이 투입되는 분야는 그래픽이다. 국내 게임사 내 개발과 디자인 인력 비중은 81%에 달한다. AI 도입은 게임 개발에 투여되는 인력을 줄이고 개발 속도를 개선하는 데

게임 제작과 배급 관련 업무 종사자의 직종별 구성비(2023)

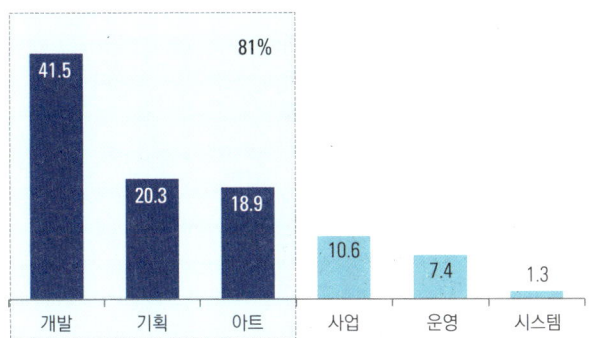

출처: 2024 대한민국 게임백서

도움이 되고 있다.

특히 그래픽 개발 부문은 생성형 AI의 사용으로 가장 빠른 성과가 도출되고 있는 분야다. 일렉트로닉아츠(Electronic Arts, EA)는 최근 게임 개발에 AI를 적극적으로 활용 중이다. 이 회사는 FC 시리즈를 예로 들어 경기장을 게임에 구현해내는 시간이 기존 6개월에서 6주로 줄었다고 밝혔다. "AI를 통해 개발팀이 게임 내 축구 경기장을 더 빠르게 만들고 다양한 애니메이션을 만들 수 있다"고 설명했다.

EA는 대학 축구 게임 '칼리지 풋볼 25'를 출시하며 134개 학교의 팀을 게임으로 옮겨야 했는데, AI 툴을 활용해 빠른 시간 내 구현이 가능했다고 밝히기도 했다. 이 회사는 점진적 도입을 통해 게임 개발 과정의 50%가 AI의 영향을 받을 것으로 내다본다.

크래프톤은 2024년 자회사 렐루게임즈를 통해 '마법소녀 루루핑'과 '언커버 더 스모킹건'을 출시했다. 전자는 단 3명이 1개월 만에 초기 버전을 제작했다고 밝혔는데, 기존 방식대로라면 3개월가량 걸렸을 일이었다. 언커버 더 스모킹건은 GPT-4o를 탑재했는데 오픈 AI가 서비스를 공개한 지 1주일 만에 이 게임이 출시되었다. 산업 생산성 향상에 AI가 얼마나 많은 기여를 할 수 있는지 기대가 되는 속도였다.

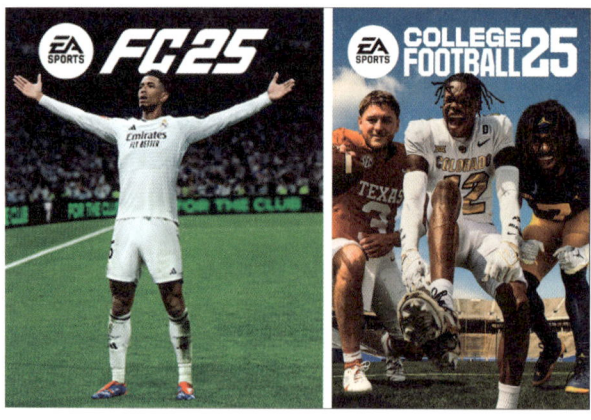

AI 툴을 통해 개발의 양적 부담을 크게 줄인 EA 풋볼 신작들 (출처: EA)

개발 과정에 AI를 활용하는 것은 이 게임처럼 실험적 성격에 그치기도 하지만 EA의 FC25와 칼리지 풋볼 등 현업에서 실제로 큰 역할을 했다. 기술 발전을 통해 게임 개발이 상대적으로 용이해지며 시장은 양극단으로 진화할 것으로 보인다.

캐주얼 장르에서는 어떤 게임이 성공한 후 유사한 모방 게임을 개발하는 시간이 더욱 단축된다. 과거에는 아무리 단순한 게임이어도 개발에 드는 물리적 시간 탓에 모방작이 출시되기까지 시간이 소요되어 선점 효과가 있었

AI를 활용한 크래프톤 자회사의 2024년 게임들 (출처: 크래프톤)

다. 그러나 AI 툴에 대한 개발자 숙련도가 증가하면 선두 업체는 선점 효과를 위한 충분한 시간을 확보하기 어려워진다.

다른 한편으로는 순수한 창의력에 기반한 게임의 출시가 높은 상업적 성과로 이어질 것으로 예상한다. 양적 부담 때문에 개발로 이어지지 못한 좋은 아이디어가 반복적인 업무를 AI에 넘김으로써 빛을 볼 수 있게 된다. 두 방향 모두 산업 내 콘텐츠 공급 속도를 높이는 데 긍정적 영향을 미칠 것으로 예상한다.

게임 밸류체인

대분류	소분류	기업명	티커	사업 내용
플랫폼	PC	Valve	비상장(미국)	스팀 보유
		Microsoft	MSFT US	자회사 블리자드가 배틀넷 운영
		Epic Games	비상장(미국)	에픽게임즈 스토어 운영
		Electronic Arts	EA US	플랫폼 '오리진' 운영
		Tencent	0700 HK	라이엇 플랫폼스에서 자사 게임 서비스. 중국에서는 플랫폼 '위게임' 통해 서비스
		Nexon	3659 JP	자체 플랫폼 운영
		엔씨소프트	036570 KS	플랫폼 '퍼플' 운영
	콘솔	Sony	6758 JP	플레이스테이션 보유
		Microsoft	MSFT US	엑스박스 보유
		Nintendo	7974 JP	스위치, 스위치2 보유
	모바일	Alphabet	GOOGL US	플레이스토어 운영
		Apple	AAPL US	앱스토어 운영
		SK스퀘어	402340 KS	원스토어 운영
퍼블리싱	PC·콘솔	Sony	6758 JP	글로벌
		Microsoft	MSFT US	글로벌
		Amazon	AMZN US	글로벌
		Bandai Namco	7832 JP	글로벌
		카카오게임즈	293490 KS	'펍지' 한국 퍼블리싱을 주로 영위함. 과거 '검은 사막' 한국 서비스도 담당한 바 있음
		NetEase	9999 HK	중국 내 해외 게임의 운영을 주로 담당
		Tencent	0700 HK	중국 내 해외 게임의 운영을 주로 담당
	모바일	Tencent	0700 HK	주로 글로벌, 중국 내 해외 게임의 운영도 담당
		카카오게임즈	293490 KS	해외 게임의 한국 퍼블리싱을 주로 담당. 자회사 게임의 퍼블리싱이 주요 사업
		NetEase	9999 HK	중국 내 해외 게임의 운영을 주로 담당
		37Games	002555 CH	중국 내 해외 게임의 운영을 주로 담당
		LINE Games	비상장(일본)	일본 내 해외 게임의 운영을 주로 담당
		Yostar	비상장(중국)	일본 내 해외 게임의 운영을 주로 담당
개발	엔진	Unity	U US	모바일에서 많이 사용
		Epic Games	비상장(미국)	전 세계 가장 많은 게임사가 선택하는 언리얼 보유
	순수 개발사	FromSoftware	비상장(일본)	카도카와의 자회사, '엘든링' 제작사
		시프트업	462870 KS	'승리의 여신: 니케' 제작사
		넥슨게임즈	225570 KS	넥슨의 자회사, '블루 아카이브', '서든 어택' 제작사
		스마일게이트RPG	비상장(한국)	스마일게이트의 RPG 게임 중점 자회사, '로스트아크' 개발
		엑스엘게임즈	비상장(한국)	카카오게임즈의 자회사, '아키에이지' 제작사

게임 밸류체인

대분류	소분류	기업명	티커	사업 내용
개발	일반 개발사	크래프톤	259960 KS	'배틀그라운드' 시리즈 운영
		Nexon	3659 JP	'메이플스토리', '던전앤파이터', '블루 아카이브' 등 우수 자체 IP 보유
		스마일게이트	비상장(한국)	'크로스파이어' 운영
		넷마블	251270 KS	'리니지2 레볼루션', '세븐나이츠 레볼루션' 등 모바일 게임 강자
		엔씨소프트	036570 KS	'리니지M' 운영
		네오위즈	095660 KS	'P의 거짓' 운영
		펄어비스	263750 KS	'검은 사막' 시리즈 운영
		위메이드	112040 KS	'미르', '애니팡' 운영
		데브시스터즈	194480 KS	'쿠키런' 시리즈 운영
		Roblox	RBLX US	회사 이름과 같은 '로블록스' 게임 운영
		Scopely	비상장(미국)	'모노폴리 고!' 운영
		CD Projekt	CDR PW	'위쳐' 시리즈 운영
		Playrix	비상장(아일랜드)	'꿈의 정원' 운영
		Ubisoft	UBI FP	'레이맨', '어쌔신 크리드' 운영
		Take-two	TTWO US	'GTA', 'NBA 2K' 개발 및 배급
		Larian Studios	비상장(벨기에)	'발더스 게이트 3' 운영
		Dream Games	비상장(튀르키예)	'로얄 매치' 운영
		Bandai Namco	7832 JP	'철권' 운영, 건담·드래곤볼 등 글로벌 자체 IP 보유
		Capcom	9697 JP	'몬스터헌터' 시리즈 운영
		Konami	9766 JP	'eFootball' 시리즈 운영
		Cygames	비상장(일본)	'우마무스메' 운영
		Square Enix	9684 JP	'파이널 판타지' 운영
		Sega Sammy Holdings	6460 JP	'용과 같이' 시리즈 운영
		HoYoverse	비상장(중국)	'원신' 운영
		Century Games	비상장(중국)	'화이트아웃서바이벌' 운영, 글로벌 모바일 게임 매출 상위권
		IGG	0799 HK	'로드 모바일', '캐슬 클래시' 운영
		Perfect World	002624 CH	'완미세계', '카운터 스트라이크: 글로벌 오펜시브' 중국에 서비스
		G-bits	603444 CH	'Asktao' 운영

디바이스

플랫폼

PC

Steam(Valve)
Battle.net(블리자드(Microsoft))
Epic games Store(Epic Games)
Origin(Electronic Arts)
Riot Platforms(RIOT(Tencent))

한국
넥슨(Nexon)
퍼플(엔씨소프트)

중국
WeGame(Tencent)

콘솔

PlayStation(Sony)
Xbox(Microsoft)
Nintendo Switch(Nintendo)

모바일

Google Play Store(Alphabet)
App Store(Apple)
원스토어(SK스퀘어)

퍼블리싱

PC·콘솔

Sony(일)
Microsoft(미)
Amazon Games(미)
Bandai Namco(일)
카카오게임즈(한)
NetEase(중)
Tencent(중)

모바일

카카오게임즈(한)
NetEase(중)
37Games(중)
Tencent(중)
Yostar(일)
LINE Games(일)

게임 개발 엔진

Unreal Engine(Epic Games)
Unity

순수 개발사(게임 제작 + 외부 퍼블리싱)

FromSoftware(엘든링)
시프트업(승리의 여신: 니케)
넥슨게임즈(퍼스트 디센던트)
스마일게이트RPG(로스트 아크)
엑스엘게임즈(아키에이지)

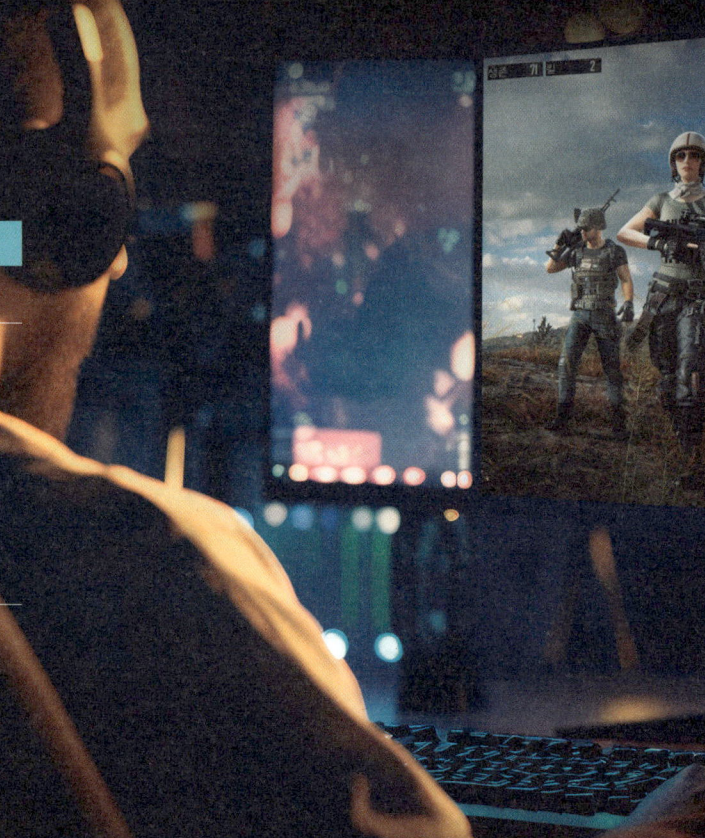

개발 분야

일반 개발사(게임 제작 + 자체 퍼블리싱)

한국
- 크래프톤
- 넥슨
- 스마일게이트
- 넷마블
- 엔씨소프트
- 네오위즈
- 펄어비스
- 컴투스
- 데브시스터즈
- NHN
- 위메이드
- 웹젠
- 더블유게임즈
- 그라비티
- 액토즈소프트
- 하이브IM(HYBE)
- 위메이드맥스
- 위메이드플레이
- 슈퍼캣
- 엠게임
- 라이온하트스튜디오
- 한빛소프트
- 111%
- 넥써쓰

미국, 유럽
- **Roblox**(로블록스)
- Riot Games(리그 오브 레전드)
- Scopely(모노폴리 고!)
- **Epic Games**(포트나이트)
- Take-two(GTA)
- Electronic Arts(FIFA, 심즈)
- Activision Blizzard(Call of Duty)
- **Valve**(카운터 스트라이크)
- Playrix[아](꿈의 정원)
- CD Projekt[폴](위쳐)
- Ubisoft[프](어쌔신 크리드)
- King[스웨덴](캔디 크러쉬 사가)
- Larian Studios[벨](발더스 게이트 3)
- Supercell[핀](브롤스타즈)
- Dream Games[튀](로얄 매치)

일본
- **Sony**(God of War)
- Nintendo(슈퍼 마리오)
- Bandai Namco(철권)
- **Capcom**(몬스터헌터)
- Konami(eFootball)
- Cygames(우마무스메)
- Square Enix(파이널 판타지)
- Sega Sammy Holdings(용과 같이)

중화권
- **Tencent**(왕자영요)
- HoYoverse(원신)
- Century Games(화이트아웃서바이벌)
- FirstFun(라스트 워: 서바이벌)
- IGG(로드 모바일)
- Leniu Games(I9: 인페르노 나인)
- Game Science(검은 신화: 오공)
- Habby(탕탕특공대)
- NetEase(마블 라이벌스)
- Sunborn Network(소녀전선)
- MicroFun(씨사이드 익스케이프)
- Blancozone(갑부: 장사의 시대)
- Joy Nice Games(버섯커키우기)
- Perfect World(완미세계)
- Yoozoo Games(리그 오브 엔젤스)

주: 해외 게임 개발사 괄호 안은 대표 게임명

11장   엔터테인먼트

음악 IP 기업들, 슈퍼팬에 러브콜

김민영
엔터테인먼트·레저

음악, 산업이 되다

우리는 출퇴근길에 플레이리스트를 고르고, 좋아하는 아티스트의 콘서트를 예매하며, 앨범과 굿즈를 장바구니에 담는다. 2010년대 스트리밍이 보편화되면서 음악은 그 어느 때보다 삶과 밀접한 산업이 되었다. 음악은 단순히 듣는 것을 넘어 '공유되고' '구독되고' '경험되는' 플랫폼의 콘텐츠이자, 글로벌 팬덤 경제의 핵심 자산이 되었다.

2024년 전 세계 음반시장 규모는 약 296억 달러로 집계되어, 2014년 140억 달러의 두 배 이상으로 증가했다. 이 중 스트리밍(음원)시장은 204억 달러로 전체 음반시장의 69%를 차지한다. 반면, 실물 음반시장은 16%로 감소하며 음악 소비의 중심이 '디지털 유통'으로 이동하고 있음을 보여준다.

미국 음반시장은 2024년 기준 177억 달러 규모로서 전 세계 음반 산업의 약 60%를 차지한다. 이 중 스트리밍은 149억 달러로 전체의 84%를 차지하며 핵심 수입원으로 자리 잡았다. 한국 음반 산업은 약 10억 달러 규모로 전 세계 7위권을 유지하고 있다. 한국 시장은 실물 음반의 비중이 오히려 확대되는 특징을 보인다. 세계 음악 산업에서 실물 음반시장이 차지하는 비중은 감소하고 있는 반면, 한국 음반 판매 비중은 2022년 30%에서 2023년 36%로 증가했다. 이는 K팝 팬덤의 소비 문화가 굿즈, 포토카드 등 실물 중심으로 형성된 결과다.

음악 산업의 확장에는 스트리밍뿐만 아니라 경험 소비의 확대도 한 축으로 작용하고 있다. 미국 가계는 2024년 기준 연간 약 3,635달러를 엔터테인먼트에 지출해서 전년 대비 5% 증가했다. 이 중 음반 관련 1인당 평균 지출액은 112달러로 10% 늘었다. 특히 라이브 공연과 음악 관련 굿즈 소비가 지출 증가를 견인했다. 1인당 라이브 공연 지출은 281달러로 전년 대비 17% 증가했

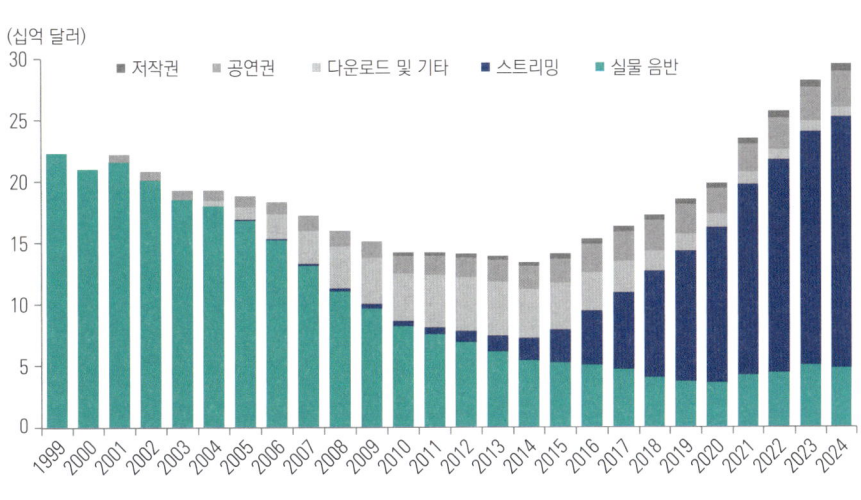

글로벌 음반시장 규모(1999~2024)

출처: IFPI

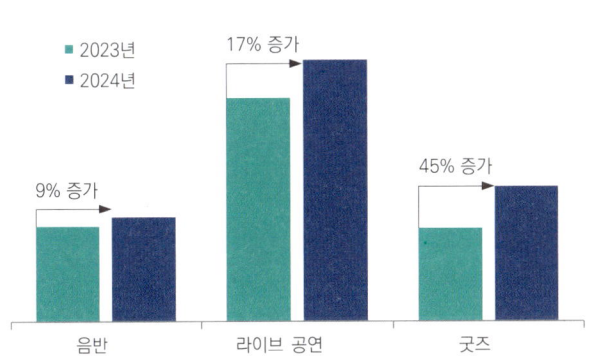

미국 엔터테인먼트 관련 1인당 지출액 비교(2023 vs. 2024)

출처: MusicWatch

고 티셔츠, 포스터, 굿즈 등 음악 관련 제품에 대한 지출은 전년 대비 45% 성장했다. 이는 테일러 스위프트(Taylor Swift), 비욘세(Beyonce) 등 대형 아티스트 투어 활성화와 팬들의 경험 소비 트렌드 변화에 따른 결과로 분석된다.

이처럼 음악 산업은 청각의 경험을 넘어 공연, 콘텐츠·굿즈 소비, 팬 커뮤니티 등이 유기적으로 결합된 '다층적 밸류체인'으로 진화하고 있다. 곡 또는 아티스트를 확보하고 있는 지식재산권(IP) 보유 기업(레이블·기획사), 전 세계 팬들에게 음원을 전달하는 디지털 플랫폼 기업(스트리밍 서비스), 팬의 일상을 음악과 아티스트로 채우는 굿즈 및 팬 플랫폼 기업이 모두 연결되어 하나의 생태계를 이룬다.

글로벌 음악 밸류체인과 주요 기업들

음악도 제작·유통·소비된다

음악 산업의 확장성과 수익 모델을 이해하기 위해서는 음악이 어떻게 만들어지고 전달되며 소비되는지를 이해할 필요가 있다. 음악 산업은 단일한 흐름이 아니라, IP 생산에서 시작해 유통과 공연, 팬덤 비즈니스, 플랫폼 수익화로 이어지는 복합적 구조로 진화하고 있기 때문이다.

먼저 IP를 창출하는 기업들이다. 글로벌 음악시장 내 합산 점유율이 70%에 달하는 유니버설뮤직그룹(Universal Music Group), 워너뮤직그룹(Warner Music Group), 소니뮤직엔터테인먼트(Sony Music Entertainment)는 전 세계 대중음악시장을 대표하는 '빅3' 음반사로서 음반 제작, 기획, 유통 등 음악 산업 전반에 걸쳐 활동하며 글로벌 유통 권한을 보유하고 있다. 이들은 IP를 창출하고 관리하는 중심축으로, 글로벌 음악 밸류체인에서 콘텐츠 공급자이자 권리 보유자, 동시에 유통 주체로서 중요한 위치를 점하고 있다.

한국의 하이브, 에스엠, JYP Ent., YG엔터테인먼트 등 엔터사들은 글로벌 팬덤을 보유한 아티스트 IP를 직접 기획하고 제작한다. BTS, 블랙핑크, 스트레이키즈, 트와이스, 에스파 등 강력한 IP를 창출해 글로벌 시장에서 성장 중이다. 이들 역시 단순히 IP와 콘텐츠를 제작하는 데 그치지 않고 음악·공연·굿즈·플랫폼으로 연결되는 다변화된 포트폴리오를 지향한다.

IP와 콘텐츠가 만들어졌다면 그것을 소비자에게 전달하는 유통 시스템이 필요하다. 글로벌 음악 유통의 핵심은 단연 스트리밍 플랫폼이다. 그 중심에는 스포티파이(Spotify)가 있다. 스포티파이는 전 세계 184개국에서 6억 8,000만 명 이상의 월간활성이용자수(Monthly Active Users, MAU)를 보유하고 있다. 유료 가입자는 약 2억 7,000만 명에 이르며 전체 글로벌 음악 수익의 약 31%를 차지한다.

스포티파이는 방대한 음악 카탈로그와 사용자 맞춤형 플레이리스트를 제공하며 음악 소비를 일상화했다. 또한 단순 유통 플랫폼을 넘어 아티스트의 발굴과 추천 알고리즘, '슈퍼팬'이라고 불리는 핵심 소비층을 수익화하는 모델을 시도하고 있다. 이는 음원 유통이 단순한 파이프라인이 아닌, IP의 가치를 극대화하는 구조로 전환되고 있다는 것을 의미한다.

아시아 시장을 중심으로 급부상한 텐센트뮤직엔터테인먼트(Tencent Music

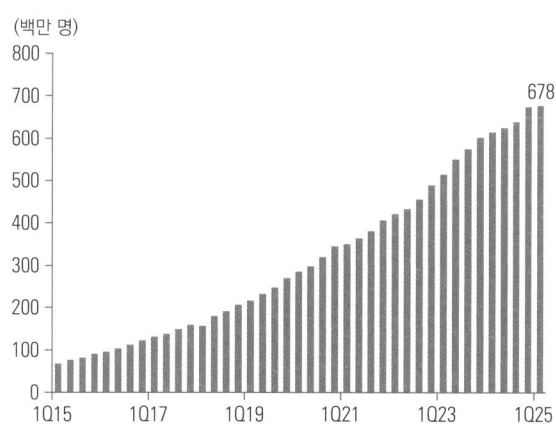

스포티파이의 월간활성이용자수 추이(2015~2025)

출처: Spotify

텐센트뮤직의 온라인 음원 운영 지표(2024년 1분기 vs. 2025년 1분기)

	2024년 1분기	2025년 1분기	전년 대비 증감
월간활성이용자(백만 명)	578	555	-4.0%
유료 사용자(백만 명)	114	123	8.3%
유료 사용자 비중		22.1%	

출처: Tencent Music Entertainment

Entertainment) 역시 글로벌 음악시장의 새로운 축으로 자리 잡았다. 이 기업은 QQ뮤직, 쿠고우(KuGou), 쿠워뮤직(Kuwo Music) 등 플랫폼을 통해 2024년 기준 약 6억 명의 활성 사용자를 보유하고 중국 내 음악 콘텐츠 유통의 중추적 역할을 맡고 있다.

그 외 유튜브뮤직(YouTube Music), 애플뮤직(Apple Music), 아마존뮤직(Amazon Music) 등도 주요 유통 채널로서 스트리밍시장을 분점하고 있다.

음악은 공연으로 이어질 때 경험의 확장을 만들어낸다. 라이브 공연 기획과 운영을 통해 팬 경험을 확장하는 기업으로는 라이브네이션 엔터테인먼트(Live Nation Entertainment)가 대표적이다. 라이브네이션은 2024년 기준 전 세계 최대 규모의 공연 기획사로서 연간 1억 명 이상의 관객을 동원한다. 티켓 판매 플랫폼인 티켓마스터(Ticketmaster)를 통해 티켓 유통시장까지 장악하며 라이브 음악 산업의 전반적인 성장을 견인하고 있다. 또한 공연 기획, 티켓 판매, 아티스트 매니지먼트를 통합한 구조로 글로벌 투어시장을 실질적으로 지배하고 있다. 글로벌 아티스트뿐만 아니라 국내 대형 기획사 아티스트의 글로벌 투어 대부분도 이 기업과의 파트너십을 기반으로 이루어지고 있다.

국내 주요 기업들, 글로벌 제휴

국내 주요 엔터테인먼트 기업들은 글로벌 음악시장 공략을 위해 유니버설뮤직, 워너뮤직, 소니뮤직 및 산하 레이블들과의 전략적 파트너십을 적극 확대하고 있다. 하이브는 2024년 유니버설뮤직과 10년간의 글로벌 유통 계약을 체결하고, 팬 플랫폼 '위버스(Weverse)'의 북미 진출에 협업하고 있다. JYP는 라이브네이션과의 계약을 통해 트와이스, 스트레이키즈 등의 북미 스타디움 투어를 성공적으로 전개 중이며, 에스엠 역시 워너뮤직과의 협업을 통해 NCT, 에스파 등 주요 아티스트의 글로벌 유통을 강화해왔다. YG엔터테인먼트는 블랙핑크의 첫 글로벌 데뷔 앨범 유통을 소니뮤직과 진행한 바 있다.

팬 경험의 확장은 단순히 공연에서 끝나지 않는다. 팬 플랫폼과 커뮤니티 기술이 등장하면서 음악 소비는 일상적인 행위가 되었다. 한국의 아티스트와 메시지를 유료로 주고받을 수 있는 플랫폼인 '디어유 버블(DearU Bubble)', 위버스 DM, 프롬(fromm) 등은 슈퍼팬 기반 비즈니스 모델을 실현했다. 또한 하이브의 위버스, JYP의 JYP 팬즈(FANS)는 콘텐츠, 커머스, 커뮤니티를 통합한 팬 경험 플랫폼으로 진화하고 있다. 이들 플랫폼은 아티스트의 팬덤을 IP 자산화하고, 글로벌 유저를 대상으로 다양한 디지털 상품을 판매할 수 있는 구

글로벌 음악 밸류체인

IP 기업	글로벌 음원 유통	공연	팬 커뮤니티

조를 갖추고 있다.

이처럼 음악 산업의 글로벌 밸류체인은 IP 창출과 관리부터 디지털 음원 유통, 라이브 공연 및 팬 경험 중심의 굿즈와 플랫폼 사업 등 다양한 영역이 상호 연결되며 지속 가능한 성장을 실현하고 있다. 음악은 이제 듣기만 하는 상품을 넘어 전 세계 사람들이 직접 경험하고 참여하는 문화 자산으로 발전했으며, 기술과 예술이 융합된 음악 산업의 진화는 팬들의 참여와 경험을 극대화하고 이는 다시 산업 성장을 가속화하는 선순환 구조를 만들어가고 있다.

슈퍼팬 산업의 부상과 음악 비즈니스의 진화

2% 팬이 18% 스트리밍

"어떤 기업들에는 기술이 가장 고도화된 예술일 수 있습니다. 하지만 우리에게 예술은 가장 정교한 형태의 기술입니다."

루시안 그레인지(Lucian Grainge) 유니버설뮤직 CEO는 이렇게 말하며 기술이 음악이라는 예술을 더욱 풍부하게 만드는 수단이라고 강조한다. 즉 스트

슈퍼팬의 주요 특징

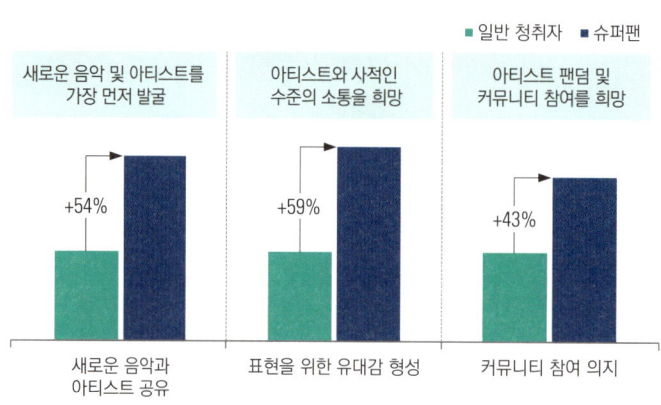

출처: Spotify

리밍, AI, 팬 플랫폼 등은 아티스트의 음악을 더 많은 팬에게 전달하고 팬과 연결하기 위한 수단임을 의미한다.

디지털 기술과 스마트폰의 확산은 팬 경험을 근본적으로 변화시켰다. 과거

아티스트의 월간 청취자 수 구간별 슈퍼팬 비중

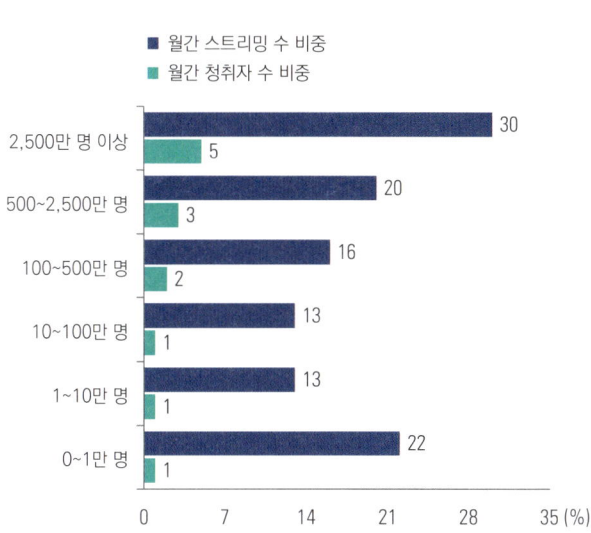

* 2023년 2월 15일~3월 15일 기준
출처: Spotify

일반 청취자 대비 슈퍼팬 지출 비용

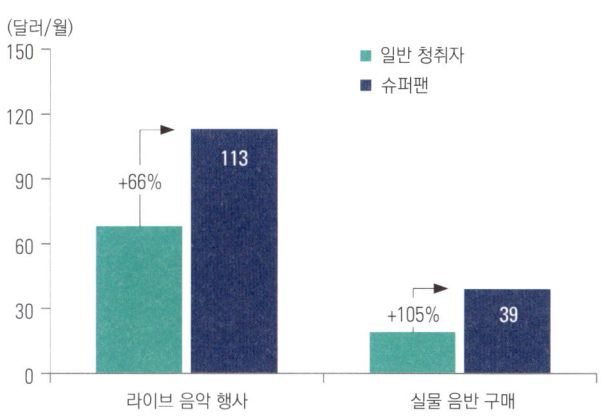

출처: Spotify

팬들은 음반을 사거나 콘서트를 직접 가야만 아티스트를 접할 수 있었지만, 이제는 언제 어디서나 아티스트의 일상과 무대를 모바일 기기로 실시간으로 접할 수 있다. K-팝은 이러한 참여형 팬 경험의 선두 주자로서 유튜브 영상, 실시간 채팅, 전용 팬 플랫폼을 통해 팬과 아티스트 간의 상호작용을 강화하고 있다. 이러한 변화는 음악 소비를 단순한 청취가 아닌 몰입형 경험으로 바꾸며 기업들에 새로운 수익 기회를 제공한다.

2010년대 이후 폭발적으로 성장한 스트리밍은 음악 산업의 판도를 바꾸었지만 정액제 중심의 모델은 차별화된 수익 창출이 어려웠다. 모든 이용자가 동일한 요금을 지불하는 구조에서는 열성 팬의 기여가 수익에 제대로 반영되지 않았다. 특히 스트리밍 가입자 수 증가세가 둔화되자 새로운 성장 동력으로 '슈퍼팬 수익화 모델'이 부상하게 되었다.

슈퍼팬(열혈 청취자)은 일반 사용자보다 높은 충성도와 지출 의지를 가진 핵심 팬을 지칭한다. 미국 음악시장 분석 업체인 루미네이트(Luminate)는 이와 관련해 다음과 같이 설명했다. 슈퍼팬은 일반 청취자보다 새로운 음악과 아티스트를 가장 먼저 발굴하고 공유하며, 아티스트와 사적인 소통을 희망하고, 다른 슈퍼팬들과 교류하는 것을 좋아한다. 스트리밍 기업 스포티파이는 슈퍼팬이 열렬하고, 반복해서 듣고, 모든 상품을 구매한다고 말한다. 아티스트의 월간 청취자 수를 구간별로 분류했을 때, 각 구간의 월간 청취자 수에서 슈퍼팬이 차지하는 비중은 평균 2%에 불과하다. 하지만 월간 스트리밍 수에서는 18% 이상을 기여한다. 2024년 미국 음악 청취자 중 20%가 슈퍼팬으로 추정되며 이는 2023년 18%보다 증가한 수치다. 슈퍼팬들은 라이브 음악 행사에 월 평균 113달러를 지출해서 일반 청취자(68달러) 대비 66% 많다. 또한 실물 음반 구매에서도 일반 청취자(19달러) 대비 105% 많은 39달러를 지출한다.

"스트리밍 이후 성장동력은 슈퍼팬"

글로벌 주요 기업들은 슈퍼팬을 중심으로 다양한 전략을 펼치고 있다. 루시안 그레인지 유니버설뮤직 CEO는 "스트리밍 이후의 다음 단계는 바로 슈퍼팬 단계"라고 선언하며 슈퍼팬 맞춤형 서비스 개발과 플랫폼 모델 구축에 집중하고 있다. 유니버설뮤직은 2025년에 '스트리밍 2.0' 시대로 접어들었음을 선언했고, 기존 청취 중심 구조에서 벗어나 아티스트 중심의 수익 모델과 슈퍼팬을 겨냥한 직접 판매 전략을 본격화하고 있다.

현재는 디저(Deezer), 스포티파이, 틱톡(TikTok), 메타(Meta), 아마존(Amazon) 등 글로벌 디지털 플랫폼들과의 전략적 협업을 통해 슈퍼팬 대상의 프리미엄 콘텐츠 제공을 확대 중이다. 이러한 전략의 일환으로 슈퍼팬 문화를 위한 전용 프리미엄 라이브 비디오 쇼핑 플랫폼도 새롭게 구축하여 콘텐츠 소비와 커머스가 결합된 차별화된 팬 경험을 제공하고자 한다. 아울러 음악 스트리밍 서비스 기업 타이달(TIDAL)과의 파트너십을 통해 열성 청취자의 기여도를 반영하는 새로운 스트리밍 수익 분배 모델도 실험 중이다.

워너뮤직 역시 슈퍼팬 전략에 적극적으로 나서고 있다. 아티스트-슈퍼팬 연결을 위한 전용 앱을 개발 중이고, 영국 싱어송라이터 에드 시런(Ed Sheeran)이 슈퍼팬 앱의 첫 번째 아티스트로 발표되었다. 팬들에게는 독점 콘텐츠, 티켓 사전 구매, 아티스트와 직접 소통하기 위한 맞춤형 기능들이 제공될 전망이다.

스포티파이는 방대한 사용자 데이터를 바탕으로 슈퍼팬을 위한 맞춤형 서비스 제공에 주력한다. 2023년부터 프리미엄 요금제를 단계적으로 인상했고 계속 신규 서비스를 출시하고 있다. 2025년 하반기에는 새로운 프리미엄 구독 서비스인 '뮤직프로(Music Pro)'를 도입할 계획이다. 인공지능(AI) 리믹스 기능, 콘서트 선예매, 고음질 오디오 제공 등 슈퍼팬 전용 혜택을 제공하는 서비스로, 월 최대 5.99달러(약 8,640원)의 추가 요금이 책정될 예정이다.

국내 엔터사들, 플랫폼 갖추고 슈퍼팬 맞이

국내 엔터사들도 플랫폼 중심의 팬덤 수익화 전략을 강화하고 있다. 대표적인 사례로는 하이브의 위버스와 JYP의 팬즈가 있다. 아티스트 공지, 커뮤니티 기능, 콘텐츠 감상, 굿즈 쇼핑 등 커뮤니티와 이커머스가 플랫폼 안에

위버스 디지털 멤버십 서비스 (출처: 하이브)   JYP 숍이 통합된 JYP 팬즈의 화면 (출처: JYP Ent.)

통합되어 있는 형태다. 특히 JYP 팬즈는 2025년 4월 JYP SHOP과 통합 및 내재화를 완료하면서 수익성 있는 사업을 본격화할 전망이다.

    위버스는 2024년 12월 디지털 멤버십 서비스를 오픈하며 플랫폼 수익화를 본격화하고자 한다. JYP 팬즈도 마찬가지로 연내 유료 통합 멤버십 등 추가 수익 모델을 도입함으로써 본격적으로 수익성을 도모하고자 한다. 그 외에도 YG엔터테인먼트는 YG 플러스를 통해 음반, 음원, MD 등을 제작 및 유통하고 있다.

    한편 엔터사들은 MD 상품 다변화를 통해 팬들의 경험을 확장하고 있다. 단순히 소유하는 용도의 기존 MD 상품이 아니라 의류·패션 카테고리로도 상품군을 넓히고 있다.

    디어유는 슈퍼팬의 심리적 몰입을 극대화하는 1 대 1 프라이빗 메시지 기반 구독 모델을 운영하고 있다. 대표 서비스 버블은 아티스트와 팬이 단둘이 대화하는 듯한 인터페이스를 통해 콘텐츠를 제공한다. 100% 구독형이라는 점에서 다른 팬 플랫폼과 차이가 있다. 유사한 형태는 위버스 DM, 프롬 서비스가 있다.

디어유는 2024년 10월 중국 최대 스트리밍 앱인 텐센트뮤직과 전략적 제휴 및 서비스 계약을 체결했다. 텐센트뮤직 산하 음악 앱 내에 버블 서비스를 오픈할 예정이다. 연내 신규 IP 입점, 지역 확장, AI 펫 버블 등 신규 서비스를 통해 구독자 감소 우려를 해소하고 가파르게 외형을 키울 수 있을 것으로 기대하고 있다.

많은 기업이 팬덤 비즈니스에 주목하고 있는 만큼, 슈퍼팬 중심의 수익화 모델은 향후 음악 산업의 주요 성장 전략 중 하나로 자리 잡을 전망이다. 팬의 경험과 몰입감을 극대화하는 콘텐츠 전략이 중요해지고 있다. 이 과정에서 슈퍼팬은 단순한 음악 소비자에서 음악 산업의 핵심 경제 주체로 발전한다. 따라서 팬과의 관계를 전략적으로 구축하고 장기적으로 관리하며 경험을 극대화하는 기업들이 앞으로 글로벌 음악 산업을 주도할 전망이다.

엔터테인먼트 밸류체인

분류	기업명	티커	사업 내용
IP 제작	Universal Music Group	UMG NA	아티스트 기획 및 음원 제작·유통
	Warner Music Group	WMG US	아티스트 기획 및 음원 제작·유통
	Sony Music Entertainment	비상장(미국)	(SONY 산하) 아티스트 기획 및 음원 제작·유통
	Avex Group	7860 JP	아티스트 기획 및 음원 제작·유통
	Amuse Inc.	4301 JP	아티스트 기획 및 음원 제작·유통
	하이브	352820 KS	K팝 IP 제작 및 매니지먼트·음반 제작 및 유통
	에스엠	041510 KS	K팝 IP 제작 및 매니지먼트·음반 제작 및 유통
	JYP Ent.	035900 KS	K팝 IP 제작 및 매니지먼트·음반 제작 및 유통
	와이지엔터테인먼트	122870 KS	K팝 IP 제작 및 매니지먼트·음반 제작 및 유통
	큐브엔터	182360 KS	K팝 IP 제작 및 매니지먼트·음반 제작
	에프엔씨엔터	173940 KS	K팝 IP 제작 및 매니지먼트·음반 제작
유통, 스트리밍	Spotify	SPOT US	글로벌 스트리밍 플랫폼
	Apple Inc.	AAPL US	Apple Music 운영
	Alphabet Inc.	GOOGL US	YouTube Music 운영
	Amazon	AMZN US	Amazon Music 운영
	iHeartMedia Inc.	IHRT US	온라인 라디오 및 스트리밍
	Tencent Music Entertainment	TME US	QQ뮤직, 쿠고우뮤직, 쿠워뮤직 등 운영
	Deezer	DEEZR FP	프랑스 스트리밍 플랫폼
	KT지니뮤직	043610 KS	지니뮤직 운영
	드림어스컴퍼니	060570 KS	플로(FLO) 운영
공연 기획	Live Nation Entertainment	LYV US	글로벌 공연, 티케팅 기업
	Ticketmaster	비상장(미국)	(Live Nation 산하) 티켓 예매 플랫폼
	AEG Presents	비상장(미국)	(AEG 그룹 산하) 공연 기획
	MSG Entertainment	MSGE US	공연장 운영, 이벤트 기획
	CTS Eventim	EVD GR	유럽 티케팅, 공연 기획
	Zepp Hall Network	비상장(일본)	(SME 산하) 공연 기획
	PIA Corporation	4337 JP	공연 티켓 예매, 이벤트 기획
	예스24	053280 KS	온라인 티켓 예매

엔터테인먼트 밸류체인

분류	기업명	티커	사업 내용
굿즈, MD	Avex Pictures	비상장(일본)	(Avex 그룹 산하) 아티스트 공연 굿즈 제작
	Bravado	비상장(미국)	(UMG 산하) UMG 아티스트 굿즈 제작 및 유통
	The Thread Shop	비상장(미국)	(SME 산하) SME 음악 굿즈 부문
	EMP Merchandising	비상장(유럽)	유럽 굿즈 유통
	YG PLUS	037270 KS	MD 제작 및 유통
	블루개러지	비상장(한국)	JYP Ent. 산하
	노머스	473989 KS	K팝 굿즈 제작, 디자인
	코팬글로벌	비상장(한국)	K팝 굿즈 제작, 디자인
	뮤즈라이브	비상장(한국)	키트앨범 및 굿즈 플랫폼
팬 플랫폼, 커뮤니티	Fave	비상장(캐나다)	팬 중심 커뮤니티 플랫폼
	THECOO, Inc.	4255 JP	Fanicon 운영, 유료 팬클럽 커뮤니티
	Weverse Company	비상장(한국)	(하이브 산하) 팬 플랫폼, 커머스
	블루개러지	비상장(한국)	(JYP Ent. 산하) JYP FANS, SHOP 운영
	디어유	376300 KS	버블 앱 운영
	노머스	473980 KS	프롬 앱 운영

IP 제작

한국

하이브
에스엠
JYP Ent.
와이지엔터테인먼트
큐브엔터
FNC엔터테인먼트
카카오엔터테인먼트

글로벌

Universal Music Group(미)
Warner Music Group(미)
Sony Music Entertainment(미)
Amuse Inc.(일)
Avex Group(일)
SMILE-UP(일)
Taihe Music(중)
YH Entertainment(중)
Believe(프)
RS Group(태)
Musica Studios(인도네시아)

유통·스트리밍

한국

YG PLUS
멜론뮤직
지니뮤직
플로(FLO)

글로벌

Spotify(미)
Alphabet(Youtube Music)(미)
Apple(Apple Music)(미)
Amazon(Amazon Music)(미)
iHeartMedia(미)
Line Music(일)
Tencent Music Entertainment(QQ뮤직)(중)
KKBOX(대)
Deezer(프)
Langit Musik(인도네시아)

엔터테인먼트

공연

한국
노머스
예스24
드림메이커
인터파크엔터테인먼트

글로벌
Live Nation Entertainment(미)
AEG Presents(미)
Ticketmaster(미)
MSG Entertainment(미)
PIA(일)
Udo Artist(일)
Zepp Hall Network(일)
Kyodo Tokyo(일)
IME Entertainment(중)
Damai(중)
CTS Eventim(독)
UnUsUal Limited(싱)
PULP Live World(필)

굿즈·MD

한국
하이브
YG PLUS
블루개러지
SM BM
코팬글로벌
뮤즈라이브
K4town

글로벌
Avex Pictures(일)
The Thread Shop(영)
Global Merchandising Servies(영/미)
Mattel Inc.(미)
Bravado(미)
EMP Merchandising(독)
YesAsia(홍)

팬 플랫폼·커뮤니티

한국
디어유
노머스
JYP Ent.(JYP FANS)
위버스컴퍼니
MyMusicTaste

글로벌
Spotify(미)
Universal Music Group(미)
Warner Music Group(미)
Fave(캐)
THECOO(일)

12장 조선

LNG 추진력에 미국 바람, 순항은 계속된다

배기연
조선·기계

조선업 활황 계속 활활

2021년에 시작된 조선 업황 개선의 흐름은 2025년 현재까지도 꾸준히 이어지고 있다. 여기에 더해 LNG선 발주와 미국 수요 등 새로운 성장 동력이 더해지고 있다.

조선업은 코로나19 팬데믹 이후 인적 교류 제한과 국가 간 거리두기로 인해 심각한 타격을 받았다. 상하이컨테이너 운임지수는 2020년 6월 925선으로 떨어졌지만 이후 글로벌 교역 회복과 항만 적체 현상의 심화에 따라 2022년 1월 7일에는 5,109선까지 상승했다. 이와 같은 약 5.5배의 급등세는 조선업계 전

상하이컨테이너 운임지수(2011~2025)

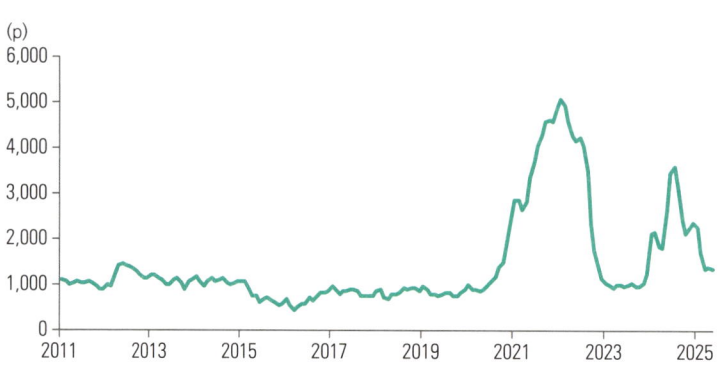

출처: Clarksons

반에 대대적인 호황기를 예고하는 신호탄이 되었다.

당시 운임 급등의 핵심 요인은 팬데믹으로 인한 물류 붕괴가 야기한 항만 적체 현상이다. 예상보다 빠른 경기 회복과 더불어, 재고 확보를 서두른 각국 기업들이 일제히 물동량을 증가시킨 결과 항만은 순식간에 마비 상태에 빠졌다.

수요-공급의 차이로 빚어진 나비 효과가 더욱 확대된 배경에는 컨테이너선 해운의 특성이 있다. 흔히 대륙과 대륙 간 수출입시장에 활용되는 컨테이너 해운을 버스 노선에 비유하곤 한다. 정해진 일정에 정해진 항만을 방문하는 순환 주기로 일정 수의 컨테이너선들이 투입되어 운항하는 구조다.

그런데 팬데믹 초기에는 다음 항만으로 이동하지 못하는 상황이 반복되었다. 특히 대륙 간의 대규모 수출입 품목 운송을 담당하는 메인라인 컨테이너선 산업 특성상, 선박이 정해진 시간과 장소에 도착하지 못하면 그 피해는 고스란히 선사와 화주에게 돌아가니 공포에 따른 운임 급등은 불가피했다.

상황을 타개하기 위해 선사들이 추가 컨테이너선을 긴급 투입했지만 이는 임시 조치에 불과했고, 지속적인 선박 확보가 불가피한 상황이 이어졌다. 결과적으로 컨테이너선의 발주량과 가격이 동시에 급증·급등했고, 이것이 2021년부터 조선업 전반의 업황 개선을 촉발하는 결정적 계기가 되었다.

2022년에는 이러한 개선 흐름이 액화천연가스(LNG)선 중심으로 확대되었다. 중동의 카타르가 LNG 수출 확대를 위해 대규모 프로젝트를 시작했고, 이에 따른 전용 LNG선 발주가 본격화되었다. 결국 컨테이너선에 이어 고부가가치 LNG선 발주가 증가하는 흐름이 신조선가 상승과 선가 인상이라는 결과로 이어졌다.

이러한 변화 속에서 조선업의 공급이 축소되었다. 조선업이 호황을 누린 2003년부터 2008년까지는 전 세계 조선소가 1,047개에 이르렀다. 이후 글로벌 금융위기와 경기 침체를 거치며 조선업계는 구조조정과 통폐합을 반복했다. 그 결과 조선소는 2024년 현재 448개로 줄었다. 이는 2002년의 457개에 가까운 수준이다. 이러한 구조적 축소 속에서 수요가 급격히 증가했으니, 조선업체들이 최상의 환경을 맞이한 것이다.

선종별 신조 발주 규모(2019~2025년 1분기)

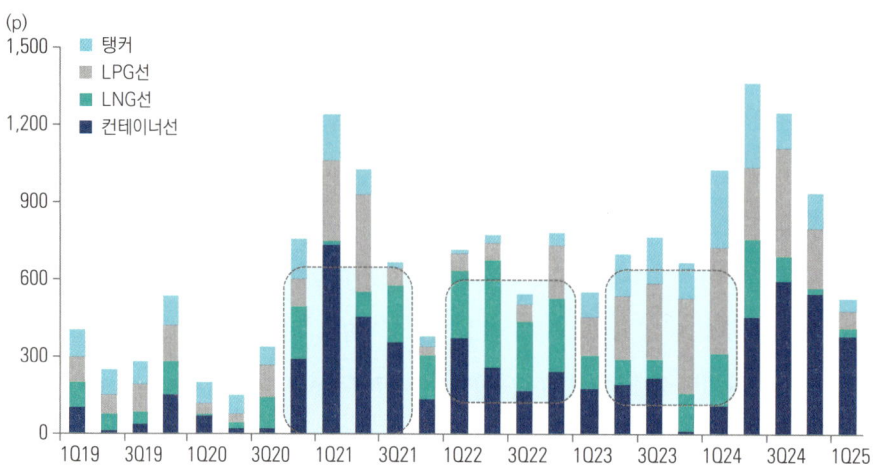

* 2019년 1분기에 발주된 선복량을 100으로 놓고 계산한 지수이며, 그림 안의 박스는 해당 시기에 발주 증가를 주도한 주요 선종을 가리킴
출처: Clarksons

 2023년에는 컨테이너선과 LNG선의 발주가 일시적으로 주춤했지만, 액화석유가스(LPG)선과 유조선 부문에서 발주가 살아나며 전반적인 조선 업황은 견조한 흐름을 이어갔다. 특히 2024년부터는 팬데믹 기간 급등한 해상운임으로 확보한 유동성을 바탕으로 주요 선주와 선사들이 본격적인 친환경 선박 교체 발주에 나섰다. LNG 추진선, 메탄올 추진선 등 친환경 선박 중심으로 시장 수요가 전환되는 변화가 일어났다. 이러한 변화는 LNG 벙커링선 등 새로운 선종의 등장을 촉진했고, 조선업에 새로운 성장 동력을 제공했다.

LNG선 타고 숨 고르기 국면 탈출한다

 조선 업황을 나타내는 신조선가종합지수는 이러한 흐름을 반영하며 2021년 이후 상승세를 지속해왔다. 그러나 2024년 9월 이후에는 하락 전환 양상을 보

신조선가종합지수의 월별 추이(1980년 10월~2025년 4월)

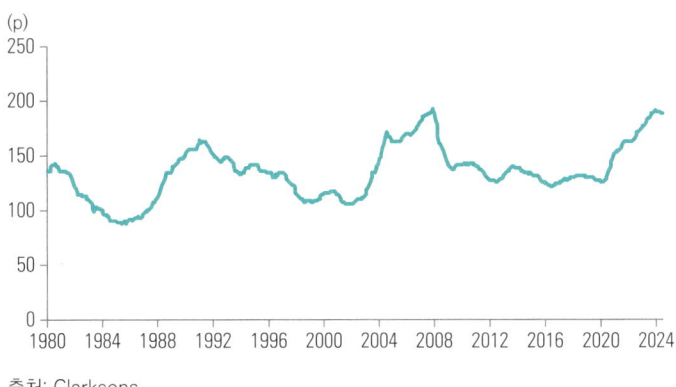

출처: Clarksons

이며 시장 불안감을 증폭하고 있다. 실제 2024년 9월 27일 지수는 189선을 기록했으나, 2025년 6월 20일 현재 186선까지 하락해 추세 하락 국면이 확인되고 있다.

최근 신조선가종합지수가 일시적인 숨 고르기 국면에 접어든 것은 조선업체와 주요 선주사 간 협상 테이블이 일정 부분 휴식기를 가지면서 발생한 현상이다. 특히 2024년에는 카타르가 LNG선을 비교적 낮은 가격에 대량 발주하면서, 해당 물량이 대부분 LNG 최대 수입국인 중국에 집중되어 선가 상승 압력이 약화되기 시작했다. 이러한 상황 속에서 한국 조선업체들은 그동안 확보한 수주잔고를 바탕으로 보다 선별적인 수주 전략을 택했으며, 이로 인해 2024년 하반기부터 전 세계 신조 발주량은 매 분기 감소세를 나타냈다.

더불어 2025년 들어서는 미국무역대표부(USTR)가 중국 조선업과 해운업에 대한 제재를 위한 조사에 착수했다는 소식이 전해지면서, 고객 선주사들이 발주를 망설이는 현상이 더욱 심화되었다. 이처럼 다양한 요인이 복합적으로 작용하며 신조선가종합지수는 조정 구간에 머물러 있는 상황이다.

그럼에도 불구하고 2025년 2분기 이후에는 신조선가지수가 상승 반전할 것으로 예상된다. 이는 크게 세 가지 이유에서 비롯된다. 첫째, 미국 중심의 대규모 LNG 증설 사이클이 본격화하기 시작했다. 둘째, 팬데믹 시기를 거치

LNG수출 점유율 추이와 전망(2000~2030)

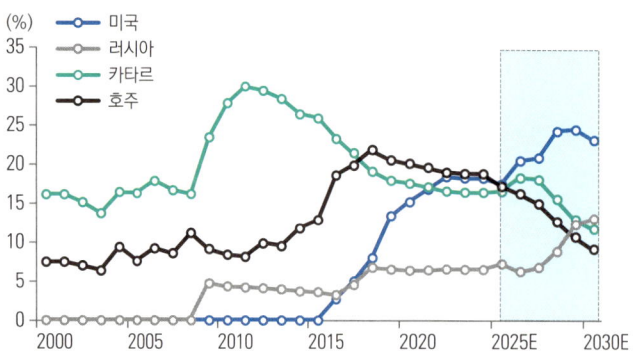

* 전망치는 건설 중, 기본 설계, 제안 단계의 프로젝트 용량을 합산해서 계산함
출처: Clarksons

며 대기 수요로 쌓여온 컨테이너선의 친환경 교체 수요가 여전히 시장에 남아 있다. 셋째, 미국의 대중국 조선업 제재로 인해 우리나라를 포함한 동맹국 조선업체들이 반사 수혜를 얻을 가능성이 커졌다.

이 중에서도 핵심적인 동력은 LNG선 발주가 될 전망이다. 트럼프 행정부 2기의 등장은 LNG 밸류체인 전반의 중요성을 재조명하는 계기가 되었으며, 트럼프 재당선 이후 북미 지역을 중심으로 다양한 LNG 프로젝트들이 활발히 추진되고 있다. 미국은 2024년 말 기준으로 수출 용량 기준 세계 2위 국가이며, 앞으로 글로벌 에너지시장에서의 입지 강화를 위해 전략적 투자를 가속화하고 있다.

특히 호주, 카타르, 러시아와 함께 LNG 수출시장에서 치열한 경쟁 구도를 형성하고 있는 미국은 2030년까지 수출 점유율을 23%까지 확대하겠다는 목표를 잡았다. 그 결과 트럼프 당선 직후 불과 4개월 만에 전 세계 LNG 증설 계획 용량이 8.6% 증가하는 등 시장의 즉각적인 반응이 나타났다. 이는 트럼프 행정부의 규제 완화 및 행정명령을 활용한 프로젝트 지원이 실질적인 성과로 이어지고 있다는 것을 방증한다.

대표적인 사례로는 커먼웰스 LNG 프로젝트의 수출 승인과 골든패스 LNG

프로젝트의 수출 기한 연장, 델핀 FLNG 프로젝트의 수출 기한 연장 등이 있다. 이들 프로젝트는 모두 트럼프 행정부의 행정적 지원을 바탕으로 진행되고 있다.

LNG 수출 프로젝트의 중요성이 강조되는 것은 신규 프로젝트가 바로 LNG선 발주 수요로 연결되기 때문이다. LNG선 발주 결정의 핵심 변수는 LNG 가격이나 운임, 중고 선가보다는 해당 프로젝트의 최종 투자 승인 여부다. 승인이 확정되면 동시에 LNG선 발주도 기대할 수 있다.

2025년 기준으로 승인 확정을 앞둔 프로젝트는 5~6건이며, 연간 LNG 수출 용량 기준 6,600만 톤에서 8,600만 톤 규모에 해당한다. 이들 프로젝트에는 우드사이드 루이지애나 LNG 1단계, 레이크 찰스 LNG 트레인 1~3 개조 프로젝트, 포트 아서 LNG 2단계 프로젝트, 커먼웰스 LNG 프로젝트, CP2 LNG 프로젝트, 그리고 알래스카 LNG 프로젝트가 포함된다. 이들 프로젝트로부터 예상되는 LNG선 수요는 84~112척이며, 해당 프로젝트의 가동 시점은 2029~2031년으로 예상된다.

더불어 2026년 이후에도 몇 년에 걸쳐 총 수출용량 기준 연간 1억 1,000만 톤에 해당하는 LNG 프로젝트들이 순차적으로 승인 확정을 앞두고 있다. 이는 중장기적으로 LNG선 수요 지속을 시사한다.

LNG 벙커링시장의 의미 있는 개화

LNG 벙커링 산업이 해운업계의 친환경 전환 흐름 속에서 새로운 성장 동력으로 부상하고 있다. 해운업계에서 LNG를 연료로 사용하면서 LNG 벙커링이라는 새로운 산업이 본격적으로 개화하기 시작했으며, 이는 조선업계에도 새로운 기회를 제공하고 있다.

LNG 벙커링이란 LNG를 연료로 사용하는 선박에 LNG를 공급해주는 일련의 과정을 의미한다. 여기에는 트럭을 통한 공급, 이동식 탱크를 활용한 공

선박 벙커링 방식

출처: VesselFinder

급, 파이프라인을 통한 공급, 선박을 통한 공급 방식이 있다. 이 가운데 선박을 통한 벙커링 방법이 주력으로 자리 잡을 것으로 보인다. LNG를 가장 많이, 가장 빠르게 공급할 수 있고, 공간적 제약을 상대적으로 덜 받기 때문이다. 선박 벙커링 확산은 LNG 벙커링선 발주시장의 확대로 이어지고 있다.

LNG 벙커링시장은 특히 국제해사기구(IMO)의 환경 규제가 강화되면서 빠르게 성장하고 있다. IMO의 규제로 인해 선사들은 다양한 친환경 연료를 모색하고 있으나 메탄올, 암모니아 등 대체 연료와 비교했을 때 LNG는 이미 인프라 확장 속도나 기술 안정성 측면에서 확고한 우위를 확보한 상황이다. 예를 들어 세계 최대의 컨테이너선사인 A.P. 몰러-머스크(A.P. Møller - Mærsk)도 당초 메탄올 추진 컨테이너선 도입에 적극적이었지만, 2024년 이후부터는 LNG 추진 컨테이너선 발주에 집중하는 방향으로 전략을 선회했다.

LNG 벙커링선 발주는 빠르게 증가하고 있다. 2025년 3월 기준 전 세계 LNG 벙커링선은 27척에 불과하지만, 2028년까지 81척으로 약 3배 증가가 필요할 전망이다. 해당 전망치는 주요 항만에서 필요로 하는 LNG 벙커링선

선박 벙커링 과정

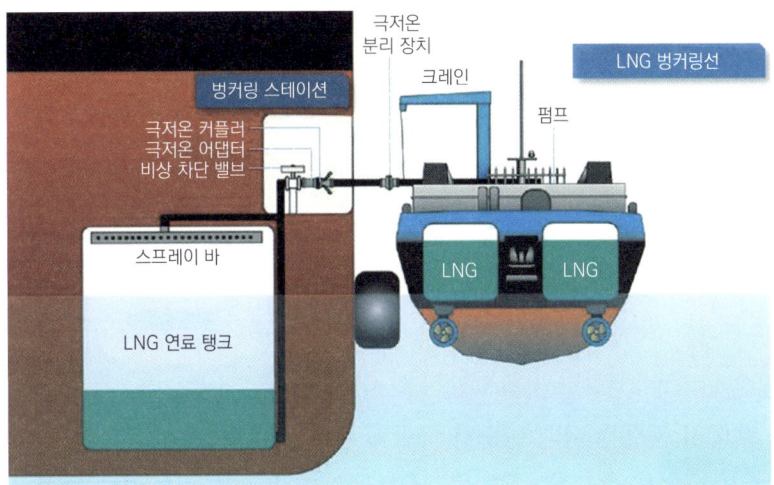

출처: Dixon

을 도출한 값이기 때문에 잠재적 수요는 더 많을 수 있다. 이는 국내 조선소에 중요한 기회가 될 수 있으며, HD현대미포조선과 HJ중공업 등 국내 주요 조선소들의 LNG 벙커링선 수주를 기대한다.

LNG 벙커링 산업의 확대는 단순한 연료 공급 사업을 넘어 LNG를 연료로 사용하는 선박 생태계 전반의 확대를 의미한다. 즉 LNG 연료 사용 선박 수가 늘어나면 LNG 벙커링 수요가 증가하고, 이는 LNG선 운항 인프라의 확산을 의미하므로 선사가 LNG선을 선택하도록 하는 배경이 된다. LNG 벙커링 선박은 기술적 난도가 높은 특수선에 속하기 때문에, 기술력과 품질에서 경쟁력을 보유한 국내 조선소들의 수주 가능성은 더욱 높아질 전망이다.

게다가 글로벌 LNG 증설 사이클이 이어지는 가운데, LNG 운반선시장뿐 아니라 LNG 벙커링시장에서도 가격 상승 압력이 동반될 가능성이 있으며, 이는 LNG 벙커링 선박의 수익성 개선으로 이어질 수 있다. 특히 동남아, 중동, 유럽 주요 항만을 중심으로 LNG 벙커링 인프라가 확장되고 있어 LNG 벙커링 선박의 글로벌 발주 수요가 지역적으로도 확대될 전망이다.

미국의 SOS, K조선엔 청신호

최근 미국이 자국 해군 함대 확장을 위해 한국 조선업계에 일종의 '구원 요청'을 보내고 있다. 현재 한국 조선업은 상선 부문에서 호황을 누리고 있는 상황인데, 여기에 '군함'이라는 새로운 키워드가 더해질 경우 업황의 지속성과 성장 동력이 한층 더 확대될 가능성이 높다.

2024년 11월 당시 트럼프 대통령 당선인이 윤석열 대통령과의 첫 통화에서 한국 조선업의 협력을 요청한 사실을 비춰 보았을 때, 중국의 해군력 확장에 대한 미국의 우려가 얼마나 심각한지 알 수 있다.

중국의 해군력 증강은 이제 단순한 국방력 확대가 아니라, 미국 주도의 기존 해양 질서에 대한 도전으로 해석되고 있다. 특히 2025년 중 취역 예정인 푸젠함을 필두로 한 중국의 항공모함 전력 확대는 미국의 전 세계 해상 지배력에 대한 직접적 위협으로 간주된다.

중국의 해양 전략은 3단계에 걸쳐 진행되고 있으며, 현재는 미국의 세계적 해상 지배력에 대응하기 위한 '원양함대' 건설 단계에 접어들었다. 중국은 자국 주변을 넘어 서태평양, 인도양, 나아가 전 세계 원양 해역에서 영향력을 확대하고 있으며, 이를 뒷받침하기 위한 핵추진 항공모함과 핵추진 잠수함 전력도 지속적으로 증강하고 있다. 중국의 다음 항공모함이 핵추진 방식으로 건조될 것으로 예상되는 까닭이다. 핵추진 잠수함의 경우 중국은 이미 연간 4.5~6척까지 건조할 능력을 확보했다.

미국이 특히 위협적으로 느끼는 내용은 중국의 도련선 전략과 반접근/지역거부(A2/AD) 전략이다. 도련선 전략이란 중국 해군이 채택해 1980년대에 공식화한 해양 진출 교리다.

제1도련선은 일본 오키나와-필리핀-말레이시아를 잇는 가상의 선이고, 제2도련선은 일본 오가사와라 제도-사이판-파푸아뉴기니 근해를 잇는 가상의 선이다. 제3도련선은 공식적으로 알려진 바 없다.

중국은 도련선을 기준으로 자국 해역의 통제권을 확보하고 점차 해양 방어

도련선과 A2/AD 전략의 구사 범위

출처: 국가안보전략연구원

선을 확장하고자 한다. 미국과 일본 등 주변 강대국의 해상 접근을 차단(A2/AD)하여 궁극적으로 원양 해군력을 확보하고 글로벌 해양 강국으로 부상하려는 전략을 추진하고 있다.

중국은 제1도련선 내 해양 통제권을 확보한 데 이어 제2도련선까지 세력 확장을 시도 중이다. 이는 곧 미국의 핵심 전략 자산이 배치된 태평양 지역에 대한 도발로 해석될 수 있으며, 미국은 자국 안보에 대한 위협으로 인지하는 상황에 직면했다.

중국 해군은 이미 2010년대에 함정 수에서 미국 해군을 넘어섰다. 미 해군정보국에 따르면 2030년에는 중국이 425척, 미국이 294척 수준으로 격차가 더욱 확대될 것으로 전망된다.

미국이 수립한 대책 중 하나가 2042년까지 381척의 전투함을 확보한다는 것이다. 이 목표는 미 해군참모총장이 2023년 6월 발표한 '적정 해군 보유 함정 수'를 통해 공식화되었다. 그러나 쇠락한 미국 조선업의 역량으로는 이를 독자적으로 달성하기 어렵다. 미국은 현지 7개 조선소에서 군함을 건조하고 있지만, 미 해군이 원하는 함정 인도 기한을 맞출 수 있는 곳은 하나도 없다. 미국이 동맹국인 한국과 일본에 군함 건조를 요청하거나 협력을 추진하는 배경이다.

미국의 전투함시장은 2026년부터 2030년까지 연평균 발주액 기준 363억 달러, 한화로 약 50조 원에 이르는 방대한 시장이다. 이처럼 거대한 시장을 보유한 미국에서 보내온 구원 요청은 한국 조선업에 또 한 번의 대형 수주 기회를 제공할 수 있다.

이러한 상황 속에서 미국 정부와 의회는 우선 유지·보수(MRO) 분야에서 동맹국 조선소와의 협력을 공식화하기 시작했다. 한국은 2024년 8월 한화오션이 미 해군 함정 MRO 계약을 처음으로 수주하면서 미국과의 협력을 본격화했다. 이어 2024년 12월에는 미국 내 필리조선소 인수를 완료하여 미국 함대 전체에 대한 MRO 사업 접근성을 크게 높였다.

한편 한화그룹은 미국 내 오스탈(Austal) 미국 법인 인수도 추진 중이다. 이 회사는 2024년 9월 제너럴다이내믹스 일렉트릭보트와 계약을 맺어 핵추진 잠수함 건조에 필요한 모듈 생산을 담당하게 되었다. 참고로 미국의 핵추진 잠수함 사업은 헌팅턴잉걸스 인더스트리즈(Huntington Ingalls Industries)의 뉴포트뉴스조선소와 제너럴다이내믹스 일렉트릭보트의 그로튼조선소에서 분업 체제로 진행하고 있는데, 생산성 저하로 외주 계약 확대가 불가피해졌다.

우리나라의 또 다른 군함 건조 조선업체인 HD현대중공업도 2025년 4월 미국 헌팅턴잉걸스 인더스트리즈와 MOU를 체결하여 군함과 상선 분야 협력을 공고히 했다. 참고로 이 회사는 미국 최대 군함 건조 업체로, 미국 내 유일하게 항공모함 건조가 가능한 뉴포트뉴스조선소와 대형 수상전투함, 상륙함 등을 건조하는 잉걸스조선소를 보유하고 있다.

이와 별개로 HD현대중공업의 모회사인 HD한국조선해양은 2024년 필리핀 수빅조선소의 일부를 임차했는데, 해당 조선소의 소유주는 미국 국방부 부장관인 스티븐 파인버그가 운영하는 서버러스캐피탈(Cerberus Capital)이다. 이 조선소 인수는 남중국해에서 중국의 지배력 확대를 견제하기 위한 포석이 되는데, 해당 조선소 임차와 수빅만 일대의 사업 참여를 진행 중인 HD한국조선해양이 어떠한 역할을 수행할지 주목된다.

대규모 수혜 분기점에 주목하라

미국 군함시장에서 발생할 수 있는 낙수 효과가 우리나라 조선업계에 도달하는 데엔 선결 조건이 있다. 미국 현지 법률의 개정이다. 미국의 조선 관련 법률들은 자국 산업 보호를 의무화하고 있다.

가장 대표적인 법안인 '10 U.S. Code 8679'는 외국 조선소에서 군함을 건조하거나, 군함에 사용될 블록을 생산하는 것을 금지하고 있다. 이 법안은 과거에 자국 조선업 보호를 주장한 의원들의 이름을 따 '번스-톨레프슨(Burns-Tollefson) 법안'이라는 별명으로 불리기도 한다.

이 외에도 '10 U.S. Code 8680'은 미국 해군 함정에 대한 대규모 개조 및 MRO 작업을 외국 조선소에서 수행할 수 없도록 규정하고 있다. 상선 분야에서도 '존스법(Jones Act)'으로 알려진 '46 U.S. Code 55102'는 미국 항구 간 화물 운송에 미국에서 건조한 선박만을 사용할 수 있도록 강제하고 있다.

이러한 일련의 법안들에 대한 예외 조항 마련 논의가 최근 본격화되고 있다. 미 상원의원들이 2025년 2월 발의한 이른바 '해군 준비태세 보장법(Ensuring Naval Readiness Act)'은 이 흐름의 대표적 사례다. 이 법안은 미국 해군 함정 건조를 북대서양조약기구(NATO) 회원국이나 인도·태평양 동맹국의 조선소에서도 가능하게 허용한다는 내용이다. 동맹국의 조선 역량과 비교우위를 적극적으로 활용하여 해군력 확충에 기여하겠다는 의지를 담고 있다.

또한 2025년 4월에는 '미국을 위한 선박법(SHIPS for America Act)'이 재발의되었다. 이 법안은 2024년 12월 처음 발의되었으나 의회 회기 종료로 폐기된 바 있었다. 존스법의 전면 개정까지는 아니지만, 미국 내 '전략상선 프로그램'을 신설하여 해당 프로그램에 참여하는 선박은 해외 조선소 건조를 허용하는 내용을 담고 있다. 이는 군함뿐 아니라 전략상선 건조에서도 우리나라 조선업계가 직접 수혜를 입을 수 있는 법안이라는 점에서 주목된다.

미국 해군이 전투함 증강 목표를 달성하려면 2026년부터 2030년까지 연평균 13척 이상의 전투함을 발주해야 한다. 미 의회 예산처가 추정한 함종별 평균 가격을 기준으로 하면 2026년 334억 달러를 시작으로 연평균 363억 달러 규모의 전투함 발주시장이 형성될 것으로 예상된다.

한국과 일본 등 동맹국 조선업체들이 이 시장에서 발생할 낙수 효과를 수주할 가능성이 높다. 항공모함과 최신예 잠수함을 제외한 기타 전투함과 보급함, 지원함 부문에서의 수주 가능성이 크다. 2026년 67억 달러를 시작으로 2030년까지 연평균 67억 달러 규모의 수주 낙수 효과를 예상한다.

이 같은 수치는 여러 불확실한 가정하에 도출된 시나리오라는 점을 감안할 필요가 있다. 첫째, 미국이 실제로 동맹국에 어느 정도까지 외주를 허용할 것

비전투함 신조 물량 조달 계획

(단위: 척)

	25	26	27	28	29	30	31	32	33	34	35	36	37	38	39	40	41	42
해양조사선(AGS)						1	1	1	1	1	1	1	1				1	
항해시험지원선(AGS)						1												
잠수함 호위함(AGSE)																2	2	
병원선(AH)							1	1										
케이블 수리선(ARC)			1		1													
고속 수송선(HST)																		
크레인선(ACS)																		
해안 석유 보급선(AG)	SHIPS for America 법이 도입되면 2025~2030년에 조달할 신조 물량이 대폭 증가할 개연성																	
전진 재배치 RORO선 (AK/AKR)							1	1	1	1	1	1	1					
공중 지원선(AVB)						1	1											
서지선(RORO)																		
합계	0	0	1	0	1	3	4	3	2	2	2	2	2	0	0	2	3	0

출처: Office of the Chief of Naval Operations

인가에 대한 가정이다. 현재 미국의 군함 건조 역량은 목표 대비 25~50% 미달하고 있다. 군함 건조 프로젝트 특성상 수주부터 인도까지 7~9년이 소요되는 장기 프로젝트이며, 실질적으로 공사가 진행되는 기간은 약 6년 정도다.

이때 예를 들어 알레이버크급 구축함의 경우, 예상 지연 기간이 약 3년임을 감안할 때 생산성이 50%가량 미달한다고 해석할 수 있다. 보급함과 지원함

시나리오별 한국과 일본 조선업이 수주 가능한 미 해군 함정 규모

함종(십억 달러)	시나리오 1					시나리오 2					시나리오 3				
	26	27	28	29	30	26	27	28	29	30	26	27	28	29	30
포드급 항공모함	-	-	-	-	-	-	-	-	-	-	-	-	-	-	-
콜롬비아급 핵추진탄도미사일잠수함	-	-	-	-	-	-	-	-	-	-	-	-	-	-	-
대형 탑재량 잠수함	-	-	-	-	-	-	-	-	-	-	-	-	-	-	-
버지니아급 핵추진잠수함	-	-	-	-	-	2.0	2.0	2.0	2.0	2.0	4.1	4.1	4.1	4.1	4.1
차세대 핵추진잠수함	-	-	-	-	-	0.0	0.0	0.0	0.0	0.0	0.0	0.0	0.0	0.0	0.0
알레이버크급 구축함	2.2	2.2	2.2	2.2	2.2	2.2	2.2	2.2	2.2	2.2	2.2	2.2	2.2	2.2	2.2
차세대 구축함	0.0	0.0	0.0	0.0	0.0	0.0	0.0	0.0	0.0	0.0	0.0	0.0	0.0	0.0	0.0
컨스틸레이션급 호위함	1.1	0.6	1.1	0.6	1.1	1.1	0.6	1.1	0.6	1.1	1.1	0.6	1.1	0.6	1.1
컨스틸레이션급 호위함 (2단계)	0.0	0.0	0.0	0.0	0.0	0.0	0.0	0.0	0.0	0.0	0.0	0.0	0.0	0.0	0.0
아메리카급 상륙함	0.0	1.9	0.0	0.0	0.0	0.0	1.9	0.0	0.0	0.0	0.0	1.9	0.0	0.0	0.0
샌안토니오급 상륙함	0.6	0.6	0.0	0.6	0.0	0.6	0.6	0.0	0.6	0.0	0.6	0.6	0.0	0.6	0.0
연안전투함	0.1	0.2	0.2	0.2	0.2	0.1	0.2	0.2	0.2	0.2	0.1	0.2	0.2	0.2	0.2
대형 전투 보급함	0.5	0.3	0.5	0.3	0.3	0.5	0.3	0.5	0.3	0.3	0.5	0.3	0.5	0.3	0.3
소형 전투 보급함	0.0	0.1	0.1	0.1	0.1	0.0	0.1	0.1	0.1	0.1	0.0	0.1	0.1	0.1	0.1
대형 지원함	0.0	0.3	0.0	0.0	0.0	0.0	0.3	0.0	0.0	0.0	0.0	0.3	0.0	0.3	0.0
소형 지원함	0.3	0.1	0.1	0.1	0.1	0.3	0.1	0.1	0.1	0.1	0.3	0.1	0.1	0.1	0.1
합계	4.7	6.1	4.2	4.2	4.0	6.7	8.2	6.3	6.3	6.0	8.8	10.2	8.3	8.3	8.1

* 시나리오 1: 가장 보수적인 시나리오. 핵추진잠수함은 외주를 일절 맡기지 않는다고 가정
* 시나리오 2: 핵추진잠수함 중 보안등급이 상대적으로 낮은 버지니아급 물량의 절반을 외주 맡긴다고 가정
* 시나리오 3: 버지니아급 물량 전체를 외주 맡긴다고 가정

은 상대적으로 지연 기간이 짧으며 미달 정도를 25% 수준으로 추정한다.

따라서 작업량의 25~40%에 해당하는 물량을 동맹국에 외주로 맡긴다는 시나리오를 기본으로 설정했다. 상한선이 50%가 아닌 것은 전투함에 탑재될 전투 체계나 센서 체계는 미국이 자체 생산을 고수할 가능성이 높다고 보아, 총 건조 사업 중 동맹국이 수주할 수 있는 최대 상한선을 선체 형상에 상정, 약 40%로 가정했기 때문이다.

전투함 외에 전략상선 분야에서도 우리나라 조선업의 수혜 가능성은 점차 커지고 있다. 앞서 언급한 미국을 위한 선박법은 현재 80여 척으로 추정되는 미국 내 전략상선을 250척으로 늘린다는 계획을 포함한다. 미국 내 조선업의 역량 부족을 감안할 때, 법안이 통과된다면 2030년까지 해외에서 건조된 상선을 전략상선으로 편입하는 흐름이 확대될 수 있다. 이로 인해 2028년까지는 한국과 일본의 중소형 조선소들이 직접적인 수혜를 입을 가능성이 높아졌다.

발주 규모와 가격은 아직 구체적으로 확정되지 않았지만 예시를 통해 효과를 어림해볼 수 있다. 4,500만 달러의 원가를 가진 선박이 시장 선가 5,000만 달러에 거래된다면, 우리나라 조선업체의 원가 중 인건비 비중이 약 30%라고 가정할 경우 1,350만 달러가 인건비다. 여기에 한미 간 빅맥지수 차이인 약 30%를 감안하면, 미국 현지 생산 시 인건비가 400만 달러 증가한다.

이 경우 우리나라 조선소는 시장 선가 대비 250만 달러만 더 받아도 이익률이 50% 증가하는 구조이며, 미국 발주처 입장에서는 미국 현지 조선소에 발주하기보다 150만 달러 저렴하게 발주할 수 있는 셈이다. 서로 윈-윈이다. 따라서 정확한 발주 금액을 예상하기는 어렵지만 전략상선 수주 확대의 흐름 역시 우리나라 조선업에 높은 수익성을 가져다줄 전망이다.

미국 해군력 확대 기조의 낙수 효과 크기는 국가 간의 줄다리기 협상에 따라 달라질 수 있지만, 조선업에 새로운 성장 동력을 부여할 전망이라는 점은 분명하다. 2025년 하반기에 다시 시작할 LNG선 수주 모멘텀과, 미 해군의 구원 요청에 협력하며 확인할 신성장 동력을 기다린다.

조선 밸류체인

대분류	소분류	기업명	티커	사업 내용
상선·군함 건조	국내 조선소	HD현대중공업	329180 KS	대형 상선, 군함, 해양플랜트, 선박 엔진 등을 건조·생산하는 종합 조선 및 중공업 기업
		삼성중공업	010140 KS	LNG 운반선, 부유식 LNG 생산–저장–하역(FLNG) 설비 등 고부가가치 선박과 해양플랜트를 건조
		한화오션	042660 KS	LNG선, 컨테이너선 등 상선과 군함을 아우르는 조선소
		HD현대미포	010620 KS	MR(Medium Range) 탱커, LNG 벙커링선. 피더 컨테이너선 등 중형 상선 중심의 조선소
	해외 조선소	CSSC Holdings	600150 CH	중국 국영 종합 조선사로서 군용·상용 선박과 엔진, 수리 사업 영위
		Yangzijiang Shipbuilding	YZJSGD SP	컨테이너선, 벌크선 등 상업용 선박 위주의 중대형 조선소
	해외 군함	Huntington Ingalls Industries	HII US	미국 최대 군함 제조사로서 항공모함·핵잠수함 등 미 해군 핵심 전력 함정 건조에 특화
		Austal	ASB AU	호주의 글로벌 방산 조선사로서 국방 및 상업용 선박을 설계·건조·지원하는 해양기술 전문 업체
		General Dynamics	GD US	항공기·지상 전력·해군 함정 설계 및 조선을 포함한 방산 다각화 그룹
		Fincantieri	FCT IM	이탈리아 국영 조선사로서 크루즈선·군함·해양 장비 등 유럽 중심의 다각화된 선박 제조 능력 보유
기자재	보냉재	한국카본	017960 KS	LNG선용 단열재(보랭재) 및 복합 소재 분야 선박 단열 전문 기업
		동성화인텍	033500 KS	LNG선용 단열재(보랭재) 선박 단열 전문 기업
	선박 블록	세진중공업	075580 KS	선박 상부 구조물·탱크·블록 등 조선 기자재 전문 제작
		현대힘스	460930 KS	선박 블록·파이프·갑판 장비 등 조선 핵심 구조물과 기자재를 제조
		오리엔탈정공	014940 KS	선박용 크레인·선박 블록 제조 업체
	선박 엔진	한화엔진	082740 KS	중대형 선박용 디젤엔진 및 부품 생산
		HD현대마린엔진	071970 KS	저속·중속 선박 엔진 제조 전문, HD현대 계열의 선박 엔진 기업
	선박 엔진 부품	케이프	064820 KS	선박 엔진용 실린더라이너 및 엔진 내구부품 전문 제조업체
		HD현대마린솔루션	443060 KS	선박 부품 및 서비스 관련 AM(After Market) 솔루션, 친환경 솔루션, 디지털 솔루션 사업을 핵심 사업으로 영위
	피팅	태광	023160 KS	조선·플랜트 배관에 사용되는 용접용 피팅 제품 주력
		성광벤드	014620 KS	조선·플랜트 배관에 사용되는 용접용 피팅 제품 주력
		하이록코리아	013030 KS	계장용 피팅·밸브·튜브 등 초정밀 유체 제어 부품을 생산

선박

상선 건조

한국
- HD현대중공업
- HD한국조선해양
- HD현대미포
- 삼성중공업
- 한화오션
- HJ중공업

중국
- CSSC Holdings
- CSSC OME
- Yangzijiang Shipbuilding

일본
- Mitsubishi Heavy
- Kawasaki Heavy
- Namura Shipbuilding
- Ishikawajima-Harima Heavy

기타
- Fincantieri(이탈리아)
- Austal(호)
- General Dynamics(미)
- Mazagon Dock SB(인도)
- Garden Reach SB & Engineers(인도)
- Cochin Shipyard(인도)

블록(데크하우스, 리빙쿼터, 연료탱크 등)

한국
- 세진중공업
- 오리엔탈정공
- 현대힘스

중국
- CIMC

일본
- Sumitomo Heavy

보냉제 생산 및 라이선스

한국
- 한국카본
- 동성화인텍

기타
- GTT(프)

엔진 생산

한국
- HD현대중공업
- 한화엔진
- HD현대마린엔진
- STX엔진

중국
- CSIGP
- China Yuchai intl.

일본
- Mitsubishi Heavy
- Kawasaki Heavy
- Japan Engine
- Daihatsu Diesel

엔진 부품 생산 및 판매

- HD현대마린솔루션(한)
- 케이프(한)

해양 플랜트

해양 플랜트 건조

한국
- HD현대중공업
- 삼성중공업
- 한화오션

중국
- CSSC Holdings
- CSSC OME

일본
- Mitsubishi Heavy
- Kawasaki Heavy
- MODEC
- Ishikawajima-Harima Heavy

기타
- Saipem(이탈리아)
- Seatrium(싱)
- SBM Offshore(네)

설계용 소프트웨어

- AVEVA(영)
- Siemens(독)
- Dassault Systems(프)
- Hexagon AB(스웨덴)

군함

선박·해양용 크레인 생산

한국
오리엔탈정공
KS인더스트리

일본
Ishikawajima-Harima Heavy

기타
Cargotec(핀)
NOV(미)

피팅 생산

한국
태광
성광벤드
하이록코리아

군함 유지·보수(MRO)

한국	중국	일본
HD현대중공업 **한화오션** HJ중공업 SK오션플랜트	CSSC Holdings CSSC OME	Mitsubishi Heavy Kawasaki Heavy Ishikawajima- Harima Heavy Sumitomo Heavy

기타
Huntington Ingalls Industries(미)
General Dynamics(미)
Austal(호)
Fincantieri(이탈리아)
BAE Systems(영)
Thyssenkrupp(독)

군함 건조

한국	중국	일본
HD현대중공업 **한화오션** HJ중공업 SK오션플랜트	CSSC Holdings CSSC OME	Mitsubishi Heavy Kawasaki Heavy Ishikawajima- Harima Heavy

기타
Huntington Ingalls Industries(미)
General Dynamics(미)
Austal(호)
Fincantieri(이탈리아)
Mazagon Dock SB(인도)
Garden Reach SB & Engineers(인도)
Cochin Shipyard(인도)

조선

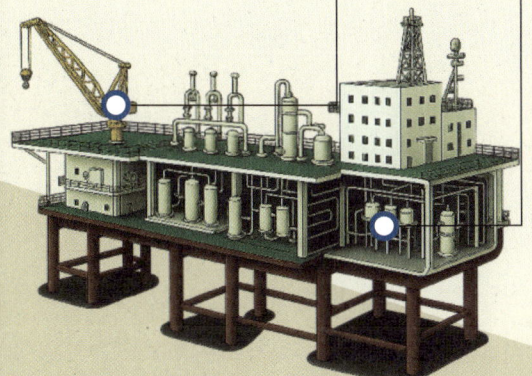

13장   운송

잔잔한 흐름 아래 구조 변화가 꿈틀댄다

오정하

운송

진입장벽 높은 경기순환주

운송은 크게 육상, 해상, 항공으로 나뉜다. 각 방식은 고유의 장단점을 지니며, 기업들은 주력 운송 방식에 따라 시장에서의 포지셔닝이 달라진다.

운송 산업은 대표적인 대규모 장치 산업으로 분류되며 초기 고정비가 매우 높다. 선박, 항공기, 터미널 등 주요 자산의 투자 비용이 막대하고, 이들 자산의 운영 효율성이 산업의 수익성에 직결된다. 따라서 일정 수준 이상의 규모를 확보하지 않으면 수익을 내기 어려워 진입장벽이 높고 구조적으로 규모의 경제가 중요한 산업이다.

이러한 특성 때문에 운송업체들은 물동량 확보를 최우선 과제로 삼는다. 고정비가 높은 만큼, 단위당 비용을 낮추기 위해서는 가능한 한 많은 화물이나 승객을 수송해야 한다. 물동량이 많을수록 고정비를 더 넓게 분산할 수 있어 수익성이 개선되며 노선 경쟁력 확보에도 유리하다. 이에 따라 기업들은 가격 경쟁뿐만 아니라 서비스 노선, 적시성, 운송 효율성 등을 통해 고객을 유치하고자 한다.

또한 운송 산업은 경쟁 속에서도 협력의 전략을 택하는 경우가 많다. 대표적인 사례로 해운사 간의 얼라이언스(alliance), 항공사 간의 공동운항(codeshare) 및 항공동맹체가 있다. 이러한 협력은 네트워크 확대, 노선 중복 최소화, 자산 활용도 제고 등의 목적을 지닌다. 예를 들어 해운업에서는 주

해운 얼라이언스

출처: PFE Express Ltd

항공 얼라이언스

출처: Flights from

요 글로벌 선사들이 얼라이언스를 통해 선복(배에서 짐을 싣는 부분)을 공유하고 항로를 효율화함으로써 수익성과 경쟁력을 동시에 확보하려는 전략을 구사하고 있다. 3대 글로벌 해운 얼라이언스는 오션 얼라이언스, 제미나이, 프리미어 얼라이언스이며 2025년 초 기준 각각의 시장점유율은 28.4%, 21.4%, 11.3%이다.

운송업은 경기에 따라 호황과 불황의 흐름을 타는 경기순환주에 속한다.

그러나 운송업 내부에서는 자체 또는 정책 변수에 따른 경쟁 구도 변화가 진행되고 있다. 해상운송과 육상운송, 항공운송 각각에서 어떤 움직임이 있는지 살펴본다.

해운, 공급 조절 변수에 주목하라

해상운송은 선박을 활용해 대규모 화물을 이동시키는 대표적인 운송 수단으로, 전 세계 무역 물동량의 80~90%가 해상으로 수송된다. 육상운송이 불가능하거나 비효율적인 장거리 수송에 경제적인 방식으로 활용되고 있다. 특히 글로벌 공급망에서 해상운송은 원자재부터 완제품까지 다양한 물류 흐름의 중추적 역할을 담당한다.

해상운송은 수송하는 화물의 종류에 따라 선박의 유형과 운영 방식이 달라진다. 크게 벌크선, 컨테이너선, 탱커선, 가스선의 네 가지로 구분된다. 벌크선은 철광석, 석탄, 곡물 등 비포장 대량 화물을 운반하고, 컨테이너선은 제조업 제품이나 소비재 등 포장 화물을 규격화된 컨테이너 박스에 담아 수송한다. 탱커선은 원유, 정제유, 화학제품 등을 액체 상태로 운송하며, 가스선은 액화천연가스(LNG), 액화석유가스(LPG) 등 가스를 저온·고압 상태로 수송한다.

해운업은 화물 종류에 따라 다른 수급 구조와 운임 결정 메커니즘을 갖고 있으며 경기 변화에 민감하다. 경기가 좋아지면 원자재와 소비재 수요가 증가하면서 물동량이 늘고 이에 따라 해운사의 운임과 이익이 상승하는 구조다. 반대로 경기가 침체하면 글로벌 교역이 감소하면서 해상운송 수요가 줄어들고 해운사의 수익성도 악화된다. 이 때문에 글로벌 경제 성장률, 제조업 지표, 교역 지수 등은 해운업 경기 흐름을 예측하는 주요 선행 지표다.

공급 측면에서 해운업은 조선업과 밀접하게 연결되어 있다. 해운 경기가 호조일 때는 화물 수요에 비해 가용 선박이 부족해지면서 운임이 급등하고,

해운업 사이클

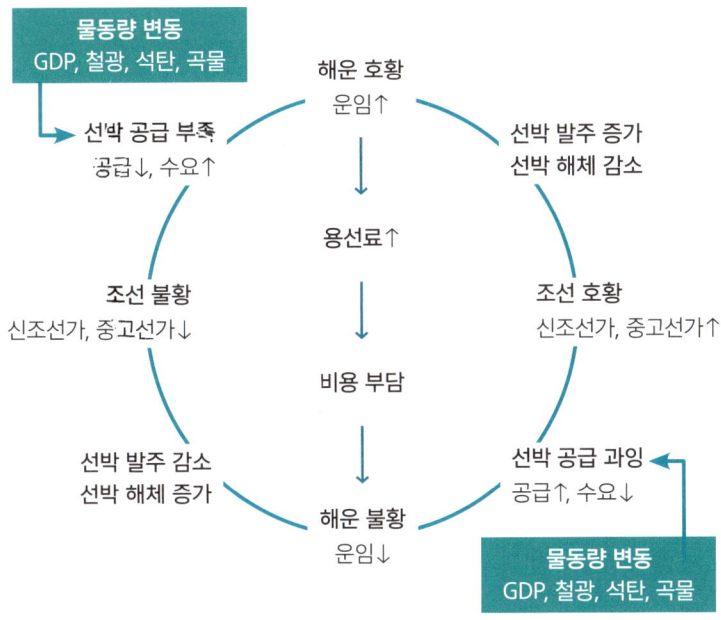

해운사들은 신규 선박 발주에 나선다. 이로 인해 조선업도 동시에 활황을 누리게 된다. 그러나 선박은 발주 후 인도까지 2~3년이 소요되기 때문에, 시간이 지나면 신규 선박이 대거 공급되며 선복 과잉이 발생하고, 이는 해운업의 운임 하락과 불황으로 이어진다.

다음 쪽에 나오는 그림은 2000년 시작된 벌크선 사이클을 나타낸다. 2001년 중국의 세계무역기구(WTO) 가입 이후 중국 내 도시화, 인프라 개발, 부동산 경기가 동시에 과열되며 철광석, 석탄 등 기초 원자재 수입이 폭발적으로 증가했다. 벌크선 수요가 급증하며 2008년 발틱벌크선운임지수(BDI)는 사상 최고치인 11,793까지 상승했다. 높은 운임에 선사들은 선박 발주를 늘렸지만, 공급 과잉 국면이 찾아오자 운임도 다시 하락했다.

최근 전 세계 경제 성장률이 둔화되면서 글로벌 교역 증가율도 함께 둔화되고 있다. 이는 해운업의 핵심 수요인 물동량 증가세가 약화되고 있음을 의미하며, 수요 측면에서 시황 개선을 기대하기 어려운 국면이다. 그럼에도 불

벌크선 사이클(연간 기준, 2000~2025)

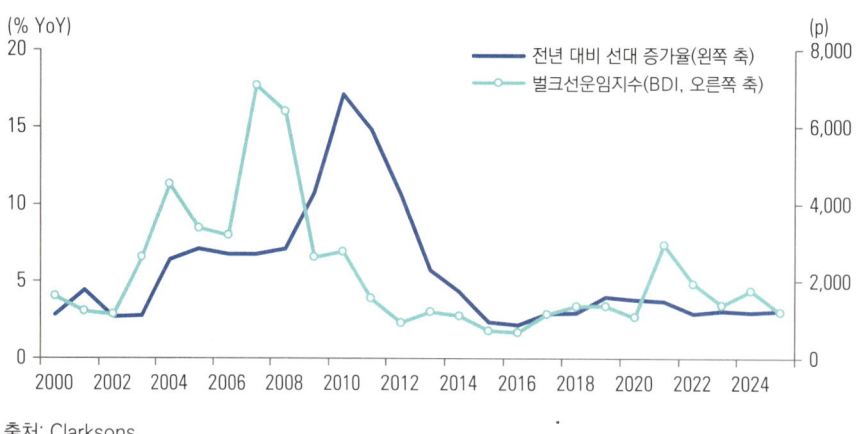

출처: Clarksons

구하고 현재 운임은 손익분기점 이상 수준을 유지하고 있다. 이에 따라 노후 선박이 여전히 운항 중이다. 수익성이 유지되다 보니 자연스러운 선박 퇴출이 지연되고, 이는 선박 공급 과잉 구조를 고착화하는 요인이 되고 있다.

이러한 국면에서 시황 개선을 위해서는 수요 확대보다는 공급 조절이 더 현실적인 해법이 된다. 이때 주목해야 할 요인이 바로 강화되는 환경 규제다. 국제해사기구(IMO)의 탄소 배출 규제, 에너지효율지수(EEXI), 탄소집약도지표(CII) 등의 도입은 연비가 낮고 오염물질 배출이 많은 노후 선박의 경제성

벌크선 폐선율과 노후 선대 비중(연간 기준, 2000~2025)

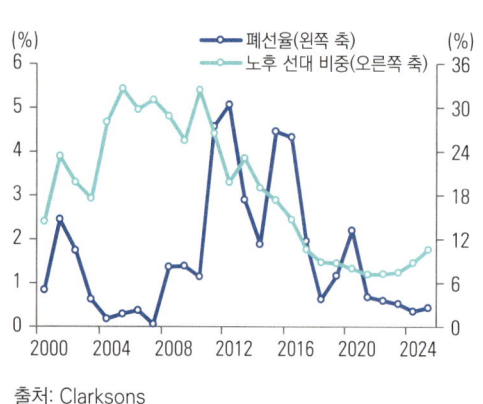

출처: Clarksons

벌크선 폐선율과 BD(연간 기준, 2000~2025)

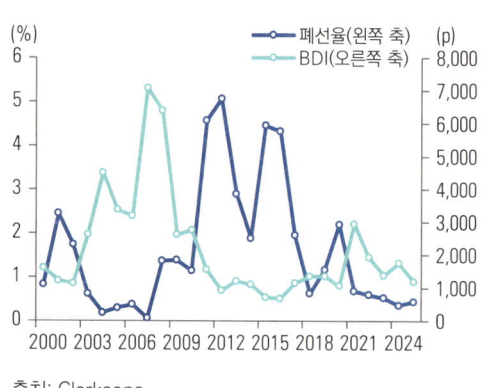

출처: Clarksons

을 점점 떨어뜨리고 있다.

2025년 4월, 국제해사기구의 해양환경보호위원회(MEPC) 83차 회의에서 첫 글로벌 경제적 페널티가 확정되었다. 해운사들은 2028년부터 초과 배출하는 탄소 톤당 최대 480달러를 납부하게 된다. 이로 인해 해운사들은 운항 효율이 낮은 선박의 조기 퇴출을 검토해야 한다. 이는 결과적으로 선복 공급의 구조적 축소로 이어지며 시황의 개선 여지를 높일 수 있다. 폐선 병목을 고려하면 2027년부터 폐선이 본격화될 가능성이 높다.

택배 속도전의 근본 이유

육상운송은 내륙 트럭 운송과 철도를 포함하지만 국내 주식시장에서는 택배업을 지칭하는 경우가 많다. 택배업은 비대면 소비 확산과 온라인 쇼핑 증가에 힘입어 코로나19 팬데믹 이후 급격히 성장했으며 CJ대한통운, 한진을 비롯한 주요 물류 기업들이 시장을 선도해왔다.

육상운송은 물류 과정에서 수령하는 주체에 따라 크게 '미들마일(Middle mile)'과 '라스트마일(Last mile)'로 구분된다. 미들마일은 제조공장, 물류센터, 허브터미널 간의 대량 운송을 의미하며 주로 기업 간(B2B) 거래하는 형태로 이루어진다. 반면 라스트마일은 최종 소비자에게 물건을 전달하는 배송 단계로, 우리가 흔히 말하는 '택배' 서비스가 이에 해당한다. 라스트마일은 기업-

물류 배송 단계 구분

| 부품·원자재 장거리 운송 | → | 국내 항구·복합물류센터 | → | 제조·생산 공장 | → | 유통사·대리점, 기업 물류센터 | → | 최종 소비자 |

| 퍼스트마일 (First mile) | 미들마일 (Middle mile) | 라스트마일 (Last mile) |

출처: LG경영연구원

소비자 간(B2C) 중심의 소량·다빈도 운송이 특징이며, 소비자 만족도에 직접 영향을 주기 때문에 배송 속도, 정확성, 편의성 등이 중요하게 작용한다. 최근에는 드론 배송, 자율주행 배송, 무인 보관함 등 기술 혁신이 집중되고 있다.

쿠팡이 시작한 차별화 바람

이러한 시장에 2021년 쿠팡이 본격적으로 자체 배송망을 구축하며 진입한 것이 택배업의 판도를 바꾸는 계기가 되었다. 쿠팡은 '로켓배송'이라는 브랜드로 주문 다음 날 도착하는 속도 경쟁을 주도했고, 전국 단위의 물류센터와 인프라에 공격적으로 투자하면서 차별화된 경쟁력을 확보했다. 익일 배송 서비스인 로켓배송은 쿠팡이 자체적으로 운영하는 풀필먼트(fulfillment) 시스템을 기반으로 한다. 풀필먼트란 주문 처리, 상품 보관, 포장, 배송까지 전 과정을 일원화해 직접 수행하는 물류 방식이다. 24시간 내 배송이 가능한 구조는 소비자 충성도를 높이는 데 결정적인 역할을 했다.

쿠팡이 성공적으로 배송시장에 안착할 수 있었던 배경에는 자본력과 기술력의 결합이 있었다. 막대한 적자를 감수하면서도 물류센터, 풀필먼트 시스템, 라스트마일 배송 인력을 직접 운영한 것은 수익성보다 점유율 확대를 우선한 장기 전략의 일환이었다. 또한 IT 기반의 배송 추적, 수요 예측, 자동화 설비 등은 기존 물류업체보다 빠르고 정밀한 서비스를 가능케 해 택배시장의 새로운 표준을 제시했다.

2024년 연간 기준으로 쿠팡은 38%의 시장점유율을 기록했다. 그동안 독보적인 성장을 이어온 결과다. 다만 쿠팡의 점유율은 개별 주문을 각각 배송하는 '단포(單包)' 기준이고, 기존 택배사들은 여러 주문을 한 박스로 묶는 '합포(合包)' 기준으로 집계되어 단순 비교는 어렵다. 그럼에도 불구하고 쿠팡의 성장세는 명확하며, 시장 내 존재감은 무시할 수 없는 수준에 도달했다.

이에 대응해 CJ대한통운은 2013년부터 추진해온 자동화 설비 투자를 기반으로, 2025년 1월 '주 7일 배송' 체제를 전면 도입했다. 자동 분류 시스템과

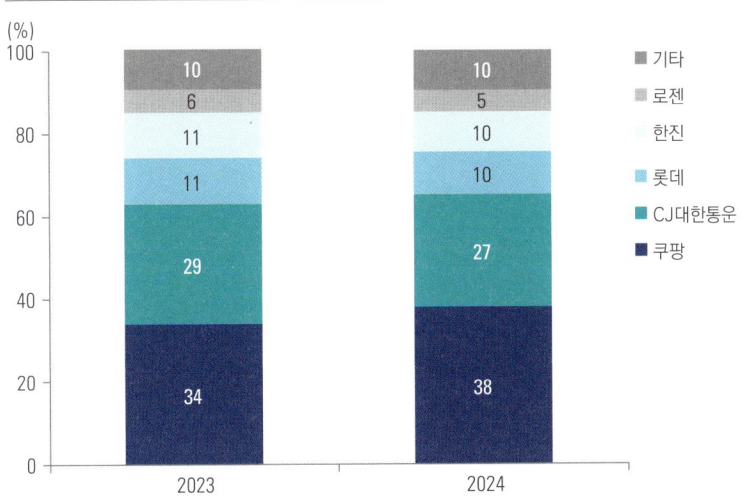

한국 기업별 택배 처리 비중

* 쿠팡은 단포, 그 외 업체는 합포 기준임
출처: 다트전자공시

소형 상품 전용 MP소터 등 첨단 물류 시스템을 통해 배송 효율성을 극대화한 결과다. CJ대한통운은 네이버, 무신사, 컬리 등 쿠팡 외 진영의 주요 이커머스 플랫폼과 협업하며, '로켓배송 대항마'로서 매일배송, 빠른 배송 수요를 충족시키는 핵심 파트너 역할을 하고 있다.

택배사 입장에서 풀필먼트, 당일배송, 새벽배송 등 부가 서비스 제공은 단순 배송 단가 이상의 부가가치를 창출할 수 있다는 점에서 평균 단가를 끌어올리는 요인으로 작용한다. 풀필먼트는 단순 배송 단가보다 약 두 배 비싸다. 기존 박스 단위 단순 배송에서 벗어나 보관, 분류, 피킹·패킹, 시간 지정 배송 등 전방위적인 물류 서비스를 제공함으로써, 고객사에서 받는 단가가 높아지고 수익성도 개선될 수 있다.

물류업체들이 서비스 차별화에 나서는 데에는 근본적인 이유가 있다. 국내 택배 물동량, 즉 수요가 구조적으로 크게 확대되기 어려운 환경에 놓여 있기 때문이다. 택배 물동량은 일반적으로 국가의 경제 성장률, 특히 민간 소비와 밀접한 관계가 있는데 최근 국내에서는 인구 정체, 저성장, 고물가 기조 속에

최근 3개월 이내 구매 경험이 있는 온라인 장보기 채널

(%)	2023년	2025년	증감률(%p)
쿠팡	60.3	73.7	13.4
네이버쇼핑	35.1	38.1	3.0
컬리	31.6	27.2	-4.4
이마트몰	25.2	21.5	-3.7
G마켓	24.8	19.2	-5.6
홈플러스몰	20.9	18.4	-2.5
SSG닷컴	16.8	13.6	-3.2
11번가	19.5	13.5	-6.0
카카오쇼핑	10.7	12.0	1.3
옥션	15.8	10.0	-5.8

* 2025년 1월 조사 결과. 음영은 CJ대한통운 고객사
출처: 오픈서베이

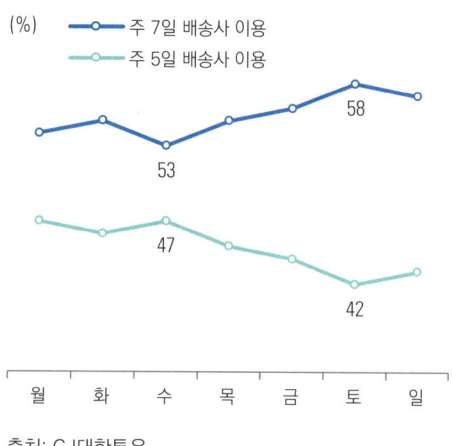

주간 이커머스 결제 건수 점유율(2023년)

출처: CJ대한통운

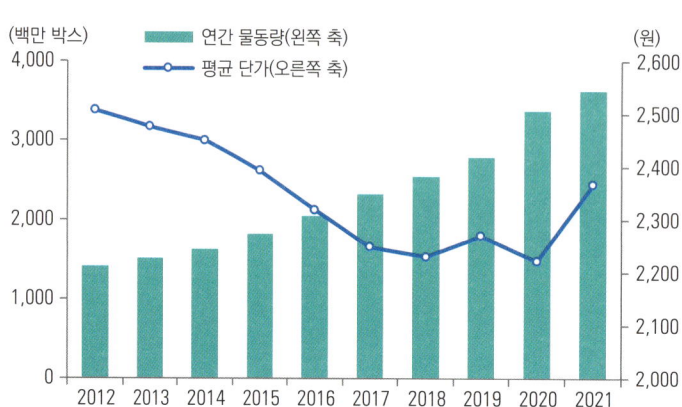

국내 택배시장 물동량과 단가 추이(2012~2021)

출처: 통합물류협회

소비 위축이 지속되며 수요가 늘어날 여지가 제한적이다. 이로 인해 업체들은 기존 수요 내에서 프리미엄 서비스에 중점을 두는 전략에 집중하게 된 것이다.

제삼자 물류시장 확대

최근 물류사들은 장기간 축적된 물류 데이터를 기반으로 단순 배송을 넘어 기업들의 물류 전반을 대행하는 제삼자 물류 사업 확대에 나서고 있다. 특히 경기 성장 둔화로 소비가 위축되고 물동량이 감소하면서, 과거 공격적으로 자체 물류를 구축했던 유통업체들이 고정비 부담을 줄이고자 다시 물류 기능을 외주화하는 흐름이 나타나고 있다. 물류사 입장에서는 물류 운영 효율화에 대한 니즈가 높아진 상황에서, 데이터 기반의 맞춤형 물류 서비스를 제안하며 고객사를 확보할 수 있는 기회를 맞이한 셈이다.

국내 제삼자 물류시장은 약 3배 성장할 전망이다. 2023년 국내 물류시장은 25.2조 원이었는데, 그중 제삼자 물류시장은 8.4조 원으로 약 33%를 차지했다. 미국과 유럽은 이 비중이 90%에 육박한다. 미국은 넓은 영토 특성상 제삼자 물류가 발달했다. 향후 국내도 미국과 같이 시장 확대가 기대된다. 주된 사업군은 생활소비재 기업인데 고객사 범위가 방산, 제약사 등으로 확대되고 있다. 고객사가 늘어나면 물류사는 사업군별 클러스터를 만들어 물류 공동화를 통해 마진 추가 확대도 가능하다.

물류의 단계

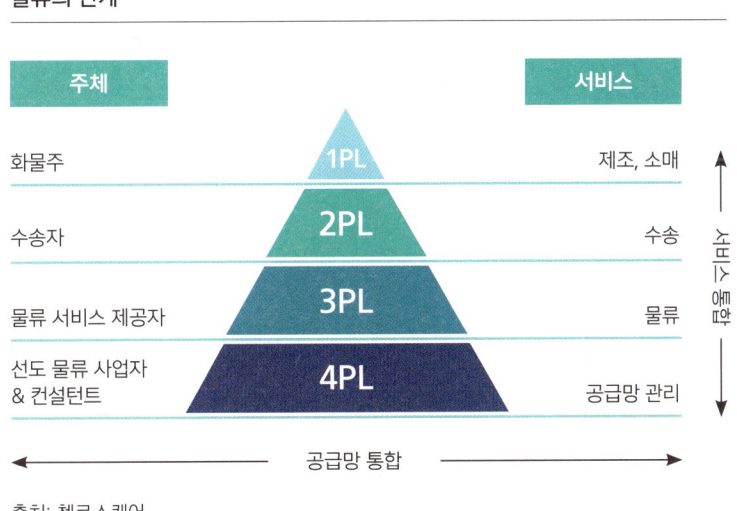

출처: 첼로스퀘어

대한항공발 하늘 시장 재편

국내 항공업의 본격적인 변화는 1988년 서울 올림픽과 함께 시작되었다. 당시 해외여행 자유화 조치가 시행되며 국제선 수요가 본격화된 것이다. 1990년부터는 저비용항공사(Low Cost Carrier, LCC)가 등장했고, 2001년 인천국제공항 개항은 우리나라 항공 산업의 허브 경쟁력 강화를 위한 결정적 계기가 되었다. 특히 동북아 허브공항이라는 전략하에 항공 물류와 여객 수송 모두에서 규모의 성장을 이어왔다.

대형 항공사(Full Service Carrier, FSC)는 기내식, 수하물 서비스, 마일리지 프로그램 등 다양한 부가 서비스를 포함한 항공권을 제공하며, 주로 장거리 국제선 및 허브공항 중심의 네트워크 운영에 초점을 맞춘다. 반면, LCC는 비용 절감을 통해 운임을 낮추는 데 주력하며, 단거리 노선 중심의 포인트 투 포인트(point-to-point) 운항 구조와 유료 부가 서비스 판매가 특징이다. 이 두 모델은 사업 전략, 원가 구조, 서비스 범위에서 뚜렷한 차이를 보인다.

코로나19 팬데믹 이전부터 국내 LCC시장은 공급 과잉과 단거리 노선 중

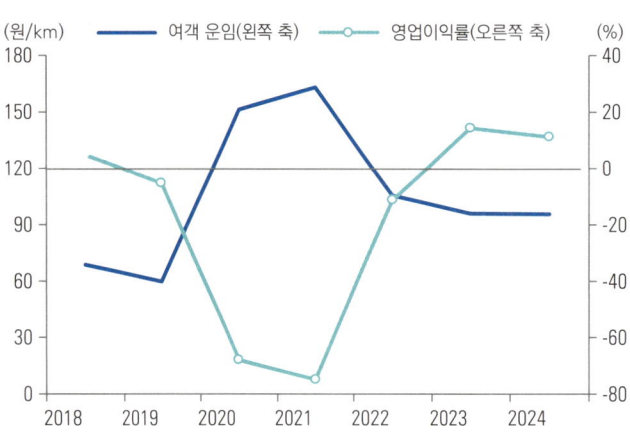

진에어의 여객 운임과 영업이익률(2018~2024)

* 여객 운임은 국제선 기준
출처: Quantiwise, 진에어

통합 대한항공의 로고 (출처: 대한항공)

복으로 포화 상태였다. 그러나 엔데믹 이후 억눌렸던 여행 수요가 폭발적으로 증가하면서 항공사들은 일제히 수익성을 회복했다. 특히 2022~2024년 국제선 운항 재개와 유가 안정, 운임 상승이 겹치며 항공사 대부분이 실적 개선을 이뤘고, LCC들도 일시적으로 고운임 수혜를 누렸다. 하지만 이는 비정상적인 수요 집중에 따른 일시적 효과였고, 항공시장은 다시 공급과 수요 균형 조정 국면에 접어들었다.

최근 대한항공-아시아나항공의 합병 승인과 함께 국내 항공시장은 구조적 재편에 들어섰다. FSC 부문은 대한항공-아시아나 통합에 따라 장거리 중심 초대형 국적 항공사 체제로 정비되고 있으며, LCC 부문은 티웨이항공과 에어프레미아가 중장거리 노선 확대를 통해 준FSC 역할을 일부 하고 있다. 반면 제주항공, 진에어, 에어부산, 에어서울 등은 동남아·일본 등 단거리 노선에 집중하며 가격 경쟁 중심의 운영을 이어가는 양극화 구조가 형성되고 있다.

대한항공과 아시아나 양사는 2027년까지 통합한다는 목표를 정했다. 대한항공 2025년 1분기 실적에서 비용 부담 확대가 두드러졌다. 초기 통합 과정에는 시스템 통합, 조직 재배치, 항공기 정비 표준화 등 일회성 비용과 구조조정 비용이 선반영되며 단기적으로 수익성에 부담을 주는 국면이다. 그러나 통합이 완료되면 대한항공은 매출 기준 글로벌 10위권 이내 대형 항공사로 도약하게 되며 특히 중복 노선 조정, 화물 부문 시너지, 항공기 운영 효율화 등을 통해 수익성 개선 효과가 기대된다.

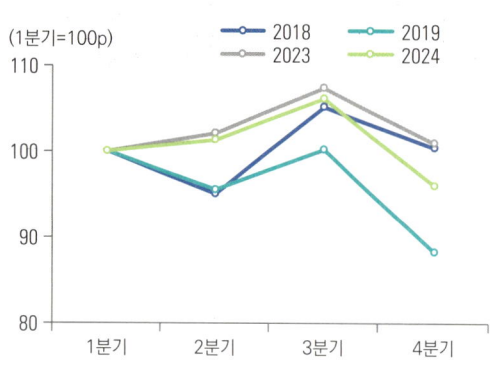

대한항공의 분기별 여객 운임(2018~2024)

* 국제선 운임이며, 코로나19 팬데믹 기간은 제외
출처: 대한항공

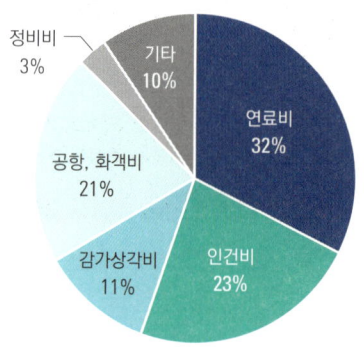

대한항공의 비용 구조(2024년)

출처: 대한항공

대한항공-아시아나 통합과 병행하여 양사의 LCC들도 구조조정을 추진하고 있다. 대한항공 산하 진에어와 아시아나항공 산하 에어부산, 에어서울은 현재 'LCC 체제'를 목표로 통합 절차를 준비 중이다.

항공화물시장도 구조가 바뀌는 중

항공화물시장은 여객 부문과 달리 진입장벽이 높고 플레이어가 적은 특징을 갖는다. 대한항공과 아시아나항공이 오랜 기간 시장을 양분해왔으며, 두 항공사의 점유율을 합하면 57%에 달할 정도로 과점 구조가 형성되어 있다. 일부 LCC가 화물기 도입을 시작했고, 화물 전문 항공사인 에어인천, 외항사인 페덱스(FedEx), DHL, UPS 등이 시장의 일부를 담당하고 있다.

항공화물 시황은 해운 시황과 연동되어 움직이기도 한다. 코로나19 팬데믹 당시에는 글로벌 항만 적체와 해운 공급망 마비로 인해 해상 운임이 일시적으로 급등했다. 이에 따라 평소 해상 컨테이너 운임 대비 16배 수준이던 항공 운임이 일시적으로 5배 수준까지 격차가 축소되기도 했다. 그러자 상대적으로 배송이 빠른 항공화물의 수요가 급증했다.

2025년 7월 아시아나항공의 화물 부문이 분할되어 화물 전문 항공사인 에

해상 운임과 항공 운임의 격차(2018~2025)

* 해상 운임은 상하이컨테이너 운임지수(SCFI)로, 항공 운임은 28개 주요 노선의 평균을 계산한 Drewry Index로 대표함
출처: Clarksons, Bloomberg

국내 항공화물시장 플레이어

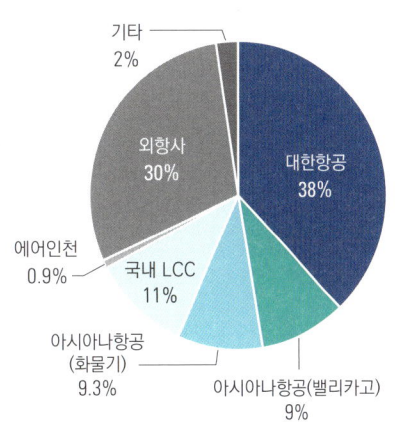

* 국내 LCC는 제주항공, 진에어, 티웨이항공, 에어부산의 합
출처: 항공포털

어인천으로 이관된다. 대한항공과 아시아나의 기업 결합에 따른 경쟁 제한 우려 해소 조치로, 공정거래위원회와 유럽연합 경쟁당국의 요구에 따라 이루어진 것이다. 에어인천은 아시아나의 장거리 화물 노선을 일부 승계함으로써 본격적인 화물 전문 항공사로 도약할 계획이다. 이로 인해 항공화물시장 내 경쟁 구도가 일부 재편될 가능성이 있다.

운송 밸류체인

대분류	소분류	기업명	티커	사업 내용
해상운송	벌크선	Star Bulk Carriers	SBLK US	세계 최대 규모 벌크선(철광석, 석탄, 곡물) 운송회사, 대형선 위주
		Genco Shipping & Trading	GNK US	그리스 기반 벌크선사, Handysize~Capesize 다양한 선박 보유
		Safe Bulkers	SB US	벌크 매출 비중 100%, 주로 중소형 선박 운영
		Navios Maritime Partners LP	NMM US	그리스 벌크선사
		팬오션	028670 KS	한국 최대 벌크선사, 벌크 매출 비중 62%, 비벌크 확대 기조
	탱커	Scorpio Tankers	STNG US	석유화학제품 운반선 위주의 사업
		Frontline	FRO US	원유 운반선 위주 노르웨이 해운사, 2022년 Euronav와 합병
		Okeanis Eco Tankers	ECO US	중국산 선박 비중이 가장 낮음, 원유 운반선 위주 선대 보유
		Teekay Tankers	TNK US	Suezmax, Aframax, LR2 등 중형 탱커를 주로 운영
		흥아해운	003280 KS	석유화학제품 수송 전문, 아시아 근해 주력
	컨테이너선	A.P. Møller – Mærsk	MAERSK-B DC	세계 2위 규모 컨테이너선사, 컨테이너 매출 비중 65%.
		Hapag-Lloyd	HLAG GR	컨테이너 매출 비중 100%
		ZIM Integrated Shipping	ZIM US	미국에 상장된 컨테이너선사 중 최대 규모, 컨테이너 매출 비중 65%
		Matson	MATX US	태평양 노선에 특화됨, 유일하게 미국 국적 선박만 운영하는 미국 선사
		Danaos Corporation	DAC US	그리스 선사, 컨테이너 매출 비중 100%
		HMM	011200 KS	컨테이너 매출 비중 87%, 중국산 선박 비중이 가장 낮음
	가스선	Flex LNG	FLNG US	LNG 수송에 주력, 가장 현대화된 선대 보유
		BW LPG	BWLPG NO	세계 최대 LPG 선대 보유
		Golar LNG Limited	GLNG US	LNG 운송 및 FLNG·FSRU 임대 사업
		Dorian LPG	LPG US	대형 LPG선 위주 운영
		Navigator Holdings	NVGS US	소형 LPG선 위주 운영
		KSS해운	044450 KS	LPG선 위주 운영
육상운송		C.H. Robinson Worldwide	CHRW US	북미 중심 3PL, 4PL 전문 기업
		Expeditors International	EXPD US	북미 기반 포워딩 중심 물류사
		Kuehne + Nagel	KNIN SW	스위스 기반 포워딩 중심 물류사
		Deutsche Post AG(DHL Group)	DHL GR	라스트마일(택배) 매출 비중 22%, 독일 대표 물류사
		UPS	UPS US	익스프레스+그라운드+라스트마일 총괄
		FedEx	FDX US	FedEx Freight 분사 결정, 미국 최대 혼적화물 운송 기업
		Nippon Express Holdings	9147 JP	SCM 매출 비중 97%, 일본 물류사

운송 밸류체인

대분류	소분류	기업명	티커	사업 내용
육상운송		DSV A/S	DSV DC	라스트마일 매출 비중 85%, 덴마크 물류사
		Sinotrans Limited	0598 HK	라스트마일 매출 비중 64%, 중국 물류사
		CJ대한통운	000120 KS	라스트마일 매출 비중 37%
		한진	002320 KS	라스트마일 매출 비중 16%
		현대글로비스	086280 KS	자동차 부품 등 유통 판매업 매출 비중이 47%, 해운 비중은 18%, 2025년 계약부터 캡티브 비중을 낮추고 있음
항공사	FSC	Delta Air Lines	DAL US	세계 최대 항공사
		United Airlines Holdings	UAL US	미국 3대 항공사
		American Airlines Group	AAL US	미국 3대 항공사
		Lufthansa Group	LHA GR	독일 최대 항공사
		International Airlines Group(IAG)	IAG SM	영국 최대 항공사인 British Airways의 모기업
		Air France-KLM	AF FP	프리미엄 및 글로벌 네트워크 중심
		Aeroméxico	AERO US	2020년 파산 극복, 북미와 라틴 노선에 주력
		대한항공	003490 KS	한국 유일 FSC, 시장 신규 노선 개발에 가장 적극적
		아시아나항공	020560 KS	2026년 말까지 대한항공에 통합될 예정
	LCC	Southwest Airlines	LUV US	미국 최대 LCC, B737 단일 기종 운영
		Spirit Airlines	SAVE US	2024년 JetBlue와 합병 무산, 미국 국내 및 카리브해 노선에 주력
		Allegiant Travel Company	ALGT US	부가 수익 비중이 높음, 소도시와 휴양지 노선에 주력
		Ryanair	RYAAY US	아일랜드 LCC, B737 단일 기종 운영
		EasyJet	EZJ LN	유럽 단거리 노선에 주력하는 영국 LCC
		Wizz Air	WIZZ LN	유럽 및 중동 노선을 운영하는 헝가리 LCC
		Cebu Air(Cebu Pacific)	CEB PM	필리핀 국내, 동남아, 동북아 노선에 주력하는 필리핀 LCC
		VietJet Aviation	VJC VN	베트남 국내, 동남아, 동북아 노선에 주력하는 베트남 LCC
		InterGlobe Aviation(IndiGo)	INDIGO IN	인도 최대 항공사, 국내선 시장점유율 64%, 단일 기종 운영
		Capital A(AirAsia Group)	5099 MK	동남아, 중국, 인도 노선에 주력하는 말레이시아 최대 항공사
		AirAsia X	5238 MK	AirAsia의 자회사이며 2025년 중앙아시아 진출
		제주항공	089590 KS	한국 최대 LCC, 단일 기종을 운영하는 등 정통 LCC 모델 실현
		진에어	272450 KS	대한항공 산하 LCC. 아시아나 산하 에어서울, 에어부산과 합병하면 한국 최대 LCC로 거듭날 예정
		티웨이항공	091810 KS	유럽, 북미 등 장거리 취항에 나서며 하이브리드 항공사로 변모, 대명소노가 인수
		에어부산	298690 KS	김해국제공항을 허브로 삼은 유일한 LCC, 아시아나 계열사

항공운송

화물운송

대한항공(한)
아시아나항공(한)
에어인천(한)
Cathay Pacific(홍)
FedEx(미)
UPS(미)

조업사

한국공항(한)
파리공항공단(한)
샤프에비에이션케이(한)
Swissport(스위스)
Fraport(독)

여객운송

Full Service Carrier(FSC)
대한항공(한)
아시아나항공(한)
Delta Airlines(미)
United Continental(미)
Japan Airlines(일)
Air France(프)
Deutsche Lufthansa(독)
American Airlines(미)
ANA Holdings(일)
Cathay Pacific(홍)

Low Cost Carrier(LCC)
제주항공(한)
진에어(한)
티웨이항공(한)
에어프레미아(한)
이스타항공(한)
Spring Airline(중)
Southwest Airlines(미)
Spirit Airlines(미)
Ryan Air(아)

육상운송

라스트마일(택배)

CJ대한통운(한)
한진(한)
Coupang Logistics Service(CLS)(한)
롯데글로벌로지스(한)
우체국택배(한)
UPS(미)
FedEx(미)
DHL(독)
Yamato Holdings(일)
Kuehne+Nagel(스위스)

해상운송

풀필먼트

CJ대한통운(한)
한진(한)
Amazon(미)
FASTO(중)
WEKEEP(한)
POOMGO(한)
Ourbox(한)
DEALBIRD(독)
Coupang Logistics Service(CLS)(한)
Yamato Holdings(일)

벌크선

팬오션(한)
Star Bulk Carriers(그)
Golden Ocean(노)
Safe Bulkers(그)
Mitsui OSK Lines(일)
COSCO(중)
U-Ming(대)

탱커

Frontline(노)
International Seaways(미)
Scorpio Tankers(모)
Okeanis Eco Tankers(그)

가스선

BW LPG(싱)
Dorian LPG(미)
Flex LNG(노)
KSS해운(한)
Qatar Gas Transport(카)

자동차 운반선

현대글로비스(한)
Wallenius Wilhelmsen (노르웨이, 스웨덴)
Gram Car Carriers(노)
Hoegh Autoliners(노)

컨테이너선

HMM(한)
COSCO(중)
A.P. Møller - Mærsk(덴)
Hapag-Lloyd(독)
Evergreen Marine(대)
YangMing(대)
Wan hai Lines(대)
Mitsui OSK Lines(일)
U-Ming(대)
Mediterranean Shipping Company(스위스)
Ocean Network Express(일)
CMA CGM(프)
OOCL(홍)

운송

14장 제약

제약은 고위험·고수익, 다층적 이해가 필수

김준영
제약·바이오

신약 개발, 어디까지 왔을까?

전 세계적으로 인구 고령화와 만성 질환 증가 등에 따라 제약·바이오 산업은 의료와 경제 전반에서 중요성이 지속적으로 확대되고 있다. 기존의 화학합성 의약품 중심에서 단백질·항체 기반의 바이오 의약품, 면역 치료제, 세포·유전자 치료제 등 첨단 치료 영역으로의 전환이 가속화되면서 산업 전반의 기술 장벽과 진입장벽 또한 높아지고 있다. 이에 따라 해당 산업은 연구·개발(R&D) 투자, 규제 정책, 글로벌 허가 트렌드, 유통 및 상환 구조 등에 대한 다층적 이해가 필요한 고위험·고수익 구조를 갖고 있으며, 과학 기술과 자본시장이 가장 밀접하게 연결된 대표적인 혁신 산업으로 자리 잡고 있다.

의약품은 구조적 크기, 안정성, 투여 방식, 작용 기전 등의 차이에 따라 크게 저분자 화합물, 펩타이드, 단백질·항체 등으로 나뉜다. 각각은 고유의 약물 설계 전략과 약동학적 특징을 가지며 적용 가능한 타깃과 적응증, 개발 비용, 생산 기술 등에서 차별점을 보인다.

저분자 화합물은 일반적으로 분자량 500돌턴(Dalton, 분자물질 질량 표시 단위) 이하로서 세포막 투과가 가능해 세포 내 타깃에 도달할 수 있다는 강점을 가진다. 주로 경구 투여가 가능하고, 합성과 구조 변경이 용이해 다양한 신호 전달경로의 조절자로 활용된다. EGFR, BRAF, ALK 등을 타깃으로 하는 티로신 키나제 억제제(TKI)가 대표적이며, 낮은 제조 비용과 경구 복용이라는 장점 덕분에 상업적으로 유리하다. 그러나 선택성이 낮으면 부작용 발생 가능성이 크고, 간 대사와 약물 상호작용 등 약동학적 문제를 고려해야 한다.

펩타이드 의약품은 10~50개가량의 아미노산으로 구성되며 주로 호르몬, 수용체 작용제 또는 억제제로 개발된다. 구조가 단순하면서도 기능성이 높고 타깃 특이성이 높은 경우가 많다. 그러나 체내에서 효소에 쉽게 분해되어 반감기가 짧고, 대부분 경구 투여가 불가능해 주사제가 일반적이다. GLP-1 유사체, GnRH 작용제, 항균 펩타이드 등이 이에 해당한다. 최근에는 지질화, PEG화 등을 통해 안정성과 반감기를 개선하는 기술이 활발히 적용된다.

단백질 및 항체 기반 치료제는 분자량이 가장 크며, 고유한 3차원 구조를 바탕으로 높은 표적 특이성과 결합력을 보인다. 특히 단일 항체는 암세포와 면역 타깃 분자에 대한 정밀한 작용으로 치료 효과가 우수하며 최근에는 이중 항체, 항체약물접합체 등 다양한 형태로 발전하고 있다. 면역 관문 억제제, HER2 항체, 혈우병 치료 단백질 등 다양한 치료군에서 활발히 활용된다. 그러나 생산 공정이 복잡하고, 비용이 높으며, 대부분 주사제로만 투여 가능하다는 단점이 있다. 면역원성 이슈도 여전히 해결 과제로 남아 있다.

구조적 크기별 약물의 특징

구분	저분자 화합물	펩타이드	단백질, 항체
분자 크기	500 Da 이하	수백~수천 Da	수천~수십만 Da (IgG: ~150 kDa)
투여 경로	주로 경구	주사제(피하, 근육)	주사제(정맥, 피하 등)
작용 기전	효소 억제, 수용체 차단/작동 등	수용체 작용제/길항제	항원-항체 결합, 면역작용 유도
주요 예시	게피티닙(EGFR), 임브루비카(BTK)	세마글루타이드(GLP-1), 류프롤린(GnRH)	허셉틴(HER2), 키트루다(PD-1), 에포틴(ESA)
장점	경구 가능, 비용 낮음, 세포내 타깃 가능	타깃 특이성 우수, 합성 비교적 쉬움	고특이성, 장기 작용, 다양한 면역 작용 유도
단점	오프타깃 부작용, 약물상호작용, 대사 민감	경구 투여 불가, 짧은 반감기, 분해 쉬움	고비용, 복잡한 생산, 면역원성, 투여 불편
적응증 예시	암, 감염, 고혈압 등	대사질환, 호르몬 질환	암, 자가면역질환, 혈액질환 등

항암제는 시대와 과학의 발전에 따라 치료 전략, 작용 기전, 선택성, 독성 프로파일 등이 진화해왔으며, 일반적으로 1세대 화학항암제, 2세대 표적항암제, 3세대 면역항암제로 구분된다. 각 세대는 고유한 기전과 치료 패러다임을 형성하며 암 치료의 효과와 환자 삶의 질 향상에 기여해왔다.

1세대 항암제는 주로 세포독성 항암제로 구성되며, 빠르게 분열하는 세포를 비특이적으로 공격한다. 알킬화제, 탁산계, 안트라사이클린계 등이 이에 속한다. 다양한 고형암과 혈액암에서 치료 효과를 입증했지만 암세포뿐 아니라 골수, 모낭, 위장관 상피 등 정상 세포에도 독성을 유발하여 골수 기능 억제, 탈모, 심한 구토 등의 부작용이 불가피하다. 또한 내성 발생률이 높고, 반복 투여 시 누적 독성으로 장기 치료에 제한이 따른다. 그럼에도 불구하고 병용요법의 기초를 형성하며 현재까지도 주요 치료 옵션으로 사용된다.

2세대 항암제는 특정 유전자 변이나 단백질 신호 전달 경로를 선택적으로 억제하는 표적항암제다. EGFR, HER2, BRAF, ALK 등을 억제하는 저분자 화합물 및 단일 항체가 대표적이다. 암세포의 생존과 증식에 필수적인 경로를 차단함으로써 비정상적인 세포 성장만을 선택적으로 억제하는 것이 가능

세대별 항암제의 작용 원리 비교

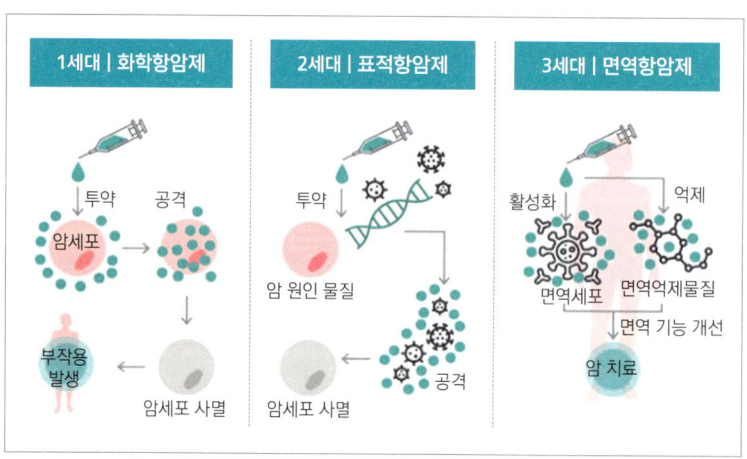

출처: 국가암정보센터

해졌다. 1세대에 비해 전반적인 부작용 프로파일이 개선되었으며, 분자 진단 기술의 발전과 함께 환자 맞춤 치료가 가능해졌다. 그러나 돌연변이 발생으로 인한 약물 내성이 주요 한계여서 치료 반응이 수개월에서 수년 내에 소실되는 경우가 많다. 또한 고비용과 일부 부작용(EGFR 억제제의 피부 독성, 혈관 신생 억제제의 고혈압 등) 역시 임상적으로 관리가 필요하다.

3세대 항암제는 면역항암제로 대표되며, 환자의 면역 체계를 활성화하여 암세포를 인식하고 제거하도록 유도한다. PD-1, PD-L1, CTLA-4 등을 억제하는 면역 관문 억제제가 대표적이며, 일부 환자에서 장기 생존을 유도할 수 있다는 점에서 기존 치료제와 차별화된다. 특히 비소세포폐암, 흑색종, 신세포암 등에서 기존 치료제가 실패한 환자에서도 치료 반응이 관찰되며, 일부에서는 치료 종료 이후에도 면역 기억을 통한 반응 지속이 가능하다. 그러나 치료 반응률은 특정 바이오마커(PD-L1 발현 등)에 의존적이며, 면역 관련 부작용으로 이어질 수 있어 면밀한 모니터링이 필요하다. 또한 면역이 억제된 환자나 자가면역질환이 있는 환자에게는 사용이 제한될 수 있다.

단일 항체(monoclonal antibody)는 하나의 항원을 타깃으로 정제된 항체 치료제다. 주로 세포 표면 수용체나 사이토카인을 억제하거나, 면역세포를 종양 세포로 유도해 살상 작용을 유발한다. 대표적으로 HER2를 표적하는 로슈(Roche)의 허셉틴, MSD의 PD-1 억제제인 키트루다 등이 있다. 장점은 높은 특이성과 비교적 예측 가능한 안전성 프로파일, 긴 반감기인 반면에, 단일 타깃만 가능해 저항성 암에서는 한계가 있고 정맥 또는 피하 투여에 의존한다는 제약이 있다.

이중 항체(bispecific antibody)는 두 개의 서로 다른 항원을 동시에 인식하는 항체로, 주로 종양 세포와 면역세포를 연결해 면역 살상을 유도한다. 대표 약물로는 로슈의 바비스모, 존슨앤존슨(Johnson & Johnson)의 리브레반트, 아케소(Akeso)·서밋(Summit)의 PD-1×VEGF 이중 항체 등이 있다. 두 타깃을 동시에 조절함으로써 시너지 효과를 낼 수 있지만 약물 구조 안정성과 생산이 기술적으로 복잡한 단점이 있다.

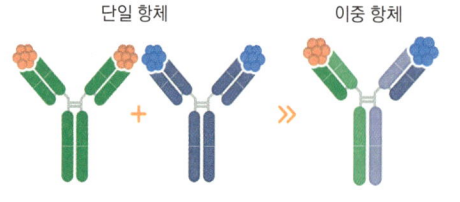
단일 항체와 이중 항체 (출처: 셀트리온)

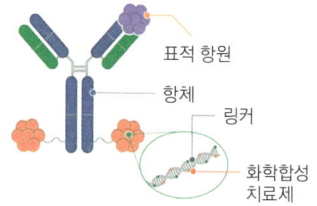
ADC 구성 요소 (출처: 셀트리온)

항체약물접합체(Antibody-Drug Conjugate, ADC)는 타깃 특이적인 항체에 독성·효능이 높은 약물을 링커로 결합한 복합체다. 항체가 암세포와 결합하면 세포 내로 유입되어 약물이 방출되고 세포 사멸을 유도한다. ADC에는 아스트라제네카(AstraZeneca)의 엔허투, 화이자(Pfizer)의 애드세트리스 등이 있다. 기존 세포 독성 약물보다 선택성이 높아 독성을 줄일 수 있으나, 타깃 발현이 낮은 환자에서는 효과가 떨어지고, 예상 외 독성 발생 가능성이 있다.

세포·유전자치료제(Cell Gene Therapy, CGT)는 유전자 전달 벡터(AAV, 렌티바이러스)를 이용해 특정 유전자를 삽입하거나 교정하는 방식이다. 유전질환 치료에 혁신적 전기를 마련했으며 노바티스(Novatis)의 졸겐스마, 럭스터나 등이 승인된 바 있다. 한 번의 치료로 지속적인 효과를 기대할 수 있지만 생산 비용과 규제 허들이 높고, 면역 반응 및 장기 안정성, 표적 정확도 등에서 여전히 개선이 요구된다.

CAR-T 세포치료제(Chimeric Antigen Receptor T-cell)는 CGT 중 하나로 환자 혹은 공여자의 T세포에 암세포 특이 수용체(CAR)를 발현시켜 종양 세포를 직접 공격하도록 재프로그래밍한 세포치료제다. 혈액암에서 완전 관해(CR)를 유도한 사례가 다수 보고되어 주목받았으며 대표적으로 노바티스의 킴리아, 길리어드(Gilead)의 예스카타 등이 있다. 단일 투여로 장기 생존이 가능한 혁신적 치료법이나, 제조 기간이 길고 비용이 매우 높으며, 사이토카인 방출 증후군과 신경 독성 등 면역 관련 부작용이 치명적일 수 있다.

임상시험 수탁기관 M&A 바람

신약을 환자에게 사용하기 위해서는 약물의 효능과 부작용을 입증해야 한다. 이런 증명 과정은 임상 연구를 통해 진행하며 임상 연구는 크게 비임상·전임상, 임상 1상, 임상 2상, 임상 3상, 임상 4상의 5단계로 나뉜다.

비임상·전임상 연구는 국제의약품규제조화위원회(ICH) 가이드라인 내 일부(M3, S1-S11 등)를 따르게 된다. ICH 가이드라인은 비임상 안전성 평가 시 임상시험 진입 시점과 범위에 필요한 전임상 시험의 종류와 시기를 국제적으로 규정한 가이드라인이며 미국과 유럽 등 모든 ICH 회원국에서 공통 규제 기준으로 사용된다.

비임상 연구는 약물 탐색, 선도 물질 최적화 등 과정을 진행한다. 약물 탐색은 타깃 선정에서 시작한다. 타깃 설정이 명확하지 않으면 그로 인한 부작용이 발생할 수 있어 중요한 과정이며, 임상적으로 증명된 타깃을 선택할 경우 Best-in-class 가능성을, 증명이 되지 않은 타깃을 선택할 경우 First-in-class 가능성을 기대할 수 있다.

타깃 설정·검증 이후 선도 물질 도출 및 최적화 과정을 거치게 된다. 이 과정은 여러 요소를 고려하며 진행하는데 대표적으로 체내 물질과의 상호 작용 최소화, 제형, 약동학·약리학적 요소, 대량 생산 과정을 고려하여 약

임상 연구 로드맵

의약품 연구 개발						상업화	
의약품 발견	의약품 개발					제조	판매
후보 물질	기초 연구 (비임상 실험 및 제제화 연구)	임상 연구(임상시험)			허가	생산	판매
		1상	2상	3상			
		기간: 수개월~1년 대상: 20~80명	1년~2년 100~300명	3년~5년 1000~5000명			

출처: 국가임상시험지원재단

5,000~10,000개의 후보 물질에서 최종 후보 물질을 도출한다.

이후 도출된 후보 약물이 임상 연구에 충분히 안전한지 여부를 판단하기 위해 실험실에서 동물실험을 진행한다. 이를 전임상 연구라 한다. 약동학·약리학 데이터와 독성 연구 결과를 얻기 위해 보통 쥐 등의 설치류와 원숭이, 비글견 등 비설치류 동물 모델을 통해 연구를 진행한다. 임상 승인을 받기 위해서는 최소 한 종의 GLP(Good Laboratory Practice) 반복 투여 독성 시험 결과가 필요하며 GLP 인증기관에서 연구가 진행되어야 한다. GLP 기준이 아닌 결과는 인정되지 않거나 보완 요구를 받을 수 있다.

전임상 결과를 바탕으로 미국 식품의약국(FDA) 등 규제기관에 임상시험 계획 승인신청(IND)을 제출하고, 승인받을 경우 임상 연구를 진행하게 된다. 임상 1상은 신약을 처음으로 사람에게 투여하는 단계로서 소수(20~80명) 인원을 대상으로 안전성, 약동학·약리학, 최대허용용량(MTD), 용량제한독성(DLT) 등을 확인하는 것을 주요 목적으로 한다. 항암제는 기존 치료 옵션을 실패한 말기 환자, 비항암제는 건강한 성인 대상으로 주로 진행된다.

임상 1상은 1a상과 1b상으로 나눠 진행하는 경우도 있다. 1a상은 단일용량상승시험(Single Ascending Dose study, SAD)으로서 1회 투여한 후 안전성, 약동학·약리학적 요소, 내약성을 평가하고, 이후 임상 개발을 위한 적정 용량(RP2D)을 도출하기 위한 용량 증량 연구다. 1b상은 다중용량상승시험(Multiple Ascending Dose study, MAD)으로서 적정 용량을 여러 번 투여한 후 초기 효능, 안전성, 약동학·약리학 데이터를 탐색하는 용량 확장 연구다.

임상 2상은 소규모(100~200명) 환자를 대상으로 약물의 약효와 부작용을 평가하고, 유효성을 검증하고, 약물의 최적 용량과 용법을 결정하는 단계이며, 2a상과 2b상으로 구분하는 경우도 존재한다. 임상 2a상은 보통 파일럿 스터디로 허가의 핵심이 되는 임상 연구(임상 2b, 3상)가 아니며 효과의 증거를 찾는 것이 목적이기에, 반드시 허가 기관이 인정하는 변수를 사용하지 않아도 된다. 임상 연구 설계 측면에서도 여러 가지 디자인 사용이 가능하다. 임상 2b상은 임상 3상과 함께 허가의 핵심이 되는 임상 연구이니, 변수는 허가

기관에서 인정하는 검증된 지표를 사용해야 한다.

임상 3상은 대규모(수백~수천 명) 환자를 대상으로 약물의 안정성과 유효성을 대조약과 비교 검토하여 효능 효과, 용법과 용량, 장기 투여 시의 안정성 등을 결정하는 단계다. 이전 임상 단계에서 누적된 데이터 및 허가 기관이 요구하는 임상 지표를 참고하여 임상 연구 디자인을 설계하며 임상적, 통계적 유의성을 바탕으로 검증하는 연구다.

임상 4상은 시판 후 조사(Post Market Surveillance, PMS) 단계로 장기 투여 데이터 등 제한적인 임상시험에서 파악할 수 없었던 부작용이나 예상치 못했던 새로운 적응증을 발견하기 위한 연구다. 일례로 머크의 바이옥스는 1999년 진통 및 소염 효과를 바탕으로 해서 관절염 치료제로 시판되었으나 2004년 장기간 사용 시 심장마비 및 뇌졸중 위험 증가에 대한 우려로 시장에서 철수한 바 있다.

또한 현재 탈모 치료제로 많이 사용되는 미녹시딜은 1979년 고혈압 치료제로 승인받았으나 이후 털이 많이 나는 다모증 부작용이 발견되며 1988년 국소 탈모 치료제로 승인받았다.

이런 임상 연구 설계와 수행 능력에 따라 임상 성공 여부를 결정할 수 있기에 임상 연구를 전문으로 진행하는 임상시험 수탁기관(Clinical Research Organization, CRO)이 존재한다. CRO는 임상시험 목적 설정, 시험 모집단 선정, 적절한 평가 변수 및 결과 측정값 선택 등 임상시험 설계를 지원한다. 업무는 임상 프로젝트 관리, 임상시험기관 선정, 환자 모집, 시험기관 모니터링, 데이터 분석 등이다.

현재 글로벌 CRO는 아이큐비아(IQVIA), 아이콘(ICON), 파렉셀(Parexel), PPD, 시네오스(Syneos health) 등이 있다. 2021년 2월 당시 글로벌 CRO 7위인 아이콘과 5위인 PRA가 120억 달러 규모의 인수·합병(M&A)을 발표했고, 2021년 4월 글로벌 시약 및 장비 서비스 업체인 써모피셔(Thermo Fisher Scientific)가 PPD를 인수했다. 또한 파렉셀은 2021년 말 골드만삭스와 EQT 사모펀드에 인수되었다.

위탁 개발·생산 각광

CDMO(Contract Development and Manufacturing Organization)는 의약품 개발, 분석, 제조 서비스를 통합하여 제공하는 위탁서비스 제공사다. 전통적인 합성 의약품, 제네릭 분야도 포함되나 급성장 중인 바이오 의약품 개발·생산을 지칭하는 경우가 많다. 바이오 의약품 생산 과정은 연구·개발, 임상 시료 생산, 상업제품 생산 단계로 나눌 수 있으며 단계별, 모달리티(항체, ADC, 세포치료제 등)별로 위탁서비스를 제공한다.

CDMO는 위탁생산(Contract Manufacturing Organization, CMO)과 위탁개발(Contract Development Organization, CDO)로 나눌 수 있다. 의약품 생산을 위한 연구·개발부터 판매까지의 단계 공정 개발과 공장 건설에는 천문학적인 비용과 시간이 소요되니 소규모 바이오테크와 글로벌 제약사가 모든 과정을 단독으로 진행하기에는 부담이 될 수밖에 없다. 또한 국가별 허가 기관에서 약물을 승인할 때 약물의 효능과 부작용뿐만 아니라 생산 관련한 CMC(Chemistry, Manufacturing, Control) 또한 필수적으로 요구하는 사항이기에 CDMO의 역량 또한 신약 승인에 매우 중요하다.

CMO 사업은 고객사로부터 수주받은 의약품을 전문적으로 생산하는 사업으로서 원료의약품(Active Pharmaceutical Ingredient, API), 의약품 중간체(DS), 완제의약품(DP) 제조 및 포장의 범위로 분류할 수 있다. 화학 합성 또는 생물학적 절차를 통해 만들어지고 약효가 존재하는 주요 물질인 원료의약품을 통상적으로 DS라고 한다. 1개 또는 1개 이상의 원료의약품을 가지고 제제 연구를 통해 생산되어 환자에게 투여될 완제품은 완제의약품이라고 정의한다.

생산에 초점을 맞춘 CMO와 달리 CDO는 의약품 생산을 위한 세포주(cell-line)부터 초기 임상까지 개발 서비스를 제공하는 연구·개발에 초점을 맞춘다. 후보 물질 발굴 후 위탁 개발을 의뢰할 경우 세포주 개발에 착수하며 이후 공정, 제형, 분석법 개발을 진행하게 된다. 삼성바이오로직스의 에스초이스(S-CHOice), 에스셀러레이트(S-Cellerate), 이중 항체 플랫폼 에스듀얼

CRDMO가 제공하는 서비스

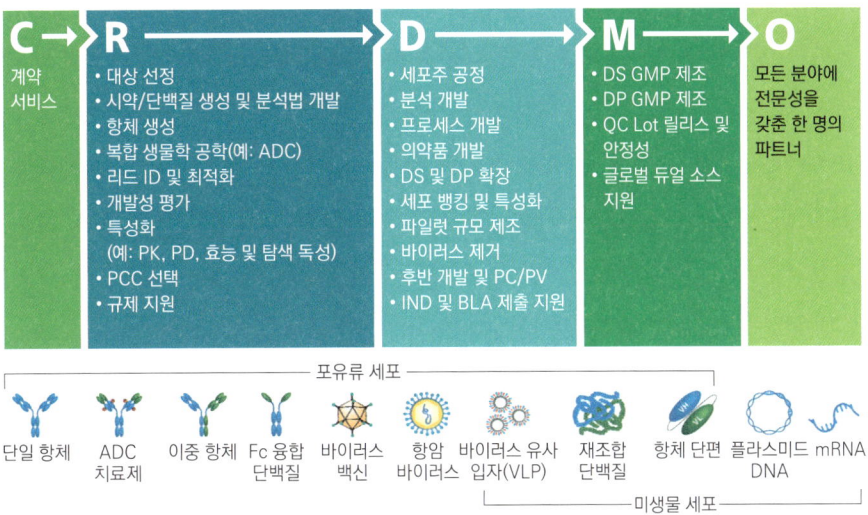

출처: WuXi Biologics

(S-DUAL) 등이 CDO 기술이 적용된 사례다.

신약 허가 프로세스의 이해

미국에서 새로운 의약품을 출시하기 위해서는 FDA의 허가를 반드시 받아야 하며, 이 절차는 과학적 근거와 규제 요건을 충족하는지 여부에 따라 엄격하게 진행된다. FDA의 신약 승인 절차는 임상 연구 진행 후 신약 허가 신청서(New Drug Application, NDA), 또는 생물의약품은 BLA(Biologics License Application)를 제출하는 방식으로 구성된다. 신청 이후에는 FDA의 정식 심사와 질의 응답, 보완 자료 요청 등 복잡한 규제적 검토 단계를 거치게 된다.

FDA는 허가 신청서를 접수한 뒤 먼저 이를 검토할 심사 기간을 설정한다. 가장 일반적인 방식은 일반 심사이며 접수일부터 약 10개월간 심사한다. 그러나 해당 약물이 기존 치료제보다 유의미한 개선 가능성이 있거나, 생명을 위협하는 중대한 질환을 치료할 수 있다고 판단되면, FDA는 이를 우선 심사 대상으로 지정할 수 있으며, 이 경우 심사 기간은 6개월로 단축된다.

이 외에도 FDA는 신약 개발을 촉진하기 위해 몇 가지 특별한 심사 및 개발 지정 제도를 운영한다. 그중 하나가 혁신의약품 지정이다. 이는 중대한 질환을 대상으로 한 치료제 중에서 초기 임상에서 기존 치료법에 비해 현저한 효과를 보인 경우 FDA가 지정하는 것으로, 지정되면 심사 부서와의 밀착 협의, 임상시험 설계 지원, 검토 인력 우선 배정 등의 혜택을 받을 수 있다.

비슷한 제도로는 패스트트랙이 있으며, 이는 중대한 의학적 미충족 수요를 해소할 가능성이 있는 신약을 개발하는 경우에 부여된다. 패스트트랙으로 지정되면 NDA나 BLA를 완성 후 한 번에 제출하는 것이 아니라, 준비되는 대로 나눠서 단계적으로 제출할 수 있다. 심사 개시 시점이 당겨지니 개발 기간이 크게 단축된다.

더 적극적인 조기 상업화 전략이 필요한 경우에는 가속 승인 제도를 활용할 수 있다. 이는 임상 시험에서 장기간 소요되는 지표가 아니라 보다 짧은 기간 내에 확인 가능한 대체 지표를 기반으로 조건부 승인을 내리는 방식이다. 주로 암과 희귀질환 치료제에서 활용되며, 승인 이후 반드시 후속 임상을 통해 효능을 입증해야 한다. 만약 후속 시험에서 임상적 유효성이 확인되지 않으면, FDA는 이미 승인된 약물도 시판 허가를 철회할 수 있다.

한편 희귀질환 치료제라면 FDA의 희귀의약품 지정을 신청할 수 있다. 이 제도는 미국 내 환자가 20만 명 미만인 질환을 대상으로 하며, 승인 시 최장 7년간 해당 적응증에 대해 독점적 시장권을 부여받을 수 있다. 여기에 더해 사용자 수수료 면제, 개발비 세액공제, FDA의 기술 자문 등 다양한 인센티브가 제공되어, 소수 환자에 대한 치료제의 경제성을 높이는 데 기여한다.

그러나 이처럼 다양한 지정 제도와 신속 심사 기회를 활용하더라도 모든 신약이 허가를 받을 수 있는 것은 아니다. FDA는 심사 결과 신청된 약물에 대해 허가가 불가능하다고 판단되면, 이를 명확히 문서화하여 완전 응답 서한(Complete Response Letter, CRL)이라는 형태로 신청자에게 통보한다. CRL은

FDA 신약 허가 제도별 특징

프로그램 성격	패스트트랙	혁신의약품	가속 승인	우선 심사
지정 대상 요건	• 중증 질병상태 치료제로써 미충족 의료 수요에 도움이 될 수 있는 가능성을 시사하는 비임상 또는 임상 자료 제시 • 특정 감염질환 관련 의약품	중증 질병상태 치료제로써 임상적 증거가 기존의 치료보다 크게 향상될 수 있는 경우	중증 질병상태 치료제로써 의미 있는 효과가 있고 임상적 지표를 대리판정지표로 사용할 수 있으며 이 지표가 예후와 관계가 있는 경우	• 중증 질병상태 치료제로써 허가를 신청한 의약품으로 허가 시 안전성이 유효성 측면에서 우려할 점이 거의 없을 경우 • 임상시험 연구 결과로써 중대한 치료적 이점을 입증하는 경우 • 적정 치료제가 없거나 현행 치료군 치료의 효과가 미미한 경우 • PRV*로 허가 심의가 진행된 경우
신청 시기	• IND 제출 시 혹은 이후 • pre-BLA나 pre-NDA meeting 전 요청이 이상적	• IND 제출 시 혹은 이후 • End-of-phase 2 meeting 전이 이상적	• 개발 제약회사 측에서 개발경정 시에 사용에 대해 허가심의부와 사전 논의 • 또는 허가에 토대가 되는 자료에 포함된 임상시험에 대한 논의	최소 BLA, NDA 신청 혹은 유효성 추가 자료 제출 시
FDA 답변 시기	접수 후 업무 일수 60일 이내	접수 후 업무 일수 60일 이내		접수 후 업무 일수 60일 이내
특징점	• 개발 및 심의의 신속성 • Rolling review	• 효율적인 신약 개발 프로그램을 위한 종합적 지원 및 가이던스 • 심의 신속성	대리표지자 또는 임상적 이득의 예측이 가능하다고 증명한 임상지표로 판단한 효과에 근거한 허가 절차	신약 허가 심의 기간 단축 (기존 10개월에서 6개월로 단축)
추가 고려 사항	충족 요건 미달 판정 시 지정 철회 가능	충족 요건 지속 여부에 미달된다고 판단 시 지정 철회 가능	• Promotional materials • 비가격적 이환율이나 사망률 또는 다른 임상적 이득에 대한 임상시험을 수행하기 위한 절차 협의 사항	최초 허가 제출 시나 추가 유효성 자료 제출 시 지정
비고				*Priority review voucher(PRV): 치료제 개발이 꺼려지는 질병군의 치료제를 개발한 회사에 제공되는 priority review 기회 바우처로 혜택을 받은 회사에서 활용하거나 다른 회사에 판매할 수 있음

출처: FDA, FDC 법제연구소

단순한 거절 통지가 아니라, FDA가 승인 불가 결정을 내린 구체적인 사유(임상 데이터 부족, 생산 품질 관리 문제, 추가 독성 정보 필요 등)를 항목별로 상세히 명시한다. CRL을 수령한 제약사는 이를 바탕으로 보완 자료를 제출하거나 추가 임상을 설계해야 하며, 일부 경우에는 새로운 허가신청서를 다시 제출해야 할 수도 있다. 이처럼 CRL은 시장 진입을 지연시키는 주요 요소이지만, 동시에 FDA가 허가를 고려하고 있다는 신호로 해석되기도 한다는 점에서 전략적 대응이 필요한 문서다.

결국 FDA의 신약 허가 시스템은 표준화된 경로와 함께 다양한 유연성을 제공하지만, 동시에 과학적·규제적 기준에 근거한 고도의 검증 체계이기도 하다. 제약사는 각 제도의 요건과 혜택을 정확히 이해하고, 임상 결과와 질환 특성을 바탕으로 전략적으로 조합함으로써, 허가 가능성을 극대화하고 시장 진입 속도를 높일 수 있다. CRL 수령 여부까지 염두에 둔 허가 전략의 수립은 특히 혁신의약품과 희귀의약품 개발에 필수적인 요소로 작용한다.

미국 약품 유통, 구조를 알아야

미국은 전 세계에서 가장 크고 정교한 의약품 유통 시스템을 보유하고 있다. 단순한 약물 판매를 넘어서 유통은 미국 시장 진출의 핵심 전략으로 자리 잡고 있으며 도매 유통사, 약국, 보험사, 처방약 급여 관리회사(Pharmacy Benefit Manager, PBM), 공동구매조직(GPO) 등 다양한 이해관계자가 유기적으로 연결되어 있다. 의약품이 제조사에서 출발해 환자에게 도달하기까지는 단일한 유통 흐름이 아니라 수직계열화, 물류 위탁, 급여 설계, 처방 경로 통제 등 다층적 구조를 거치게 된다.

특히 리베이트 기반의 처방 목록 등재 구조, 의약품 공급망 보안법(Drug Supply Chain Security Act, DSCSA)에 기반한 의약품 추적 체계, 고도화된 콜드체인 물류 등은 미국 유통시장만의 고유한 복잡성을 형성하고 있다. 유통을 단순 물리적 물류로 이해하는 접근은 제한적이며, 미국 시장에서는 유통 자체가 시장 접근의 중요한 축이라는 점을 인지해야 한다.

　미국의 도매 유통시장은 매케슨(McKesson), 카디널헬스(Cardinal Health), 센코라(Cencora)의 3개 기업이 전체 유통량의 약 95%를 점유하고 있다. 이들은 단순 물류회사가 아니라 제조사와 PBM, 조제처를 연결하는 전략적 중개자이며 제품 보관, 재고 관리, 보험 청구 데이터 제공, 리베이트 정산 지원 등 복합적 서비스를 수행한다.

　이들 도매 유통사는 수천 개의 병원 및 약국 체인과 계약을 체결하고 있으며, 제조사는 이들의 유통망을 통해 단일 경로로 미국 전역에 제품을 공급할 수 있다. 이와 같은 구조 덕분에 미국 의약품 유통은 대규모 계약 기반의 집중 구조를 형성하며, 이는 가격 협상력과 리베이트 설계에서 도매 유통사의 영향력을 강화하는 요소로 작용한다.

　특수 의약품과 특수 유통사에 대한 공식적인 정의는 없으나 고가의 항체의약품과 희귀의약품, 냉장 보관이 필요한 제품은 보통 특수 의약품으로 분류되며 특수 유통사를 통해 유통된다. 이는 특수 유통사에만 유통 권한을 주고 유통망의 품질, 환자 추적, 투여 모니터링까지 관리하는 구조다. 반면에 대중적 제품과 제네릭은 GPO와 연계된 다수 유통사에 분산 공급되며 가격 중심의 경쟁 구도로 전개된다.

　미국에서 제조사와 도매 유통사의 계약은 크게 두 가지 방식으로 나뉜다. 바로 타이틀 모델(Title Model)과 논타이틀 모델(Non-title Model)이다. 타이틀 모델에서는 도매 유통사가 공급받은 제품에 대한 재고 소유권을 가지며 해당 재고가 병원, 약국, 또는 기타 조제기관으로 이동하는 동안 발생할 수 있는 파손, 반품, 유효기간 만료 등의 리스크를 함께 부담한다. 이 계약 구조에서 제조사는 제품이 유통사에 넘어간 시점에 매출을 인식할 수 있어 회계 측면에서 비교적 유리한 구조로 평가된다. 실제로 매출 인식 시점이 명확해지기 때문에 상장사와 대형 제약사는 이 모델을 선호하는 경우가 많다.

　반면, 논타이틀 모델에서는 재고의 소유권이 끝까지 제조사에 남아 있다.

유통사는 창고 보관, 운송, 고객 대응 등의 물류 행위만을 대행하고, 재고의 손실이나 만료 등 재무적 리스크는 제조사가 부담한다. 이 구조에서 제조사는 실제로 병원이나 약국에 제품이 납품되기 전까지는 매출로 인식할 수 없지만, 대신 유통사에 높은 마진을 줄 필요가 없고 재고 운용의 통제권을 보다 강하게 유지할 수 있다. 특히 희귀질환 치료제나 한정된 처방 구조를 가진 제품의 경우, 이와 같은 모델을 통해 시장을 정교하게 통제하려는 시도가 늘어나고 있다.

이러한 유통 계약이 실질적으로 운영되는 방식은 제삼자 물류 시스템과 밀접하게 연동된다. 제삼자 물류는 제품의 입고, 창고 보관, 운송, 배송, 재고 관리까지를 통합적으로 운영하며, 미국 유통 구조에서 필수적으로 활용되는 물류 체계다. 제삼자 물류 대부분은 FDA의 GMP(Good Manufacturing Practice) 기준을 만족하는 창고 설비를 갖추고 있으며 온도·습도 조절, 자동화된 재고 관리 시스템, 콜드체인 설비 등 고도화된 인프라를 기반으로 운영된다.

특히 생물학적 제제, 세포 유전자 치료제, 백신 등 고가의 특수 의약품은 운송 중 온도나 습도 변화에 민감하기 때문에, 제삼자 물류사는 로트 기반의 온

미국의 의약품 유통 구조

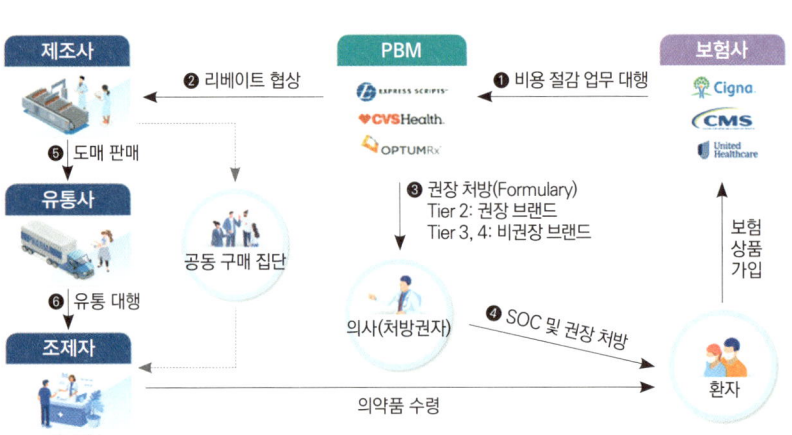

출처: 한국제약바이오협회

도 모니터링 장치를 활용하여 실시간 추적 기능을 제공한다. 만일 배송 중 설정된 온도 범위를 벗어나는 상황이 발생할 경우, 자동 알람 시스템을 통해 제조사 및 수령 기관에 즉시 통보하고, 교체 절차나 리콜을 진행할 수 있는 체계를 갖추고 있다.

또한 미국에서는 의약품 공급망 보안법(DSCSA)에 따라 모든 처방 의약품에 고유 일련번호를 부여하며 제조사부터 도매사, 약국, 환자에 이르기까지 모든 유통 이력을 전자적으로 추적할 수 있어야 한다. 이를 위해 유통사는 일련번호 부여, 제품 묶음 추적, 전자 이력서 시스템을 구축하고 FDA 기준에 따라 제품 단위별 데이터를 교환해야 한다. 이 또한 제삼자 물류사가 대신 수행하거나, 전문 IT 시스템과 연계된 유통사가 직접 관리한다.

미국에서 조제사는 단순히 약을 조제하는 직능을 의미하는 것이 아니라, 의약품 공급망상에서 환자에게 최종적으로 의약품을 제공하고 보험 청구 및 비용 정산이 이뤄지는 물리적 지점을 포괄하는 개념이다. 약국, 병원 약제부, 특수 약국, 홈인퓨전 서비스 제공자(Home infusion provider) 등이 모두 포함된다. 다시 말해 미국 유통 구조에서 조제사는 물리적 또는 조직적 단위로서 의약품을 환자에게 전달하고 해당 거래를 보험사 또는 PBM과 연결 짓는 현장 접점의 최전선이라 할 수 있다.

조제사의 가장 기본적인 역할은 환자의 처방전을 기반으로 의약품을 정확히 조제하고 복약 지도 및 약물 복용 교육을 제공하는 것이다. 그러나 오늘날 미국의 조제사는 단순한 약물 공급자 이상의 기능을 수행한다. 환자 복약 순응도 모니터링, 만성질환 관리 교육, 백신 접종, 보험 사전 승인 요청 대행, 실시간 보험 적용 확인 등의 서비스 기반 기능이 확대되었으며, 특히 코로나19 팬데믹 이후에는 지역 의료 공급자 역할로 주목받기도 했다.

조제사는 운영 주체나 기능에 따라 여러 유형으로 구분된다. 가장 일반적인 형태는 커뮤니티 리테일 약국으로서 CVS, 월그린(Walgreens), 월마트(Walmart)와 같은 대형 체인의 약국이 여기에 해당한다. 이들은 PBM과 직접 계약을 체결하여 처방약 공급과 보험 청구를 자동화 시스템으로 처리하며,

일부는 PBM 및 보험사와 수직계열화된 구조(CVS 케어마크 – CVS 파마시 – 애트나 등)를 갖추기도 한다.

또한 병원, 클리닉 및 약국은 입원 환자 또는 외래 환자에게 직접 약물을 조제하거나 투여하며, GPO와의 구매 계약을 통해 물류비를 절감하고, 내부 전자의무기록(EMR) 시스템과 연동된 조제 및 투약 시스템을 운영한다. 이들은 복잡한 주사제나 고위험 약물을 다루는 경우가 많아, 조제 기능뿐 아니라 의료팀과의 협업을 통한 치료 경로 설계의 일부로 참여하기도 한다.

특수 약국은 고가의 생물학 제제, 암 치료제, 희귀질환 치료제 등 표준 약국에서 다루기 어려운 제품을 전문으로 다루는 조제처다. 환자 모니터링, 정기 투약 일정 관리, 보험 사전 승인, 전용 상담 센터 운영 등 고도의 부가 서비스를 제공하며 PBM이 직접 운영하는 경우도 많다. 일부 특수 의약품은 특정 특수 약국을 통해서만 조제가 가능하도록 제조사가 유통을 제한하는 경우도 있다.

마지막으로 홈인퓨전 제공자는 주사제 투약이 필요한 환자를 대상으로 가정 내 방문 투약 서비스와 함께 약물을 공급하는 형태로, 특히 암환자, 중증 면역질환 환자 대상 치료에 특화되어 있다.

이처럼 조제사는 단순한 약 판매처가 아니라 미국 의약품 유통과 급여 체계의 마지막 관문이자 실질적인 환자 접점으로 기능하고 있다. 조제처의 유형에 따라 유통 구조, 보험 환급 구조, 제조사의 유통 전략이 달라지므로, 시장 진입을 고려할 때 타깃 환자군이 주로 어떤 조제 네트워크를 이용하는지에 대한 사전 분석이 필수적이다. 특히 특수 의약품 진출을 고려하는 경우, 사전에 특수 약국과의 계약 및 환자 모니터링 체계를 포함한 조제 전략을 수립하지 않으면 시장 접근 자체가 불가능할 수 있다.

미국 의료비가 비싼 진짜 이유

미국의 보건의료 시스템은 공보험과 사보험이 병행 운용되는 이중 구조를 가지고 있다. 이는 의료비 지불, 의약품 접근성, 보험 등재 및 가격 구조 등에 복잡한 영향을 미치며, 제약사가 시장 진입 전략을 수립할 때 반드시 고려해야 할 요소다. 특히 의약품 유통시장과 밀접하게 연계되는 요소로는 메디케어(Medicare), 메디케이드(Medicaid) 같은 정부 주도의 공보험과, PBM 중심의 민간 보험 시스템이 대표적이다.

메디케어는 주로 65세 이상 고령자, 말기 신장질환자, 루게릭병 환자 등을 대상으로 하는 연방정부 차원의 공공 건강보험 제도다. 단일 프로그램으로 보이지만 실제로는 네 파트로 구성된다. 파트 A는 입원 치료, 요양시설 등의 비용을 보장하고 파트 B는 외래 진료와 병원 내 사용되는 주사제, 항암제, 백신과 같은 일부 약제를 보장한다. 파트 C는 파트 A와 B의 혜택을 민간 보험사가 대신 관리하는 구조로 민간 건강보험의 형태를 띠며 약가, 네트워크, 약국 선택 등의 유연성이 크다.

파트 D는 처방 의약품을 보장하며 민간 보험사 혹은 PBM이 운영을 위탁받는다. 제약사 입장에서 가장 중요한 파트로, 이 파트에 포함되지 않으면 환자의 약가 부담이 높아져 사용량이 급격히 줄 수 있다. 파트 D에서 환자 본인 부담금에 대한 2,000달러 상한 제도가 2025년에 도입되면 고가 의약품 접근성이 크게 높아진다. 동시에 메디케어는 의약품 가격 협상권 확대와 같은 제도 변화를 통해 약가 인하 압력을 강화하고 있다.

메디케이드는 저소득층, 임산부, 장애인, 아동 등 사회적 취약계층을 보호하기 위한 정부 프로그램으로, 연방정부와 주정부가 공동으로 운영한다. 주정부의 재량에 따라 약제 보장 범위나 리베이트 구조가 달라지기 때문에 제조사는 50개 주별 대응 전략이 필요하다.

메디케이드는 최저 보장 가격 제도를 적용하는 유일한 보험 체계다. 이는 제약사가 다른 민간 보험사나 PBM에 제공한 가장 낮은 가격보다 메디케이드에 더 비싸게 제공해서는 안 된다는 원칙이다. 제약사는 의무적으로 리베이트를 제공해야 하며, 이는 제품의 등재 가격 대비 실제 수취 단가를 크게 낮추는 구조로 작용한다.

주정부는 약물 선택과 리베이트 협상을 독자적으로 수행할 수 있다. 일부 주는 PBM을 통해 메디케이드 약제 관리를 위탁하기도 하며, 이 경우 제약사는 주정부와 PBM 모두 대응해야 한다. 또한 메디케이드 시장 내에서도 민간 운영의 비중이 커지고 있는 추세다.

PBM은 원래 고용주와 보험 가입자를 대신해 약가를 조정하고 처방약 보장 항목을 관리하는 중개자 역할로 출발했다. 그러나 현재는 미국 의약품 보험 구조에서 가장 막강한 실질 권한을 가진 행위자로 평가된다. 이들은 제약사와 직접 협상하여 의약품의 보험 등재 여부를 결정하며, 실제로는 의약품 유통 구조 전체를 통제한다고 해도 과언이 아니다.

미국 PBM별 특징

	CVS 케어마크	익스프레스 스크립츠	옵텀
모회사	CVS 헬스	시그나	유나이티드헬스케어
계열 약국	CVS 파마시	아크레도	옵텀 스페셜티
계열 보험사	애트나(CVS 인수)	시그나	유나이티드헬스케어
시장 점유율	약 21.3% (미국의학회 2024)	약 17.1% (미국의학회 2024)	약 20.8% (미국의학회 2024)
주요 강점	미국 최대 약국망 보유 및 보험 통합을 통한 수직계열화된 플랫폼 운영	희귀질환 및 특수 의약품 집중, 고비용 치료제 접근성 조정 프로그램 운영	보험, 데이터, IT 통합 기반의 비용 절감 모델, 통합 데이터 분석 통한 비용 예측력 및 질병 관리 모델 최적화
대표 관리 프로그램	ExtraCare, Maintenance Choice, Transform Diabetes Care 등	SafeGuardRx(성과 기반 계약), Embarc(고가 유전자치료제 보호)	Optum Predictive Analytics, Integrated Behavioral + Pharmacy Solutions

출처: 각 사, 미국의학회 2024

PBM은 특정 제품을 처방 목록에 포함시키는 대가로 제약사로부터 리베이트를 받으며, 경쟁 약물 중 단일 약물만 독점 등재하거나 사전 승인, 단계적 치료 등 까다로운 조건을 걸어 다른 약물의 진입을 차단하기도 한다.

대표적인 PBM으로는 CVS 케어마크(CVS Caremark), 익스프레스 스크립츠(Express Scripts), 옵텀(Optum)이 있으며, 이들 세 곳이 전체 PBM시장의 80% 이상을 차지한다. 이들은 약국 체인, 보험사, 조제망까지 수직계열화하여 운영하기 때문에, 제약사는 단일 PBM과 계약하지 않으면 대규모 환자 접근 자체가 어려워질 수 있다.

최근에는 PBM의 과도한 리베이트 요구와 약가 왜곡 문제가 사회적 이슈로 떠오르면서 미국 의회와 규제 당국이 투명성 강화 및 구조 개편을 추진하고 있다. 그러나 현재까지도 PBM은 미국 시장 진출 시 가장 중요한 협상 상대이자, 단일 제품의 상업적 성공 여부를 좌우하는 핵심 플레이어로 남아 있다.

약값은 왜 떨어질까?

제약회사가 오랜 연구 끝에 개발한 의약품은 신약이라 할 수 있으며, 효과와 안전성을 입증하기 위해 평균 10~15년 연구와 수조 원의 비용이 들어가는 만큼 투자한 시간과 비용을 회수할 수 있도록 보호받기 위해 특허를 등록하게 된다.

의약품 특허는 일반적으로 물질 특허, 제형 특허, 용도 특허, 공정 특허, 결정형 특허, 염·수화물 특허 등 여러 품목이 존재한다. 물질 특허는 가장 기본적인 특허로 신약 물질 자체를 보호하며 정제, 캡슐제 등 제형에 따라 보호받는 제형 특허, 새로운 치료 적응증을 확보할 경우 용도 특허, 제조하는 공정에 대한 공정 특허 등으로 구성된다.

특허 출원일로부터 보통 약 20년의 특허 보호 기간이 부여되나 임상 연구, 허가 절차 등으로 인해 시장에서 독점적으로 판매하는 기간은 이보다 짧을 수밖에 없다. 특허가 만료될 경우 신약과 동일한 성분, 용량, 적응증을 가진 복제약이 시장에 출시될 수 있다. 저분자 화합물 신약의 복제약은 제네릭, 바이오 의약품의 복제약은 바이오시밀러로 불린다. 복제약은 임상 연구비와 개발 기간이 신약 대비 단축되다 보니 그에 따른 낮은 약가를 바탕으로 가격 경쟁력을 갖춘 것이 특징이다.

복제약은 임상 개발과 허가 요건이 신약 대비 간소화되어 있지만 품질과 동등성을 보건 당국으로부터 매우 엄격하게 평가받는다. 주요 임상 요건으로는 생물학적 동등성 시험을 요구하며 오리지널 신약과 비교하여 흡수 속도 및 정도를 비교한 결과를 요구한다. 품질 요건으로는 제조 공정 적합성 확인을 위한 GMP 실사 과정을 거치며, 승인된 이후에도 이상 사례를 보고하는 약물 감시 의무를 이행해야 한다.

바이오시밀러 또한 오리지널 바이오 의약품과 유사하며 임상적으로 동등한 효능과 안전성을 갖춰야 한다. 다만 저분자 화합물의 화학식을 통해 생산이 상대적으로 용이한 제네릭과 달리 바이오 의약품은 구조 및 제조 과정이 복잡하여, 제네릭보다 훨씬 까다로운 규제 요건 및 임상 요건이 적용된다.

비임상 요건의 경우 오리지널 바이오 의약품과 아미노산 서열, 생물학적 활성 등 구조적, 기능적 유사성을 입증해야 하며 필요시 독성 시험과 약리작용 평가를 해야 한다. 이후 임상 연구를 진행하게 되는데 신약과 달리 바이오시밀러의 임상 목적은 오리지널과의 동등성이다. 이에 따라 임상 1상에서 약동학·약리학 데이터 유사성을 확인할 경우 보통 임상 2상은 생략되고 임상 3상에서 임상 유효성과 면역원성을 비교하는 연구를 진행하게 된다.

미국 바이오시밀러 산업에만 존재하는 특별한 제도가 존재하는데 바로 상호교환성 제도다. 이에 따라 일정 기준을 충족한 바이오시밀러는 약국에서 의사의 처방 변경 없이도 오리지널 신약을 대체할 수 있다. 즉 제네릭 약물이 가지는 자동 대체 권한을 바이오시밀러에도 부여한다는 점에서 상업적으로 매우 중요한 이점을 지닌다.

다만 상호교환성을 인정받기 위해서는 기존 허가 요건 외에 추가적인 입증

FDA 바이오시밀러의 연도별, 기업별 승인 현황(2015~2025)

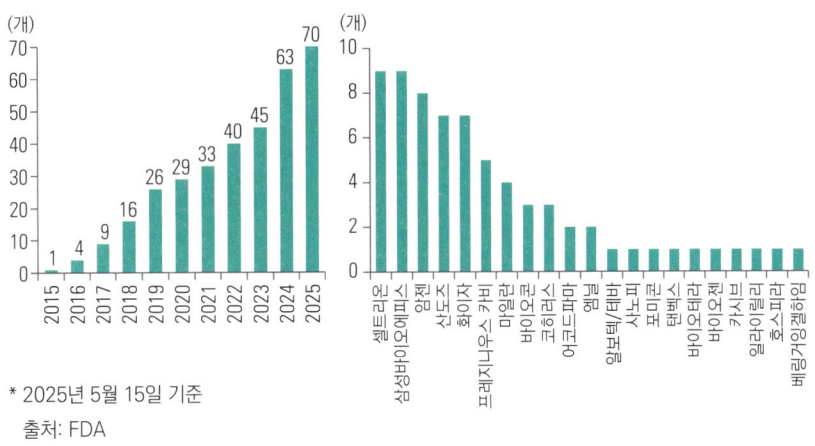

* 2025년 5월 15일 기준
출처: FDA

이 필요하다. 오리지널과 바이오시밀러를 여러 번 교차 사용 시에도 동일한 임상 효과가 유지되는지, 면역원성과 안전성 문제가 발생하지 않는지 임상 연구가 필요하며 이에 따라 추가 개발 비용이 발생할 수밖에 없다.

미국 정부는 2023년 9월 바이오시밀러 관련 규제 완화 정책을 발표했다. FDA는 2024년 6월 바이오시밀러 임상 개발 축소 일환으로 상호교환성 임상 연구 삭제 가이던스 개정안 초안을 발표했다. 유럽의약품기구(EMA)는 2025년 4월, 7~10년이 소요되는 바이오시밀러 개발 기간을 단축하고자, 임상 3상 결과 없이 바이오시밀러 품목 허가를 허용하는 정책을 확정하기 위한 공공 의견 수렴 절차를 개시했다. 공공 의견 수렴 절차가 완료되면 EMA는 임상 3상 데이터 없이 품질 분석 자료와 임상 1상 데이터만으로 품목 허가를 허용하는 새 정책을 발표할 것으로 예상하며, 이에 따라 바이오시밀러 개발사의 비용 압박을 덜어줄 것으로 기대되고 있다.

제약 밸류체인

대분류	소분류	기업명	티커	사업 내용
암질환	두경부암	Merck	MRK US	Keytruda 제품 보유
		BMS	BMY US	Opdivo 제품 보유
		Eli Lilly	LLY US	Erbitux 제품 보유
	폐암	Merck	MRK US	Keytruda 제품 보유
		AstraZeneca	AZN LN	Tagrisso, Imfinzi 등 포트폴리오 구축
		Roche	ROG SW	Tecentriq, Avastin 등 포트폴리오 구축
		Eli Lilly	LLY US	Cyramza, Retevmo, Tyvyt 등 포트폴리오 구축
	간암	Roche	ROG SW	Tecentriq 제품 보유
		AstraZeneca	AZN LN	Imfinzi, Imjudo 등 포트폴리오 구축
		Eisai	4523 JP	Lenvima 제품 보유(Merck와 로열티 배분)
		Bayer	BAYN GY	Stivarga 제품 보유
	유방암	Roche	ROG SW	Perjeta, Kadcyla, Phesgo, Herceptin 등 포트폴리오 구축
		Merck	MRK US	Keytruda, Lynparza 등 포트폴리오 구축
		Eli Lilly	LLY US	Verzenio 제품 보유
		Pfizer	PFE US	Ibrance, Talzenna 등 포트폴리오 구축
		Novartis	NOVN SW	Kisqali, Piqray 등 포트폴리오 구축
		AstraZeneca	AZN LN	Enhertu, Zoladex, Truqap 등 포트폴리오 구축
	위암, 췌장암, 대장암	BMS	BMY US	Opdivo, Yervoy 등 포트폴리오 구축
		Merck	MRK US	Keytruda 제품 보유
		Roche	ROG SW	Herceptin, Avastin 등 포트폴리오 구축
		AstraZeneca	AZN LN	Imfinzi, Enhertu 등 포트폴리오 구축
	신장암	BMS	BMY US	Opdivo, Yervoy 등 포트폴리오 구축
		Pfizer	PFE US	Inlyta 제품 보유
		Merck	MRK US	Keytruda, Lenvima(Eisai와 로열티 배분) 등 포트폴리오 구축
	난소암	AstraZeneca	AZN LN	Lynparza 등 포트폴리오 구축
		Abbvie	ABBV US	Elahere 제품 보유
		GSK	GSK LN	Zejula 제품 보유
		Merck	MRK US	Lynparza 등 포트폴리오 구축
	자궁경부암	Merck	MRK US	Keytruda 제품 보유
		AstraZeneca	AZN LN	Imfinzi 제품 보유
		Pfizer	PFE US	Tivdak 제품 보유
	전립선암	Astellas	4503 JP	Xtandi 제품 보유(Pfizer와 로열티 배분)
		Johnson & Johnson	JNJ US	Erleada, Zytiga 등 포트폴리오 구축
		Pfizer	PFE US	Xtandi(Astellas와 로열티 배분), Talzenna 등 포트폴리오 구축
		Bayer	BAYN GR	Nubeqa 제품 보유
		Novartis	NOVN SW	Pluvicto 제품 보유
		AstraZeneca	AZN LN	Zoladex 제품 보유

제약 밸류체인

대분류	소분류	기업명	티커	사업 내용
암질환	혈액암	Johnson & Johnson	JNJ US	Darzalex, Imbruvica, Carvykti, Tecvayli 등 포트폴리오 구축
		BMS	BMY US	Revlimid, Pomalyst, Sprycel, Breyanzi 등 포트폴리오 구축
		Abbvie	ABBV US	Imbruvica, Venclexta, Epkinly 등 포트폴리오 구축
		Novartis	NOVN SW	Tasigna, Scemblix, Kymriah 등 포트폴리오 구축
		Amgen	AMGN US	Blincyto, Kyprolis 등 포트폴리오 구축
		Pfizer	PFE US	Adcetris, Bosulif, Elrexifio 등 포트폴리오 구축
	흑색종	Merck	MRK US	Keytruda 제품 보유
		BMS	BMY US	Yervoy, Opdualag 등 포트폴리오 구축
		Novartis	NOVN SW	Tafinlar, Mekinist 등 포트폴리오 구축
감염질환		Gilead	GILD US	Biktarvy, Descovy, Veklury, Sofosbuvir 등 포트폴리오 구축
		Pfizer	PFE US	Prevenar, Paxlovid, Comirnaty, Abrysvo 등 포트폴리오 구축
		GSK	GSK LN	Shingrix, Dovato, Tivicay, Triumeq 등 포트폴리오 구축
		Merck	MRK US	Gardasil, Varivax, ProQuad, Vaxeuvance 등 포트폴리오 구축
		Sanofi	SAN FP	Influenza 백신, Beyfortus 등 포트폴리오 구축
면역질환	아토피	Sanofi	SAN FP	Dupixent 제품 보유(Regeneron과 로열티 배분)
		Regeneron	REGN US	Dupixent 제품 보유(Sanofi와 로열티 배분)
		Abbvie	ABBV US	Rinvoq 제품 보유
		Pfizer	PFE US	Cibinqo 제품 보유
		LEO Pharma	비상장(덴마크)	Adbry, Protopic 등 포트폴리오 보유
	알러지	Roche	ROG SW	Xolair 제품 보유(미국 내)
		Novartis	NOVN SW	Xolair 제품 보유(미국 외 지역)
		Sanofi	SAN FP	Dupixent 제품 보유(Regeneron과 로열티 배분)
		Regeneron	REGN US	Dupixent 제품 보유(Sanofi와 로열티 배분)
	천식, COPD	GSK	GSK LN	Nucala, Trelegy Ellipta, Relvar, Seretide 등 포트폴리오 구축
		Sanofi	SAN FP	Dupixent 제품 보유(Regeneron과 로열티 배분)
		AstraZeneca	AZN LN	Symbicort, Fasenra, Breztri, Pulmicort 등 포트폴리오 구축
		Regeneron	REGN US	Dupixent 제품 보유(Sanofi와 로열티 배분)
	자가면역질환	Abbvie	ABBV US	Skyrizi, Humira, Rinvoq 등 포트폴리오 구축
		Johnson & Johnson	JNJ US	Stelara, Tremfya, Simponi, Remicade 등 포트폴리오 구축
		Novartis	NOVN SW	Cosentyx 제품 구축
		Amgen	AMGN US	Enbrel, Otezla 등 포트폴리오 구축
신경질환		Roche	ROG SW	Ocrevus, Evrysdi, Madopar 등 포트폴리오 구축
		Abbvie	ABBV US	Botox, Vraylar, Ubrelvy 등 포트폴리오 구축
		Johnson & Johnson	JNJ US	Invega, Spravato, Concerta 등 포트폴리오 구축
		Novartis	NOVN SW	Kesimpta, Zolgensma 등 포트폴리오 구축
		UCB	UCB BR	Keppra, Vimpat, Briviact 등 포트폴리오 구축
		Eli Lilly	LLY US	Emgality, Cymbalta, Kisunla 등 포트폴리오 구축

제약 밸류체인

대분류	소분류	기업명	티커	사업 내용
대사질환	비만, 당뇨	Novo Nordisk	NOVOB DC	Ozempic, Wegovy, Insulin 제제, Rybelsus 등 포트폴리오 구축
		Eli Lilly	LLY US	Mounjaro, Zepbound, Trulicity, Jardiance 등 포트폴리오 구축
		AstraZeneca	AZN LN	Farxiga 제품 보유
		Sanofi	SAN FP	Lantus, Toujeo 등 포트폴리오 구축
		Merck	MRK US	Januvia 제품 보유
	비만, 당뇨 제외	BMS	BMY US	Eliquis, Camzyos 등 포트폴리오 구축
		AstraZeneca	AZN LN	Brilinta, Crestor, Seloken 등 포트폴리오 구축
		Novartis	NOVN SW	Entresto, Leqvio 등 포트폴리오 구축
		Johnson & Johnson	JNJ US	Opsumit, Uptravi 등 포트폴리오 구축
		Merck	MRK US	Winerevair, Adempas 등 포트폴리오 구축
		Bayer	BAYN GR	Xarelto, Aspirin, Adempas 등 포트폴리오 구축
		Sanofi	SAN FP	Lovenox, Plavix 등 포트폴리오 구축
		Pfizer	PFE US	Vyndaqel 등 포트폴리오 구축
안구질환		Roche	ROG SW	Vabysmo, Lucentis 등 포트폴리오 구축
		Bayer	BAYN GR	Eylea 제품 보유
		Abbvie	ABBV US	Ozurdex, Lumigan, Alphagan 등 포트폴리오 구축
제네릭		Sandoz	SDZ SW	2023년 노바티스로부터 분사 및 독립 상장
		Teva	TEVA US	글로벌 최대 제네릭사 중 하나였으나 최근 구조조정 지속
		Sun Pharma	SUNPHARMA IN	인도 최대 제약사. 미국 전문의약품 및 특수질환 브랜드(일반피부과·정신과) 강화 중
		Viatris	VTRS US	Mylan과 Upjohn(Pfizer) 합병으로 탄생. 2023년 Biocon에 바이오시밀러 사업부 매각
		Fresenius Kabi	FRE DE	병원·수액 기반 강자. Amgen, Abbvie 제품 중심 바이오시밀러 확대 중
		Cipla	CIPLA IN	인도, 아프리카 중심 시장 형성
바이오시밀러		Sandoz	SDZ SW	2023년 Novatis로부터 분사 및 독립 상장
		셀트리온	068270 KS	유럽 중심 시장 점유율 확보, 미국 직판 확대 중
		삼성바이오에피스	비상장(한국)	삼성바이오로직스 계열사
		Amgen	AMGN US	미국 중심 바이오시밀러 상위 플레이어
		Biocon	BIOCON IN	Viatris 바이오시밀러 사업부 인수(2023)로 미국 유통망 강화
		Pfizer	PFE US	글로벌 빅파마 중 가장 빠르게 바이오시밀러 포트폴리오 확대

제약 밸류체인

대분류	소분류	기업명	티커	사업 내용
CRO		IQVIA	IQV US	전 세계 최대 CRO. 제약사 대상 RWD·RWE 솔루션 특화, Salesforce 등과 디지털 헬스 협력 확대
		ICON	ICON US	PRA Health Sciences 인수(2021) 후 글로벌 2위 CRO로 도약
		Labcorp	LH US	Covance 인수로 CRO 부문 확보, 진단과 임상시험 역량 모두 보유한 하이브리드 모델
		Syneos	비상장(미국)	2023년 사모펀드(Veritas 등)에 의해 비상장화, CRO+상업화 통합 솔루션이 강점
		Charles River	CRL US	ND 전단계 서비스 전문, 바이오텍 대상 early-stage 수요에 특화, 최근 CGT QC 서비스 강화
		Thermo Fisher	TMO US	CDMO(Patheon), PPD(CRO) 인수로 통합 플랫폼 구축, 기술력+생산+CRO까지 수직계열화 보유
CDMO		Lonza	LONN SW	대형 바이오 생산 능력 보유 및 세포·유전자치료제(CGT) 투자 강화
		Thermo Fisher	TMO US	CDMO(Patheon), PPD(CRO) 인수로 통합 플랫폼 구축, 기술력+생산+CRO까지 수직계열화 보유
		WuXi AppTec / WuXi Biologics	2359 HK/2269 HK	End to End의 CRDMO 통합형 모델 강점
		삼성바이오로직스	207940 KS	세계 최대 생산 능력 확보, 빠른 CMO 스케일업과 대량 생산 역량이 강점
		Fujifilm	4901 JP	CGT, 백신 CDMO 확대 중
		Catalent	비상장(미국)	2024년 Novo Holdings에 인수, 특수 제형 및 포장 특화
유통사	도매	McKesson	MCK US	McKesson, Cencora, Cardinal Health가 전체 유통량 95% 차지
		Cencora	COR US	McKesson, Cencora, Cardinal Health가 전체 유통량 95% 차지
		Cardinal Health	CAH US	McKesson, Cencora, Cardinal Health가 전체 유통량 95% 차지
	특수 유통사	McKesson Specialty	비상장(미국)	McKesson 계열사
		Oncology Supply	비상장(미국)	Cencora 계열사
		ABSG	비상장(미국)	Cencora 계열사
		ASD Healthcare	비상장(미국)	Cencora 계열사
조제사	소매	CVS	CVS US	약국 체인, 조제사, 보험사 수직계열화
		Walgreens	WBA US	일부 PBM 보유, UK Boots 등 해외 체인 포함
		Walmart	WMT US	PBM 없음, 저가 정책 중심
	특수 약국	Accredo	비상장(미국)	Cigna 계열사
		CVS Specialty	비상장(미국)	CVS 계열사
		Optum Specialty	비상장(미국)	United Health 계열사
건강보험 (PBM)		United Health	UNH US	약국 체인, 조제사, 보험사 수직계열화
		CVS	CVS US	약국 체인, 조제사, 보험사 수직계열화
		Cigna	CI US	약국 체인, 조제사, 보험사 수직계열화
		Elevance Health	ELV US	상대적으로 중간 정도의 수직계열화
		Centene corp	CNC US	상대적으로 중간 정도의 수직계열화

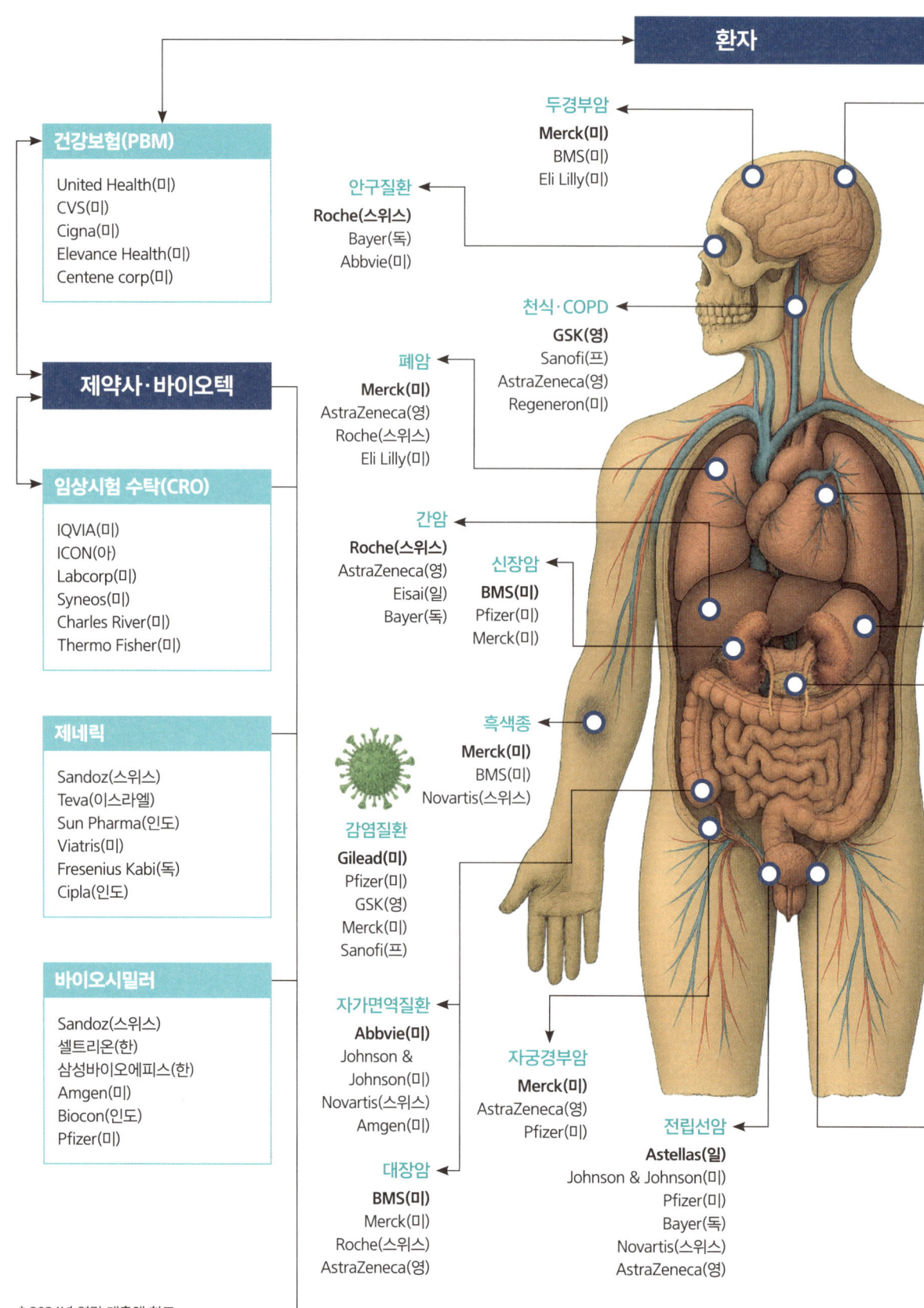

환자

유방암
Roche(스위스)
Merck(미)
Eli Lilly(미)
Pfizer(미)
Novartis(스위스)
AstraZeneca(영)

신경질환
Roche(스위스)
Abbvie(미)
Johnson & Johnson(미)
Novartis(스위스)
UCB(벨)
Eli Lilly(미)

위암
BMS(미)
Merck(미)
Roche(스위스)
AstraZeneca(영)

대사질환
(당뇨·비만 제외)
BMS(미)
AstraZeneca(영)
Novartis(스위스)
Johnson & Johnson(미)
Merck(미)
Bayer(독)
Sanofi(프)
Pfizer(미)

췌장암
BMS(미)
Merck(미)
Roche(스위스)
AstraZeneca(영)

당뇨·비만
Novo Nordisk(덴)
Eli Lilly(미)
AstraZeneca(영)
Sanofi(프)
Merck(미)

혈액암
Johnson & Johnson(미)
BMS(미)
Abbvie(미)
Novartis(스위스)
Amgen(미)
Pfizer(미)

아토피
Sanofi(프)
Regeneron(미)
Abbvie(미)
Pfizer(미)
LEO Pharma(덴)

난소암
AstraZeneca(영)
Abbvie(미)
GSK(영)
Merck(미)

알러지
Roche(스위스)
Novartis(스위스)
Sanofi(프)
Regeneron(미)

제약

조제사

소매
 CVS(미)
 Walgreens(미)
 Walmart(미)

특수 약국
 Accredo(미)
 CVS Specialty(미)
 Optum Specialty(미)

유통사

도매
 McKesson(미)
 Cencora(미)
 Cardinal Health(미)

특수 유통사
 McKesson Specialty(미)
 Oncology Supply(미)
 ABSG(미)
 ASD Healthcare(미)

위탁 개발·생산(CDMO)

Lonza(스위스)
Thermo Fisher(미)
WuXi AppTec(중)
WuXi Biologics(중)
삼성바이오로직스(한)
Fujifilm(일)
Catalent(미)

15장 화장품

K뷰티의 봄,
글로벌 화장품
강국으로 도약

박종대
생활소비재

K뷰티의 오래된 미래

한국 화장품 산업은 글로벌로 향하는 새로운 물결 위에 있다. 2003년 이후 원브랜드숍(One Brand Shop, 단일 브랜드 또는 단일 업체의 화장품만 판매하는 로드숍 점포)에서 변화의 물꼬를 텄고, 2014년 중국 모멘텀을 받았으며, 2023년 이후에는 세계 각지로 수출을 가파르게 늘리고 있다. 2024년 미국의 화장품 수입국 1위는 한국이었다. 중동·유럽 등 새로운 지역에서는 더 큰 수출 증가 폭을 보이고 있다.

K뷰티의 글로벌 인기는 결코 한류에 편승한 우연이 아니다. 이는 한국 화장품시장의 구조적 변화와 경쟁력 제고가 누적된 결과라는 점에서 '오래된 미래'라고 할 수 있다. 이번 글로벌 모멘텀은 과거의 어떤 시기보다도 강하고 역동적이다. 수많은 인디브랜드의 성과와 부자재, 제조자개발생산(ODM) 업체들의 역대급 매출과 영업이익률이 그런 호황을 대변하고 있다.

코스맥스, 한국콜마, 코스메카코리아, 씨앤씨인터내셔널 등 전 세계 최고의 화장품 ODM 인프라는 글로벌 모멘텀의 지속성을 담보하는 한국 화장품 산업의 핵심 자산이다. 이는 미국과 일본의 생산 인프라와 최소 10년 이상의 격차를 두고 있다. 한국산 화장품을 수출하는 유통회사 실리콘투는 든든한 글로벌 유통의 버팀목이다. 이와 같은 최적의 사업 환경에서 한국 최고의 인재들이 화장품 산업으로 몰려들고 있다.

지역별 한국 화장품 수출액(2010~2024)

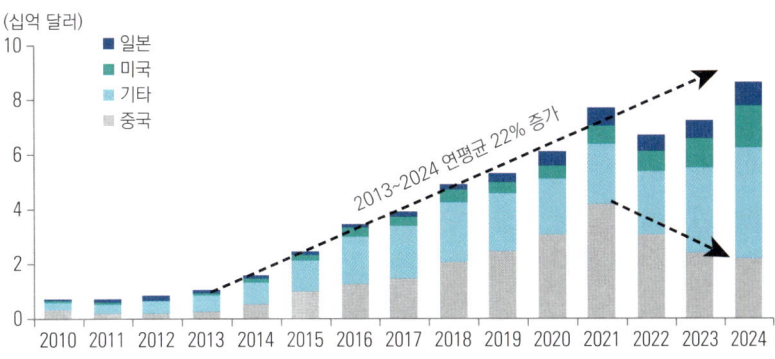

출처: KITA

K뷰티의 글로벌 확대는 이제 시작이다. 우선 채널 측면에서 온라인이라는 틈새시장에서 메인 시장인 오프라인으로 확장 중이다. 일본과 미국 소비시장은 오프라인 비중이 90%에 달한다. 일본은 가장 큰 채널인 드러그스토어가 비어 있다. 미국 오프라인 시장은 아직 한국 화장품의 미개척지다. 성장 여력이 그만큼 크다. 유럽, 동남아, 중동, 인도 등지에서도 빠르게 인지도를 형성 중이며, K컬처 확산과 틱톡 같은 소셜미디어 보편화의 영향을 받고 있다.

카테고리 측면에서 미국에서는 기초에서 메인 시장 색조로, 일본에서는 색조에서 메인 시장 기초로 영역을 확대하고 있다. 경쟁은 더 치열할 수 있지만 중장기 성장 여력은 더 커질 수 있다. 한국 화장품의 혁신성은 그 가시성을 높이는 핵심 요인이다. 기존 카테고리 제형으로 경쟁하는 게 아니라 립밤과 립마스크, 오일 등 새로운 카테고리를 만들고 1등을 하면서 인지도를 높이고 있다.

'혁신성'은 20년 치열한 경쟁의 결과

K뷰티의 글로벌 인기는 단순히 한류에 편승한 것이 아니다. 중국부터 일본, 미국까지 현지에서 평가하는 한국 화장품의 강점은 '혁신성'이다. 라네즈의 '립 슬리핑 마스크', 브이티의 '리들샷' 등은 외국인들이 감탄하는 아이템

이다. 달팽이 점액 성분과 벌꿀을 사용하는 식의 파격은 K뷰티의 가장 큰 미덕으로 꼽힌다. 글로벌 화장품 브랜드들이 럭셔리 기초나 기본적인 포인트 메이크업 제품에 초점을 두는 것과 차이가 있다.

이런 혁신성은 한두 개 브랜드 또는 기업의 경쟁력이 아니다. 지난 20년 가까이 전 세계에서 가장 까다로운 한국 소비자를 상대로, 전 세계에서 가장 치열한 경쟁을 거치며 축적된 한국 화장품 산업의 자산이라고 볼 수 있다. 이 자산의 기초는 아마도 2003년부터 형성되었을 것이다.

2003년: 한국 화장품시장의 조류가 바뀌다

한국의 오프라인 화장품 유통은 방판(방문 판매)에서 시작해서 프랜차이즈형 멀티브랜드숍(Multi Brand Shop) → 프랜차이즈형 원브랜드숍 → 기업형 멀티브랜드숍으로 발전해왔다. 원브랜드숍은 단일 브랜드 또는 단일 업체의 화장품만 판매하는 로드숍 점포를 가리킨다.

방판도 브랜드가 직접 유통한 것이다. 관건은 자본력이었다. 소득 수준이 낮은 상황에서 사치재라고 할 수 있는 화장품 소비는 제한적일 수밖에 없고 유통 채널은 주로 재래시장, 식품 중심이었다. 화장품 가게를 열 자본도 수요도 제한적인 상황이니 유통에 자본 투자가 필요 없는 방판을 통해 브랜드 업체가 직접 화장품을 판매한 것이다.

소득 수준이 상승하면서 1990년 전후 길거리에 패션·화장품 가게들이 생기기 시작했고 이때 '화장품나라'와 같은 프랜차이즈 형태의 멀티브랜드숍이 생겨났다. 대기업은 아직 화장품 유통에 관심이 없었고, 자본력이 제한적인 상황이었기 때문에 자본금이 많이 필요하지 않은 프랜차이즈 형태로 확산한 것이다.

2003년 신용카드 사태로 인한 경기 침체로 이런 유통 시스템이 붕괴될 위기에 놓이고 기존 브랜드들이 소비자와의 접점을 잃어버리는 상황이 되자, 이 빈틈을 노린 용기 있는 신규 브랜드 업체들이 파격적인 가격을 내놓으면서 직접 유통까지 나섰다. 자본력이 제한적이었기 때문에 프랜차이즈 형태를

한국 화장품 산업의 구조적 변화(1994~2025)

출처: 각 사

가져갔고, 그게 네이처리퍼블릭, 토니모리, 미샤 같은 원브랜드숍이다.

2010년 전후 소득 수준이 더 올라가고 화장품이 소비자들의 필수 재화로 자리 잡자 CJ와 롯데, 신세계, GS리테일 등 소비재·유통 대기업들이 로드숍 화장품 유통시장에 진입하게 되었다. 자본력이 충분하니 굳이 프랜차이즈 모델을 차용할 필요가 없었다. 올리브영과 롭스, 랄라블라, 시코르 등 기업형 멀티브랜드숍의 출현이다.

ODM시장 성장의 발판이 된 원브랜드숍

원브랜드숍시장의 확대는 크게 두 가지 구조적 변화를 불러왔다. 첫째, 브랜드와 생산의 분리다. 1990년대까지는 화장품 업체로 등록하려면 제조 시설을 반드시 갖춰야 했다. 피부에 바르는 만큼 안전이 중요하기 때문에 생산 설비에 대한 엄격한 관리를 요구했다. 2000년대 이후 비로소 화장품 제조업자와 제조·판매업자가 분리되며 제조 시설을 갖추지 않고도 화장품 업체로 등록할 수 있게 되었다.

원브랜드숍시장의 가파른 성장과 치열한 경쟁은 화장품 브랜드 업체와

ODM 업체가 나란히 성장하는 배경이 되었다. 원브랜드숍의 본격화로 생산은 코스맥스와 한국콜마 같은 ODM 업체들에 맡기는 형태가 보편화되었다. 생산과 브랜드가 분리되면서 브랜드 업체 입장에서는 제조 시설이 필요 없어졌고 화장품시장의 진입장벽이 크게 낮아졌다. 돈과 아이디어, 네트워크만 있으면 누구나 진출할 수 있는 시장이 되었다. 진입장벽이 낮아지면서 경쟁이 심화되었다.

브랜드 업체들과 ODM 업체들이 각자의 아이디어를 쏟아내면서 한국은 전 세계에서 제품의 턴오버가 가장 빠르며, 트렌디하고, 저렴한 신제품이 많이 나오는 시장이 되었다. 신제품 론칭 기간은 기존 2년에서 6개월로 짧아졌고 제품은 1년에 한 번씩 리뉴얼되었다. 가격은 3분의 1로 떨어졌다. 이 과정에서 한국의 화장품 제조 기술력은 글로벌 톱 수준으로 올라섰다. 그 결과가 수백 개 쏟아진 히트 상품이다.

한국 화장품 ODM 산업의 특징은 기초 비중이 높다는 것이다. 일반적으로 글로벌 화장품 브랜드의 기초 라인은 가격이 높고, 한번 만들면 오랫동안 판매하고, 회사의 핵심 기술이 녹아 있기 때문에 주로 자체적으로 생산한다. 색조 라인은 가격이 상대적으로 낮고, 제조 공정이 더 다양하며, 트렌드에 민감한 만큼 외주를 맡기는 게 효율적이다. 이에 비해 한국 화장품시장은 원래 기초 비중이 높았고, 이에 부응해 넓은 매장에 모든 카테고리를 갖춘 원브랜드숍이 기초 제품을 많이 유통했다. 이런 역량이 20년 동안 쌓이고 쌓인 결과, 지금 한국 인디브랜드들이 미국 화장품시장에서 '중저가 기초 카테고리'를 새로 만들다시피 하며 큰 파장을 일으키고 있는 것이다.

둘째, 브랜드와 유통이 통합되었다. 오프라인 점포를 열지 못하면 브랜드 전개가 어려워졌기 때문에 이 새로운 환경의 대응 전략에 따라 업체 간에 희비가 엇갈렸다. 2002년 이전까지 아모레퍼시픽은 물론 한국화장품과 코리아나 등 중견 화장품 업체들이 동반 성장했다. 하지만 아모레퍼시픽과 LG생활건강이 가두점 시장을 잠식하면서, 우열을 다투던 기존 대형 브랜드 업체들과 간극이 벌어졌다. 과점화가 확대된 것이다. 한국화장품과 한불화장품, 코리아나 등은 2003년 이후 가두점 판매 채널을 잃으면서 실적이 크게 위축되기 시작했다.

아모레퍼시픽 매출은 2001년 9,700억 원에서 2016년 5조 6,400억 원까지 5.8배나 성장했으나 코리아나 매출은 2001년 3,400억 원에서 2016년 1,200억 원까지 3분의 1 수준으로 떨어졌다. 한국 화장품시장의 성장은 아모레퍼시픽과 LG생활건강 두 대기업과 원브랜드숍에 편중되었다. 상위 메이저 브랜드 업체들의 유통업 진출은 중저가 시장에서 높은 점유율 상승으로 이어졌다.

이런 원브랜드숍 모델은 시간이 흐르면서 신규 또는 해외 중저가 브랜드들의 진출을 가로막는 진입장벽으로 작용했다. 예를 들어 전 세계에서 매출 규모가 가장 큰 화장품 브랜드 P&G의 올레이(OLAY)를 한국 시장에서는 찾기 힘들었다. 소득 수준이 상승하면서 의류·패션은 물론 화장품도 해외 브랜드들의 한국 진출이 늘어났다. 프리미엄·럭셔리 화장품은 백화점 채널에서 치열한 경쟁이 있었지만, 최소한 중저가 가격대에서는 해외 브랜드와 경쟁이 제한되었다. 국내 브랜드끼리 경쟁을 통해서 역량을 제고할 시간을 확보할 수 있게 되었다. 일종의 화장품 스크린쿼터제가 자동적으로 형성된 것이다.

온라인, 인디브랜드 창업의 장이 되다

2023년 기준 한국 소비시장의 온라인 채널 비중은 거의 50%에 이른다. 전 세계에서 가장 높은 수준이다. 신규 인디브랜드들에는 온라인화가 분명한 기회의 장이 되었다. 유통 채널에 대한 진입장벽이 낮아지면서 제품의 품질과 마케팅만으로 소비자에게 접근, 어필할 수 있게 된 것이다. 더구나 최근 유튜브나 인스타그램을 통해 소비자들과의 자유로운 커뮤니케이션이 가능해지면서 인디브랜드들이 단기간에 인지도를 쌓을 수 있게 되었다.

온라인 채널 커뮤니케이션으로 소비자들의 기호가 더욱 다양화되고, ODM 업체들은 그에 대응할 수 있는 높은 기술력과 카테고리를 갖추고 있다. 온라인과 헬스앤뷰티 스토어의 확대는 소비자와의 접점을 늘리면서 인디브랜드들에 기회를 열어주었다.

아이디어만 있으면 된다. 돈은 수많은 벤처캐피털(venture capital)을 통해 조달할 수 있으며 가맹점주는 필요 없어졌다. 온라인과 헬스앤뷰티 스토어를 통해 소비자들과 직접 대면이 가능하기 때문이다. 아이디어만 있으면 글로벌 화장품 ODM 업체인 코스맥스나 한국콜마가 몇 달 안에 시제품에서 초도물량까지 완료한다. 화장품시장의 진입장벽이 더 낮아지고 경쟁은 더 치열해진 것이다. 더구나 스타일난다, 닥터자르트, AHC 등 인디브랜드들이 로레알(L'Oréal), 에스티로더(Estée Lauder), 유니레버(Unilever) 등에 피인수(또는 지분 투자)되면서 한국 화장품 벤처시장은 제약·바이오 산업만큼 뜨거워졌다.

① 역량 있는 인재들이 ② 소비·유통시장의 변화를 타고 ③ 높은 동기 부여로 ④ 진입장벽이 낮아진 화장품 브랜드시장에 진출하여, 그 어느 때보다 제약 없이 맘 놓고 신규 브랜드·카테고리를 줄기차게 내놓게 되었다.

K뷰티를 장밋빛으로 전망하는 이유

'아름다움'에 빠진 인재들이 창업 바람

모든 세대에는 늘 0.1%의 기업가 DNA를 가진 탁월한 인재들이 있다. 이들은 자본주의와 시장경제에 대한 '동물적 직감'을 갖고, 시대의 변화를 누구보다 빨리 읽고 사업을 준비한다. 이들의 창업이 어디를 향하는가가 중요한 산업과 시대의 분기점이 되곤 했다. 창업을 시작하는 30대 초·중반의 사회 환경이 중요하다.

1960년대생들이 30대 초·중반이던 시기는 2000년대다. 이 시기 한국 사회의 가장 큰 변화는 인터넷이었다. 전국에 광케이블이 깔리고 PC방이 생기고 인터넷이 보편화되었다. 닷컴버블 시대에 이제 막 30대에 들어선 인재들은 너도나도 프로그램을 짰다. 어떤 이는 포털 사이트를 만들고(이해진, 1967년생, 네이버), 어떤 이는 게임을 만들고(김택진, 1967년생, 엔씨소프트), 어떤 이는 워드프로세서를 만들고(이찬진, 1965년생, 한글과컴퓨터), 어떤 이는 컴퓨터 백신을 만들었다(안철수, 1962년생, 안랩).

1970년대생들이 30대 초·중반이던 시기는 2010년대다. 이 시기 한국 사회의 가장 큰 변화 가운데 하나는 스마트폰의 출현이었다. 스마트폰 대중화가 한국 경제에 끼친 가장 큰 영향은 소비를 온라인으로 이전시킨 것이다. 당시 30대 초·중반이던 1970년대생 인재들은 수많은 유통 플랫폼을 만들어냈다. 어떤 이는 호기롭게 한국 유통을 다 먹겠다고 출사표를 던졌고(김범석, 1978년생, 쿠팡), 어떤 이는 음식점 배달시장을 앱으로 다 모았으며(김봉진, 1976년생, 배달의민족), 어떤 이는 중고 거래를 앱으로 구현했다(김용현, 1978년생, 당근마켓).

1980년생들이 30대 초·중반인 지금 2020년대, 한국 사회의 가장 큰 변화는 뭘까? K컬처다. 한국이 글로벌 문화 강국으로 우뚝 솟아 오른 것이다. K컬처에 편승해서 돈을 벌 수 있는 방법이 뭘까? 소비재다. 스킨1004로 유명한 크레이버의 이소형 대표는 맥킨지(McKinsey)에서 컨설턴트로 일하다가 화장품회사를 창업했는데, "한국의 엔터테인먼트 산업이 가까운 미래에 전 세계적으로 대중성을 갖출 것으로 생각했으며, 한국 문화와 연계한 소비재 산업에 미래가 있다고 봤다"라며 창업 동기를 밝혔다.

그런데 소비재도 여러 가지가 있다. 식품도 있고 패션도 있고 화장품도 있다. 그 가운데 화장품을 가장 많이 선택하고 있다. 가장 접근하기 쉽기 때문이다. 생산(코스맥스와 한국콜마)과 유통(실리콘투), 전·후방 산업이 완벽하게 세팅되어 있기 때문에 '마케팅만 잘하면 되는' 시장이다. 낮은 원가율로 레버리지가 크고, 글로벌 수요 확대로 성장세도 가파르다. 주가매출액배수(PSR) 3배로 인수·합병되는 높은 밸류에이션도 강한 동기 요인이다

'돈을 벌고 싶으면 뷰티, 세상을 바꾸고 싶으면 AI를 하라!' 요즘 서울대 창업 모임들에서 나오는 말이라고 한다. 2003년 원브랜드숍 창업자들, 2015년 전후 중국 모멘텀 당시 중저가 벤처 브랜드의 창업자들을 보면 기존 화장품 도소매업계에 있던 사람이 많았다. 남대문이나 동대문 시장판에서 잔뼈가 굵은 사람들도 있고, 무역을 하면서 시장의 흐름을 읽었던 사람들도 있다. 물론 요즘도 그런 사람들이 있다. 화장품업계에 있다가 뜻을 품고 창업하거나

ODM 회사를 차리는 경우도 있다. 하지만 최근 화장품 창업이 다르게 느껴지는 이유는 유난히 고스펙 벤처 사업가들이 화장품업계로 많이 진입하고 있다는 점이다.

에이피알의 김병훈 대표(1988년생), 더파운더즈의 이선형, 이창주 대표(1988년생), 달바의 반성연 대표(1981년생), 크레이버의 창업자 이소형 대표(1983년생), 구다이글로벌의 천주혁 대표(1987년생) 모두 1980년대생 젊은 기업가이고 대부분 SKY 출신 고학력자다. 1980년대생 0.1%의 기업가 DNA를 보유한 똑똑한 인재들이 화장품 산업으로 향하고 있다. 이것이 현재 K뷰티의 글로벌 모멘텀 지속 가능성을 높게 보는 핵심적인 이유다.

아무리 사업 환경이 잘되어 있어도 진취적인 창업자들에 의한 새로운 시도들이 없다면 산업이 발전할 수 없다. 한국과 중국에 비해 화장품 산업 내 창업이 활발하지 않은 일본이 이를 보여준다.

코스맥스가 중국에 들어가면서 중국 화장품 브랜드들의 질적 수준이 한 단계 상승해 중국 화장품 산업의 성장에 크게 기여한 바 있다. 바이췌린부터 퍼펙트다이어리, 화씨즈까지 중국의 유명 로컬 브랜드는 모두 코스맥스 공장에서 나왔다. 아모레퍼시픽과 LG생활건강에서 중국 시장의 가장 큰 경쟁자는 중국 브랜드들이 아니라 코스맥스라고 볼멘소리를 했을 정도다. 하지만 일본의 경우를 보면, TOA(구 일본콜마) 같은 우수한 기술을 가진 회사가 있어도 새로 화장품 브랜드를 만들어보려고 하는 새로운 시도가 없다. 코스맥스가 중국 법인의 성공 모델을 그대로 일본에 옮기려다가 일본 현지 ODM 수요의 뜨뜻미지근한 반응에 주춤거리고 있는 걸 봐도 알 수 있다.

한류는 K뷰티의 든든한 지원군

K컬처의 확대가 화장품 산업에 얼마나 영향을 미칠 수 있을까? 소비에는 문화적인 측면이 강하다. 문화가 가장 많이 흡수되어 무형의 가치로 작용하며 가격과 판매에 적용될 수 있는 대표적 유형의 상품이 패션과 화장품이다. 화장품은 가성비도 중요하지만 다른 이미지나 부가적인 요소가 구매 결정에

많은 영향을 미치는 품목이다. 일반적으로 판매 가격의 50% 이상을 브랜드 이미지, 브랜드 가치로 본다.

자동차나 휴대폰처럼 엔진 성능이나 CPU 속도 등 주로 가성비를 구매 기준으로 하는 소비재와 다르다. 자동차나 휴대폰도 현대나 삼성이라는 브랜드의 의미가 있지만 결정적인 구매 요인은 결국 가성비다. 반면 화장품은 일반적으로 성분표를 보고 사지는 않는다. 브랜드에 대한 신뢰, 그리고 가성비를 넘어서는, 가격에 대해 비탄력적인 요인들이 포함되어 있다.

코코 샤넬(Coco Chanel)의 패션 철학, 매릴린 먼로(Marilyn Monroe)의 향수 샤넬 No.5, 1982년에 첫선을 보인 에스티로더의 나이트리페어세럼은 '더 좋게 만들 여지가 없을 만큼 뛰어난 제품'으로 유명하다. 브랜드의 역사와 철학 그리고 우연한 사건과 이야기 등 눈에 보이지 않는 심리적 만족도가 소비에 크게 작용한다. 플라세보 효과라고 말할 수도 있다. 미국이 기술력에서 세계 초강대국이지만 패션·화장품시장에서 'Made in USA'가 'Made in France'를 여전히 넘지 못하는 것도 이 때문이다.

2014년 드라마 '별에서 온 그대'를 통해 '천송이 틴트'로 소문난 입생로랑 립스틱은 강남 소재 백화점 등에서 '없어서 못 파는 제품'으로 통했다. 2015년 1분기 립스틱의 대중국 수출이 전년 동기 대비 320% 증가했다. 2016년 초 드라마 '태양의 후예' 효과로 3~4월 대중국권(중국+홍콩) 화장품 수출이 큰 폭 증가했다. 덕분에 한국 화장품의 수출 규모가 한 단계 레벨업 했다. '태양의 후예' 효과를 통계청에서도 공식적으로 기정사실화할 정도였다. 실제로 화장품 수출 그래프를 그려보면 수출 규모가 큰 폭으로 증가한 때가 두 드라마의 방영일과 일치한다.

이제 K뷰티는 중국을 넘어 미국, 일본, 동남아시아 등 전 세계로 향하고 있다. 많은 한국의 명작 드라마와 배우, 가수 들이 함께 K뷰티 글로벌 확장의 든든한 지원군이 되고 있다. BTS와 블랙핑크가 세계적 팝 가수로 발돋움하고 한국 드라마와 영화가 급부상하면서 한국 화장품에 대한 관심도 크게 증가하고 있다. 세포라(Sephora)와 울타뷰티(Ulta Beauty), 돈키호테(Don Quijote)

등 미국과 일본 주요 화장품 업체들이 K뷰티 섹션을 마련하고 있다. 아마존과 큐텐재팬(Qoo10)은 K뷰티의 전도사가 되고 있다.

K팝, K드라마, K시네마, K뷰티, 한국은 산업 역사상 처음으로 소프트파워를 키워가고 있다. 문화적 우위와 지속 가능성은 글로벌 화장품시장에서 한국 화장품의 브랜드력과 연속성, 한국 화장품 산업의 글로벌 확장성을 뒷받침할 수 있는 근거가 된다. 중국 화장품시장에서 'Made in China'가 'Made in Korea'를 넘기 어려울 것으로 보는 이유이도 하다. 음식은 선진국·후진국을 막론하고 전 세계 모든 음식을 잘 먹는 게 미덕이고 선진 시민의 자세다. 하지만 화장품·패션은 일반적으로 후진국 브랜드를 바르거나 입고 다니지 않는다.

K컬처가 얼마나 지속될지는 확언하기 힘들다. 하지만 단기간에 사그라지지는 않을 것이라는 게 국내뿐 아니라 글로벌 전문가들의 평가다. 분야별로 콘텐츠의 내용을 자세히 들여다보면 그것들이 단순히 유행을 타고 부각된 것이 아니라는 것을 알 수 있다. K팝은 팝의 본고장이라고 하는 영국의 가수 지망생들이 연수를 올 정도로 인프라가 잘 갖춰져 있고, K드라마는 넷플릭스와 디즈니 등 각종 OTT 랭킹에서 항상 상위에 있으며, K시네마는 한국 특유의 창의성과 감성이 칸영화제와 아카데미 시상식을 떠들썩하게 만들었다. K뷰티의 '혁신성'과 '가성비'는 K컬처를 배경으로 어느 때보다 큰 힘과 확장성을 갖게 되었다.

미국은 넓고 팔 곳은 많다

오프라인은 아직 K뷰티 미개척지

스킨1004가 K뷰티 브랜드 최초로 미국 최대 규모 화장품 유통업체 울타뷰티 온·오프라인 매장에 대규모 입점했다. 울타뷰티는 미국 내 1,400여 개 매장을 보유한 로컬 뷰티 전문 스토어로서 미국판 올리브영으로 불린다. 스킨1004는 온라인 론칭과 동시에 전체 오프라인 매장의 절반가량인 653개 매장에 입점을 확정했고, 입점과 동시에 제품 대부분이 품절되었다. 그래서 2025년 초 739개 매장에 추가 입점이 확정되었다.

역시 북미는 오프라인의 비중이 크다는 사실을 알 수 있다. 전체 미국 소비 시장에서 이커머스가 차지하는 비중은 15% 정도에 불과하다. 아무리 스킨1004가 아마존에서 잘 팔린다고 해도 오프라인은 미개척지인 경우가 많다.

미국이라는 광활한 땅에서 울타뷰티 점포는 1,400개, 세포라 점포는 430개 정도에 불과하다. 한국의 올리브영 점포가 1,400개에 육박한다는 사실을 감안하면 너무 적다는 느낌을 지울 수 없다. 물론 점포 크기에 차이가 클 듯하다. 올리브영 매출은 2024년 4.8조 원을 기록했는데 울타뷰티 매출은 110억 달러, 14조 원 정도 되니 단순 비교해도 점포당 매출이 3배 이상 차이 난다. 아울러 미국은 한국처럼 올리브영 같은 한 회사가 독점하는 오프라인 시장이 아니다.

분명한 건 미국 소비자들에게 여전히 한국 화장품의 소비 접점은 우리가 느끼는 것보다 넓지 않다는 사실이다. 한국 화장품은 미국에서 이제 울타뷰티에 입점하기 시작했고 세포라에도 매대가 커지고 있지만 여전히 비중은 크지 않다. H마트(H Mart)에서는 K뷰티 매대를 좀 넓히고 있지만 타깃(Target), 월마트, 코스트코 같은 대형 마트에서는 여전히 한국 화장품을 찾아보기 어렵다.

캐나다는 더 열악하다. 한국 화장품의 수요는 대단히 높아졌지만 온라인에서 구입하면 시간이 너무 오래 걸리고, 오프라인에서 살 수 있는 곳은 대단히 제한적이다. 세포라 매장은 몇 개 있지도 않고, 토론토 같은 대도시에 한국 화장품을 전문적으로 유통하는 곳은 10개가 채 되지 않는다. 그런데 최근 몇 개월 사이 변화가 크다. 캐나다 전역에 1,350개 점포를 보유한 쇼퍼스드러그마트(Shoppers Drug Mart)에서 올리브영 톱 30 브랜드를 거의 옮겨놓은 듯 한국 화장품이 전개되고 있다. 307개 매장이 있는 위너스(Winners)와 중국계 슈퍼

T&T슈퍼마켓도 마찬가지다. 실리콘투가 북미 오프라인 확대 전략을 강화한 것과 궤를 같이한다.

　이런 온·오프라인의 격차는 그만큼 미국 시장의 성장 여력이 대단히 크다는 점을 의미한다. 물론 전 세계에서 경쟁이 가장 심한 시장이긴 하지만, 아마존만 보고 아직 그런 경쟁 심화 우려를 논할 단계는 아닌 것이다. 한국 화장품이 진출할 온·오프라인, 특히 오프라인 매대는 차고 넘친다. 온라인 매출 비중이 70%에 달하는 실리콘투가 최근 전 세계적으로 오프라인 비중을 늘리는 이유도 여기에 있다. 어쩌면 현재 시점에서 기회는 온라인보다 오프라인에 많다고 볼 수 있다.

　이와 같은 오프라인의 확대는 실리콘투와 같은 대형 무역 벤더와 유명 인디 브랜드들에 좋은 기회 요인이 된다. 온라인과 달리 오프라인 업체들은 특성상 공간이 한정적이기 때문에, 미국에 알려져 있지 않은 신규 브랜드보다는 이미 아마존이나 한국 올리브영에서 검증된 유명 브랜드의 우선 매입을 선호할 것이 자명하기 때문이다. 따라서 앞에서 설명한 스킨1004를 비롯해서 코스알엑스, 조선미녀, 아누아, 티르티르, 구달 등 아마존에서 인지도를 형성한 선두 브랜드 업체들에 추가적인 실적 모멘텀으로 작용할 가능성이 크다.

　또한 그런 유명 브랜드들을 일시에 공급할 수 있는 무역 벤더는 실리콘투밖에 없다는 사실에 주목할 필요가 있다. 브랜드 업체들이 해외(일본 제외)에 진출할 때 믿고 맡길 수 있는 무역 벤더가 현실적으로 실리콘투뿐이다. 스킨1004 같은 유명 인디브랜드를 해외에 유통하고자 하는 무역 벤더는 줄을 섰다. 브랜드는 이미지와 신뢰가 제일 중요한데 화장품을 제대로 알지 못하고 유통해본 적도 없는 소형 무역 벤더에 제품을 선선히 내줄 수는 없는 노릇이다. 매출이 절실한 신생 브랜드들도 아무 무역 벤더에나 제품을 넘기지 않는다. 중간 벤더의 중요성과 위험성은 중국 시장을 통해 익히 배운 바 있기 때문이다.

　일반적으로 브랜드가 커지면 중간 벤더를 건너뛰고 직접 최종 유통 업체와 만나려는 욕구가 증가하지만, 대형 유통 업체가 아니라면 브랜드 업체가 유통을 직접 조율하는 것은 시간과 비용 측면에서 합리적이지 않다. 더구나 중소형 브랜드 업체의 영업 조직이 북미, 유럽 등 해외 특정 지역 전체를 커버할 수는 없다. 대형 유통 업체들도 웬만큼 큰 브랜드가 아니면 직접 소통하지 않는다. 반기지도 않는다. 매입과 관리의 편의성, 문제 발생의 책임 소재 등 여러 이유 때문이다. 스킨1004와 울타뷰티의 계약은 직접 이뤄졌을 가능성이 큰데, 이는 나름대로 유명 브랜드와 대형 유통 업체 간 계약으로 예외적인 경우다. 웬만큼 큰 브랜드가 아니라면 브랜드 MD는 해당 유통 업체에 '코드'가 있는 중간 벤더를 통하는 게 일반적이다. 결국 인디브랜드들의 글로벌 중소형 유통 업체 전개는 실리콘투를 통하는 게 가장 합리적이다.

한국과 중국 정도만 소비시장의 이커머스 침투율이 50%에 이른다. 나머지 국가들의 이커머스 침투율은 선진국이라고 해도 20% 내외가 대부분이다. 유럽도 마찬가지다. 그런데 미국 내 K뷰티 유통 채널 유형은 온라인이 70%, 오프라인이 30%다. 주요 입점 플랫폼 가운데 아마존이 45%, 세포라가 12%로 아마존이 가장 큰 비중을 차지한다. 따라서 한국 화장품 인디브랜드들의 해외 매출은 ① 온라인을 통해 브랜드를 소개하고, ② 인지도를 높이고, ③ 오프라인에 진출하여 본격적인 매출을 올리는 공식이 성립될 수 있다. 미국은

미국 시장 내 한국 화장품 채널 분포

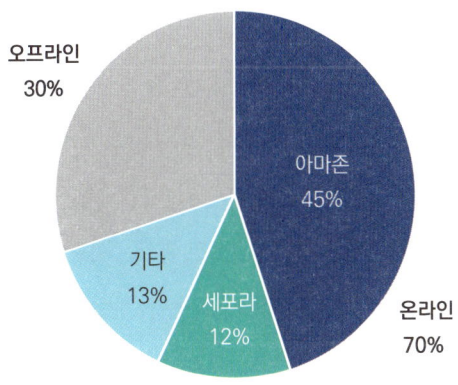

출처: Amazon

넓고 팔 곳은 많다.

K뷰티만이 가능한 전략이 있다

미국에서 한국 기초·스킨 카테고리의 선전은 언뜻 보기에 신기한 현상이다. 기초는 일반적으로 브랜드 로열티가 높고, 일본도 트렌디한 색조 제품들이 주로 K뷰티를 대표하고 있기 때문이다. 그런데 미국 화장품시장에서 중저가 기초는 상대적으로 발달하지 않은 틈새시장이었다. 거기서 한국 브랜드들이 혁신성과 가성비를 뽐내며 파이를 키우고 있다.

실제로 아마존 뷰티 카테고리별 규모와 K뷰티의 침투율을 보면 현재 한국 화장품의 미국 내 위치와 향후 방향성을 진단해볼 수 있다. 아마존에서 에스티로더나 맥(MAC), 바비브라운(Bobbi Brown) 같은 고가 화장품 브랜드를 구매하지는 않는다. 아마존은 중저가 화장품시장을 대표한다고 볼 수 있다. K뷰티는 스킨케어와 아이케어, 마스크팩, 립케어 쪽에서 인지도가 상당히 높다. 에센스·세럼·앰플의 침투율은 18%에 이른다. 재미있게도 립케어 카테고리의 침투율이 엄청나서 립밤은 19%, 립마스크·스크럽·오일 카테고리는 65%에 이른다. 이들 카테고리는 한국 화장품이 들어가기 전에는 아마존에 없었다. 미국 화장품시장에는 없었던 새로운 제형들이 아마존에서 크게 성공하면서 새로운 카테고리로 분류된 것이다.

이는 아마존 입장에서도 마케팅 측면에서 긍정적이다. 스킨케어라는 큰 범주에서 늘 아누아만 1등 하는 것보다 토너는 아누아, 선크림은 조선미녀, 오일은 누니가 각각 1등 하는 제품이라고 소개하는 게 소비자에게 훨씬 자극적이기 때문이다. 유통 업체와 마케터들은 늘 새로운 통계를 좋아한다. 바이오던스가 2024년 블랙프라이데이 기간에 아마존 뷰티 전체에서 매출 1위를 기록했다. 마스크팩 카테고리는 이미 패드, 페이스팩, 패치·코팩 등 사이즈와 용도별로 구분되어 있지만, 바이오던스의 영향으로 페이스팩이 시트마스크와 하이드로겔 마스크로 다시 분화될 수도 있다. 아마존 립오일 1등 브랜드 누니를 운영하는 미미박스의 하형석 대표는 아마존 공략에 대해서 다음과 같이 조언한다.

"미국 브랜드들이 아마존 모든 카테고리에서 1등을 하지는 못합니다. 비어 있는 카테고리가 있지요. 거기서 1등을 가져가면 그 제품으로 브랜드가 커질 수 있습니다. 카테고리 1등 제품을 어떤 회사가 많이 갖고 있느냐가 중요합니다."

한국 화장품이 미국 시장에서 향후 나아가야 할 방향은 이제 색조 부분이다. 미국은 색조 비중이 대단히 큰 시장이다. 스킨과 색조만으로 나눠 볼 때 색조 비중이 46%로 주요 국가 가운데 압도적 1위다. 그만큼 경쟁도 심하고, 이미 하이엔드부터 중저가까지 기존 브랜드들이 높은 인지도를 형성하고 있다. 진입장벽이 높을 수 있다.

하지만 한국 브랜드들도 서서히 입지를 확대하고 있다. 티르티르는 미국 흑인들의 베이스 메이크업을 위한 30호 쿠션을 출시해 크게 히트했다. 라네즈 립 글로이는 아마존 립밤 카테고리에서 1위를 차지했다. 페리페라의 잉크 더 벨벳과 잉크 무드 글로이 틴트(클리오), 롬앤의 쥬시 래스팅 틴트(아이패밀리에스씨)가 2024년 7월에 열린 아마존 프라임데이 행사에서 상위권을 차지했다.

거듭 말하지만 한국 화장품의 가장 큰 특징은 혁신성이다. 새로운 제형을 제시하고 새로운 카테고리를 창출하면서 시장 점유율과 사업 영역을 확대하는 전략은 K뷰티만이 가능하다.

예컨대 메디힐은 미국 시장을 타깃으로, 얼굴 전체를 커버하는 마스크팩 대신 특정 부위만 집중 케어하는 네모패드를 출시했다. 동양인과 달리 서양인은 체모가 많아 팩이 얼굴에 잘 붙지 않기 때문에 체모가 적은 부위에 붙일 수 있는 작은 패드를 개발한 것이다. 역시 기존에는 없는 새로운 혁신 상품으로 2023년 아마존 쇼핑몰의 '토너' 부문에서 판매 랭킹 1위에 올랐고, 아마존은 마스크팩에 패드 카테고리를 새로 만들었다.

아마존 뷰티 카테고리별 규모와 K뷰티 침투율

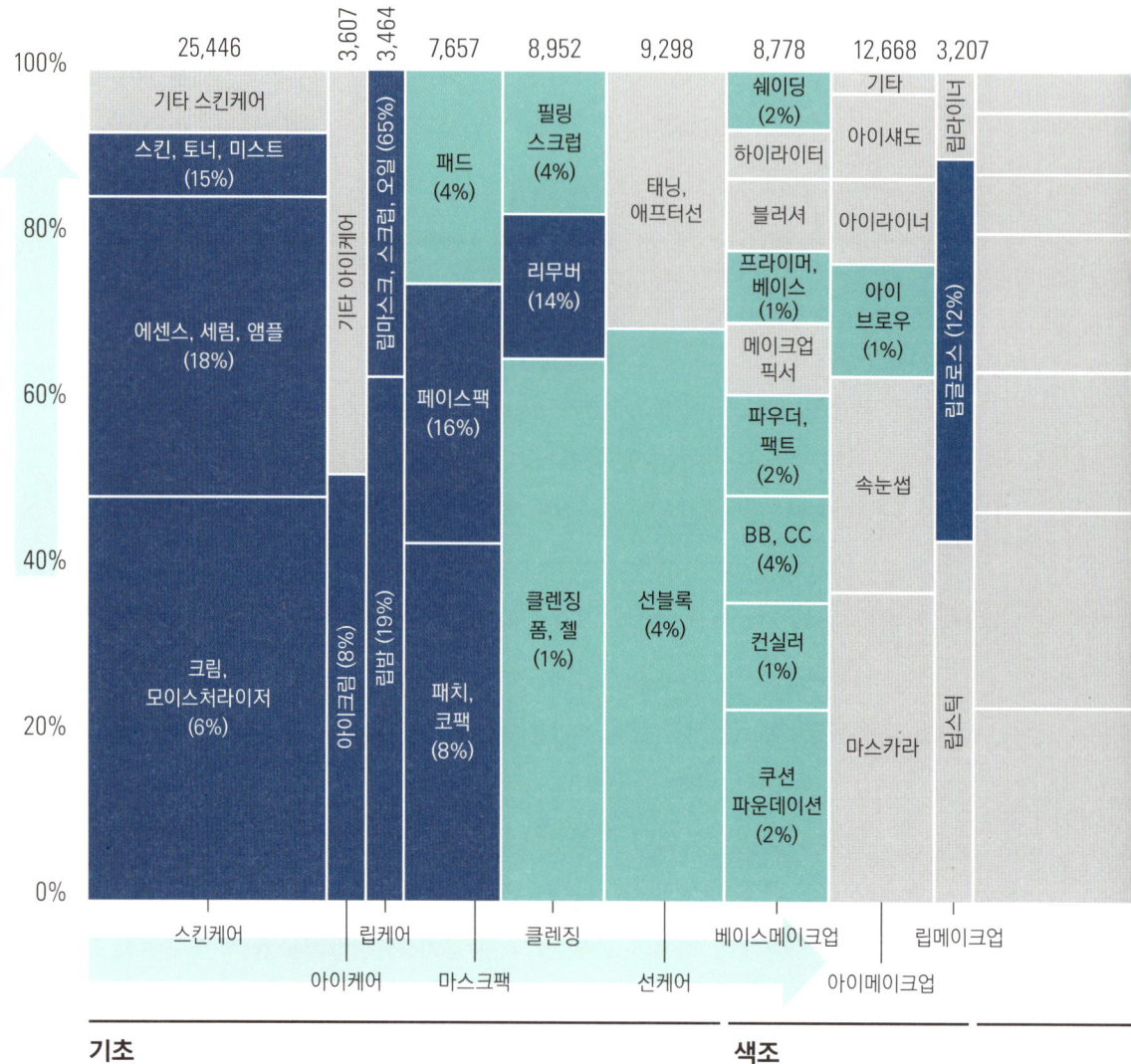

출처: Amazon

총계 = 23조 7,172억 원

(억 원)

| 36,554 | 66,047 | 15,934 | 16,661 | 14,250 | 4,062 |

- 바디케어 (36,554): 베이비, 바디오일, 비누, 기타 바디케어, 바디워시, 제모·왁싱, 바디·핸드·풋 로션
- 헤어케어 (66,047): 염색약·펌, 두피팩·스케일러, 헤어기기·브러시, 헤어워시
- 맨즈케어 (15,934)
- 향수 (16,661): 남성 향수, 여성 향수
- 네일 (14,250)
- 미용소품 (4,062): 미용잡화, 뷰티디바이스

바디케어 | 헤어케어 | 남성 | 향수 | 네일 | 미용

K뷰티의 봄, 글로벌 화장품 강국으로 도약

유럽과 러시아, 중동까지 확장 중

독일·프랑스·영국에서도 인정받은 K뷰티

유럽에서 K뷰티의 입지는 계속 강화되고 있다. 독일을 비롯한 영국, 프랑스 등 주요 6개국에 대한 2024년 수출은 전년 동기 대비 45% 증가했다. 프랑스와 영국의 화장품 수입에서 한국이 차지하는 비중은 5%를 넘었다. 독일에서도 한국 제품 수입 비중이 가파르게 상승 중이다. 한국 브랜드는 유럽에서 세럼, 토너 등 품목의 유행을 선도했고 이 외에 자외선 차단제와 BB크림, 다양한 메이크업 제품들이 자리를 잡아가고 있다. 스킨1004의 2024년 유럽 지역 매출은 3분기까지 160억 원을 넘기면서 전년 동기 대비 500% 이상 증가했다.

독일은 유럽 최대 화장품시장이다. 한국의 립틴트와 쿠션 파운데이션, 선스틱 등이 인기리에 판매되고 있다. 한국 화장품의 고품질과 혁신적인 성분을 높이 평가하며, K팝과 K드라마 확산으로 K뷰티에 대한 관심과 소비도 빠르게 늘고 있다. 독일은 전통적으로 동물실험을 배제한 클린뷰티와 천연 화장품에 관심이 많아서 자연 유래 성분을 강조한 K뷰티 제품들이 주목받고 있다. 예를 들어 스킨1004는 마다가스카르산 센텔라를 활용한 스킨케어 제품으로 독일 최대 온라인 화장품 채널 '플라코니(Flaconi)'가 주최한 뷰티 행사에 참가하기도 했다.

이탈리아 밀라노의 중앙역에는 'yepoda(예쁘다)'라는 간판을 단 팝업 스토어가 문을 열었다. K뷰티 브랜드다. 한국 기업이 만든 브랜드가 아니라 K뷰티의 성공을 예견한 독일 사업가가 만든 브랜드다. 창업자는 "서울에 갈 때마다 친구, 친척, 동료 들이 부탁해서 짐 가방이 화장품으로 가득 찼다"며 "그래서 짐 가방 채우는 대신 유럽 시장을 위한 브랜드를 만들어야겠다고 생각했다"고 말했다. 이탈리아 현지 매체는 한국 화장품의 지속적인 성장을 알 수 있는 사례로 이 매장을 꼽았다.

프랑스 역시 한국이 뷰티 혁신에서 다른 나라보다 5~10년 앞서 있다는 평가를 내리고 있다. 라네즈, 닥터자르트 등 한국 브랜드들이 세포라 등 주요 화장품 매장의 매대에 올려졌다. 특히 소셜 네트워킹 덕분에 한국은 뷰티 트렌드에서 '매우 스타일리시한 곳'이 되었다. 라네즈의 립 슬리핑 마스크가 틱톡에서 화제가 되어 베스트셀러가 되었다.

또한 비건 제품, 지구를 존중하는 생산 방식, 합리적인 가격 등으로 친환경 의식이 강한 프랑스 소비자들의 기대에도 부합한다. 화장품 강국인 프랑스는 한국 화장품이 프랑스 시장에 진출하는 것을 경계해왔는데 이제 한국 화장품은 필수품이 되었고, 아름답고 부드러운 피부를 가진 한국 여성들과 동일시되기를 원하는 프랑스 여성들의 욕구가 증가하고 있다.

영국에서는 주요 뷰티 키워드 중 하나로 K뷰티가 꼽힐 정도로 한국 화장품이 큰 관심을 받고 있다. 2023년 영국에 대한 한국 화장품의 수출 규모는 약 9,000만 달러에 불과했지만 전년 대비 증가율은 58%에 달했다. 2024년에는 전년 대비 46% 증가한 1억 3,000만 달러를 돌파했다. 가파른 상승 흐름이 인상적이다. 영국 소비자들은 근본적으로 실용성을 중요시하고, 과도한 꾸밈 대신 자연스러움을 추구한다. K뷰티 콘셉트와 일치한다.

현지 화장품 전문점 MD는 한국 화장품이 "새로운 제품을 선보일 때마다 성공이 보장될 만큼 큰 관심을 받고 있다"고 평가한다. 대표적인 예로 흑인 여성 인플루언서의 불만 유튜브 영상 이후 30여 개 색조를 출시해 글로벌 시장에서 주목받고 있는 티르티르가 있다. 영국 소비자들은 이것을 '포용성'으로 받아들이고 입소문을 퍼뜨리고 있다.

자외선 차단 효과가 뛰어나면서 스킨케어 효능까지 겸비한 한국의 자외선 차단제도 인기다. 조선미녀의 '맑은쌀 선크림', 라운드랩의 '자작나무 수분 선크림', 이즈앤트리의 '히알루론산 워터리 선 젤' 등이 인기인데, 현지 매체들이 아마존 프라임데이에 반드시 구매해야 할 품목으로 K뷰티 제품을 연이어 추천했다고 한다.

유럽의 화장품 전문가들이 한국 화장품에 공통적으로 평가하는 것은 ① 혁신적인 제형과 성분, ② 친환경적 사고, ③ 우수한 효과, ④ 현대적인 고급스

대유럽 화장품 수출액과 증가율 추이

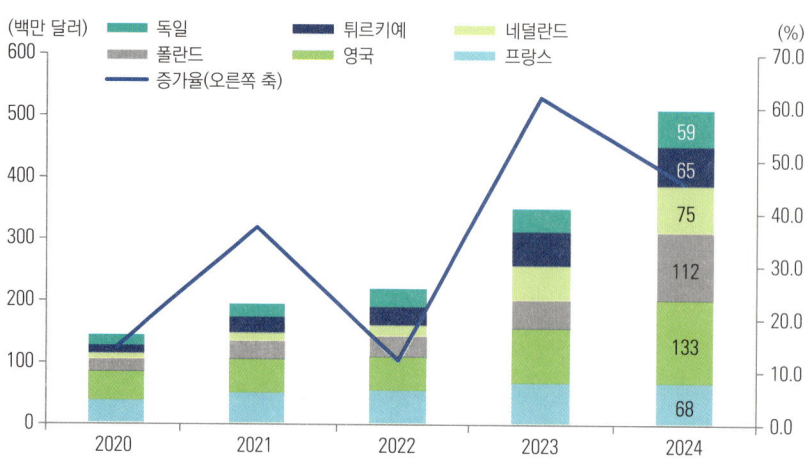

출처: KITA

러움, ⑤ 저렴한 가격이다. 이에 비해 구입 경로가 매우 제한적이다. 그런 희소성 때문에 한국 화장품이 더욱 갈망의 대상이 되기도 한다. 아무튼 유럽은 아직 시작도 제대로 하지 못한 기회의 땅이다. 최근 실리콘투의 유럽 투자 확대는 이런 유럽 시장의 수요 증가를 염두에 둔 대응이라고 할 수 있다. 실리콘투의 유럽 매출은 2024년 1,627억 원으로 전년 대비 205% 이상 증가했다.

러시아, 아랍에미리트, 인도에서도 K뷰티 열풍, 그리고 중국

대러시아 수출은 2023년 약 3억 2,000만 달러를 기록했다. 전년 대비 43%나 증가했으며, 러시아의 화장품 수입국 가운데 점유율 35%로 압도적 1위를 차지했다. 2022년 이후 서구의 유명 브랜드들이 철수하면서 대체재로 한국 화장품의 검증된 성능과 뛰어난 가성비가 인정받은 결과다.

아랍에미리트는 대표적인 약국 채널 아스터 리테일(Aster Retail) 모바일 앱에서 2024년 한국 화장품 판매가 전년 동기 대비 60% 신장했는데, 스킨케어와 자외선 차단제가 특히 인기를 끌고 있다. 왓슨스(Watsons)에서도 2023년 대비 2배로 증가했다. 현지 전문가의 인터뷰를 보면, 이제 한국 화장품 브랜드를 오프라인 매대에서 자주 볼 수 있게 되었다. 대아랍에미리트 화장품 수출은 2024년에 전년 대비 87% 증가한 1억 5,800만 달러를 달성했는데, 이는 유럽 최대 수출국인 영국보다도 큰 규모다. 실리콘투가 아랍에미리트를 중동 유통 허브로 두면서 2024년 2분기부터 매출이 본격화되었다.

무슬림이 많은 아랍에미리트를 포함한 중동 지역에서는 제품을 구매할 때 할랄 인증이 중요한 요소다. 한국 화장품은 할랄 인증을 취득하지 않았더라도 무슬림 소비자가 사용할 수 있는 요건을 갖추고 있다. 즉 전 성분 정보를 제공하고, 주로 천연 식물 성분들을 함유하거나 비건이며, 동물실험을 하지 않는 크루얼티 프리(cruelty free) 등 윤리적인 요소까지 갖추고 있다. 코스알엑스는 할랄 인증을 취득한 브랜드로서 아랍에미리트는 물론 사우디아라비아에서도 인지도를 높이고 있다.

인도는 2023년에 중국을 제치고 전 세계에서 인구가 가장 많은 나라로 등극했다. 25세 이하 인구가 전체에서 43%를 차지할 정도로 화장품 잠재 고객이 많다. 이미 세계 화장품 7위 시장이기도 하다. 최대 뷰티 이커머스인 나이카, 티라 등에 한국 브랜드들의 온라인 입점이 활발해지고 있다. 최근 스킨케어 분야에서 세럼과 토너가 인도에서 급성장하는 카테고리이며 라네즈, 더페이스샵, 에뛰드 등이 셀러브리티 마케팅을 통해 주목받고 있다.

한편 중국 화장품 소비 회복의 시그널도 포착되고 있다. 홍콩 코스모프로프(Cosmoprof) 아시아는 이탈리아 볼로냐, 미국 라스베이거스와 함께 손꼽히는 세계 3대 뷰티 박람회다. 전 세계의 브랜드와 바이어들이 최신 트렌드를 공유하고 네트워킹을 하기 위해 많이 모인다. 특히 홍콩은 아시아의 상업 허브로서 동남아와 중국 현지 동향을 체크하기에 유리하다. 2024년에는 11월 13일부터 15일까지 열렸는데 2023년과 사뭇 분위기가 달랐다고 한다. 참여한 한국 브랜드가 전년보다 200개 이상 늘어나 300개가 넘었고, 중국에서도 많은 바이어가 찾았다고 한다.

아모레퍼시픽과 LG생활건강 등 중국 진출 브랜드 업체들의 실적을 보면 매출은 여전히 부진하지만 수익성은 상당히 회복되고 있다. 오프라인 매장

틱톡 광군절 화장품 매출 순위

순위	2022년	2023년	2024년
1	더후	프로야	칸스
2	에스티로더	에스티로더	프로야
3	미광	칸스	로레알
4	라메르	로레알	가복미
5	로레알	랑콤	더후
6	SK-II	라메르	자연당
7	프로야	헬레나	에스티로더
8	랑콤	지멍	올레이
9	지멍	미광	위노나
10	OSM	더후	SK-II

철수로 고정비 부담이 완화되는 동시에 온라인 유통의 마케팅비 부담이 크게 줄어든 탓이다. 아모레퍼시픽은 2025년 1분기 중국 사업에서 흑자 전환에 성공했고, LG생활건강은 2024년 틱톡 광군절에서 매출 순위 5위에 올라 부활을 알렸으며, 클리오는 페리페라 중심으로 중국 매출 회복세를 보이고 있다. 애경산업도 지속적인 마케팅으로 꾸준히 매출 개선을 이어오고 있으며, 마녀공장도 판로 재정비를 통해 반등에 나설 계획이다. 여러 브랜드 업체가 마케팅비를 특별히 집행하지 않아도 신제품이 나오면 매출이 증가하는 상황이라고 이구동성 말하고 있다.

그동안 중국 매출 비중이 높은 화장품 업체들은 실적 불확실성이 컸고, 중국 사업은 밸류에이션 할인 요인으로 작용해왔다. 하지만 중국은 분명히 큰 소비시장이고, 중국 화장품 소비가 회복세로 접어든다면 오히려 또 하나의 기회 요인이 된다. 중국 매출 비중이 높은 화장품 업체들에는 실적과 주가의 플러스 알파 요인이 될 수 있다.

K뷰티, 세 가지는 분명히 알자

K뷰티에서 분명히 알아야 할 세 가지가 있다. 첫째, 한국 화장품에 대한 글로벌 수요는 우리가 생각하는 것보다 훨씬 크다. 글로벌 수요에 확신이 있다면 ODM 업체들의 생산 캐파는 중장기적으로 훨씬 커져야 할 것이다. 한국은 글로벌 중저가 기초·색조 화장품의 완벽하고 독보적인 생산 기지가 되고 있다. 코스메카코리아의 낮은 가동률이나 씨앤씨인터내셔널의 대형 신규 투자를 걱정할 필요가 없다. 실리콘투의 경쟁 심화 우려도 제한적이다. 어차피 혼자 감당할 수 있는 수요가 아니기 때문이다.

일본과 미국은 차치하고 최근 유럽과 중동으로 화장품 수출이 빠르게 증가하고 있다. 유럽에서는 영국과 폴란드로의 수출이 두드러진다. 모두 실리콘투의 물류센터나 영업 법인이 진출한 지역이다. 일개 무역 벤더의 사업 여부에 따라 한국과 같은 세계 톱 10 경제 대국의 수출 지표가 달라질 정도로 수출 파이프라인이 취약하다는 것이고, 동시에 그만큼 현지 수요가 많다는 말이다.

둘째, 유망한 인디브랜드가 우리가 생각하는 것보다 훨씬 많다. 공급 측면의 강점이다. 한 투자자는 2024년에 유난히 좋은 브랜드가 많았는데 그다음은 뭘 기대할 수 있느냐며 의심한다. 그러나 코스알엑스, 조선미녀, 아누아, 스킨1004, 티르티르, 달바, 메디큐브 등 정말 대단한 브랜드가 많다.

우선 이 브랜드들의 피크아웃 시기를 좀 더 길게 볼 필요가 있다. 국내 시장이라면 매출 1,000억 원만 넘어가도 중저가 인디브랜드는 얼추 다 왔다고 평가하곤 했다. 중저가 브랜드는 로열티가 낮고 트렌디하고 제품 하나가 히트 치면 금방 미투 제품도 많이 나오니, 잇달아 히트 상품을 내놓기는 어렵기 때문이다. 하지만 지금은 다르다. 시장이 글로벌로 확장되면서 기본적인 고객 규모가 달라졌다. 중저가에서도 1조 원 브랜드를 기대할 수 있는 환경이다. 실제로 2025년 에이피알은 1조 원 매출을 목표로 잡았다.

아울러 제2의 아누아, 제2의 조선미녀를 꿈꾸며 밤을 새워 일하는 인디브랜드 대표가 많다. 구글 트렌드로 보면 한국 화장품의 유행이 정점을 지난 것처럼 보인다. 실제로 주가도 2024년 6월을 최고점으로 꺾였다. 하지만 전 세계 소비자들의 K뷰티 관심은 여전히 높은 수준이다. 코스알엑스, 조선미녀는 조회수가 떨어졌지만 그사이 티들샷과 메디큐브, 바이오던스에 대한 관심은 가파른 증가세를 보인다. 미미박스의 누니는 립오일, 멜릭서는 립버터라는 새로운 카테고리를 만들어내며 아마존 판매 1위에 올랐다. 최근 활발하게 이어지고 있는 M&A는 젊은 창업자들에게 강한 동기 부여가 되고 있다. 혁신적인 제품과 도전적인 마케팅 역량으로 무장한 수많은 한국 인디브랜드가 글로벌 화장품시장으로 달려가고 있다.

셋째, 한국은 세계 최대·최고 화장품 제조 인프라 보유국이다. 미국에는 중저가 기초에 대한 연구·개발과 설비가 없다. 일본은 중저가 색조 분야의 ODM 산업이 없다. 한국에만 특이하게 500명 이상 연구 인력을 보유한 ODM 업체가 있다. 최적의 ODM 생산을 위한 원·부자재 인프라도 완벽하다. 일본에서는 ODM 업체들이 한국처럼 빠른 생산과 출시를 하려고 해도 이를 뒷받침할 수 있는 원·부자재 업체가 없다. 한국콜마 미국 법인의 생산 원가가 높은 것은 인건비보다 원·부자재 소싱 비용 때문이다. 제품에 적절한 원·부자재가 없기 때문에 멀리서 수입하거나 주문 생산을 해야 하니 돈도 시간도 많이 든다. 한국은 원료부터 부자재, ODM까지 밸류체인상 기업들이 하나의 팀처럼 완벽하게 갖춰져 있다.

한국 인디브랜드는 늘 새로운 제형과 성분으로 된 신제품을 내놓는다. 습관이 됐다. 새로운 게 아니면 제품이 아니라고 생각한다. 아이패밀리에스씨는 화장품에 빠진 코덕들을 신입사원으로 뽑는다. 학력도 보지 않는다. 면접 때 자신의 화장품 파우치를 열고 각 제품의 구매 동기와 용도를 설명하라고 한다. 이들의 열정은 뜨겁다. 집에서 화장품 때문에 꾸중만 듣던, 미치도록 화장품을 좋아하는 이들이 화장품으로 돈을 버니 얼마나 기쁘겠는가. 그뿐만 아니라 잘하면 자기 아이디어가 고스란히 들어간 신제품도 만들 수 있다. 이때까지 한 번도 이뤄보지 못한 승리의 역사를 써 내려가기 시작한 이들은 누가 뭐라 하지 않아도 열정을 불사르며 신제품을 고민한다.

그런 브랜드 상품 기획의 치열함을 다 받아주는 게 한국 ODM 업체들이다. 씨앤씨인터내셔널의 배수아 대표는 기존에 출시된 제형을 들고 고객을 만난 적이 이때까지 한 번도 없다. 설비가 없어도 상관없다. 일단 아이디어가 떠오르고 될 것 같다는 확신이 서면 샘플을 만들어서 영업하고 수주를 따낸다. R사의 신제품 섀도 팔레트는 지금도 일일이 수작업으로 만들고 있다. 자동화 설비는 다음 분기에 들어온다고 한다. 다른 회사가 만들지 못하는 제형에 대한 압축 투자와 연구로 900억 원이던 회사 규모를 4년 만인 2024년에 2,800억 원으로 3배 이상 키웠다.

코스맥스와 한국콜마는 빡빡한 일정과 캐파 부족에도 늘 벤처·인디브랜드를 위한 '공간'을 마련해둔다. 최소 주문 수량에 훨씬 못 미치는 3,000개, 심지어 1,000개도 생산해준다. 식품과 다른 양산 제조업에서는 어림도 없는 일이다. 1등 업체가 그런 비효율적인 작업을 할 이유가 없다. 하지만 한국 화장품 산업에서는 일상이다.

인디브랜드 육성과 지원이 한국 화장품 산업의 지속 발전에 근간이 된다는 근사한 말로 포장될 수도 있지만, 내가 보기에는 글로벌 선두 기업들의 자신감이고 여유다. 미국에서 당장 돈 안 되는 물리학과 수학에 많은 연구비를 투자하듯, 한국 화장품 ODM 업체들은 당장 돈 안 되는 수많은 인디브랜드에 기회를 제공한다. 어떤 브랜드가 또 대박을 터트릴지 모른다. 회사가 커지고 돈이 많으니 보다 긴 안목으로 사업을 진행할 수 있는 것이다. 이런 한국 ODM 업체들의 치열함과 자신감, 그리고 여유 때문에 해외 주요국 ODM 업체들과의 간극은 더 벌어지고 있다.

아울러 한국 ODM 업체들의 막대한 생산 캐파는 화장품의 높은 레버리지 효과를 극대화하는 요인이다. 2024년에 화장품 기업 M&A가 13건 있었다. 로레알은 닥터지를 인수했고, 마녀공장의 기업 가치는 3,700억 원으로 인정받았다. 피델리티(Fidelity)가 펌텍코리아 지분을 장내 매수로 5%까지 늘렸다. 이런 활발한 M&A는 K뷰티 산업의 높은 투자 가치를 입증하는 것이며, 동시

2024년 주요 화장품 업체 M&A 사례

일시	피인수 기업	인수 기업	사업 영역	인수가액 (억 원)	지분율 (%)	기업 가치 (억 원)
1월	코디	지피클럽	ODM	87	14.6%	596
2월	스킨이데아(메디필)	모건스탠리PE	기초 화장품	1,000	67.0%	1,493
4월	티르티르	구다이글로벌	색조 화장품	1,500	50.0%	3,000
6월	라카코스메틱스	구다이글로벌	색조 화장품	425	88.0%	483
8월	어뮤즈	신세계인터내셔날	색조 화장품	713	100.0%	713
9월	크레이버코퍼레이션 (스킨1004)	구다이글로벌	기초 화장품	2,456	85.0%	2,890
9월	비앤비코리아	하이트진로	ODM	1,300	100.0%	1,300
10월	리봄화장품	동국제약	ODM	306	53.7%	570
11월	삼성메디코스	씨에스홀딩스	ODM	329	100.0%	329
12월	피에프디	비츠로시스	색조·기초 화장품	80	18.9%	423
12월	이시스코스메틱	KB PE, 나우IB캐피탈	ODM	900	88.4%	1,018
12월	고운세상코스메틱 (닥터지)	로레알	기초 화장품	미공개	미공개	미공개
12월	마녀공장	케이앤엘파트너스	기초 화장품	1,900	51.9%	3,700

출처: 언론 종합

에 젊은 창업자들에게 강한 동기 부여가 될 수 있다. 혁신적인 제품과 도전적인 마케팅 역량으로 무장한 수많은 한국 인디브랜드가 글로벌 화장품 산업의 프런티어를 향해 달릴 수 있는 우호적인 환경인 것이다.

이 브랜드들의 피인수 가격을 보면 주가매출액배수(PSR) 2~3배는 기본이다. 마녀공장의 2023년 매출은 1,050억 원에 불과했고, 티르티르의 2023년 매출은 1,550억 원이었다. 이렇게 높은 밸류에이션을 받는 것은 화장품 브랜드 산업의 높은 레버리지 효과 때문이다. 화장품 매출은 중간이 없다. 제품이 한번 히트 치면 1년 사이에 매출이 몇백억 원 증가한다. 영업 권역이 아마존과 세계로 확장되면서 그 효과는 더 커졌다.

올해 매출 50억 원인 회사가 내년 매출은 500억 원이 될 수 있다. 그다음

인디브랜드 톱 8 매출액 추이(2024)

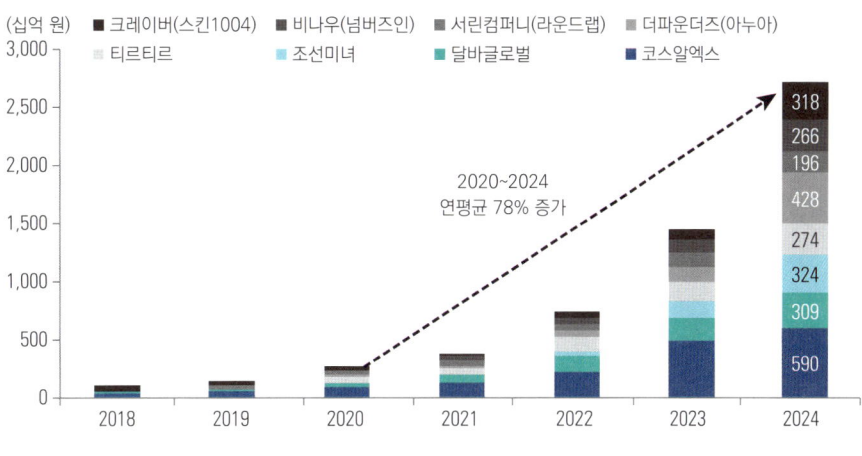

출처: 각 사

해 매출은 1,500억 원대로 훌쩍 올라설 수도 있다. 아누아, 조선미녀, 스킨 1004 등이 모두 이런 경로를 거쳤다. 최근 두각을 나타내는 8개 브랜드(기업)의 2024년 매출을 보면 코스알엑스를 제외하고는 전년 대비 최소 50% 이상 성장했으며 조선미녀, 아누아(더파운더즈), 넘버즈인의 비나우, 스킨1004의 크레이버는 전년 대비 2배 이상의 매출을 기록했다. 2020년에는 합산 매출이 채 3,000억 원도 되지 않던 작은 브랜드들이었는데 2024년 2조 7,000억 원을 돌파했다.

    이런 매출이 가능한 것은 코스맥스와 한국콜마 등 언제든지 몇십만 개, 몇백만 개씩 생산해낼 수 있는 글로벌 최대 규모의 생산 캐파, 생산 인프라가 한국에 있기 때문이다. 국내 제조업 위축에 따른 제조 설비 제약이 명확한 식품이나 다른 소비재 산업에서는 불가능한 이야기다.

화장품 밸류체인

대분류	기업명	티커	사업 내용
원료	현대바이오랜드	052260 KS	국내 천연화장품 원료 1위 업체, 설화수 원료 공급사로 유명
원료	선진뷰티사이언스	086710 KS	자외선 차단제 원료 생산 업체, 최초 美 FDA 인증
원료	대봉엘에스	078140 KS	화장품 소재 및 원료의약품 전문 업체
원료	에이에스텍	453860 KS	자외선 차단제 원료 생산 업체
부자재	펌텍코리아	251970 KS	국내 1위 화장품 용기 업체
부자재	에스엠씨지	460870 KS	국내 1위 화장품 유리용기 업체
부자재	연우	비상장(한국)	한국콜마 패키징 자회사, 국내 2위 화장품 용기 업체
부자재	삼화	비상장(한국)	국내 3위 화장품 용기 업체, 글로벌 사모펀드 TPG가 3,000억 원에 인수
ODM	Intercos	ICOS IM	글로벌 화장품 ODM업체로, 세계 각국 생산기지 보유
ODM	코스맥스	192820 KS	글로벌 1위 화장품 ODM 업체
ODM	한국콜마	161860 KS	국내 2위 화장품 ODM 업체이자 최대 자외선 차단제 생산 업체
ODM	코스메카코리아	241710 KS	국내 3위 화장품 ODM 업체
ODM	씨앤씨인터내셔널	352480 KS	혁신적이고 특수한 제형 개발에 강점
ODM	잉글우드랩	950140 KS	코스메카코리아 자회사, 미국 현지 자외선 차단제 생산 강점
ODM	제닉	123330 KS	바이오던스 콜라겐 리얼 딥 마스크 제조사로 유명
ODM	한국화장품제조	003350 KS	스킨1004 ODM 업체로 유명
유통	Amazon	AMZN US	미국 내 온라인 뷰티 유통 핵심 채널
유통	Ulta Beauty	ULTA US	미국 내 오프라인 뷰티 유통 핵심 채널
유통	올리브영	비상장	㈜ CJ 자회사, 국내 최대 오프라인 뷰티 유통 업체
유통	실리콘투	257720 KS	K뷰티 핵심 유통 업체로 미국, 유럽, 중동 등 차별화된 글로벌 네트워크 보유
유통	아성다이소	비상장(한국)	국내 초저가(5,000원 미만) 화장품 전용 유통 채널로 급부상

화장품 밸류체인

대분류	기업명	티커	사업 내용
브랜드	L'Oréal	OR FP	글로벌 1위 화장품 브랜드 업체로 중저가~럭셔리 전천후 포트폴리오 보유
	Estée Lauder	EL US	글로벌 대표 럭셔리 뷰티 업체로 에스티로더, 라메르, 맥 등 브랜드 보유
	Unilever	ULVR LN	글로벌 소비재 브랜드 업체로 도브, 아워글래스, 케이트서머빌 등 브랜드 보유
	P&G	PG US	글로벌 생활용품 업체, 올레이, SK-Ⅱ 등 화장품 브랜드 보유
	Shiseido	4911 JP	일본 대표 글로벌 화장품 브랜드 업체
	e.l.f. Beauty	ELF US	미국 대표 중저가 색조 브랜드 업체
	아모레퍼시픽	090430 KS	국내 최대 화장품 브랜드 업체로 설화수, 라네즈, 코스알엑스 등 브랜드 보유
	LG생활건강	051900 KS	더후, 빌리프, CNP 등 브랜드 보유, 생활용품 및 음료 사업 전개
	에이피알	278470 KS	메디큐브 브랜드 보유, 화장품 및 뷰티 디바이스
	애경산업	018250 KS	AGE20'S, 루나 등 화장품 브랜드 및 생활용품 사업 전개
	브이티	018290 KS	리들샷 제품으로 유명
	클리오	237880 KS	클리오, 구달, 페리페라 등 브랜드 보유
	아이패밀리에스씨	114840 KS	한국 색조 1위 브랜드 롬앤 보유
	토니모리	214420 KS	토니모리, 본셉 브랜드 보유
	에이블씨엔씨	078520 KS	미샤, 어퓨 브랜드 보유
	네오팜	092730 KS	제로이드, 더마비 브랜드 보유
	마녀공장	439090 KS	마녀공장 브랜드 보유, 클렌징 오일로 유명
	구다이글로벌	비상장(한국)	국내 최대 인디브랜드 그룹, 조선미녀, 티르티르, 스킨1004, 라카 등 보유
	더파운더즈	비상장(한국)	아누아 브랜드 보유, 국내 최대 단일 인디브랜드
	달바글로벌	483650 KS	달바 브랜드 보유, 승무원 미스트로 유명, 2025년 5월 코스피 상장
	비나우	비상장(한국)	퓌, 넘버즈인 등 인디브랜드 보유, 상장 준비 중
	서린컴퍼니	비상장(한국)	독도 토너로 유명한 라운드랩 보유

원료·부자재

부자재

플라스틱 용기

펌텍코리아
아모레퍼시픽
브이티
LG생활건강
아누아
스킨1004 등

연우
아모레퍼시픽
LG생활건강

삼화

태성산업

유리 용기

에스엠씨지
로레알
아모레퍼시픽
아누아
메디큐브

베르상스퍼시픽
아모레퍼시픽

영일유리공업
LG생활건강

원료

일반 원료
현대바이오랜드
대봉엘에스

자외선 차단제
선진뷰티사이언스
에이에스텍

제조자개발생산(ODM)

코스맥스
롬앤
아누아
에이피알
클리오
티르티르 등

Intercos(이탈리아)
샤넬
랑콤
에스티로더
디올 등

한국콜마
AHC
메디힐
스킨천사
애터미
조선미녀 등

한국화장품제조
스킨1004 등

코스메카코리아
아누아
티르티르
조선미녀
브이티
닥터자르트 등

제닉
바이오던스 등

씨앤씨인터내셔널
클리오
닉스
레어뷰티
3CE
롬앤 등

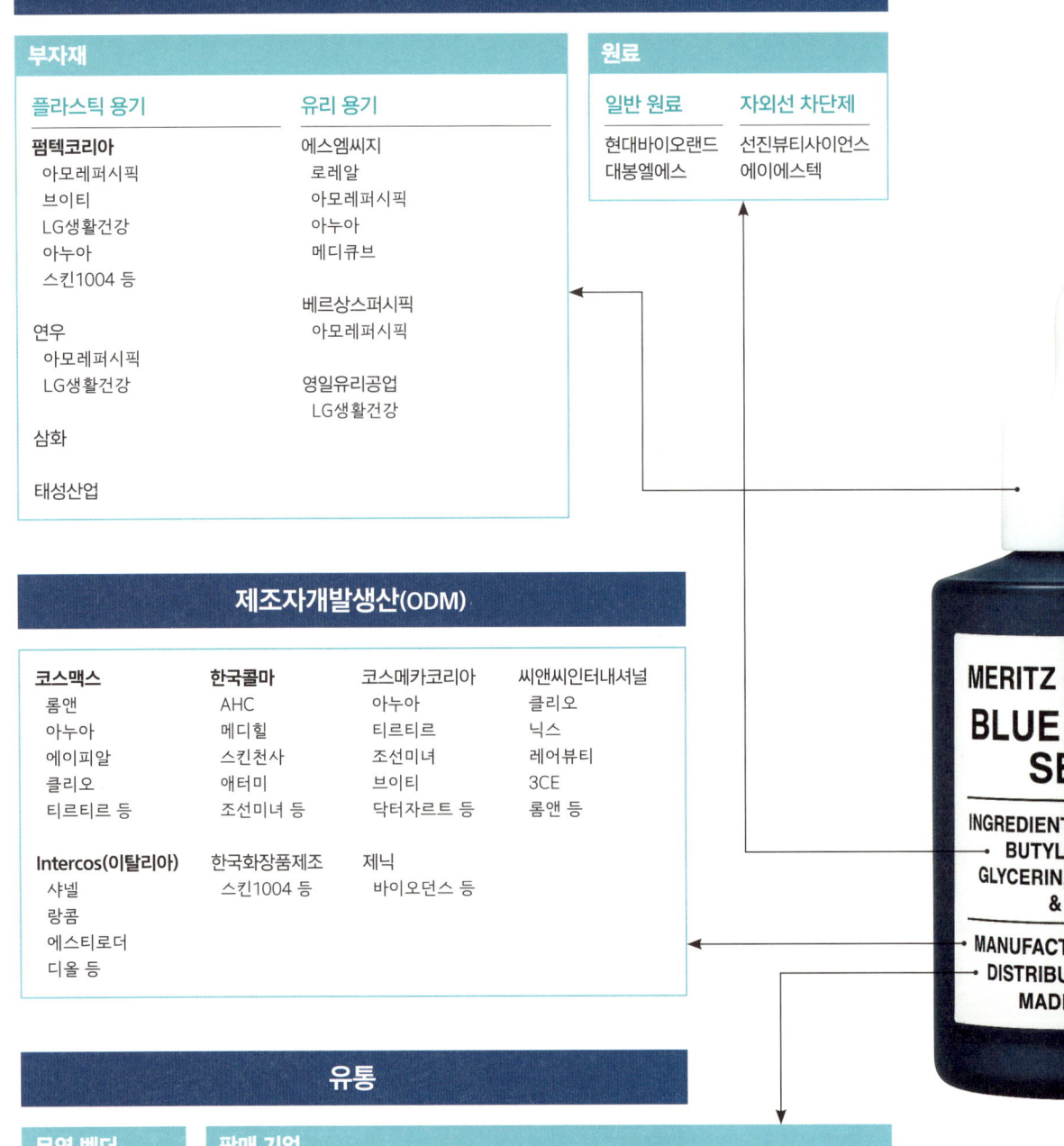

유통

무역 벤더

실리콘투
조선미녀
메디큐브
아누아
바이오던스
닥터엘시아 등

아시아비엔씨
롬앤 등

판매 기업

오프라인

올리브영
점포: 1,379개
PB 브랜드
-웨이크메이크
-바이오힐보
-브링그린 등

다이소
점포: 1,519개

ULTA Beauty(미)
점포: 1,445개

온라인

무신사
PB 브랜드
-오드타입

에이블리

지그재그
-위찌

브랜드

브랜드 대기업

L'Oréal(프)
- 럭셔리: 랑콤, YSL, 키엘, 프라다, 아르마니, 이솝 등
- 중저가: 라로슈포제, 세라베, 닉스, 메이블린뉴욕, 3CE 등

Shiseido(일)
- 럭셔리: 끌레 드 포 보테, 나스, 돌체앤가바나 등
- 중저가: 마죠리카 마죠르카, 마끼아쥬, 아넷사 등

아모레퍼시픽
- 럭셔리: 설화수
- 중저가: 헤라, 라네즈, 에스트라, 코스알엑스, 이니스프리 등

Unilever(영)
- 럭셔리: 더말로지카, 타차, 아워글래스 등
- 중저가: 도브, 바세린, 폰즈, 심플, 럭스 등

Johnson & Johnson(미)
- 럭셔리: 엑스유비언스, 닥터시라보
- 중저가: 뉴트로지나, 아비노, 클린앤클리어 등

Estée Lauder(미)
- 바비브라운, 크리니크, 맥, 조말론, 르라보, 톰포드 등

Coty(미)
- 럭셔리: 구찌, 버버리, 마크제이콥스, 카일리 등
- 중저가: 커버걸, 림멜 런던, 맥스팩터 등

LG생활건강
- 럭셔리: 더후
- 중저가: 더페이스샵, CNP, 빌리프, 힌스, 닥터그루트 등

P&G(미)
- 럭셔리: SK-II, 퍼스트에이드, 툴라 등
- 중저가: Olay, 팬틴, 헤드앤숄더, 질레트 등

PROYA(중)
- 프로야, 유제로, 캣츠 앤 로지스, 유야, 안야 등

중저가 인디브랜드

기초+색조

e.l.f. Beauty(미)
- 기초: 나트리움, 로드
- 색조: e.l.f.

클리오
- 기초: 구달
- 색조: 클리오, 페리페라

애경산업
- 기초: 원씽
- 색조: 에이지20'S, 루나

비나우
- 기초: 넘버즈인
- 색조: 퓌

토니모리

에이블씨엔씨(미샤)

기초

에이피알(메디큐브)
브이티(리들샷)
구다이글로벌(조선미녀)
크레이버(스킨1004)
달바글로벌(달바)
더파운더즈(아누아)
엘앤피코스메틱(메디힐)
스킨푸드
서린컴퍼니(라운드랩)
뷰티셀렉션(바이오던스)
토리든
마녀공장
네오팜(아토팜, 제로이드)
고운세상코스메틱(닥터지)
해브앤비(닥터자르트)
포컴퍼니(아비브)

색조

아이패밀리에스씨(롬앤)
티르티르
에프앤코(바닐라코)
스타일난다(3CE)
정샘물뷰티
삐아
데이지크
디어달리아
라카
투쿨포스쿨
홀리카홀리카
어뮤즈
밀크터치
릴리바이레드

* 한국 기업에는 나라 이름을 표시하지 않음

화장품

16장   식음료

K푸드가 쓰고 있는
새로운 성공 공식

김정욱
음식료·유통

'글로벌 네트워크'를 움직여라

불닭볶음면은 왜 전 세계에 통했나?

전 세계적으로 성공한 K푸드 사례 중 하나로 삼양식품의 '불닭볶음면'을 빼놓을 수 없다. 불닭볶음면의 흥행은 단순히 한 기업의 히트 상품을 넘어 K푸드 열풍을 견인한 대표 사례로 평가받는다.

삼양식품의 '불닭볶음면'은 국물이 없는 볶음면 형태다. 한국에서 주류인 스프 국물에 끓이는 라면이 아니다. 서양의 파스타나 동남아의 팟타이와 유사한 포맷을 지닌다. 이로 인해 보다 다양한 문화권에서 거부감 없이 수용될 수 있었다. 그러나 불닭볶음면의 성공을 단순히 '볶음면'이라는 형태적 특성 때문으로만 해석하는 것은 협소한 접근이다.

불닭볶음면 성공의 본질은 네트워크 효과에 있다고 판단된다. 네트워크 효과란 제품이나 서비스의 이용자 수가 늘어날수록 그 가치와 파급력이 비례해 증가하는 현상이며 주로 디지털 플랫폼, 소셜미디어, 통신, 금융 등의 산업에서 핵심 경쟁력으로 작용해왔다.

K푸드, 아니 불닭볶음면의 글로벌 확산 역시 이러한 네트워크 효과의 영향권 내에 있었다. 글로벌 OTT 플랫폼, 특히 유튜브, 틱톡, 인스타그램(Instagram) 등 소셜미디어의 보편화와 먹방 콘텐츠의 폭발적인 인기 덕분에 불닭볶음면은 단순한 식품을 넘어 '콘텐츠 생산의 소재'로 재해석되었다. 기

불닭볶음면의 미국 마케팅 모습 (출처: 삼양식품)   미국 인플루언서가 까르보불닭을 시식하는 브이로그 (출처: Cardi B SNS)

업 주도의 마케팅이 아닌, 전 세계 크리에이터들의 자발적인 바이럴 콘텐츠가 제품의 가치를 끌어올렸고, 이는 강력한 파급력을 가진 네트워크 효과로 이어졌다.

특히 불닭볶음면은 국내에서도 '극강의 매운맛'을 콘셉트로 확고한 포지셔닝을 구축해왔으며, 이처럼 강한 자극은 해외 소비자들에게도 이색적이며 도전적인 콘텐츠로 받아들여졌다. 그 결과, 'Fire Noodle Challenge'라는 글로벌 밈으로 발전했고, '도전 욕구'와 '놀이적 요소'가 결합하면서 단순한 라면을 넘어 소비자 참여형 콘텐츠로 진화했다.

식품은 이제 '콘텐츠'로 소비된다

이는 오늘날 소비자들이 식품 소비를 단순히 '배고픔을 해소하는 행위'로만 인식하지 않는다는 점을 시사한다. 이미 가공식품 산업은 기술 고도화를 통해 맛, 가격, 품질 측면에서 차별화를 이루기 어려운 수준에 도달했다. 예를 들어 국내 냉동만두시장은 '비비고 만두'가 등장한 이후 경쟁사들도 풀무원 '얇은피 만두', 오뚜기 'X.O. 교자만두', 동원F&B '개성만두', 롯데웰푸드 '식사이론' 등 고급화된 제품군을 속속 출시하며 시장에 진입했고, 전반적으로 맛과 품질 또한 우수한 수준으로 상향 평준화되었다.

이제는 소비자에게 '왜 이 제품을 선택해야 하는가'에 대한 소비 명분과 경험적 가치를 기업이 제시해야 하는 시대로 접어들고 있다. 즉 제품을 소비하

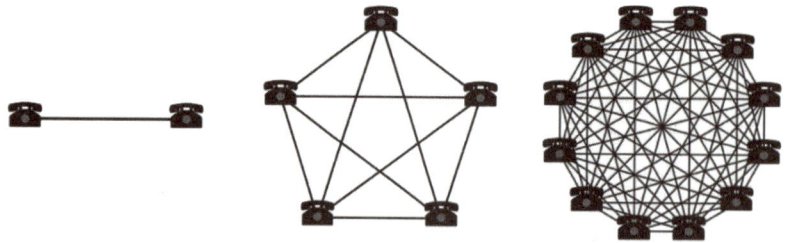

플랫폼 기업의 가치평가 모델인 네트워크 효과가 이제는 글로벌 신제품 성과 판단에 적용된다.

는 이유 자체를 만들어주는 것이 식품 기업의 새로운 경쟁력이 되고 있다.

네트워크 효과를 활용해 성공한 사례가 2024년에도 등장했다. 바로 편의점이 주도한 '점보라면 시리즈'다. 8인분 용량으로 출시된 이 제품은 편의점 자체 브랜드(PB) 시장에서 돌풍을 일으키며 빠르게 점유율을 확대해나갔다.

점보라면의 성공 요인은 먹방 유튜버들의 콘텐츠 제작, 외부 단체 활동과의 결합, 재미를 추구하는 펀슈머(Fun+Consumer) 트렌드 확산 등에서 찾을 수 있다. 제품 출시 직후, 대용량이라는 이색 콘셉트는 먹방 유튜버들이 관련 콘텐츠를 제작하게 만들었고, 이는 수많은 구독자에게 자연스러운 노출 및 소비로 이어졌다. 단순한 식사 대용품이 아니라 콘텐츠로서의 소비 가치가 부각되었고, 이를 통해 강력한 바이럴 마케팅과 네트워크 효과가 형성되었다.

이후 제조사는 3~4인분 제품으로 라인업을 확대해 대중화를 추진하는 동시에, 다양한 브랜드와의 컬래버레이션을 통해 세계관을 확장하는 전략을 구사하고 있다. 이는 단발적인 인기에 그치지 않고 브랜드 자산을 확장하려는 시도로 해석된다.

한편 주류 업종이 거둔 네트워크 효과도 참고가 된다. 물리적 네트워크 효과를 기반으로 시장에 안착한 맥주 '테라'와, 소셜미디어 트렌드 기반의 온라인 네트워크 효과를 활용한 '생레몬 하이볼'이다. 먼저 테라의 사례를 보면 출시 이후 '청정라거' 콘셉트를 중심으로 녹색 병 디자인과 '테슬라(테라+참이슬)'라는 신조어를 활용한 폭탄주 문화 등 20~30세대뿐만 아니라 40~50세대까지 아우르는 전 세대적 인기를 확보하며 빠르게 시장에 안착했다.

온·오프라인 네트워크 효과로 성공한 제품의 사례들

온라인 기반의 네트워크 효과를 성공적으로 활용한 제품은 '생레몬 하이볼'이다. 생레몬 하이볼은 인스타그램, 틱톡 등에서 유행하는 세로형 숏폼 영상 트렌드에 맞춰, 마실 때 레몬 슬라이스가 위로 떠오르는 장면이 시각적 재미를 유발하며 자연스러운 콘텐츠 확산을 이끌었다. 주목할 점은 이 제품이 우연히 트렌드에 부합한 것이 아니라 출시 전부터 세로형 영상 트렌드에 맞춘 기획이 이루어졌다는 점이다.

한국 식품 산업의 단계별 업그레이드

현재 우리나라의 식품 산업은 3.0에서 4.0의 단계로 진화하고 있다.

먼저 식품 산업 1.0 시기는 대형마트 확산과 함께 시작되었다. 이 시기 식음료 산업은 가격과 수량이 동시에 증가하는 이상적인 성장 국면을 경험했다. 대형마트가 본격적으로 등장하기 전까지만 해도 소비자들의 식품 소비는 유량 소비, 즉 필요할 때마다 소량을 구매해 취식하는 방식이 주를 이뤘다. 그러나 대형마트의 확산은 소비 행태를 저량 소비로 변화시켰다. 대량 구매 후 취식하고 재고를 보충하는 구조가 자리 잡으면서 식품 소비량이 자연스럽게 증가했고, 식품업체들은 꾸준한 가격 인상으로 대응하며 수익성을 확보했다. 실제 대형마트의 점포 수는 1993년을 기점으로 빠르게 증가해 2000년대 초반 정점에 도달했고, 이와 맞물려 국내 식품 산업은 매년 두 자릿수 매출 성장률을 기록했다.

식품 산업 2.0의 주도권은 가정간편식(Home Meal Replacement, HMR)이 이어받았다. HMR은 밥, 국·탕·찌개, 반찬류, 일품요리 등 조리 또는 반조리 형태의 완제품 식품군을 가리킨다. 2007년 이후 매출을 본격적으로 키우기 시작한 HMR은 2017~2018년까지 고성장을 이어갔다. 하지만 1.0 시기와는 구조적 차이가 존재했다. HMR은 기존에 원재료를 구매하여 직접 조리하던 소비자들의 소비 행태를 '완제품 구매 → 즉시 섭취'로 바꿔놓은 혁신인데, 가격 상승에는 기여했으나 수량 확대에는 제약이 따랐다. 결과적으로 식품 산업 전체 매출은 성장을 이어갔지만 1.0 시기와 같은 전방위적 폭발적 성장은 제한되었고, 전체 산업의 성장률은 점차 한 자릿수로 둔화되기 시작했다.

식품 산업 3.0의 주역은 배달 플랫폼이다. 2010년대 중반부터 본격화된 배달앱 기반의 거래액 고성장은 식품 산업에서 유통 채널의 큰 변화로 작용했

한국의 식품 산업 1.0~3.0(1990~2026)

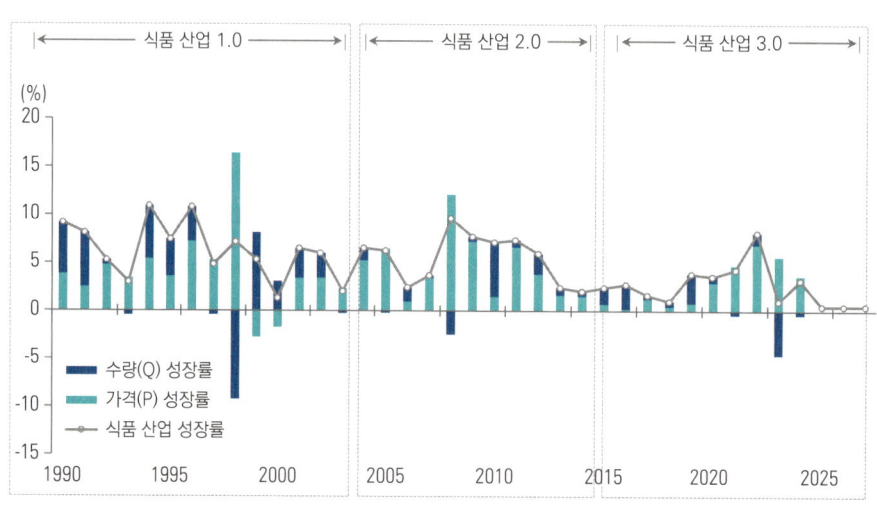

출처: 통계청

다. 그러나 이 변화는 식품업체의 가격과 수량을 직접 자극하지 못했고, 결국 제조 중심의 전통 식품 기업들에는 성장 정체를 초래하는 구조로 작용했다. 코로나19 팬데믹 기간에는 HMR이 전 국민 대상 시식 효과를 누리며 일시적으로 반등했고 배달 플랫폼 역시 혜택을 입었지만, 이러한 흐름은 팬데믹 해제 이후 급격히 둔화되었다.

이제 우리는 식품 산업 4.0 시대로 진입하고 있다. 이 시기의 핵심 키워드는 K자형 성장 구조다. 내수 시장에서 점유율을 확대해 영업 레버리지 효과를 극대화한 후 글로벌 시장으로 확장하는 기업만이 매출과 수익, 밸류에이션 모두에서 우상향 곡선을 그릴 수 있다. 반면, 내수에 안주하거나 해외 시장 진출에 실패한 기업들은 정체 또는 하락세를 보이며 시장 내 양극화가 더욱 뚜렷해질 것이다.

향후 식품 산업은 단일 시장 내 경쟁이 아니라 글로벌 확장성과 브랜드 전파력, 현지화 전략 실행 능력에 따라 기업 간 격차가 구조적으로 벌어지는 국면에 돌입할 것이다. 해외 매출 비중을 꾸준히 확대할 역량을 갖춘 기업만이 진정한 식품 산업 4.0의 승자가 될 것이다.

식품 산업 4.0을 만들어가는 기업들

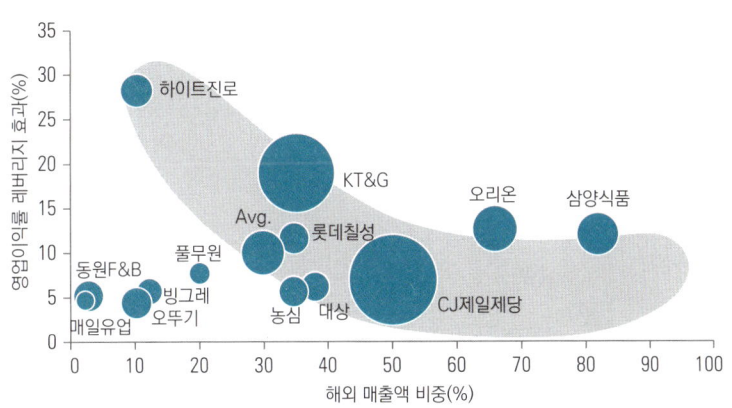

* 영업이익률 레버리지 효과(최고 영업이익률에서 최저 영업이익률을 뺀 것)가 큰 기업에서 해외 비중이 높은 기업으로 이동할 필요가 있다.
출처: 각 사, Quantiwise

식품 업종 주가를 움직여온 변수들

식음료 섹터의 주가를 움직이는 핵심 변수가 바뀌고 있다. 2000년대 이후 국내 주식시장에서 식음료 섹터는 두 차례의 재평가와 두 차례의 평가절하 국면을 경험했다.

첫 번째 재평가 국면은 2002년부터 2007년까지 이어졌다. 이 시기에는 식음료 기업들의 주요 원재료인 곡물 가격이 하향 안정세를 보였고, 동시에 대형마트의 확산으로 소비자 접근성이 크게 향상되었다. 이를 기회로 식품 기업들은 적극적인 가격 인상 정책을 펼쳤고, 매출 성장과 원가 절감이 동시에 이루어지며 수익성이 대폭 개선되었다. 식음료 산업은 소비재 섹터로서의 성장성을 본격적으로 부각하며 주식시장에서 주목받기 시작했다.

첫 번째 재평가 이후 곧바로 평가절하 국면이 도래했다. 2008년, 새로운 정부 출범 이후 물가 안정 정책이 강화되면서 식품 기업들의 가격 결정권에 제한이 생겼다. 식음료품은 물가관리 품목으로 지정되었고, 가격 인상과 철회가 반복되며 불확실성이 확대되었다. 동시에 환율 급등과 곡물 가격의 변동

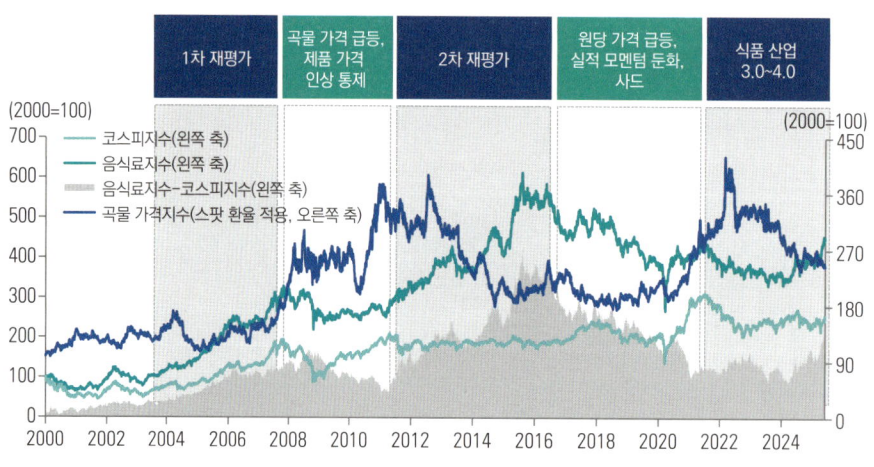

식음료 섹터와 곡물가격지수 추이(2000~2025)

출처: Bloomberg, Quantiwise

성 확대가 겹치며 원재료비 부담이 커졌지만 기업들은 이를 소비자가격에 전가하지 못했다. 결국 '마진 악화 → 실적 부진 → 주가 하락'이라는 악순환이 이어졌고, 식음료 섹터는 장기간 투자자들의 외면을 받게 되었다.

두 번째 재평가는 암흑기 말미에 반전과 함께 시작되었다. 2011~2012년을 정점으로 곡물 가격이 안정되었고 이후 5년간 완만한 하향 곡선을 그리며 원가 부담이 완화되었다. 이와 동시에 정권 레임덕 국면이 맞물리며 정부의 가격 통제력 역시 느슨해졌다. 이에 식품 기업들은 그동안 미뤄왔던 가격 인상을 일제히 단행했고, 제품 단가 상승과 원재료비 하락이 결합하며 마진 스프레드가 대폭 개선되었다. 결과적으로 식음료 섹터는 연간 20% 이상의 영업이익 성장률을 기록하며 주식시장에서 강한 반등을 경험했다.

섹터 주가의 정점은 2015년 슈퍼사이클과 함께 찾아왔다. 실적 개선뿐 아니라 성장 모멘텀이 풍부한 시기였다. '순하리, 허니버터칩, 짜왕, 맛짬뽕, 진짬뽕' 등 히트 제품이 연이어 등장했고, 식자재 유통 산업은 기업화되지 않은 시장 구조로 인해 기업들의 점유율 확대 가능성이 부각되었다. 동시에 중국 시장의 고성장과 한류 열풍이 맞물리며 해외 수출 성장 역시 가시화되었다.

당시 시가총액 상위에 위치한 경기 민감 섹터들이 실적 부진에 빠진 반면, 식음료 섹터는 상대적으로 강한 실적 개선세와 성장 스토리를 보유해서 투자 자금이 집중되는 현상도 나타났다. 이는 식음료 섹터가 방어적 성격과 성장성을 동시에 갖춘 투자처로 재조명되었던 대표적인 시기였다.

2016~2017년은 식음료 섹터 주가 하락기의 서막이었다. 이 시기 곡물 가격은 생산 원가 수준까지 하락하며 하방 경직성이 강해졌고 추가 가격 하락 여력이 제한되었다. 그러던 중 엘니뇨가 발생하며 기상 이변이 본격화되었고 원당을 중심으로 곡물 가격 상승세가 재개되면서 식품 기업들의 원재료비 부담이 다시 확대되었다.

문제는 장기간 이어진 원재료 가격 하락으로 인해 가격 인상 명분이 충분치 않았다는 점이다. 이러한 환경에서 2017년에는 중국의 사드(THAAD) 보복 사태까지 터지며 한국 제품에 대한 광범위한 불매운동이 전개되었다. 결과적으로 중국 시장 비중이 큰 기업들은 실적과 주가 모두에서 직격탄을 맞았고 식음료 섹터는 다시 한번 하방 압력을 받았다.

2020년 코로나19 팬데믹은 전 산업군에 걸쳐 무차별적인 주가 하락을 유발한 외부 충격이었다. 식음료 섹터 역시 예외는 아니었다. 그러나 반등은 예상보다 빨랐다. 식음료품은 대표적인 필수 소비재로 팬데믹 상황에서도 기초 수요가 견조하게 유지되었으며, 집콕 수요 증가와 언택트 소비 트렌드 확산으로 인해 가공식품 및 HMR 중심의 내식 소비 확대에 대한 기대감이 주가 반등을 견인했다.

하지만 이 반등 역시 단기적 흐름에 그쳤다. 팬데믹 기간 동안 과도하게 풀린 유동성, 라니냐 등 기후 이슈, 러시아-우크라이나 전쟁 발발로 인한 글로벌 수급 불안정 등이 맞물리며 곡물 가격이 다시 슈퍼사이클 국면에 진입했다. 2011~2012년의 고점을 뛰어넘는 곡물 가격 상승세가 이어지면서 원가 부담이 다시 실적을 제약하는 구조가 형성됐다.

그리고 2025년 현재, 10년 주기의 사이클이 반복되는 듯한 흐름이 관측된다. 곡물 가격은 하락 반전을 시작했고 2023~2024년에는 대규모 제품 가격 인상이 전개되었다. 하지만 이번에는 주식시장의 반응이 이전과 다르다. 2014~2015년 슈퍼사이클 당시에는 원가 하락과 가격 인상이 결합되며 실적과 주가 모두에서 폭발적 상승이 동반되었다. 그러나 2025년 현재, 유사한 환경이 조성되었음에도 식음료 섹터의 주가는 좀처럼 반응하지 않는다.

왜일까?

식품절벽을 넘어서 도약할 발판은 수출

기존 주가 변수가 통하지 않고 있다

식음료 산업의 주가 상승 패러다임이 변화하고 있다. 과거에는 원재료비와 소비자가격 간의 격차, 즉 마진 스프레드 확대에 베팅하는 투자 전략이 효과적으로 작동했다. 곡물 가격이 하락하는 국면에서 기업들이 소비자가격을 유지하거나 소폭 인상함으로써 수익성이 개선되고, 이에 따라 주가도 동반 상승하는 흐름이 반복되었다. 그러나 최근에는 이러한 단순한 공식이 더 이상 주가 재평가의 직접적인 동인으로 작용하지 않고 있다.

식음료 섹터는 기능상 B2B와 B2C로 구분된다. B2B는 제당, 제분, 유지, 전분 산업으로 구성되며 곡물을 가공식품 제조 기업에 공급한다. 대부분 기업 간 거래로 이루어지며, 거래 상대방이 식품 기업인 만큼 정보의 비대칭이 크지 않고 가격 협상이 필수적이다. B2B 기업들은 곡물 가격이 상승하면 비교적 빠르게 판가를 인상해 마진을 유지하고, 가격이 하락하면 점진적으로 판가를 낮추며 수익성을 방어한다. 원재료 가격 사이클에 능동적으로 대응할 수 있는 구조 덕분에 이익의 안정성이 높은 편이다.

반면 B2C 식품 기업들은 라면, 종합 식품, 제과, 제빵, 음료, 주류 등 최종 소비재를 생산하며 일반 소비자를 직접 상대한다. 이들은 가격 협상에서 상대적으로 높은 우위를 점하며, 식품 가격은 물가 상승을 반영해 장기적으로 우상향하는 경향이 뚜렷하다.

간혹 정부의 물가 안정 압력으로 인해 일부 품목의 가격을 인하하는 경우가 있으나 이는 주로 대표 제품 일부에 국한되며, 실질적인 가격 조정이라기보다는 상징적 수준의 조치에 불과한 경우가 많다. 이러한 특성상 B2C 기업들은 원재료비가 상승할 때는 비교적 빠르게 가격 인상을 단행하지만, 반대로 원가가 하락하더라도 가격 인하에는 소극적인 경향을 보인다. 이로 인해 원재료 가격 하락기에 마진 스프레드가 자연스럽게 확대되는 구조가 형성된다. 이 같은 구조는 오랫동안 식음료 산업의 투자 매력도를 뒷받침해왔다.

그러나 최근 주식시장은 마진 스프레드만으로는 충분하지 않다는 신호를 보내고 있다. 투자자들은 원가 구조보다 기업의 성장성, 브랜드 경쟁력, 글로벌 확장 전략 등 보다 구조적인 경쟁우위 요소에 주목하고 있으며, 이는 식음료 기업들이 주가 재평가를 받기 위해 반드시 대응해야 할 변화의 흐름이다.

인구 감소에서 벗어나는 길

이러한 전통적인 투자 전략이 더 이상 유효하지 않게 된 것은 투자자들이 구조적인 인구 변화를 본격적으로 주목하기 시작했기 때문이다. 특히 저출산과 고령화로 인한 인구 감소는 식음료 산업의 장기 성장성에 중대한 제약 요인으로 작용하고 있다. 우리나라의 합계출산율은 2024년 기준 0.75명으로, 주요 20개국(G20) 국가 평균인 1.5명의 절반 수준에 불과하다. 이는 전 세계적으로 유례없는 속도의 하락이며, 고령화 비율 역시 빠르게 상승해 G20 평

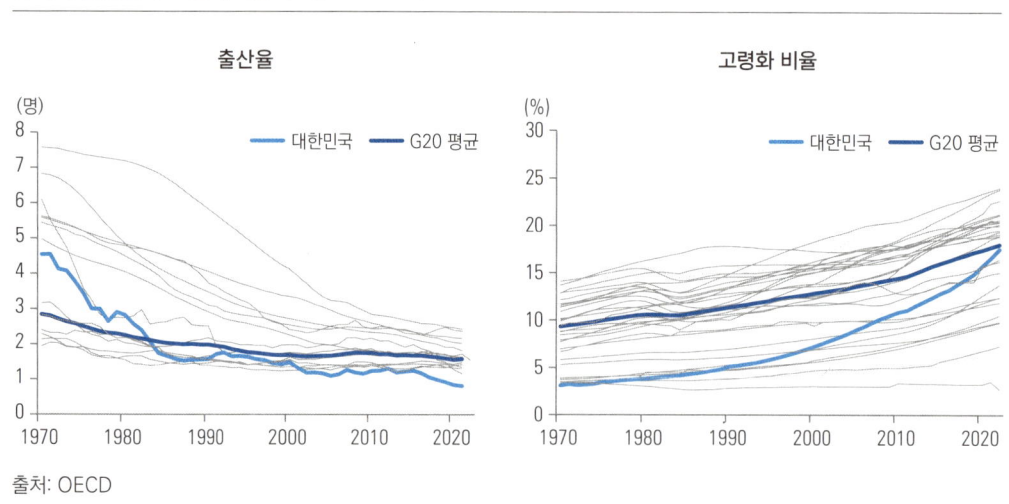

한국의 출산율과 고령화 비율 추이(1970~2022)

출처: OECD

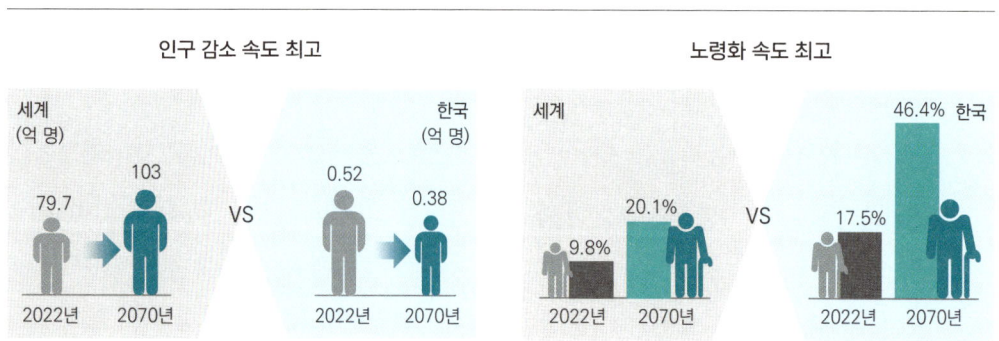

세계와 한국의 인구 추계 전망(2022년 vs. 2070년)

출처: 통계청

균 수준에 근접하고 있다. 출산율 하락과 고령화 비율 상승이라는 이중의 인구 구조 변화 속도에서 한국은 글로벌 주요 국가 중에서도 가장 급격한 전환을 겪고 있는 국가로 분류된다.

이에 따라 통계청은 장래 인구 추계에서, 전 세계 인구는 2022년 현재 80억 명에서 2070년 103억 명으로 증가할 것으로 예상한 반면, 한국은 현재 5,200만 명에서 2070년 3,800만 명 수준까지 감소할 것으로 전망했다.

인구 감소보다 더 본질적인 문제는 식품 소비량 감소다. 연령대별 1인당 1일 섭취량 데이터를 보면 가공식품 섭취는 20대에 정점을 찍고 이후 감소하는 경향을 보이며, 원재료 기준으로는 40대 이후부터 줄어든다. 이러한 소비 패턴은 고령화가 가속화할수록 전체 내수 식품 소비량 하락이 더욱 심화할 가능성이 높다는 것을 의미한다.

총인구 감소가 본격화될 것으로 우려되는 2025년 이후에는 인구수 감소보다 더 빠른 속도로 내수 식품 소비량 감소가 진행될 것으로 예상된다. 이는 낙관적, 중립적, 비관적 시나리오를 모두 적용하더라도 일관된 결과이며, 구

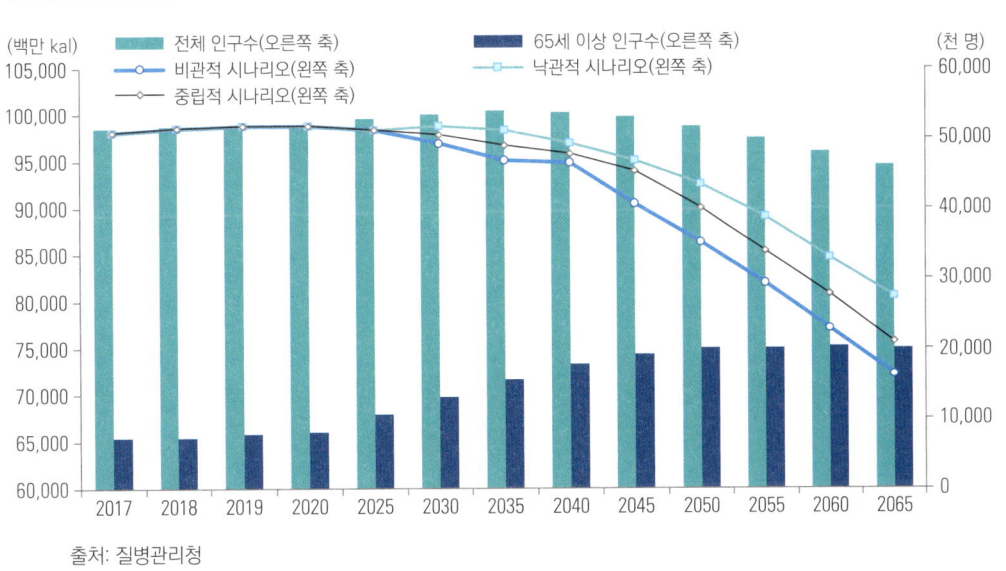

한국 인구와 시나리오별 전체 에너지 섭취량 전망(2017~2065)

출처: 질병관리청

조적으로 내수 중심의 식품 산업에 큰 제약으로 작용할 전망이다. 현재 국내 식품시장의 연간 총출하 금액은 약 106조 원 수준이다. 전 세계 식품 산업 규모는 약 7.9조 달러, 한화로 약 1경 1,000조 원에 달해서 한국 내수 시장의 약 100배 규모다.

따라서 식품 산업의 해외 진출은 더 이상 선택이 아닌 필수 전략으로 자리 잡고 있다. 주식시장 또한 이러한 흐름을 이미 반영하고 있으며, 식음료 상장기업의 밸류에이션은 해외 매출 비중과 매우 뚜렷한 상관관계를 보이고 있다. 결국 미래의 식음료 기업은 내수 시장 점유율 경쟁을 넘어, 글로벌 시장에서의 경쟁력 확보 여부가 실적과 기업 가치의 핵심 요인이 될 것이다.

'트레이딩 다운'은 오히려 기회

코로나19의 이중고 후유증

코로나19 팬데믹이 남긴 경제적 상흔은 여전히 현재진행형이다. 팬데믹 이후 유례없는 과잉 유동성은 자산시장의 급등과 소비 회복을 이끌었지만, 동시에 공급망 교란과 맞물리며 급격한 물가 상승이라는 부작용을 초래했다. 2021년 이후 본격화한 식품 인플레이션은 2022년 6~7%대의 상승률로 정점을 찍은 뒤 점차 안정세에 접어들었으나, 여전히 2~3%의 인플레이션 수준을 유지하며 구조적인 부담으로 작용하고 있다.

물가 상승률이 둔화되었다는 점만으로 소비자 부담이 경감되었다고 보기는 어렵다. 물가 수준 자체는 여전히 상승 추세이기 때문에, 누적된 가격 상승의 영향은 소비자의 체감 물가로 고스란히 이어지고 있다. 실제로 팬데믹 직전인 2020년과 비교했을 때 가공식품 가격은 약 20%, 신선식품은 30%, 외식비는 25% 이상 상승한 것으로 나타난다. 이는 공식 통계 수치를 기준으로 한 평균값이기 때문에, 저소득층이나 일부 고소비 품목을 중심으로 한 소비자 체감 물가는 이보다 훨씬 더 높게 느껴질 수밖에 없다.

급격한 물가 상승에 대응하기 위해 각국 통화당국은 기준금리를 빠르게 인상하는 통화 긴축 정책을 단행했다. 이러한 금리 인상 기조는 가계에 대출 이자 부담으로 작용했고, 특히 주거와 관련된 금융비용 증가를 통해 소비 여력 전반을 위축시키는 원인이 되었다. 고물가와 고금리 환경은 결국 실질소득 감소와 가처분소득 축소로 이어졌으며, 이는 전반적인 소비 위축과 필수 소비재 중심의 지출 집중 현상을 야기하고 있다.

소비자는 가성비를 더 따지고 있다

소비자들이 느끼는 경제적 압박이 구조적으로 장기화되고 있는 현재의 환경은 식음료 산업에도 직접적인 영향을 미친다. 식음료 물가 상승과 금리 인상이 지속되며 실질 구매력은 모든 계층에서 하락했다.

통계적으로도 이러한 현상은 분명하게 드러난다. 국내 가구는 2022년 이후 거의 모든 분기에서 소득 증가율보다 지출 증가율이 더 높은 흐름을 보이며, 이에 따라 가계의 흑자 규모는 점점 줄어드는 추세다. 고정비 부담이 커진 가운데, 가처분소득 감소는 생활 필수 소비 외의 선택적 소비를 어렵게 만든다. 이러한 경제적 제약은 자연스럽게 소비시장 내 양극화 현상을 가속화하고 있다. 고가 및 프리미엄 브랜드 시장과 중저가의 필수 식음료 시장이 두터워지는 가운데 중간 시장이 축소되는 것이다.

특히 주목할 점은 이 같은 양극화가 특정 소득계층에 국한되지 않고 전 계층에서 광범위하게 발생하고 있다는 사실이다. 기존에는 고소득층만이 가격과 브랜드, 채널을 자유롭게 넘나들며 소비를 결정할 수 있었지만, 이제는 고소득층조차 일부 지출을 재조정하거나 소비 패턴을 변화시키는 사례가 관찰되고 있다. 중위소득 계층에서는 사치재 혹은 프리미엄 브랜드 소비를 어느 정도 유지하는 가운데 필수재 및 채널 가격 경쟁력이 높은 상품군으로의 쏠림이 나타나고 있다. 저소득층에서는 이 같은 경향이 더욱 극단적으로 나타나며, 소비의 전반적인 축소와 함께 가격 대비 효용을 극단적으로 따지는 선택지가 주류가 되고 있다.

소비 양극화와 트레이딩 다운이 발생하는 소비 시장과 카테고리, 채널 분포

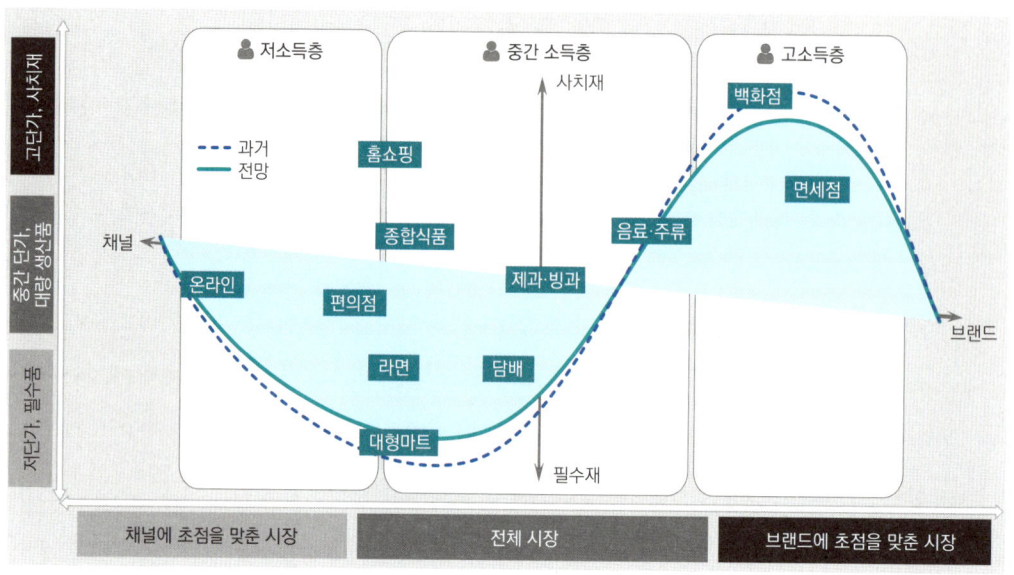

* 소비 양극화 환경에서 가격 민감도가 점점 더 높아지며, 저단가 필수품 카테고리의 소비자 선호도가 상승한다.

선택은 가공식품에 집중될 수밖에

소비자들의 얇아진 지갑은 이제 일상의 모든 소비를 둘러싼 치열한 고민으로 이어지고 있다. 특히 식음료품 소비에서 예산의 제약이 더욱 뚜렷하게 체감된다. 현재 소비자들이 한 달 동안 식음료품 구매에 할애하는 예산은 평균 47만 원 수준이며, 이 한정된 금액으로 약 70끼에 해당하는 식사를 해결해야 하는 과제가 주어진다. 예산과 끼니 수는 고정되어 있지만 물가는 지속적으로 변동한다는 점이 문제의 본질이다.

배달 음식의 평균 객단가는 1만 4천 원대에서 1만 5천 원대로 상승했고, 가공식품의 가격은 제품당 400~500원 수준이 인상되었다. 외식비 역시 평균 8,374원에서 9,170원으로 상승했다. 특히 주목할 부분은 고가 소비보다도 저가 필수재의 가격 인상이 소비자 예산의 구조를 뒤흔들기 시작했다는 점이다. 이는 소비의 전제와 방식을 바꾸는 요인으로 작용하고 있다.

예를 들어 소비자들이 배달 음식이나 외식을 우선적으로 고려한 뒤 남는 끼니를 가공식품으로 채운다고 가정하면, 전반적인 물가 상승으로 인해 과거 대비 가공식품에 할애하는 예산 비중이 커질 수밖에 없다. 이는 소비자들이 물가를 이겨내기 위해 선택하는 전략이 점차 저가 가공식품 중심으로 이동하고 있음을 보여준다. 가공식품은 단순히 간편함을 넘어 가격 효율성 측면에서도 점점 더 주요한 선택지로 자리 잡고 있으며, 그 중심에는 비용 대비 열량과 포만감이라는 실질적 가치 판단이 존재한다.

이러한 변화는 국내 시장에만 국한되지 않는다. 글로벌 외식시장에서도 유사한 트렌드가 확인되며 대표적으로 '트레이딩 다운(trading down)', 즉 소비자의 선호도가 중저가로 쏠리는 현상이 뚜렷하게 나타나고 있다. 이는 고가 외식 소비 대신 보다 저렴한 대체 식사로의 이동을 의미하며, 실제로 외식 관련 예산이 축소되는 흐름이 세계 각지에서 동시에 관측된다. 소비자들은 점점 더 높은 가격 민감도를 보이며, 브랜드 충성도보다 가격 경쟁력에 기반한 선택을 우선시하고 있다.

요약하면 식사를 대체할 수 있는 저가 필수 품목에 대한 수요가 구조적으로 확대되고 있으며, 이는 지역적·계층적 경계를 넘어 글로벌 공통 현상으로 자리 잡고 있다. 이에 따라 단가를 낮추고도 품질과 효율성을 갖춘 식사 대체용 가공식품이나 간편식 제품들은 향후 더 넓은 시장에서 확대 기회를 확보할 것으로 전망된다. 특히 내수 한계에 직면한 식품 기업들에는 이 같은 글로벌 소비 구조의 변화가 새로운 성장동력을 제공할 수 있을 것이다.

글로벌 네트워크 효과, 앞서거니 뒤서거니

삼양식품의 성공은 어느 단계를 지나고 있을까?

삼양식품의 성공은 단순한 일회성 히트 상품을 넘어선 글로벌 브랜드로의 진화라는 중요한 단계에 진입하고 있다. 글로벌 K푸드 열풍의 선봉장으로 평가받는 삼양식품은 2012년 불닭볶음면 출시 이후, 국내 시장 성공을 발판 삼아 중국을 시작으로 미국과 유럽, 동남아시아 시장에서까지 두드러진 성장을 기록해왔다.

삼양식품의 글로벌 성장 단계는 국내 시장의 성장 사이클과 유사한 흐름을 보인다. 현재 불닭볶음면의 국내 매출액은 1,500억 원에서 1,600억 원 규모로 안정적으로 유지되고 있다. 이는 주요 소비자층이 초·중·고등학생과 대학생으로 구성되어 새로운 수요층이 꾸준히 유입되고 일부가 이탈하는 순환 소비 구조를 형성하고 있기 때문이다. 이러한 특징은 불닭볶음면이 단순한 유행을 넘어 스테디셀러로 자리 잡았음을 의미한다.

글로벌 시장에서도 삼양식품은 국내 성공 공식을 재현하려 하고 있다. 현지에서 지속적인 고정 수요층을 창출하며 브랜드의 안정적 확장을 도모하고 있는 것이다. 이러한 성장에 대한 자신감을 바탕으로 삼양식품은 공격적인 증설 계획을 실행 중이다. 2025년 6월 밀양 2공장 상업 생산이 개시되면서 불닭볶음면 생산 능력은 연간 19.4억 봉에서 26.3억 봉으로 35.6% 증가했다. 또한 2027년부터 가동될 예정인 중국 신공장은 연간 8.2억 봉 규모로 계획되어, 삼양식품의 글로벌 공급망 확대에 중요한 이정표가 될 전망이다.

글로벌 시장에서 여전히 공급이 수요를 따라가지 못하는 초과 수요 상황이 지속되고 있는 가운데, 이러한 생산 설비 확장은 삼양식품의 글로벌 경쟁력을 한층 강화할 것이다. 더불어 강력한 신제품 전략을 지속적으로 추진하면서 새로운 시장과 소비자층을 개척해나가고 있다는 점도 앞으로의 추가 성장 업사이드를 뒷받침하는 요소다.

요컨대 삼양식품은 국내 시장에서 입증된 순환형 수요 구조를 글로벌 시장으로 확장하며, 단순한 제품의 성공을 넘어 글로벌 스테디셀러 브랜드로 자리 잡는 과정에 돌입했다. 그리고 이 과정에서 삼양식품은 K푸드의 대표 주자로서 한국 식품 산업의 글로벌 위상을 재차 높이고 있다.

농심이 제2의 삼양식품이 될 조건은?

국내 라면시장의 강자는 여전히 농심의 신라면이다. 농심은 1985년 3월 국내 라면시장 점유율 1위에 올라선 이후 약 40년간 이 지위를 한 번도 내준 적이 없다. 신라면의 해외 시장 성과 역시 짧지 않은 역사를 자랑한다. 1991년 미국 수출을 시작으로 전 세계 100여 개국에 진출했으며 미국, 중국, 일본, 동남아시아, 유럽 등 주요 시장에서 확고한 입지를 구축해왔다. 특히 '신라면 블랙'은 미국 〈뉴욕타임스〉에서 세계 최고의 라면 중 하나로 선정되며 그 위상을 다시 한번 확인받았다.

흥미로운 점은, 전통성과 글로벌 입지를 모두 갖춘 신라면을 보유한 농심의 시가총액이 2025년 6월 말 기준으로 2.4조 원 수준인 반면, 불닭볶음면 하나로 글로벌 시장을 강타한 삼양식품은 약 9.8조 원으로 4배 이상 크다는 사실이다. 이러한 격차는 단순한 제품 경쟁력의 차이가 아니라 최근 시장에서 중요시하는 매출 성장성, 수익성, 해외 소비자 반응의 폭발성, 그리고 브랜드 파급력의 집중도 등이 복합적으로 작용한 결과로 해석된다.

앞으로 농심의 글로벌 경쟁력 강화 여부는 신제품 출시와 소셜미디어 마케팅의 유기적인 결합에 달려 있다. 그 핵심은 소비자들의 자발적인 마케팅이다. 2024년 농심은 '신라면 툼바'를 글로벌 시장에 선보였다. 이 제품은 삼양식품의 까르보불닭볶음면을 연상시키는, 부드럽게 매운 볶음면 유형이다. 다만 까르보불닭볶음면의 대체재 역할은 가능할 수 있으나 새로운 글로벌 열풍을 만들기에는 한계가 있을 것으로 평가된다.

농심이 글로벌 시장에서 한 단계 더 도약하려면 제품 카테고리 확장 외에 온라인에서 자발적이고 지속적인 콘텐츠를 만들어낼 제품 기획력과, 이를 뒷받침하는 수출 전략이 필수적이다. 소비자의 참여를 이끌어내고, 제품을 하나의 문화 콘텐츠로 확장하는 역량이 결합될 때, 농심은 다시금 K푸드의 글로벌 위상을 강화할 수 있을 것이다.

식음료 밸류체인

대분류	소분류	기업명	티커	사업 내용
B2B	농산물 거래, 가공	ADM	ADM US	곡물 및 오일시드 가공·유통을 주력으로 하는 농산물 종합 기업
		Bunge	BG US	식물성 오일·단백질 중심의 글로벌 농식품 가공·유통 기업
		Cargill	비상장(미국)	세계 최대 곡물 가공·유통 기업
		Wilmar	WIL SP	식용유 및 곡물 중심의 아시아 대표 식품 가공 기업
		Yihai Kerry	300999 CH	식자재 유통 및 식용유·사료 원료 공급 기업
	소재식품	Ingredion	INGR US	옥수수 기반 감미료와 전분 생산 기업
		Südzucker	SZU GR	유럽 최대 설탕 제조 기업, 기능성 식품·전분 제품도 생산
		ABF	ABF LN	식품·의류 사업과 제빵·효모 원료 등을 생산하는 복합 소비재 기업
		Darling Ingredients	DAR US	육류 부산물·폐식용유를 재활용해 사료·원료로 가공하는 기업
		CJ제일제당	097950 KS	종합식품 기업, 가공식품·소재 식품·바이오 사업 전개
		대한제분	001130 KS	밀가루 및 커피 크림 생산 기업
		사조동아원	008040 KS	배합사료 전문 제조 기업
		한탑	002680 KS	밀가루 제분 및 배합사료 제조 기업
		대상	001680 KS	조미료·감미료 중심의 종합식품·발효소재 생산, 국내 전분·전분당 생산 1위
		인그리디언코리아	비상장(한국)	Ingredion 한국 법인, 국내 전분 및 전분당 생산 2위
		삼양사	145990 KS	설탕·밀가루 중심 식품 및 산업용 화학소재 제조
		사조대림	003960 KS	어묵·맛살 등 수산 가공식품 및 수산물 도소매 기업
	식사재 유통	Sysco	SYY US	북미 최대 식자재 및 관련 제품 유통 기업
		Performance food group	PFGC US	미국 내 식자재 및 일회용품 유통 전문 기업
		US Foods	USFD US	미국 내 식자재 공급 및 케이터링 서비스 기업
		CJ프레시웨이	051500 KS	단체급식 및 식자재 유통 전문 기업
		현대그린푸드	453340 KS	식자재 유통 및 푸드 서비스 제공 기업
		신세계푸드	031440 KS	푸드 서비스·외식·식자재 유통을 아우르는 종합식품 기업
		아워홈	비상장(한국)	급식, 외식, 식자재 유통 및 가정간편식을 생산·판매하는 종합식품 기업
B2C	육가공	Tyson Foods	TSN US	미국 최대 육류 및 가공식품 제조 기업
		Sanderson farms	SAFM US	닭고기 중심의 육류 가공·유통 기업
		Pilgrim's Pride	PPC US	신선·냉동 가금류 제품 글로벌 공급 기업
		JBS	JBSS3 BZ	세계 최대 종합 육류 가공 기업, 쇠고기·돼지고기·닭고기 생산
		선진	136490 KS	배합사료 및 쇠고기·돼지고기 가공제품 생산 기업
		하림	136480 KS	닭고기 중심의 신선육 및 가공육 전문 기업
	유제품	Unilever	ULVR LN	전 세계 소비재시장을 대상으로 한 식품·개인 위생용품 제조 기업
		Yili Group	600887 CH	중국 대표 유제품 제조 기업, 아이스크림·분유 등 생산
		Fonterra	FCG NZ	뉴질랜드 기반 유제품 전문 글로벌 기업
		매일유업	267980 KS	우유·분유 등 유가공식품 전문 생산 기업
		남양유업	003920 KS	유아용 분유 및 유제품 전문 제조 기업
	종합식품	Nestle	NESN SW	글로벌 최대 포장식품 기업, 다양한 식품·음료 생산
		Marfrig	MRFG3 BZ	남미 기반 육류 및 가공식품 생산 기업
		Kraft Heinz	KHC US	글로벌 소스 및 식품 브랜드를 보유한 식품 가공 기업
		General Mills	GIS US	글로벌 소비자 가공식품 제조 기업
		CJ제일제당	097950 KS	종합식품 기업, 가공식품·소재식품·바이오 사업 전개

식음료 밸류체인

대분류	소분류	기업명	티커	사업 내용
	종합식품	대상	001680 KS	조미료와 발효소재, 감미료 등 식품 소재 제조 기업
		동원F&B	049770 KS	참치통조림, 면류, 음료 등 다양한 가공식품을 제조·판매
		풀무원	017810 KS	두부, 김치 등 무공해 및 건강식품을 생산하는 식품 기업
		사조대림	003960 KS	어묵, 맛살 등 어육 연제품을 제조하고 수산물 유통도 병행
	라면	Nissin	2897 JP	즉석라면 중심 글로벌 가공식품을 제조하는 일본 기업
		Indofood	INDF IN	라면, 조미료, 스낵 등을 생산하는 식품 대기업
		Toyo Suisan	2875 JP	면류와 해산물 가공품을 제조하는 일본 식품사, Maru-chan 브랜드 보유
		Tingyi	322 HK	중국에서 라면, 스낵, 음료를 생산·판매하는 식품 대기업
		삼양식품	003230 KS	라면, 소스류 등 제조·판매, '불닭볶음면' 브랜드 보유
		농심	004370 KS	라면과 스낵, 음료를 중심으로 국내외에서 식품을 생산·수출
		오뚜기	007310 KS	인스턴트 식품과 라면을 생산하는 식품 기업
		팔도	비상장(한국)	라면, 음료, 즉석식품 등을 제조·판매, '비빔면' 등 브랜드 보유
	제과	Mondelez	MDLZ US	전 세계에 스낵, 초콜릿 등 포장 식품을 판매하는 글로벌 식품 기업
		Hershey	HSY US	초콜릿과 제과 제품을 중심으로 팬트리 제품도 판매하는 미국 식품 기업
		Kellanova	K US	스낵과 시리얼 등 아침 식사 식품을 제조·유통하는 글로벌 식품 기업
		Barry Callebaut	BARN SW	초콜릿 및 코코아 제품을 B2B로 판매하는 글로벌 제과 기업
		Lotus Bakeries	LOTB BR	벨기에의 다국적 스낵 식품 기업
		오리온	271560 KS	제과 중심의 식품을 생산하고 제조, 판매하는 기업
		롯데웰푸드	280360 KS	과자, 아이스크림, 육가공 등 다양한 식품을 제조하는 종합 식품 기업
		크라운제과	264900 KS	비스킷, 크래커, 사탕 등 제과류를 제조하는 제과 기업
	제빵	Aryzta	ARYN SW	냉동 베이커리 부문 유럽 1위 기업
		Yamazaki Baking	2212 JP	일본 식품 기업이자 세계 최대의 제빵 기업
		Grupo Bimbo	BIMBOA MM	멕시코 식품 기업, 2017년 미국 제빵 기업 East Balt 인수
		SPC삼립	005610 KS	한국 제빵 전문 식품 기업
	청량음료	Coca-Cola	KO US	청량음료 원액과 시럽을 전 세계에 유통하는 글로벌 음료 기업
		PepsiCo	PEP US	스낵과 탄산음료 등 식음료를 생산·판매하는 미국 다국적 기업
		Doctor Pepper	KDP US	다양한 무알코올 음료를 제조·유통하는 북미 음료 기업
		Monster Beverage	MNST US	에너지 음료를 전 세계에 유통하는 미국 음료 기업
		롯데칠성	005300 KS	탄산음료, 주스, 커피, 주류 등 다양한 음료를 제조·판매
		LG생활건강	051900 KS	화장품과 생활용품, 음료 등을 제조하는 종합 소비재 기업
	주류	AB InBev	ABI BB	세계 최대 맥주 제조사, 글로벌 브랜드를 보유한 알코올 음료 기업
		African Distillers	AFDS ZH	짐바브웨의 증류주 및 와인 제조 기업, 다양한 주류 브랜드를 현지 시장에 공급
		Heineken	HEIA NA	전 세계에서 맥주와 주류를 생산·유통하는 글로벌 음료 기업
		Kweichow Moutai	600519 CH	중국 대표 고급 증류주 마오타이를 제조·판매하는 주류 기업
		Ambev	ABEV3 BZ	브라질 중심으로 맥주와 음료를 제조하며 Pepsi 음료도 병입 유통
		Asahi	2502 JP	일본의 맥주 및 무알코올 음료 제조사로 글로벌 사업 운영
		하이트진로	000080 KS	소주와 맥주 등 다양한 주류를 생산·판매하는 국내 대표 주류 기업
		롯데칠성	005300 KS	다양한 음료와 주류를 생산하는 종합 음료 기업
		무학	033920 KS	희석식 소주와 과실주를 생산하는 경남 지역 기반의 주류 기업
		보해양조	000890 KS	소주, 와인 등 주류와 과실음료를 생산하는 국내 주류 기업
		국순당	043650 KS	전통주를 중심으로 막걸리, 백세주 등을 제조·판매하는 주류 기업

가공식품(B2C)

종합식품

Kraft Heinz(미)
Campbell Soup(미)
General Mills(미)
Kellogg(미)
Marfrig(브)
Nestle(스위스)
CJ제일제당(한)
오뚜기(한)
대상(한)
동원F&B(한)
사조대림(한)
풀무원(한)

육가공

Tyson Foods(미)
Sanderson Farms(미)
Pilgrim's Pride(미)
JBS(브)
Bachoco(멕)
선진(한)
하림(한)
팜스코(한)
동우팜투테이블(한)
체리부로(한)
Remgro(남아공)
오뚜기(한)
동서(한)
동원F&B(한)

라면

Nissin(일)
Marutai(일)
Toyo Suisan(일)
Indofood(인도)
Thai President(태)
Ve Wong(대)
삼양식품(한)
농심(한)
오뚜기(한)
팔도(한)
Chen Ke Ming(중)
Tingyi(중)

제과

Kellanova(미)
Hershey(미)
Mondelez(미)
Mars(미)
Barry Callebaut(스위스)
Lindt & Sprüngli(스위스)
Lotus Bakeries(벨)
Ezaki Glico(일)
Calbee(일)
오리온(한)
해태제과(한)
크라운제과(한)
롯데웰푸드(한)

식음료

제빵
Vandemoortele(벨)
Aryzta(스위스)
Yamazaki Baking(일)
Grupo Bimbo(멕)
Almarai(사우디)
Britannia(영)
SPC삼립(한)
서울식품(한)

청량음료
Doctor Pepper(미)
Monster Beverage(미)
Coca-Cola(미)
Pepsico(미)
Red Bull GmbH(오)
Suntory Beverage(일)
Yakult Honsha(일)
LG생활건강(한)
롯데칠성(한)
동아오츠카(한)

유제품
Unilever(영)
Danone(프)
Arla Foods(덴)
Yili Group(중)
Mengnui Dairy(중)
매일유업(한)
빙그레(한)
남양유업(한)
Fonterra(벨)
Dutch Lady Milk(네)

주류
Kweichow Moutai(중)
Sapporo(일)
Kirin(일)
Asahi(일)
AB InBev(벨)
Heineken(네)
Ambev(브)
African Distillers(짐)
하이트진로(한)
롯데칠성(한)
무학(한)
보해양조(한)
국순당(한)

B2B

소재 식품
Ingredion(미)
Darling Ingredients(미)
ABF(영)
Südzucker(독)
CJ제일제당(한)
대한제분(한)
사조동아원(한)
한탑(한)
대상(한)
인그리디언코리아(한)
삼양사(한)
사조대림(한)

식자재 유통
Sysco(미)
Performance food group(미)
US Foods(미)
CJ프레시웨이(한)
현대그린푸드(한)
신세계푸드(한)
아워홈(한)
동원홈푸드(한)

농산물 거래·가공
ADM(미)
Cargill(미)
Bunge(스위스)
Wilmar(싱)
Yihai Kerry(중)

비식품

담배
Philip Morris(미)
Altria Group(미)
British American Tobacco(영)
Logista(스페인)
Imperial Brands(영)
Japan Tobacco(일)
KT&G(한)
Sampoerna(인도네시아)
Gudang Garam(인도네시아)
ITC(인도)

찾아보기

기업	섹터	기업	섹터	기업	섹터
A.P. Møller-Mærsk	운송	Ant Financial	금융	Bakkt	금융
AB InBev	식음료	Antaris	우주	Bandai Namco	게임
ABB	로봇	Apar Industries	에너지·전력인프라	Bank of America	금융
Abbvie	제약	Apple	게임, 반도체, 엔터테인먼트, 전기전자	Baosheng Cable	에너지·전력인프라
ABF	식음료			Barry Callebaut	식음료
ABL Space Systems	우주			Bayer	제약
ABSG	제약	Applied Materials	반도체	BC	금융
Accredo	제약	Apptronik	로봇	Bechtel	에너지·전력인프라
Activision Blizzard	게임	Aptera	모빌리티	Beep	모빌리티
ADM	식음료	Arbe Robotics	모빌리티	Beite	로봇
Advanced Micro Fabrication	반도체	Arista Networks	반도체	Believe	엔터테인먼트
		Arla Foods	식음료	Benewake	모빌리티
Advantest	반도체	Arm	반도체	Best Precision	로봇
AEG Presents	엔터테인먼트	Arrival	모빌리티	Bharat Heavy	에너지·전력인프라
Aeroméxico	운송	Arro	모빌리티	Binance	금융
AES	방위산업	Aryzta	식음료	Biocon	제약
Aeye	모빌리티	Asahi	식음료	BitGo	금융
Affirm	금융	Asahi Kasei	이차전지	BlackRock	금융
African Distillers	식음료	ASD Healthcare	제약	Blancozone	게임
Agibot	로봇	ASE Holdings	반도체, 전기전자	Block	금융
Agility Robotics	로봇	ASM	반도체	Blue Origin	우주
AI SpaceFactory	우주	ASML	반도체	Blue Solutions	이차전지
AIChip	반도체	ASP Isotopes	에너지·전력인프라	BMS	제약
Air France	운송	ASRock	반도체	BMW	모빌리티
Air Liquide	반도체	AST SpaceMobile	우주	BNK금융	금융
Air Products	반도체	Astellas	제약	BOE	전기전자
AirAsia X	운송	Asteroid Mining Corporation	우주	Boeing	방위산업, 우주
Airbus	방위산업, 우주			Bollinger	모빌리티
Aiways	모빌리티	Astra	우주	Bolt	모빌리티
Albemarle	이차전지	Astranis	우주	Booster Robotics	로봇
Alibaba	모빌리티, 반도체	AstraZeneca	제약	Bosch	모빌리티
Allegiant Travel Company	운송	Astrobotic Technology	우주	Bosch Rexroth	로봇
				Boskalis	전력인프라
Allianz	금융	AstroForge	우주	Boston Dynamics	로봇
Almarai	식음료	Astroscale	우주	Bravado	엔터테인먼트
Alphabet	게임, 모빌리티, 반도체, 엔터테인먼트, 우주, 전기전자	ASUS	반도체, 전기전자	Britannia	식음료
		ATI Industrial Automation	로봇	British American Tobacco	식음료
Altria Group	식음료	AtkinsRéalis	에너지·전력인프라	Broadcom	반도체
AMAT	반도체	AUBO	로봇	Brunp Recycling	이차전지
Amazon	게임, 반도체, 엔터테인먼트, 우주, 운송, 화장품	Audi	모빌리티	BRUSH Group	에너지·전력인프라
		Auras	반도체	BTR	이차전지
		Aurora	모빌리티	Bunge	식음료
Amazon Games	게임	Austal	방위산업, 조선	BW LPG	운송
Amazon Robotics	로봇	Auto X	모빌리티	BWX Technology	에너지·전력인프라
Ambev	식음료	AVC	반도체	BYD	모빌리티, 로봇, 이차전지
AMD	반도체, 전기전자	AVEVA	조선		
AMEC	반도체	Avex Group	엔터테인먼트	ByteDance	반도체
American Airline	운송	Avex Pictures	엔터테인먼트	C.H. Robinson Worldwide Inc.	운송
AMEX	금융	Avis	모빌리티		
Amgen	제약	AXA	금융	Cadence	반도체
Amkor	반도체, 전기전자	Bachoco	식음료	CAES	방위산업
Amphenol	전기전자	BAE Systems	조선	CALB	이차전지
Amuse Inc.	엔터테인먼트	BAIC	모빌리티	Calbee	식음료
ANA Holdings	운송	Baidu	모빌리티	Cameco	에너지·전력인프라

기업	섹터	기업	섹터	기업	섹터
Campbell Soup	식음료	CNNC	에너지·전력인프라	DHL	운송
Canoo	모빌리티	Coca-Cola	식음료	DiDi Chuxing	모빌리티
Capcom	게임	Cochin Shipyard	조선	DL이앤씨	에너지·전력인프라
Capella space	우주	Cognex	로봇	DOBOT	로봇
Capital A	운송	Cognitive space	우주	Doctor Pepper	식음료
CAR	모빌리티	Coinbase	금융	Dominion Energy	에너지·전력인프라
Carbice	우주	Compal	전기전자	Dongfang Electric	에너지·전력인프라
Cardinal Health	제약	Constellation Energy	에너지·전력인프라	Dongfeng	모빌리티
Careem	모빌리티	Continental	모빌리티	Dorian LPG	운송
Cargill	식음료	Corning	전기전자	Dream Games	게임
Cargotec	조선	COSCO	운송	DSV A/S	운송
Carpenter Technology	에너지·전력인프라	Coty	화장품	Duke Energy	에너지·전력인프라
Catalent	제약	Coupang Logistics Service	운송	DuPont	반도체
Caterpillar	방위산업	Covariant AI	로봇	Dutch Lady Milk	식음료
Cathay Pacific	운송	Cowell	전기전자	e.l.f. Beauty	화장품
CATL	로봇, 이차전지, 전기전자	Cruise	모빌리티	Easpring	이차전지
CD Projekt	게임	Crypta Labs	우주	easyJet	운송
Cebu Air	운송	CS Group	우주	Eaton	에너지·전력인프라
Cencora	제약	CSIGP	조선	eHi	모빌리티
Centene corp	제약	CSOT	전기전자	Eisai	제약
Centrus Energy	에너지·전력인프라	CSSC Holdings	조선	Ekso Bionics	로봇
Century Games	게임	CSSC OME	조선	Elbit Systems	방위산업
CG Power	에너지·전력인프라	CTS Eventim	엔터테인먼트	Electronic Arts	게임
CGN Power	에너지·전력인프라	Cummins	방위산업	Elevance Health	제약
Changan	모빌리티	Curb	모빌리티	Eli Lilly	제약
Changchun High-Tech	이차전지	Curtiss-Wright	방위산업, 에너지·전력인프라	Embark	모빌리티
Charles River	제약	Curve	금융	Embraer	방위산업
Charles Schwab	금융	CVS	제약	EMP Merchandising	엔터테인먼트
Chen Ke Ming	식음료	CVS Specialty	제약	Empower	모빌리티
Chery	모빌리티	CXMT	반도체, 전기전자	Enpulsion	우주
China Hongqiao	이차전지	Cyberdyne	로봇	Entegris	반도체
China Huaneng Group	에너지·전력인프라	Cygames	게임	Entergy	에너지·전력인프라
China XD Electric	에너지·전력인프라	Daihatsu Diesel	조선	Enterprise	모빌리티
China Yuchai intl.	조선	Daihen	에너지·전력인프라	Epic Games	게임
CHINT Group	전력인프라	Damai	엔터테인먼트	Eramet	이차전지
Chromalloy	에너지·전력인프라	Danaos Corporation	운송	Estée Lauder	화장품
Chung Hsin Electric	에너지·전력인프라	Danone	식음료	Estun	로봇
Cigna	제약	Darling Ingredients	식음료	eToro	금융
CIMC	조선	Dassault Aviation	방위산업	Eurenco	방위산업
Cipla	제약	Dassault Systems	조선	Europcar	모빌리티
Circle	금융	DB손해보험	금융	Eutelsat OneWeb	우주
Cisco	반도체	DEALBIRD	운송	EVCARD	모빌리티
CITI	금융	Deep Robotics	로봇	EVE Energy	이차전지
CITIC Securities	금융	DeepRoute.ai	모빌리티	Evergreen Marine	운송
Civen Metal	이차전지	DeepSeek	모빌리티	Exotrail	우주
CJ대한통운	운송	Deezer	엔터테인먼트	Expeditors International	운송
CJ제일제당	식음료	Dell	반도체, 전기전자	Ezaki Glico	식음료
CJ프레시웨이	식음료	Delta	반도체	Factorial	이차전지
ClearSpace	우주	Delta Airlines	운송	FANUC	로봇
CMA CGM	운송	DEME Group	전력인프라	Faraday Future	모빌리티
CNGR	이차전지	Denso	로봇	Farcast	우주
		Deutsche Lufthansa	운송	FASTO	운송
		Deutsche Post AG	운송	Fave	엔터테인먼트
				FAW	모빌리티

기업	섹터
FCA	모빌리티
FedEx	운송
Figure AI	로봇
Fincantieri	방위산업, 조선
Fireblocks	금융
Firefly Aerospace	우주
FirstFun	게임
Fisker	모빌리티
Fleet Space Technologies	우주
Flex LNG	운송
Fluor	에너지·전력인프라
FNC엔터테인먼트	엔터테인먼트
Fonterra	식음료
Ford	모빌리티
Fore	로봇
Formfactor	반도체
Fortune Electric	에너지·전력인프라
Fourier	로봇
Foxconn	반도체, 전기전자
Franklin Templeton	금융
Fraport	운송
FreeNow	모빌리티
Fresenius Kabi	제약
Freyr	이차전지
FromSoftware	게임
Frontline	운송
Fujifilm	제약
Furukawa Electric	에너지·전력인프라, 이차전지
GAC	모빌리티
Galbot	로봇
Game Science	게임
Ganfeng Lithium	이차전지
Garden Reach SB & Engineers	조선
Garmin	우주
G-bits	게임
GCE	반도체, 전기전자
GE Aerospace	방위산업
GE Vernova	에너지·전력인프라
Geely	모빌리티
GEM	이차전지
Genco Shipping & Trading Ltd.	운송
General Dynamics	방위산업, 조선
General Mills	식음료
Generation Orbit	우주
Geometry	모빌리티
GESO	전기전자
Getaround	모빌리티
Gett	모빌리티
Ghost Robotics	로봇
GIGABYTE	반도체
Gilead	제약
Glencore	이차전지
Global Marine Group	전력인프라
Global Merchandising Servies	엔터테인먼트
GlobalFoundries	반도체, 전기전자
GlobalWafers	반도체
GM	모빌리티
GMV	우주
GoFun	모빌리티
Gojek	모빌리티
Golar LNG Limited	운송
Golden Ocean	운송
Goldman Sachs	금융
Gomspace	우주
Gotion	이차전지
Grab	금융, 모빌리티
Gram Car Carriers	운송
Grand Ocean Marine	에너지·전력인프라
Grupo Bimbo	식음료
GSK	제약
GTT	조선
GUC	반도체
Gudang Garam	식음료
GWM	모빌리티
H3C	반도체
Habby	게임
HAL	방위산업
Hapag-Lloyd	운송
Hapag-Lloyd AG	운송
Harmonic Drive Systems	로봇
HawkFye 360	우주
HD한국조선해양	조선
HD현대로보틱스	로봇
HD현대마린솔루션	조선
HD현대마린엔진	방위산업, 조선
HD현대미포	조선
HD현대인프라코어	방위산업
HD현대일렉트릭	에너지·전력인프라
HD현대중공업	방위산업, 조선
Heidenhain	로봇
Heineken	식음료
Hella	모빌리티
Hellenic Cable	에너지·전력인프라
Hengli Hydraulic	로봇
Hensoldt	방위산업
Here Technologies	모빌리티
Hershey	식음료
Hertz	모빌리티
Hesai	로봇, 모빌리티
Hexagon AB	우주, 조선
Hina battery	이차전지
HISILICON	반도체, 전기전자
Hitachi	이차전지
Hitachi Energy	에너지·전력인프라
HJ중공업	조선
HMM	운송
Hoegh Autoliners	운송
Honda	모빌리티
Honeywell	로봇, 방위산업
Honor	전기전자
Horizon Robotics	모빌리티
Howard Industries	에너지·전력인프라
Howmet Aerospace	에너지·전력인프라
HoYoverse	게임
Hozon	모빌리티
HP	전기전자
HPE	반도체
HSBC	금융
Hua Hong Semiconductor	반도체, 전기전자
Huawei	모빌리티, 반도체, 전기전자
Huayou Cobalt	이차전지
Huiqiang New Energy	이차전지
Huntington Ingalls Industries	방위산업, 조선
Hydrovolt	이차전지
IAI	방위산업
Ibeo	모빌리티
Ibiden	반도체, 전기전자
IBM	반도체
ICBC	금융
Iceye	우주
ICON	제약
IDQ	우주
IEIT	반도체
IGG	게임
iHeartMedia	엔터테인먼트
IME Entertainment	엔터테인먼트
Imperial Brands	식음료
iM금융	금융
Indofood	식음료
Indonesia Nickel	이차전지
Indra	방위산업
InDrive	모빌리티
InfiniQuant	우주
Infostellar	우주
Ingrasys	반도체
Ingredion	식음료
Innoviz	모빌리티
Innovusion	모빌리티
Inovance	로봇
Intel	반도체, 전기전자
Intellifusion	전기전자
Intel-Mobileye	모빌리티
Intercos	화장품
InterGlobe Aviation	운송
International Airlines Group	운송

기업	섹터	기업	섹터	기업	섹터
International Seaways	운송	Kongsberg Satellite Services	우주	Live Nation Entertainment	엔터테인먼트
Intuitive Machines	우주	Kraft Heinz	식음료	Livox	모빌리티
Inventec	반도체, 전기전자	Kratos Defense	우주	Llika	이차전지
Ion-X	우주	KSS해운	운송	Lockheed Martin	방위산업
IQPS	우주	KS인더스트리	조선	Logista	식음료
IQVIA	제약	KT&G	식음료	Lonza	제약
Iridium communications	우주	KT지니뮤직	엔터테인먼트	Lotus	모빌리티
Ishikawajima-Harima Heavy	방위산업, 조선	Kuehne+Nagel	운송	Lotus Bakeries	식음료
ITC	식음료	KUKA	로봇	LS ELECTRIC	에너지·전력인프라
JAC	모빌리티	Kuraray	이차전지	LS마린솔루션	전력인프라
Jan De Nul Group	전력인프라	Kweichow Moutai	식음료	LS에코에너지	에너지·전력인프라
Japan Airlines	운송	Kyodo Tokyo	엔터테인먼트	LS전선	에너지·전력인프라
Japan Engine	조선	Kythera space solutions	우주	Lucid	모빌리티
Japan Taxi	모빌리티	L'Oréal	화장품	Lufthansa Group	운송
Japan Tobacco	식음료	L3Harris Technologies	방위산업, 우주	Luminar	모빌리티
JBS	식음료			LX세미콘	전기전자
JB금융	금융	Labcorp	제약	Lyft	모빌리티
JCET	반도체, 전기전자	Lam Research	반도체	Lynred	방위산업
Jiangsu Zhongtian Tech	에너지·전력인프라	LambdaVision	우주	Mahindra	모빌리티
Jiyue	모빌리티	Langit Musik	엔터테인먼트	Marfrig	식음료
Johnson & Johnson	제약, 화장품	Largan	전기전자	Mars	식음료
Joy Nice Games	게임	Larian Studios	게임	Marutai	식음료
JPMorgan Chase	금융	Leader Drive	로봇	Marvell	반도체
JSR	반도체	Leadshine	로봇	MasterCard	금융
Juniper Networks	반도체	Leaf Space	우주	Matson	운송
JYP Ent.	엔터테인먼트	Lean space	우주	Mattel Inc.	엔터테인먼트
K4town	엔터테인먼트	Leapmotor	모빌리티	Maxar Space Systems	우주
Kaori	반도체	Leishen	모빌리티	Maxon Motor	로봇
Karman+	우주	Leju Robotics	로봇	Mazagon Dock SB	조선
Kawasaki Heavy	로봇, 방위산업, 조선	Lemonade	금융	Mazda	모빌리티
KB금융	금융	Leniu Games	게임	MBDA	방위산업
KDAC	금융	Lenovo	반도체, 전기전자	McKesson	제약
Kedali Industry	이차전지	Lens Technology	전기전자	McKesson Specialty	제약
Keli Sensing	로봇	LEO Pharma	제약	MDA Space	우주
Kellanova	식음료	Leonardo	방위산업	MediaTek	반도체, 전기전자
Kellogg	식음료	LG디스플레이	전기전자	Mediterranean Shipping Company	운송
Keyence	로봇	LG생활건강	화장품, 식음료	Meituan Dache	모빌리티
KH바텍	전기전자	LG에너지솔루션	로봇, 이차전지, 전기전자	Mengnui Dairy	식음료
KinetX	우주	LG이노텍	반도체, 전기전자	Mentee Robotics	로봇
King	게임	LG전자	전기전자	Mercedes	모빌리티
Kinsus	반도체, 전기전자	LG화학	이차전지, 전기전자	Merck	전기전자
Kioxia	반도체, 전기전자	Li Auto	모빌리티	Merck	제약
Kirin	식음료	Lightyear	모빌리티	Meta Platforms	모빌리티, 반도체, 전기전자
Kirloskar Electric	에너지·전력인프라	LIG넥스원	방위산업		
KKBOX	엔터테인먼트	Linde	반도체	MicroFun	게임
KLA	반도체	Lindt & Sprüngli	식음료	Micron	반도체, 전기전자
KNDS	방위산업	LINE Games	게임	Microsoft	반도체, 게임
KOC Electric	에너지·전력인프라	Line Music	엔터테인먼트	MicroVision	모빌리티
KODA	금융	Lingyi iTech	전기전자	Mirion Technologies	에너지·전력인프라
Konami	게임	Lion Electric	모빌리티	Mitsubishi	이차전지
Kongsberg Gruppen	방위산업	Lithium Americas	이차전지	Mitsubishi Electric	로봇, 에너지·전력인프라

기업	섹터	기업	섹터	기업	섹터
Mitsubishi Heavy	방위산업, 에너지·전력인프라, 우주, 조선	Nio	모빌리티	P&G	화장품
		Nippon Express Holdings, Inc.	운송	Palantir	방위산업
				Panasonic	로봇, 이차전지
Mitsubishi UFJ Financial Group	금융	Nissan	모빌리티, 이차전지	PancakeSwap	금융
		Nissin	식음료	PayPal	금융
Mitsui OSK Lines	운송	Nitrochemie	방위산업	PCC	에너지·전력인프라
Mobileye	모빌리티	NKT A/S	에너지·전력인프라	Pegatron	전기전자
MODEC	조선	Nomura Securities	금융	Pepsico	식음료
Mondelez	식음료	Nooter/Eriksen	에너지·전력인프라	Perfect World	게임
Monster Beverage	식음료	Nornickel	이차전지	Performance food group	식음료
Monzo	금융	Northrop Grumman	방위산업, 우주		
Moon's Electric	로봇	Northvolt	이차전지	Pfizer	제약
Morgan Stanley	금융	NOV	조선	PhaseFour	우주
Morrow	이차전지	Novartis	제약	Philip Morris	식음료
Motional	모빌리티	Novatek	전기전자	Physical Intelligence	로봇
MSG Entertainment	엔터테인먼트	Novo Nordisk	제약	PIA Corporation	엔터테인먼트
MSI	반도체	NRG Energy	에너지·전력인프라	Pilbara Minerals	이차전지
MTU	방위산업	nScrypt	우주	Pilgrim's Pride	식음료
MTU Aircraft Engines	방위산업	NSK	로봇	PingAn	금융
		Nu Ride	모빌리티	PI첨단소재	전기전자
MUFG	금융	NUODE	이차전지	Planet Labs	우주
Mullen	모빌리티	Nuro	모빌리티	Playrix	게임
Murata	전기전자	NuScale Power	에너지·전력인프라	Polestar	모빌리티
Musica Studios	엔터테인먼트	NVIDIA	로봇, 모빌리티, 반도체	Pony.ai	모빌리티
MyBank	금융	NXP	모빌리티	POOMGO	운송
MyMusicTaste	엔터테인먼트	Ocean Network Express	운송	POSIC	로봇
Mynaric	우주			Powell Industries	에너지·전력인프라
Nammo AS	방위산업	Offworld	우주	PowerCo	이차전지
Namura Shipbuilding	조선	OHB SE	우주	Pratt & Whitney	방위산업
		Okeanis Eco Tankers	운송	Prolec GE	에너지·전력인프라
Nano Nuclear Energy	에너지·전력인프라			Proterra	모빌리티
		Oklo	에너지·전력인프라	Proton	모빌리티
Nanya	반도체	Ola	모빌리티	PROYA	화장품
Nanya PCB	전기전자	OmniVision	모빌리티	Prysmian Group	에너지·전력인프라
Naura	반도체	Omron	로봇	PULP Live World	엔터테인먼트
Navigator Holdings Ltd.	운송	On Robot	로봇	Qatar Gas Transport	운송
		ON Semiconductor	모빌리티	Qingdao Hanhe Cable	에너지·전력인프라
NavInfo	모빌리티	Oncology Supply	제약		
Navios Maritime Partners LP	운송	OOCL	운송	Qualcomm	모빌리티, 반도체, 전기전자
		Open AI	모빌리티, 반도체		
Nestle	식음료	OPPO	전기전자	Quanta Computer	반도체, 전기전자
NetEase	게임	Optum Specialty	제약	Quantum Computing	우주
Neura Robotics	로봇	Oracle	반도체		
Newstar	우주	Orange Marine	전력인프라	QuantumScape	이차전지
Nexans S.A.	에너지·전력인프라	Orano	에너지·전력인프라	Rafael	방위산업
Nexon	게임	Orbbec	로봇	Red Bull GmbH	식음료
Nextenna	우주	Orbex	우주	Redwire Corporation	우주
NHN	게임	Orbion	우주	Redwood Materials	이차전지
NH투자증권	금융	Orbital Assembly Corp.	우주	Regeneron	제약
Nichia	이차전지			Relativity Space	우주
Nidec	로봇	Orbital Lasers	우주	Remgro	식음료
Nikola	모빌리티	ORIX	모빌리티	Renault	모빌리티
Ningbo Orient Wires & Cables	에너지·전력인프라	Oshkosh	방위산업	ReOrbit	우주
		Ourbox	운송	Revolut	금융
Nintendo	게임	Ouster	모빌리티	ReWalk	로봇

기업	섹터	기업	섹터	기업	섹터
Rheinmetall	방위산업	SGB-SMIT	전력인프라	SpaceX	우주
Rimac	모빌리티	Shandong Nanshan	이차전지	SPC삼립	식음료
Riot Games	게임	Shanghai Electric	에너지·전력인프라	SpiderOak	우주
Rivian	모빌리티	Shanghai Metal	이차전지	SPIL	반도체, 전기전자
Robinhood	금융	ShanShan	이차전지	SpinLaunch	우주
Roblox	게임	Share Now	모빌리티	Spirit Airlines	운송
Robosense	로봇, 모빌리티	Shennan	반도체	Spotify	엔터테인먼트
Robotera	로봇	Shenzhen Capchem	이차전지	Spring Airline	운송
Roche	제약	Shihlin Electric	에너지·전력인프라	SPX Transformer	에너지·전력인프라
Rocket Companies	금융	Shin Zu Shing	전기전자	SQM	이차전지
Rocket Lab	우주	Shin-Etsu Chemical	반도체	Square Enix	게임
Rohde & Schwarz	방위산업	Shinko Electric	전기전자	Star Bulk Carriers	운송
Rolls-Royce	방위산업, 에너지·전력인프라	Shiseido	화장품	Starfish Space	우주
		Shuanghuan	로봇	Starling	금융
Ronbay	이차전지	Shuanglin	로봇	Starlink	우주
Rosatom/Tenex	에너지·전력인프라	Sidus Space	우주	State Power Investment	에너지·전력인프라
Roxel	방위산업	Siemens	로봇, 조선		
RS Group	엔터테인먼트	Siemens Energy	에너지·전력인프라	Stellantis	모빌리티
RTX	방위산업	Sierra Space	우주	Stoke Space	우주
Ryan Air	운송	Sinotrans Limited	운송	Stripe	금융
Saab	방위산업	Sixt	모빌리티	STX엔진	방위산업, 조선
Safe Bulkers	운송	SK이노베이션	이차전지	Südzucker	식음료
Safran	방위산업, 우주	SKC	이차전지	SUMCO	반도체
SAIC	모빌리티	SKF	로봇	Sumitomo Electric	에너지·전력인프라
Saipem	조선	SKIET	이차전지	Sumitomo Heavy	조선
Salesforce	반도체	Skild AI	로봇	Sun Pharma	제약
Sampoerna	식음료	Skywell	모빌리티	Sunborn Network	게임
Sanborn Map	모빌리티	SK렌터카	모빌리티	Sunny Optical	로봇, 전기전자
Sanctuary AI	로봇	SK스퀘어	게임	Suntory Beverage	식음료
Sanderson Farms	식음료	SK실트론	반도체	Sunwoda	이차전지
SanDisk	반도체, 전기전자	SK오션플랜트	조선	Supercell	게임
Sandoz	제약	SK온	이차전지	Swedish Space Corporation	우주
Sanhua	로봇	SK하이닉스	반도체, 전기전자		
Sanofi	제약	SM BM	엔터테인먼트	Swissport International	운송
Sapporo	식음료	SMIC	반도체, 전기전자		
Sarcos	로봇	SMILE-UP	엔터테인먼트	Syneos	제약
Satellogic	우주	SMM	이차전지	Synopsys	반도체
SBI Holdings	금융	SNT에너지	에너지·전력인프라	Sysco	식음료
SBM Offshore	조선	Sofi	금융	Taihe Music	엔터테인먼트
Scantinel	모빌리티	Solestial	우주	Taiyo Yuden	전기전자
SCD	방위산업	Solid Power	이차전지	Take-two	게임
Schneider Electric	에너지·전력인프라	Solstorm	우주	Talen Energy	에너지·전력인프라
Schott	전기전자	Sony	게임, 모빌리티, 전기전자	Tata	모빌리티
Schunk	로봇			TBEA	에너지·전력인프라
Scopely	게임	Sony Music Entertainment	엔터테인먼트	TCC스틸	이차전지
Scorpio Tankers	운송			TDK	전기전자
Seatrium	조선	Southern Company	에너지·전력인프라	Techman Robots	로봇
Seaway7(Subsea 7)	전력인프라	Southwest Airlines	운송	Teekay Tankers Ltd.	운송
Securitize	금융	Space Forge	우주	TEL	반도체
Sega Sammy Holdings	게임	Space Ground System Solutions	우주	Teledyne FLIR	방위산업
				Tencent	게임, 모빌리티, 반도체
Senior Material	이차전지	Space Machines Company	우주	Tencent Music Entertainment	엔터테인먼트
Seres	모빌리티				
Serve Robotics	로봇	Space Tango	우주	Teradyne	반도체
Servokon Systems	에너지·전력인프라	SpacePharma	우주	Terma	우주

기업	섹터	기업	섹터	기업	섹터
Terran orbital	우주	Umicore	이차전지	Waymo	모빌리티
TerraPower	에너지·전력인프라	U-Ming	운송	WCP	이차전지
Tesla	로봇, 모빌리티	Unilever	식음료, 화장품	WeBank	금융
Tether	금융	Unimicron	반도체, 전기전자	WEKEEP	운송
Teva	제약	Uniswap	금융	WeRide	모빌리티
Texas Instruments	모빌리티	United Airlines Holdings	운송	Weverse Company	엔터테인먼트
Textron	방위산업	United Continental	운송	Wi Robotics	로봇
Thai President	식음료	United Health	제약	Wilmar	식음료
Thales	방위산업	United Launch Alliance	우주	Wilson Transformer	전력인프라
Thales Alenia	우주	Unitree	로봇	Winway	반도체
The Thread Shop	엔터테인먼트	Unity	게임	Wistron	반도체, 전기전자
THECOO	엔터테인먼트	Universal Display	전기전자	Wiwynn	반도체
Thermo Fisher	제약	Universal Music Group	엔터테인먼트	Wizz Air	운송
THK	로봇	Universal Robots	로봇	WM	모빌리티
Thomson	로봇	UnUsUal Limited	엔터테인먼트	Woodward	에너지·전력인프라
ThrustMe	우주	UPS	운송	W-SCOPE	이차전지
Thyssenkrupp	조선	Upstart	금융	WUS Printed	반도체, 전기전자
Tianma	전기전자	Urenco	에너지·전력인프라	WuXi AppTec	제약
Tianqi Lithium	이차전지	Ursa Major	우주	WuXi Biologics	제약
Ticketmaster	엔터테인먼트	US Foods	식음료	xAI	반도체
Tinci Materials	이차전지	Vale S.A.	이차전지	X-Energy	에너지·전력인프라
Tingyi	식음료	Valeo	모빌리티	xFusion	반도체
TOK	반도체	Valve	게임	Xi'an XD Group	에너지·전력인프라
Tokio Marine Holdings	금융	Van Oord	전력인프라	Xiaomi	로봇, 모빌리티, 전기전자
Tokyo Electron	반도체	Vandemoortele	식음료		
TomTom	모빌리티	Varda Space Industries	우주	Xpeng	로봇, 모빌리티
Toray	이차전지	Ve Wong	식음료	Yageo	전기전자
Toshiba ESS	에너지·전력인프라	Velodyne	모빌리티	Yakult Honsha	식음료
Toyo Suisan	식음료	Veoware	우주	Yamato Holdings	운송
Toyota	모빌리티, 이차전지	Vertiv	반도체	Yamazaki Baking	식음료
Transsion	전기전자	Via	모빌리티	YangMing	운송
Trimble	우주	Viasat	우주	Yangzijiang Shipbuilding	조선
Tsingshan Delong	이차전지	Viatris	제약		
TSMC	반도체, 전기전자	Victory	반도체	Yaskawa	로봇
TTM Technology	전기전자	VietJet Aviation	운송	YesAsia	엔터테인먼트
Tuopu Group	로봇	Vihtavuori	방위산업	YG PLUS	엔터테인먼트
Turo	모빌리티	Vinfast	모빌리티	YH Entertainment	엔터테인먼트
TuSimple	모빌리티	Virgin Galactic	우주	Yihai Kerry	식음료
Tyson Foods	식음료	Virginia Transformer	에너지·전력인프라	Yili Group	식음료
tZero	금융	VISA	금융	YMTC	반도체, 전기전자
UACJ	이차전지	Visionox	전기전자	Yongche	모빌리티
UBE	이차전지	Vistra Energy	에너지·전력인프라	Yoozoo Games	게임
Uber	모빌리티	VIVO	전기전자	York space	우주
Ubisoft	게임	Volkswagen	모빌리티	Yostar	게임
Ubotica	우주	Vyoma	우주	Yunnan Energy	이차전지
UBS	금융	Walgreens	제약	YuTong Optical	전기전자
UBTECH	로봇	Wallenius Wilhelmsen	운송	Zepp Hall Network	엔터테인먼트
UCB	제약			Zhaowei	로봇
Udo Artist	엔터테인먼트	Walmart	제약	Zhen Ding	전기전자
ULA	우주	Wan hai Lines	운송	Zhongda Leader	로봇
ULS Robotics	로봇	Warner Music Group	엔터테인먼트	Zichen	이차전지
ULTA Beauty	화장품			ZIM Integrated Shipping	운송
Umbra Space	우주			Zipcar	모빌리티
UMC	반도체, 전기전자			Zoom Car	모빌리티

기업	섹터	기업	섹터	기업	섹터
Zoox	모빌리티	레이크머티리얼즈	이차전지	상신이디피	이차전지
가온전선	에너지·전력인프라	레인보우로보틱스	로봇	샤프에비에이션케이	운송
고운세상코스메틱	화장품	로보티즈	로봇	서린컴퍼니	화장품
구다이글로벌	화장품	롯데글로벌로지스	운송	서울식품	식음료
국순당	식음료	롯데렌터카	모빌리티	선진	식음료
그라비티	게임	롯데알미늄	이차전지	선진뷰티사이언스	화장품
그린카	모빌리티	롯데에너지머티리얼즈	이차전지	성광벤드	조선
기아	모빌리티	롯데웰푸드	식음료	성일하이텍	이차전지
기업은행	금융	롯데칠성	식음료	세경하이테크	전기전자
남양유업	식음료	루미르	우주	세진중공업	조선
네오위즈	게임	릴리바이레드	화장품	세코닉스	전기전자
네오팜	화장품	마녀공장	화장품	셀트리온	제약
네이버파이낸셜	금융	매일유업	식음료	솔루스첨단소재	이차전지, 전기전자
넥슨게임즈	게임	멜론뮤직	엔터테인먼트	솔브레인홀딩스	이차전지
넥써쓰	게임	무신사	화장품	슈퍼캣	게임
넷마블	게임	무학	식음료	스마일게이트	게임
노머스	엔터테인먼트	뮤즈라이브	엔터테인먼트	스마일게이트RPG	게임
농심	식음료	뮤직카우	금융	스위스 증권거래소	금융
뉴로메카	로봇	미래에셋증권	금융	스킨푸드	화장품
다이소	화장품	밀크터치	화장품	스타일난다	화장품
달바글로벌	화장품	베르상스퍼시픽	화장품	스탁키퍼	금융
대덕전자	반도체, 전기전자	보령	우주	스페이스린텍	우주
대봉엘에스	화장품	보맵	금융	시프트업	게임
대상	식음료	보해양조	식음료	신세계푸드	식음료
대원전선	에너지·전력인프라	뷰티셀렉션	화장품	신한지주	금융
대주전자재료	이차전지	브이티	화장품	실리콘투	화장품
대한전선	에너지·전력인프라	블루개러지	엔터테인먼트	심텍	반도체, 전기전자
대한제분	식음료	비나우	화장품	쎄트렉아이	우주
대한항공	운송	비에이치	전기전자	쏘카	모빌리티
더블유게임즈	게임	비에이치아이	에너지·전력인프라	씨메스	로봇
더블유씨피	이차전지	비트고 코리아	금융	씨앤씨인터내셔널	화장품
더파운더즈	화장품	빗썸	금융	아모레퍼시픽	화장품
덕산네오룩스	전기전자	빙그레	식음료	아성다이소	화장품
덕산테코피아	이차전지	삐아	화장품	아시아나항공	운송
데브시스터즈	게임	사조대림	식음료	아시아비엔씨	화장품
데이지크	화장품	사조동아원	식음료	아워홈	식음료
도우인시스	전기전자	사피엔반도체	전기전자	아이쓰리시스템	방위산업
동서	식음료	산일전기	에너지·전력인프라	아이패밀리에스씨	화장품
동성화인텍	조선	삼성SDI	이차전지, 전기전자	알에스오토메이션	로봇
동아오츠카	식음료	삼성디스플레이	전기전자	애경산업	화장품
동우팜투테이블	식음료	삼성물산	에너지·전력인프라	애경케미칼	이차전지
동원F&B	식음료	삼성바이오로직스	제약	액토즈소프트	게임
동원시스템즈	이차전지	삼성바이오에피스	제약	액트로	전기전자
동원홈푸드	식음료	삼성생명	금융	어뮤즈	화장품
동진쎄미켐	반도체	삼성전기	반도체, 전기전자	업비트	금융
동화일렉트로닉스	이차전지	삼성전자	로봇, 반도체, 전기전자	에스비비테크	로봇
두산로보틱스	로봇	삼성중공업	조선	에스엠	엔터테인먼트
두산에너빌리티	에너지·전력인프라	삼성증권	금융	에스엠씨지	화장품
드림메이커	엔터테인먼트	삼성카드	금융	에스피지	로봇
드림어스컴퍼니	엔터테인먼트	삼성화재	금융	에어부산	운송
디어달리아	화장품	삼아알미늄	이차전지	에어인천	운송
디어유	엔터테인먼트	삼양사	식음료	에어프레미아	운송
디커스터디	금융	삼양식품	식음료	에이블리	화장품
라이온하트스튜디오	게임	삼화	화장품	에이블씨엔씨	화장품
라카	화장품	삼화콘덴서	전기전자	에이에스텍	화장품

찾아보기

기업	섹터	기업	섹터	기업	섹터
에이피알	화장품	카카오뱅크	금융	하이트진로	식음료
에코앤드림	이차전지	카카오엔터테인먼트	엔터테인먼트	한국공항	운송
에코프로머티리얼즈	이차전지	카카오페이	금융	한국금융지주	금융
에코프로비엠	이차전지	컨텍	우주	한국알미늄	이차전지
에코프로씨엔지	이차전지	컴투스	게임	한국카본	조선
에프앤코	화장품	케이뱅크	금융	한국콜마	화장품
에프엔씨엔터	엔터테인먼트	케이프	조선	한국항공우주	방위산업
엑스엘게임즈	게임	켐코	이차전지	한국화장품제조	화장품
엔씨소프트	게임	코리아써키트	전기전자	한농화성	이차전지
엔켐	이차전지	코스맥스	화장품	한빛소프트	게임
엘앤에프	이차전지	코스메카코리아	화장품	한전기술	에너지·전력인프라
엘앤피코스메틱	화장품	코스모신소재	이차전지	한진	운송
엠게임	게임	코인원	금융	한탑	식음료
엠씨넥스	전기전자	코팬글로벌	엔터테인먼트	한화생명	금융
연우	화장품	큐브엔터	엔터테인먼트	한화시스템	방위산업
영일유리공업	화장품	크라운제과	식음료	한화에어로스페이스	방위산업
예스24	엔터테인먼트	크래프톤	게임	한화엔진	방위산업, 조선
오뚜기	식음료	크레이버	화장품	한화오션	방위산업, 조선
오리엔탈정공	조선	클로봇	로봇	해브앤비	화장품
오리온	식음료	클리오	화장품	해성디에스	반도체, 전기전자
올리브영	화장품	키움증권	금융	해태제과	식음료
와이지엔터테인먼트	엔터테인먼트	타다	모빌리티	현대건설	에너지·전력인프라
우리금융	금융	태광	조선	현대그린푸드	식음료
우리기술	에너지·전력인프라	태성산업	화장품	현대글로비스	운송
우체국택배	운송	태웅	에너지·전력인프라	현대로템	방위산업
웹젠	게임	테사	금융	현대바이오랜드	화장품
위메이드	게임	텔레픽스	우주	현대오토에버	모빌리티
위메이드맥스	게임	토니모리	화장품	현대차	모빌리티, 이차전지
위메이드플레이	게임	토리든	화장품	현대카드	금융
위버스컴퍼니	엔터테인먼트	토스	금융	현대해상	금융
유티아이	전기전자	투쿨포스쿨	화장품	현대힘스	조선
이누스페이스	우주	티르티르	화장품	홀리카홀리카	화장품
이녹스첨단소재	전기전자	티엘비	반도체, 전기전자	효성중공업	에너지·전력인프라
이수스페셜티케미컬	이차전지	티웨이항공	운송	흥아해운	운송
이수페타시스	반도체, 전기전자	파리공항공단	운송	111%	게임
이스타항공	운송	파인엠텍	전기전자	1X Technologies	로봇
이코니	전기전자	파트론	전기전자	37Games	게임
인그리디언코리아	식음료	팔도	식음료	3D Bioprinting Solutions	우주
인트파크엔터테인먼트	엔터테인먼트	팜스코	식음료		
인텔리안테크	우주	팬오션	운송		
일진전기	에너지·전력인프라	펄어비스	게임		
잉글우드랩	화장품	펌텍코리아	화장품		
자화전자	전기전자	페리지 에어로스페이스	우주		
재영솔루텍	전기전자	포스코HY클린메탈	이차전지		
정샘물뷰티	화장품	포스코퓨처엠	이차전지		
제닉	화장품	포컴퍼니	화장품		
제이앤티씨	전기전자	풀무원	식음료		
제주항공	운송	풍산	방위산업		
지그재그	화장품	플로	엔터테인먼트		
지니뮤직	엔터테인먼트	피엔에이치테크	전기전자		
진에어	운송	하나금융	금융		
체리부로	식음료	하림	식음료		
카사	금융	하이록코리아	조선		
카카오게임즈	게임	하이브	엔터테인먼트		
카카오모빌리티	모빌리티	하이브IM	게임		

이차전지

배터리 셀

삼원계·인산철계(LFP)

한국	중국	일본
LG에너지솔루션 삼성SDI SK온	CATL BYD EVE Energy Gotion CALB Sunwoda	Panasonic
독일		**스웨덴, 노르웨이**
PowerCo		Northvolt(스) Freyr(노) Morrow(노)

전고체

한국	중국	일본
삼성SDI LG에너지솔루션 SK온 현대차 이수스페셜티케미컬 레이크머티리얼즈 한농화성 롯데에너지머티리얼즈	CATL BYD EVE Energy Gotion	Toyota Nissan
	미국	**프랑스**
	QuantumScape Solid Power Factorial	Blue Solutions
		영국
		Llika

소듐

한국	중국	일본
LG에너지솔루션 에코프로비엠 애경케미칼 WCP	Hina battery Ronbay GEM BTR Senior Material Shenzhen Capchem	Kuraray

캔 케이스

한국	중국
동원시스템즈 상신이디피 TCC스틸	Kedali Industry Shanghai Metal Civen Metal

배터리 소재

양극재

한국	중국
LG화학 에코프로비엠 포스코퓨처엠 엘앤에프	Easpring Ronbay
벨기에	**일본**
Umicore	Nichia SMM

전해질

한국	중국
엔켐 동화일렉트로닉스 솔브레인홀딩스	Shenzhen Capchem Tinci Materials
	일본
	Mitsubishi UBE

알루미늄박

한국	중국
롯데알미늄 삼아알미늄 한국알미늄	China Hongqiao Shandong Nanshan
	일본
	UACJ Furukawa Electric

음극재

한국	중국
포스코퓨처엠 대주전자재료	BTR ShanShan
	일본
	Hitachi Mitsubishi Zichen

분리막

한국	중국
SKIET 더블유씨피	Yunnan Energy Huiqiang New Energy
	일본
	W-SCOPE Asahi Kasei Toray

동박

한국	중국
SKC 롯데에너지머티리얼즈 솔루스첨단소재	Changchun High-Tech NUODE
	일본
	Furukawa Electric

배터리 광물

리튬

미국	중국
Albemarle Lithium Americas	Ganfeng Lithium Tianqi Lithium
호주	**칠레**
Pilbara Minerals	SQM

니켈

한국	중국
켐코	Tsingshan Delong
러시아	**일본**
Nornickel	SMM

코발트

스위스	벨기에
Glencore	Umicore

배터리 리사이클링

한국	중국	미국
성일하이텍 에코프로씨엔지 포스코HY클린메탈	Huayou Cobalt GEM Brunp Recycling	Redwood Materials
		노르웨이
		Hydrovolt

서버·데이터센터

CSP·데이터센터

미국
- Amazon
- Microsoft
- Alphabet
- Meta Platforms
- IBM
- Oracle
- Salesforce
- xAI
- OpenAI

중국
- Alibaba
- Tencent
- ByteDance

서버 제조

서버 OEM
- Dell(미)
- HPE(미)
- IEIT(중)
- Lenovo(중)
- xFusion(싱가포르)
- H3C(중)

네트워크 장비
- Cisco(미)
- Arista Networks(미)
- Juniper Networks(미)
- Huawei(중)

서버 ODM
- Foxconn(대)
- Quanta Computer(대)
- Wistron(대)
- Inventec(대)
- Wiwynn(대)

마더보드
- ASUS(대)
- MSI(대)
- GIGABYTE(대)
- ASRock(대)

냉각 솔루션
- Delta(대)
- Vertiv(미)
- AVC(대)
- Auras(대)
- Kaori(대)
- Ingrasys(대)

부품

소재·부품·장비

공정 소재

웨이퍼
- Shin-Etsu Chemical(일)
- SUMCO(일)
- GlobalWafers(대)
- SK실트론(한)

특수가스, 케미칼
- Air Liquide(프)
- Air Products(미)
- Linde(독)
- Entegris(미)

포토 레지스트
- TOK(일)
- DuPont(미)
- JSR(일)
- 동진쎄미켐(한)

기판

메모리 기판
- 삼성전기(한)   LG이노텍(한)
- 티엘비(한)   심텍(한)
- 해성디에스(한)   대덕전자(한)

PCB 기판
- Ibiden(일)   Unimicron(대)
- Kinsus(대)   이수페타시스(한)
- GCE(대)   WUS Printed(중)
- Victory(중)   Shennan(중)

장비

전공정 장비
- ASML(네)   TEL(일)
- AMAT(미)   Lam Research(미)
- Naura(중)   AMEC(중)

후공정 장비
- Teradyne(미)   Advantest(일)

디램·HBM
- SK하이닉스(한)
- 삼성전자(한)
- Micron(미)
- CXMT(중)
- Nanya(대)

낸드
- SK하이닉스(한)
- 삼성전자(한)
- Micron(미)
- Kioxia(일)
- SanDisk(미)
- YMTC(중)

로직 반도체

GPU·AI 가속기
- NVIDIA(미): Blackwell, Rubin 시리즈
- AMD(미): MI 시리즈
- Intel(미): Gaudi 시리즈
- Huawei(중): Ascend 시리즈

AI ASIC
- Broadcom(미)
- Marvell(미)
- MediaTek(대)
- AIChip(대)
- GUC(대)

AP
- Apple(미)
- Qualcomm(미)
- MediaTek(대)
- 삼성전자(한)
- Alphabet(미)
- HISILICON(중)

IP
- Arm(영)
- Synopsys(미)
- Cadence(미)

서버 CPU
- Intel(미)
- AMD(미)
- NVIDIA(미)
- Apple(미)

PC CPU
- Intel(미)
- AMD(미)
- Apple(미)
- Qualcomm(미)
- NVIDIA(미)

파운드리(생산)
- TSMC(대)
- 삼성전자(한)
- Intel(미)
- GlobalFoundries(미)
- UMC(대)
- SMIC(중)
- Hua Hong Semiconductor(중)

어드밴스드 패키징(후공정)
- TSMC(대)
- 삼성전자(한)
- Intel(미)
- ASE Holdings(대)
- Amkor(미)
- SPIL(대)
- JCET(중)

엔비디아 GB200
(Grace CPU + Blackwell GPU)

반도체

완제품

세트업체

종합
- Apple(미)
- 삼성전자(한)
- LG전자(한)
- Xiaomi(중)
- Huawei(중)

모바일
- OPPO(중)
- VIVO(중)
- Honor(중)
- Transsion(중)

데스크톱·노트북
- HP(미)
- Lenovo(중)
- ASUS(대)
- DELL(미)

세트 부품

PCB·FPCB
- 이수페타시스(한)
- 티엘비(한)
- 대덕전자(한)
- 코리아써키트(한)
- 심텍(한)
- 비에이치(한)
- 해성디에스(한)
- TTM Technology(미)
- Ibiden(일)
- Shinko Electric(일)
- 삼성전기(한)
- Unimicron(대)
- Kinsus(대)
- Nanya PCB(대)
- Zhen Ding(중)
- GCE(대)
- WUS Printed(중)

MLCC
- 삼성전기(한)
- Murata(일)
- 삼화콘덴서(한)
- Taiyo Yuden(일)
- TDK(일)
- Yageo(대)

모바일·PC·서버 ODM
- Foxconn(대)
- Quanta Computer(대)
- Wistron(대)
- Compal(대)
- Inventec(대)
- Pegatron(대)

부품

소재·부품

디스플레이

패널
- 삼성디스플레이(한)
- LG디스플레이(한)
- BOE(중)
- Visionox(중)
- CSOT(중)
- Tianma(중)

소재
- Universal Display(미)
- 덕산네오룩스(한)
- 이녹스첨단소재(한)
- 피엔에이치테크(한)
- PI첨단소재(한)
- Corning(미)
- Schott(독)
- Merck(독)
- LG화학(한)
- 솔루스첨단소재(한)

폴더블

외장힌지
- Amphenol(미)
- Shin Zu Shing(대)
- KH바텍(한)

내장힌지
- 파인엠텍(한)
- Lingyi iTech(중)

초박형 강화유리
- 도우인시스(한)
- 유티아이(한)
- 이코니(한)

보호 필름
- Lens Technology(중)
- 세경하이테크(한)

배터리
- 삼성SDI(한)
- LG에너지솔루션(한)
- CATL(중)

디램
- SK하이닉스(한)
- 삼성전자(한)
- Micron(미)
- CXMT(중)

낸드
- SK하이닉스(한)
- 삼성전자(한)
- Micron(미)
- Kioxia(일)
- SanDisk(미)
- YMTC(중)

로직 반도체

AP
- Apple(미)
- Qualcomm(미)
- MediaTek(대)
- 삼성전자(한)
- Alphabet(미)
- HISILICON(중)

CPU
- Intel(미)
- AMD(미)
- Qualcomm(미)
- Apple(미)

디스플레이 구동칩(DDIC)
- LX세미콘(한)
- Novatek(대)
- Tianma(중)

파운드리(생산)
- TSMC(대)
- 삼성전자(한)
- Intel(미)
- GlobalFoundries(미)
- UMC(대)
- SMIC(중)
- Hua Hong Semiconductor(중)

어드밴스드 패키징(후공정)
- TSMC(대)
- 삼성전자(한)
- Intel(미)
- ASE Holdings(대)
- Amkor(미)
- SPIL(대)
- JCET(중)

카메라 모듈
- 삼성전기(한)
- LG이노텍(한)
- Sunny Optical(중)
- 엠씨넥스(한)
- Cowell(중)
- 파트론(한)

광학렌즈
- Largan(대)
- Sunny Optical(중)
- 세코닉스(한)
- GESO(중)

액추에이터
- LG이노텍(한)
- 자화전자(한)
- 액트로(한)
- 재영솔루텍(한)

이미지 센서
- Sony(일)
- 삼성전자(한)

커버
- Corning(미)
- 제이앤티씨(한)
- Lens Technology(중)

폴더블 스마트폰 분해도

전기전자

인플레이션 기술 기반 이동 시장

소유

수동차(非스마트카)

내연기관차

- 현대차(한)
- 기아(한)
- GM(미)
- Ford(미)
- Stellantis(미)
- BMW(독)
- Mercedes(독)
- Renault(프)
- Mazda(일)
- Tata(인도)
- Mahindra(인도)
- Proton(말)

- Toyota(일)
- Honda(일)
- Nissan(일)
- Volkswagen(독)
- Chery(중)
- FAW(중)
- Changan(중)
- Dongfeng(중)
- BAIC(중)
- SAIC(중)
- JAC(중)
- GAC(중) — Huawei Alliance

전기차

- Lucid(미)
- Rivian(미)
- Fisker(미)
- Proterra(미)
- Nikola(미)
- Canoo(미)
- Nu Ride(미)
- Ion Electric(캐)
- Faraday Future(미)
- Aptera(미)
- Lightyear(네)
- Arrival(영)

- BYD(중)
- Hozon(중)
- Aiways(중)
- WM(중)
- Leapmotor(중)
- Lotus(영)
- Rimac(크)
- Bollinger(미)
- Mullen(미)
- Vinfast(베)
- Geometry(중)
- Skywell(중)

공유

공유

승차 공유
- Uber(미)
- Lyft(미)
- Via(미)
- Bolt(에)
- Empower(미)
- Meituan Dache(중)
- DiDi Chuxing(중)
- Ola(인도)
- Gojek(인도)
- Grab(싱)
- inDrive(러)

차량 공유

렌터카
- Enterprise(미)
- Hertz(미)
- Avis(미)
- Sixt(독)
- Europcar(프)
- CAR(중)
- eHi(중)
- Yongche(중)
- 롯데렌터카(한)
- SK렌터카(한)

카 셰어링
- Turo(미)
- Zipcar(미)
- Getaround(미)
- Share Now(독)
- ORIX(일)
- Zoom Car(인도)
- EVCARD(중)
- GoFun(중)
- 쏘카(한)
- 그린카(한)

택시

플랫폼 택시
- Curb(미)
- Arro(미)
- Gett(이스라엘)
- FreeNow(독)
- Careem(아)
- Japan Taxi(일)
- 카카오모빌리티(한)
- 타다(한)

전통 택시

기타
- 지하철
- 버스
- 트램
- 기차
- 고속 열차
- 고속버스
- 단거리 비행기

디플레이션 기술 기반 이동 시장

로보택시

자동차(스마트카)
- Tesla(미)
- Xiaomi(중)
- Xpeng(중)
- Nio(중)
- Li Auto(중)
- Geely(중)

① 데이터 디바이스 제조·판매
② 추론(이동) 데이터 확보
③ 데이터센터 전송 및 훈련
④ 개선된 추론 모델의 디바이스 전송
⑤ 2~4의 무한 반복

단일 신경망(E2E)·단일 센서
- Tesla(Cybercab)(미)

모듈러 아키텍처·다중 센서

종합 솔루션 제공

Huawei(중)
Huawei Inside·Smart Selection 제공
(추론 및 훈련 컴퓨터, 센서 설계 및 장착, 제어 아키텍처 설계, 섀시 부품 설계, 네트워크 시스템 설계 등 솔루션 일괄 제공)

비즈니스 플랫폼 개발
- Waymo(미)
- Zoox(미)
- Motional(미)
- TuSimple(중)
- Aurora(미)
- Embark(미)
- Cruise(미)
- Baidu(중)
- Pony.ai(중)
- WeRide(중)
- Auto X(미)
- DeepRoute.ai(중)
- Nuro(미)
- Beep(미)

고정밀 지도 개발
- Here Technologies(네)
- TomTom(네)
- Tencent(중)
- NavInfo(중)
- Sanborn Map(미)
- Nuro(미)
- 현대오토에버(한)

추론 컴퓨터 개발
- NVIDIA(미)
- Qualcomm(미)
- Intel-Mobileye(미)
- Horizon Robotics(중)
- MicroVision(미)
- NXP(네)
- Texas Instruments(미)

기타 센서 개발
- ON Semiconductor(미)
- Sony(일)
- OmniVision(미)
- Arbe Robotics(이스라엘)
- Bosch(독)
- Continental(독)
- Hella(독)

라이다 센서 개발
- Hesai(중)
- Robosense(중)
- Innovusion(미)
- Leishen(중)
- Livox(중)
- Benewake(중)
- Valeo(프)
- Innoviz(이스라엘)
- Aeye(미)
- Luminar(미)
- Velodyne(미)
- Ouster(미)
- Scantinel(독)
- Ibeo(독)

모빌리티

로봇

완제품

휴머노이드

非 중국
- Tesla(미)
- 레인보우로보틱스(한)
- Figure AI(미)
- Agility Robotics(미)
- Boston Dynamics(미)
- Apptronik(미)
- 1X Technologies(노)
- Sanctuary AI(캐)
- Mentee Robotics(이스라엘)
- Neura Robotics(독)

중국
- Xiaomi
- UBTECH
- Agibot
- Leju Robotics
- Robotera
- Fourier
- Unitree
- Galbot
- Booster Robotics
- Xpeng

산업용

전통 산업용 로봇
- FANUC(일)
- Yaskawa(일)
- Kawasaki Heavy(일)
- Omron(일)
- ABB(스위스)
- KUKA(독)
- HD현대로보틱스(한)

4족보행 로봇
- Boston Dynamics(미)
- Ghost Robotics(미)
- Unitree(중)
- Deep Robotics(중)

협동로봇
- Universal Robots(덴)
- FANUC(일)
- Techman Robots(대)
- 두산로보틱스(한)
- 레인보우로보틱스(한)
- 뉴로메카(한)
- AUBO(중)
- DOBOT(중)

자율주행 이동로봇(AMR)·무인 운반 차량(AGV)
- Amazon Robotics(미)
- Serve Robotics(미)
- Omron(일)
- 로보티즈(한)

웨어러블
- ReWalk(이스라엘)
- Ekso Bionics(미)
- Sarcos(미)
- Cyberdyne(일)
- ULS Robotics(중)
- 삼성전자(한)
- Wi Robotics(한)

부품

센서

내계센서
제어 목적의 센서 → 엔코더, 자이로, 토크, 힘 센서 등

힘·토크 센서
- ATI Industrial Automation(미)
- On Robot(덴)
- Schunk(독)
- Mitsubishi Electric(일)
- Yaskawa(일)
- Honeywell(미)

엔코더
- Omron(일)   Heidenhain(독)
- POSIC(스위스) Keli Sensing(중)
- 알에스오토메이션(한)

외계센서
인식 목적의 센서 → 화상, 초음파, 감압 센서 등

이미지센서
- Keyence(일)   Omron(일)
- Denso(일)   Honeywell(미)
- Cognex(미)

라이다
- Robosense(중) Hesai(중)

카메라
- Orbbec(중)   Sunny Optical(중)

배터리
- CATL(중)
- BYD(중)
- LG에너지솔루션(한)

엣지 컴퓨팅 칩

엣지 컴퓨팅
- NVIDIA(미): Jetson Series
- Tesla(미): 자체 HW 4.0 칩 사용
- Xpeng(중): 자체 Turing 칩 사용

AI 훈련용 GPU
- NVIDIA(미): A100 / H100 등

소프트웨어
- NVIDIA(미)
- Covariant AI(미)
- Physical Intelligence(미)
- Skild AI(미)
- 씨메스(한)
- 클로봇(한)

액추에이터

모터+감속기·스크류+엔코더 등의 부품으로 구성되는 모듈. 완제품 형태로 납품되거나, 완제품 기업이 부품 조달 후 조립해서 사용

- Tuopu Group(중)
- Sanhua(중)
- 로보티즈(한)

모터
- FANUC(일)   ABB(스위스)
- Yaskawa(일)   Moon's Electric(중)
- Panasonic(일)   Inovance(중)
- Mitsubishi Electric(일) Zhaowei(중)
- Siemens(독)   Estun(중)
                   Leadshine(중)

회전형 액추에이터
입력된 에너지를 회전운동(토크)으로 변환하는 구동 장치 (모터+감속기+엔코더의 구성) → 관절 부위에 탑재

감속기
회전형 액추에이터에 탑재·모터의 회전 속도를 낮추고 토크를 증폭
- Harmonic Drive Systems(일)
- Nidec(일)   Leader Drive(중)
- Shuanghuan(중)   Zhongda Leader(중)
- Fore(중)   에스피지(한)
- 에스비비테크(한)

선형 액추에이터
입력된 에너지를 선형운동으로 변환하는 구동 장치(모터+스크류+엔코더의 구성) → 근육 부위에 탑재

스크류
선형 액추에이터에 탑재, 모터의 회전운동을 정밀한 선형운동으로 변환
- Bosch Rexroth(독) Hengli Hydraulic(중)
- THK(일)
- NSK(일)   Beite(중)
- SKF(스웨덴)   Best Precision(중)
- Thomson(미)   Shuanglin(중)

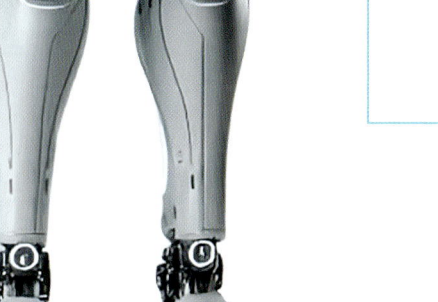

방위산업

지상 무기

전투차량

체계 업체

- Lockheed Martin(미)
- General Dynamics(미)
- Oshkosh(미)
- Rheinmetall(독)
- BAE Systems(영)
- Leonardo(이탈리아)
- KNDS(독, 프)
- 한화에어로스페이스(한)
- 현대로템(한)
- Elbit Systems(이스라엘)

엔진

- MTU(독)
- Caterpillar(미)
- Cummins(미)
- Rolls-Royce(영)
- STX엔진(한)
- HD현대인프라코어(한)

시스템

- Curtiss-Wright(미)
- L3Harris Technologies(미)
- Rheinmetall(독)
- Leonardo(이탈리아)
- Indra(스페인)
- Thales(프)
- Elbit Systems(이스라엘)
- 한화시스템(한)

유도무기 & 방공망

체계 업체

- RTX(미)
- Lockheed Martin(미)
- Boeing(미)
- General Dynamics(미)
- MBDA(프, 영, 이탈리아)
- BAE Systems(영)
- Saab(스웨덴)
- Kongsberg Gruppen(노)
- 한화에어로스페이스(한)
- LIG넥스원(한)
- Rafael(이스라엘)
- IAI(이스라엘)

레이더

- RTX(미)
- Lockheed Martin(미)
- L3Harris Technologies(미)
- Thales(프)
- Leonardo(이탈리아)
- BAE Systems(영)
- Saab(스웨덴)
- IAI(이스라엘)
- 한화시스템(한)

감지기

- L3Harris Technologies(미)
- Teledyne FLIR(미)
- CAES(미)
- Lynred(프)
- SCD(이스라엘)
- 아이쓰리시스템(한)

추진체

- Northrop Grumman(미)
- L3Harris Technologies(미)
- BAE Systems(영)
- Roxel(프, 영)
- MBDA(프, 영, 이탈리아)
- Safran(프)
- Nammo AS(노)
- 한화에어로스페이스(한)

포탄

체계 업체

- General Dynamics(미)
- BAE Systems(영)
- Rheinmetall(독)
- KNDS(독, 프)
- Thales(프)
- 한화에어로스페이스(한)
- 풍산(한)

탄두

- General Dynamics(미)
- BAE Systems(영)
- Rheinmetall(독)
- KNDS(독, 프)
- Thales(프)
- 한화에어로스페이스(한)
- 풍산(한)

화약·장약

- General Dynamics(미)
- BAE Systems(영)
- AES(미)
- Eurenco(프)
- Nitrochemie(독, 스위스)
- Vihtavuori(핀)
- 한화에어로스페이스(한)

항공기

체계 업체

- Lockheed Martin(미)
- Boeing(미)
- Northrop Grumman(미)
- Textron(미)
- Airbus(프, 독, 스페인)
- BAE Systems(영)
- Dassault Aviation(프)
- Leonardo(이탈리아)
- Saab(스웨덴)
- 한국항공우주(한)
- HAL(인도)
- Embraer(브)

엔진

- GE Aerospace(미)
- Pratt & Whitney(미)
- Rolls-Royce(영)
- Safran(프)
- MTU Aircraft Engines(독)

레이더·항공전자 시스템

- RTX(미)
- Lockheed Martin(미)
- Honeywell(미)
- L3Harris Technologies(미)
- Thales(프)
- 한화시스템(한)
- LIG넥스원(한)

해양 무기

체계 업체

- Huntington Ingalls Industries(미)
- General Dynamics(미)
- Austal(호)
- Fincantieri(이탈리아)
- HD현대중공업(한)
- 한화오션(한)
- Mitsubishi Heavy(일)
- Kawasaki Heavy(일)
- Ishikawajima-Harima Heavy(일)

엔진

- GE Aerospace(미)
- Cummins(미)
- Caterpillar(미)
- Rolls-Royce(영)
- MTU(독)
- Mitsubishi Heavy(일)
- Kawasaki Heavy(일)
- STX엔진(한)
- 한화엔진(한)
- HD현대중공업(한)
- HD현대마린엔진(한)

레이더

- RTX(미)
- Lockheed Martin(미)
- L3Harris Technologies(미)
- Thales(프)
- Leonardo(이탈리아)
- BAE Systems(영)
- Saab(스웨덴)
- IAI(이스라엘)
- 한화시스템(한)
- LIG넥스원(한)

전자전 장비

- General Dynamics(미)
- L3Harris Technologies(미)
- BAE Systems(영)
- Hensoldt(독)
- Rohde & Schwarz(독)
- Thales(프)
- BAE Systems(영)
- Saab(스웨덴)
- Elbit Systems(이스라엘)
- Rafael(이스라엘)
- 한화시스템(한)
- LIG넥스원(한)

C4ISR
(지휘, 통제, 통신, 컴퓨터, 정보, 감시, 정찰)

- General Dynamics(미)
- L3Harris Technologies(미)
- Palantir(미)
- BAE Systems(영)
- Thales(프)
- Leonardo(이탈리아)
- Rheinmetall(독)
- Saab(스웨덴)
- Elbit Systems(이스라엘)
- 한화시스템(한)
- LIG넥스원(한)

우주

위성

위성 제조

위성 버스
- Thales Alenia(프)
- York space(미)
- Gomspace(덴)
- Terran orbital(미)
- ReOrbit(핀)
- Redwire Corp(미)
- 쎄트렉아이(한)

추진체
- ThrustMe(프)
- Orbion(미)
- Enpulsion(오)
- PhaseFour(미)
- Ion-X(미)
- Exotrail(프)

기타 부품
- Mynaric(독)
- Solestial(미)
- Veoware(벨)
- Carbice(미)
- Ubotica(아)

소프트웨어
- Lean space(미)
- Cognitive space(미)
- Kythera space solutions(미)
- Antaris(미)
- 텔레픽스(한)

위성 서비스

통신
- **Starlink(미)**
- Iridium communications(미)
- **Eutelsat OneWeb(프)**
- Viasat(미)
- **AST SpaceMobile(미)**
- **Amazon(미)**

GPS
- L3Harris Technologies(미)
- Astranis(미)
- Sierra Space(미)

관측
- Planet Labs(미)
- HawkEye 360(미)
- Iceye(핀)
- Capella Space(미)
- **Umbra Space(미)**
- IQPS(일)
- **Satellogic(미)**
- **루미르(한)**

발사체

지상 발사

일반 발사체
- Mitsubishi Heavy(일)
- Northrop Grumman(미)
- United Launch Alliance(미)

재사용 발사체
- **SpaceX(미)**
- **Rocket Lab(미)**
- **Blue Origin(미)**
- Stoke Space(미)

소형 발사체
- 이노스페이스(한)
- 페리지 에어로스페이스(한)
- Astra(미)
- ABL Space Systems(미)
- Orbex(영)

특수 발사

공중 발사체
- Virgin Galactic(미)
- Generation Orbit(미)

기타 발사체
- SpinLaunch(미)

지상국

지상국 네트워크
- Kongsberg Satellite Services(노)
- Swedish Space Corporation(스웨덴)
- Leaf Space(이탈리아)
- Infostellar(일)
- 컨텍(한)

보안, 클라우드
- Crypta Labs(영)
- SpiderOak(미)
- IDQ(스위스)
- InfiniQuant(독)

소프트웨어
- GMV(스페인)
- Terma(덴)
- CS Group(프)
- Space Ground System Solutions(미)

안테나
- **Safran(프)**
- **인텔리안테크(한)**
- Newstar(중)
- Nextenna(이스라엘)
- Farcast

기타 산업

우주 중공업
- MDA Space(캐)
- Orbital Assembly Corp.(미)
- Relativity Space(미)
- Space Forge(영)
- Space Machines Company(호)

심우주 탐사
- **Intuitive Machines(미)**
- Firefly Aerospace(미)
- Astrobotic Technology(미)
- KinetX(미)

양자컴퓨터
- Alphabet(미)
- Quantum Computing(미)

우주 광산
- AstroForge(미)
- Asteroid Mining Corporation(영)
- Karman+(미)
- Offworld(미)

3D 프린팅
- Ursa Major(미)
- Fleet Space Technologies(호)
- Sidus Space(미)
- Maxar Space Systems(미)
- nScrypt(미)
- AI SpaceFactory(싱)

바이오
- Varda Space Industries(미)
- SpacePharma(스위스)
- Space Tango(미)
- 3D Bioprinting Solutions(러)
- LambdaVision(미)
- 스페이스린텍(한)
- 로령(한)

우주 물류
- Kratos Defense(미)
- Astroscale(일)
- ClearSpace(스위스)
- Starfish Space(미)
- Solstorm(노)
- Orbital Lasers(일)
- Vyoma(독)

Falcon 1 (2006) | Falcon 9 v1.0 (2010) | F 9 V1.1 (2013) | F 9 FT (2015) | F 9 B5 (2018~) | Falcon Heavy (2018~) | Starship (2023~)

항공운송

화물운송
대한항공(한)
아시아나항공(한)
에어인천(한)
Cathay Pacific(홍)
FedEx(미)
UPS(미)

조업사
한국공항(한)
파리공항공단(한)
샤프에비에이션케이(한)
Swissport(스위스)
Fraport(독)

여객운송

Full Service Carrier(FSC)
대한항공(한)
아시아나항공(한)
Delta Airlines(미)
United Continental(미)
Japan Airlines(일)
Air France(프)
Deutsche Lufthansa(독)
American Airlines(미)
ANA Holdings(일)
Cathay Pacific(홍)

Low Cost Carrier(LCC)
제주항공(한)
진에어(한)
티웨이항공(한)
에어프레미아(한)
이스타항공(한)
Spring Airline(중)
Southwest Airlines(미)
Spirit Airlines(미)
Ryan Air(아)

육상운송

라스트마일(택배)
CJ대한통운(한)
한진(한)
Coupang Logistics Service(CLS)(한)
롯데글로벌로지스(한)
우체국택배(한)
UPS(미)
FedEx(미)
DHL(독)
Yamato Holdings(일)
Kuehne+Nagel(스위스)

풀필먼트
CJ대한통운(한)
한진(한)
Amazon(미)
FASTO(중)
WEKEEP(한)
POOMGO(한)
Ourbox(한)
DEALBIRD(독)
Coupang Logistics Service(CLS)(한)
Yamato Holdings(일)

해상운송

벌크선
팬오션(한)
Star Bulk Carriers(그)
Golden Ocean(노)
Safe Bulkers(그)
Mitsui OSK Lines(일)
COSCO(중)
U-Ming(대)

탱커
Frontline(노)
International Seaways(미)
Scorpio Tankers(모)
Okeanis Eco Tankers(그)

가스선
BW LPG(싱)
Dorian LPG(미)
Flex LNG(노)
KSS해운(한)
Qatar Gas Transport(카)

자동차 운반선
현대글로비스(한)
Wallenius Wilhelmsen(노르웨이, 스웨덴)
Gram Car Carriers(노)
Hoegh Autoliners(노)

컨테이너선
HMM(한)
COSCO(중)
A.P. Møller - Mærsk(덴)
Hapag-Lloyd(독)
Evergreen Marine(대)
YangMing(대)
Wan hai Lines(대)
Mitsui OSK Lines(일)
U-Ming(대)
Mediterranean Shipping Company(스위스)
Ocean Network Express(일)
CMA CGM(프)
OOCL(홍)

운송

환자

제약

건강보험(PBM)
- United Health(미)
- CVS(미)
- Cigna(미)
- Elevance Health(미)
- Centene corp(미)

제약사·바이오텍

임상시험 수탁(CRO)
- IQVIA(미)
- ICON(아)
- Labcorp(미)
- Syneos(미)
- Charles River(미)
- Thermo Fisher(미)

제네릭
- Sandoz(스위스)
- Teva(이스라엘)
- Sun Pharma(인도)
- Viatris(미)
- Fresenius Kabi(독)
- Cipla(인도)

바이오시밀러
- Sandoz(스위스)
- 셀트리온(한)
- 삼성바이오에피스(한)
- Amgen(미)
- Biocon(인도)
- Pfizer(미)

조제사

소매
- CVS(미)
- Walgreens(미)
- Walmart(미)

특수 약국
- Accredo(미)
- CVS Specialty(미)
- Optum Specialty(미)

유통사

도매
- McKesson(미)
- Cencora(미)
- Cardinal Health(미)

특수 유통사
- McKesson Specialty(미)
- Oncology Supply(미)
- ABSG(미)
- ASD Healthcare(미)

위탁 개발·생산(CDMO)
- Lonza(스위스)
- Thermo Fisher(미)
- WuXi AppTec(중)
- WuXi Biologics(중)
- 삼성바이오로직스(한)
- Fujifilm(일)
- Catalent(미)

두경부암
- **Merck(미)**
- BMS(미)
- Eli Lilly(미)

안구질환
- **Roche(스위스)**
- Bayer(독)
- Abbvie(미)

천식·COPD
- **GSK(영)**
- Sanofi(프)
- AstraZeneca(영)
- Regeneron(미)

폐암
- **Merck(미)**
- AstraZeneca(영)
- Roche(스위스)
- Eli Lilly(미)

간암
- **Roche(스위스)**
- AstraZeneca(영)
- Eisai(일)
- Bayer(독)

감염질환
- **Gilead(미)**
- Pfizer(미)
- GSK(영)
- Merck(미)
- Sanofi(프)

신장암
- **BMS(미)**
- Pfizer(미)
- Merck(미)

흑색종
- **Merck(미)**
- BMS(미)
- Novartis(스위스)

자가면역질환
- **Abbvie(미)**
- Johnson & Johnson(미)
- Novartis(스위스)
- Amgen(미)

대장암
- **BMS(미)**
- Merck(미)
- Roche(스위스)
- AstraZeneca(영)

자궁경부암
- **Merck(미)**
- AstraZeneca(영)
- Pfizer(미)

유방암
- **Roche(스위스)**
- Merck(미)
- Eli Lilly(미)
- Pfizer(미)
- Novartis(스위스)
- AstraZeneca(영)

신경질환
- **Roche(스위스)**
- Abbvie(미)
- Johnson & Johnson(미)
- Novartis(스위스)
- UCB(벨)
- Eli Lilly(미)

위암
- **BMS(미)**
- Merck(미)
- Roche(스위스)
- AstraZeneca(영)

대사질환 (당뇨·비만 제외)
- **BMS(미)**
- AstraZeneca(영)
- Novartis(스위스)
- Johnson & Johnson(미)
- Merck(미)
- Bayer(독)
- Sanofi(프)
- Pfizer(미)

췌장암
- **BMS(미)**
- Merck(미)
- Roche(스위스)
- AstraZeneca(영)

당뇨·비만
- **Novo Nordisk(덴)**
- Eli Lilly(미)
- AstraZeneca(영)
- Sanofi(프)
- Merck(미)

혈액암
- **Johnson & Johnson(미)**
- BMS(미)
- Abbvie(미)
- Novartis(스위스)
- Amgen(미)
- Pfizer(미)

아토피
- **Sanofi(프)**
- Regeneron(미)
- Abbvie(미)
- Pfizer(미)
- LEO Pharma(덴)

전립선암
- **Astellas(일)**
- Johnson & Johnson(미)
- Pfizer(미)
- Bayer(독)
- Novartis(스위스)
- AstraZeneca(영)

난소암
- **AstraZeneca(영)**
- Abbvie(미)
- GSK(영)
- Merck(미)

알러지
- **Roche(스위스)**
- Novartis(스위스)
- Sanofi(프)
- Regeneron(미)

*2024년 연간 매출액 참고

화장품

원료·부자재

부자재

플라스틱 용기

펌텍코리아
- 아모레퍼시픽
- 브이티
- LG생활건강
- 아누아
- 스킨1004 등

연우
- 아모레퍼시픽
- LG생활건강

삼화

태성산업

유리 용기

에스엠씨지
- 로레알
- 아모레퍼시픽
- 아누아
- 메디큐브

베르상스퍼시픽
- 아모레퍼시픽

영일유리공업
- LG생활건강

원료

일반 원료

현대바이오랜드
대봉엘에스

자외선 차단제

선진뷰티사이언스
에이에스텍

제조자개발생산(ODM)

코스맥스
- 롬앤
- 아누아
- 에이피알
- 클리오
- 티르티르 등

Intercos(이탈리아)
- 샤넬
- 랑콤
- 에스티로더
- 디올 등

한국콜마
- AHC
- 메디힐
- 스킨천사
- 애터미
- 조선미녀 등

한국화장품제조
- 스킨1004 등

코스메카코리아
- 아누아
- 티르티르
- 조선미녀
- 브이티
- 닥터자르트 등

제닉
- 바이오던스 등

씨앤씨인터내셔널
- 클리오
- 닉스
- 레어뷰티
- 3CE
- 롬앤 등

유통

무역 벤더

실리콘투
- 조선미녀
- 메디큐브
- 아누아
- 바이오던스
- 닥터엘시아 등

아시아비엔씨
- 롬앤 등

판매 기업

오프라인

올리브영
점포: 1,379개
PB 브랜드
- 웨이크메이크
- 바이오힐보
- 브링그린 등

다이소
점포: 1,519개

ULTA Beauty(미)
점포: 1,445개

온라인

무신사
PB 브랜드
- 오드타입
- 위찌

에이블리   지그재그

브랜드

브랜드 대기업

L'Oréal(프)
- 럭셔리: 랑콤, YSL, 키엘, 프라다, 아르마니, 이솝 등
- 중저가: 라로슈포제, 세라베, 닉스, 메이블린뉴욕, 3CE 등

Shiseido(일)
- 럭셔리: 끌레 드 포 보테, 나스, 돌체앤가바나 등
- 중저가: 마죠리카 마죠르카, 마끼아쥬, 아넷사 등

아모레퍼시픽
- 럭셔리: 설화수
- 중저가: 헤라, 라네즈, 에스트라, 코스알엑스, 이니스프리 등

Unilever(영)
- 럭셔리: 더말로지카, 타차, 아워글래스 등
- 중저가: 도브, 바세린, 폰즈, 심플, 럭스 등

Johnson&Johnson(미)
- 럭셔리: 엑스유비언스, 닥터시라보 등
- 중저가: 뉴트로지나, 아비노, 클린앤클리어 등

Estée Lauder(미)
- 바비브라운, 크리니크, 맥, 조말론, 르라보, 톰포드 등

Coty(미)
- 럭셔리: 구찌, 버버리, 마크제이콥스, 카일리 등
- 중저가: 커버걸, 림멜 런던, 맥스팩터 등

LG생활건강
- 럭셔리: 더후
- 중저가: 더페이스샵, CNP, 빌리프, 힌스, 닥터그루트 등

P&G(미)
- 럭셔리: SK-II, 퍼스트에이드, 툴라 등
- 중저가: Olay, 팬틴, 헤드앤숄더, 질레트 등

PROYA(중)
- 프로야, 유제로, 캣츠 앤 로지스, 유야, 안야 등

중저가 인디브랜드

기초+색조

e.l.f. Beauty(미)
- 기초: 나트리움, 로드
- 색조: e.l.f.

클리오
- 기초: 구달
- 색조: 클리오, 페리페라

애경산업
- 기초: 원씽
- 색조: 에이지20'S, 루나

비나우
- 기초: 넘버즈인
- 색조: 퓌

토니모리

에이블씨엔씨(미샤)

기초

에이피알(메디큐브)
브이티(리들샷)
구다이글로벌(조선미녀)
크레이버(스킨1004)
달바글로벌(달바)
더파운더즈(아누아)
엘앤피코스메틱(메디힐)
스킨푸드
서린컴퍼니(라운드랩)
뷰티셀렉션(바이오던스)
토리든
마녀공장
네오팜(아토팜, 제로이드)
고운세상코스메틱(닥터지)
해브앤비(닥터자르트)
포컴퍼니(아비브)

색조

아이패밀리에스씨(롬앤)
티르티르
에프앤코(바닐라코)
스타일난다(3CE)
정샘물뷰티
삐아
데이지크
디어달리아
라카
투쿨포스쿨
홀리카홀리카
어뮤즈
밀크터치
릴리바이레드

* 한국 기업에는 나라 이름을 표시하지 않음

MERITZ COSMETICS
BLUE PEPTIDE SERUM

INGREDIENTS: AQUA (WATER), BUTYLENE GLYCOL, GLYCERIN, 1,2-HEXANEIDIIL & OTHERS

MANUFACTURER: COSMAX
DISTRIBUTER: SILICON2
MADE IN KOREA

가공식품(B2C)

식음료

종합식품

Kraft Heinz(미)
Campbell Soup(미)
General Mills(미)
Kellogg(미)
Marfrig(브)
Nestle(스위스)
CJ제일제당(한)
오뚜기(한)
대상(한)
동원F&B(한)
사조대림(한)
풀무원(한)

육가공

Tyson Foods(미)
Sanderson Farms(미)
Pilgrim's Pride(미)
JBS(브)
Bachoco(멕)
선진(한)
하림(한)
팜스코(한)
동우팜투테이블(한)
체리부로(한)
Remgro(남아공)
오뚜기(한)
동서(한)
동원F&B(한)

라면

Nissin(일)
Marutai(일)
Toyo Suisan(일)
Indofood(인도)
Thai President(태)
Ve Wong(대)
삼양식품(한)
농심(한)
오뚜기(한)
팔도(한)
Chen Ke Ming(중)
Tingyi(중)

제과

Kellanova(미)
Hershey(미)
Mondelez(미)
Mars(미)
Barry Callebaut(스위스)
Lindt & Sprüngli(스위스)
Lotus Bakeries(벨)
Ezaki Glico(일)
Calbee(일)
오리온(한)
해태제과(한)
크라운제과(한)
롯데웰푸드(한)

제빵

Vandemoortele(벨)
Aryzta(스위스)
Yamazaki Baking(일)
Grupo Bimbo(멕)
Almarai(사우디)
Britannia(영)
SPC삼립(한)
서울식품(한)

청량음료

Doctor Pepper(미)
Monster Beverage(미)
Coca-Cola(미)
Pepsico(미)
Red Bull GmbH(오)
Suntory Beverage(일)
Yakult Honsha(일)
LG생활건강(한)
롯데칠성(한)
동아오츠카(한)

유제품

Unilever(영)
Danone(프)
Arla Foods(덴)
Yili Group(중)
Mengnui Dairy(중)
매일유업(한)
빙그레(한)
남양유업(한)
Fonterra(벨)
Dutch Lady Milk(네)

주류

Kweichow Moutai(중)
Sapporo(일)
Kirin(일)
Asahi(일)
AB InBev(벨)
Heineken(네)
Ambev(브)
African Distillers(짐)
하이트진로(한)
롯데칠성(한)
무학(한)
보해양조(한)
국순당(한)

B2B

소재 식품

Ingredion(미)
Darling Ingredients(미)
ABF(영)
Südzucker(독)
CJ제일제당(한)
대한제분(한)
사조동아원(한)
한탑(한)
대상(한)
인그리디언코리아(한)
삼양사(한)
사조대림(한)

식자재 유통

Sysco(미)
Performance food group(미)
US Foods(미)
CJ프레시웨이(한)
현대그린푸드(한)
신세계푸드(한)
아워홈(한)
동원홈푸드(한)

농산물 거래·가공

ADM(미)
Cargill(미)
Bunge(스위스)
Wilmar(싱)
Yihai Kerry(중)

비식품

담배

Philip Morris(미)
Altria Group(미)
British American Tobacco(영)
Logista(스페인)
Imperial Brands(영)
Japan Tobacco(일)
KT&G(한)
Sampoerna(인도네시아)
Gudang Garam(인도네시아)
ITC(인도)

금융

자산의 변화

주식, 채권, ETF 등 전통 금융자산 → 굿즈, IP, 수집품 등 소유권 이전 가능 자산 → 부동산, 원자재 등 비금융 실물 자산

물리적 자산 → 조각화 → 디지털 자산

전통 금융

은행
- **KB금융(한)**
- 신한지주(한)
- 하나금융(한)
- 우리금융(한)
- 기업은행(한)
- BNK금융(한)
- iM금융(한)
- JB금융(한)
- **JPMorgan Chase(미)**
- Bank of America(미)
- CITI(미)
- MUFG(미)
- ICBC(중)
- HSBC(영)

보험
- 삼성화재(한)
- DB손해보험(한)
- 현대해상(한)
- 삼성생명(한)
- 한화생명(한)
- Allianz(독)
- AXA(프)
- Tokio Marine Holdings(일)

증권
- 미래에셋증권(한)
- 삼성증권(한)
- 한국금융지주(한)
- NH투자증권(한)
- 키움증권(한)
- Morgan Stanley(미)
- Goldman Sachs(미)
- Nomura Securities(일)
- CITI Securities(중)

카드사
- 현대카드(한)
- 삼성카드(한)
- AMEX(미)

네트워크사
- **VISA(미)**
- MasterCard(미)
- BC(한)

디지털 금융

디지털 자산 플랫폼

거래소
(중앙화)
- **업비트(한)**
- 빗썸(한)
- 코인원(한)
- **Coinbase(미)**
- Binance(N/A)

(탈중앙화)
- Uniswap(미)
- PancakeSwap(일)
- Curve(스위스)

조각 투자 플랫폼
- 카사(한)
- 테사(한)
- 스탁키퍼(한)
- 뮤직카우(한)

발행사
- **Circle(미)**
- Tether(엘)

커스터디
- KODA(한)
- KDAC(한)
- 디커스터디(한)
- BitGo(미)
- Fireblocks(미)

금융 플랫폼

송금에서 시작
- **토스(한)**
- 카카오페이(한)
- Revolut(영)

보험에서 시작
- 보맵(한)
- PingAn(중)
- Lemonade(미)

차량 호출에서 시작
- Grab(싱)

증권에서 시작
- **Robinhood(미)**
- Charles Schwab(미)
- eToro(이스라엘)

결제에서 시작
- 네이버파이낸셜(한)
- PayPal(미)
- Block(미)
- Stripe(미)
- Ant Financial(중)

대출에서 시작
- 케이뱅크(한)
- 카카오뱅크(한)
- WeBank (Tencent)(중)
- MyBank(Ant Financial)(중)
- Sofi(미)
- Upstart(미)
- Affirm(미)
- Rocket Companies(미)
- Starling(영)
- Monzo(영)

화폐의 변화

주식, 채권, ETF 등 전통 금융자산 → 비트코인 등 암호화폐 → 스테이블 코인 → CBDC

전통 법정화폐 → 디지털 화폐

디바이스

플랫폼

PC
Steam(Valve)
Battle.net(블리자드(Microsoft))
Epic games Store(Epic Games)
Origin(Electronic Arts)
Riot Platforms(RIOT(Tencent))

한국
넥슨(Nexon)
퍼플(엔씨소프트)

중국
WeGame(Tencent)

콘솔
PlayStation(Sony)
Xbox(Microsoft)
Nintendo Switch(Nintendo)

모바일
Google Play Store(Alphabet)
App Store(Apple)
원스토어(SK스퀘어)

퍼블리싱

PC·콘솔
Sony(일)
Microsoft(미)
Amazon Games(미)
Bandai Namco(일)
카카오게임즈(한)
NetEase(중)
Tencent(중)

모바일
카카오게임즈(한)
NetEase(중)
37Games(중)
Tencent(중)
Yostar(일)
LINE Games(일)

개발 분야

게임 개발 엔진

Unreal Engine(Epic Games)
Unity

순수 개발사(게임 제작 + 외부 퍼블리싱)

FromSoftware(엘든링)
시프트업(승리의 여신: 니케)
넥슨게임즈(퍼스트 디센던트)
스마일게이트RPG(로스트 아크)
엑스엘게임즈(아키에이지)

일반 개발사(게임 제작 + 자체 퍼블리싱)

한국
크래프톤
넥슨
스마일게이트
넷마블
엔씨소프트
네오위즈
펄어비스
컴투스
데브시스터즈
NHN
위메이드
웹젠
더블유게임즈
그라비티
액토즈소프트
하이브IM(HYBE)
위메이드맥스
위메이드플레이
슈퍼캣
엠게임
라이온하트스튜디오
한빛소프트
111%
넥써쓰

미국, 유럽
Roblox(로블록스)
Riot Games(리그 오브 레전드)
Scopely(모노폴리 고!)
Epic Games(포트나이트)
Take-two(GTA)
Electronic Arts(FIFA, 심즈)
Activision Blizzard(Call of Duty)
Valve(카운터 스트라이크)
Playrix[아](꿈의 정원)
CD Projekt[폴](위쳐)
Ubisoft[프](어쌔신 크리드)
King[스웨덴](캔디 크러쉬 사가)
Larian Studios[벨](발더스 게이트 3)
Supercell[핀](브롤스타즈)
Dream Games[튀](로얄 매치)

일본
Sony(God of War)
Nintendo(슈퍼 마리오)
Bandai Namco(철권)
Capcom(몬스터헌터)
Konami(eFootball)
Cygames(우마무스메)
Square Enix(파이널 판타지)
Sega Sammy Holdings(용과 같이)

중화권
Tencent(왕자영요)
HoYoverse(원신)
Century Games(화이트아웃서바이벌)
FirstFun(라스트 워: 서바이벌)
IGG(로드 모바일)
Leniu Games(I9: 인페르노 나인)
Game Science(검은 신화: 오공)
Habby(탕탕특공대)
NetEase(마블 라이벌스)
Sunborn Network(소녀전선)
MicroFun(씨사이드 익스케이프)
Blancozone(갑부: 장사의 시대)
Joy Nice Games(버섯커키우기)
Perfect World(완미세계)
Yoozoo Games(리그 오브 엔젤스)

주: 해외 게임 개발사 괄호 안은 대표 게임명

엔터테인먼트

IP 제작	유통·스트리밍	공연	굿즈·MD	팬 플랫폼·커뮤니티
한국	**한국**	**한국**	**한국**	**한국**
하이브 에스엠 JYP Ent. 와이지엔터테인먼트 큐브엔터 FNC엔터테인먼트 카카오엔터테인먼트	YG PLUS 멜론뮤직 지니뮤직 플로(FLO)	노머스 예스24 드림메이커 인터파크엔터테인먼트	하이브 YG PLUS 블루개러지 SM BM 코팬글로벌 뮤즈라이브 K4town	디어유 노머스 JYP Ent.(JYP FANS) 위버스컴퍼니 MyMusicTaste
글로벌	**글로벌**	**글로벌**	**글로벌**	**글로벌**
Universal Music Group(미) Warner Music Group(미) Sony Music Entertainment(미) Amuse Inc.(일) Avex Group(일) SMILE-UP(일) Taihe Music(중) YH Entertainment(중) Believe(프) RS Group(태) Musica Studios(인도네시아)	Spotify(미) Alphabet(Youtube Music)(미) Apple(Apple Music)(미) Amazon(Amazon Music)(미) iHeartMedia(미) Line Music(일) Tencent Music Entertainment(QQ뮤직)(중) KKBOX(대) Deezer(프) Langit Musik(인도네시아)	Live Nation Entertainment(미) AEG Presents(미) Ticketmaster(미) MSG Entertainment(미) PIA(일) Udo Artist(일) Zepp Hall Network(일) Kyodo Tokyo(일) IME Entertainment(중) Damai(중) CTS Eventim(독) UnUsUal Limited(싱) PULP Live World(필)	Avex Pictures(일) The Thread Shop(영) Global Merchandising Servies(영/미) Mattel Inc.(미) Bravado(미) EMP Merchandising(독) YesAsia(홍)	Spotify(미) Universal Music Group(미) Warner Music Group(미) Fave(캐) THECOO(일)

조선

선박

상선 건조

한국	중국	일본
HD현대중공업 HD한국조선해양 HD현대미포 삼성중공업 한화오션 HJ중공업	CSSC Holdings CSSC OME Yangzijiang Shipbuilding	Mitsubishi Heavy Kawasaki Heavy Namura Shipbuilding Ishikawajima-Harima Heavy

기타
- Fincantieri(이탈리아)
- Austal(호)
- General Dynamics(미)
- Mazagon Dock SB(인도)
- Garden Reach SB & Engineers(인도)
- Cochin Shipyard(인도)

블록(데크하우스, 리빙쿼터, 연료탱크 등)

한국	중국	일본
세진중공업 오리엔탈정공 현대힘스	CIMC	Sumitomo Heavy

보냉제 생산 및 라이선스

한국	기타
한국카본 동성화인텍	GTT(프)

엔진 생산

한국	중국	일본
HD현대중공업 한화엔진 HD현대마린엔진 STX엔진	CSIGP China Yuchai intl.	Mitsubishi Heavy Kawasaki Heavy Japan Engine Daihatsu Diesel

엔진 부품 생산 및 판매

- HD현대마린솔루션(한)
- 케이프(한)

해양 플랜트

해양 플랜트 건조

한국
- HD현대중공업
- 삼성중공업
- 한화오션

중국
- CSSC Holdings
- CSSC OME

일본
- Mitsubishi Heavy
- Kawasaki Heavy
- MODEC
- Ishikawajima-Harima Heavy

기타
- Saipem(이탈리아)
- Seatrium(싱)
- SBM Offshore(네)

선박·해양용 크레인 생산

한국
- 오리엔탈정공
- KS인더스트리

일본
- Ishikawajima-Harima Heavy

기타
- Cargotec(핀)
- NOV(미)

피팅 생산

한국
- 태광
- 성광벤드
- 하이록코리아

설계용 소프트웨어

- AVEVA(영)
- Siemens(독)
- Dassault Systems(프)
- Hexagon AB(스웨덴)

군함

군함 유지·보수(MRO)

한국	중국	일본
HD현대중공업 한화오션 HJ중공업 SK오션플랜트	CSSC Holdings CSSC OME	Mitsubishi Heavy Kawasaki Heavy Ishikawajima-Harima Heavy Sumitomo Heavy

기타
- Huntington Ingalls Industries(미)
- General Dynamics(미)
- Austal(호)
- Fincantieri(이탈리아)
- BAE Systems(영)
- Thyssenkrupp(독)

군함 건조

한국	중국	일본
HD현대중공업 한화오션 HJ중공업 SK오션플랜트	CSSC Holdings CSSC OME	Mitsubishi Heavy Kawasaki Heavy Ishikawajima-Harima Heavy

기타
- Huntington Ingalls Industries(미)
- General Dynamics(미)
- Austal(호)
- Fincantieri(이탈리아)
- Mazagon Dock SB(인도)
- Garden Reach SB & Engineers(인도)
- Cochin Shipyard(인도)

자체 발전소(On-site)
: 직접 발전소를 세워 전력 공급

전력 인프라(GRID)
: 국가 전력망으로부터 전력 조달

에너지 & 전력 인프라

가스발전

발전소 운영
- Duke Energy(미)
- Southern Company(미)
- Dominion Energy(미)
- Entergy(미)
- NRG Energy(미)

가스터빈 제작
- GE Vernova(미)
- Siemens Energy(독)
- Mitsubishi Heavy(일)
- 두산에너빌리티(한)

가스터빈 부품
- Bharat Heavy(인도)
- Shanghai Electric(중)
- Dongfang Electric(중)
- Nooter/Eriksen(미)
- Woodward(미)
- 비에이치아이(한)
- SNT에너지(한)

소재
- Howmet Aerospace(미)
- Carpenter Technology(미)
- PCC(미)
- Chromalloy(미)

변압기

송전 변압기
- **HD현대일렉트릭(한)**
- 효성중공업(한)
- 일진전기(한)
- GE Vernova(미)
- **Siemens Energy(독)**
- Hitachi Energy(스위스)
- Mitsubishi Electric(일)
- Daihen(일)
- Toshiba ESS(일)
- Xi'an XD Group(중)
- TBEA(중)
- Shanghai Electric(중)
- Bharat Heavy(인도)

배전·산업용 변압기
- **LS ELECTRIC(한)**
- **산일전기(한)**
- KOC Electric(한)
- **Eaton(미)**
- Powell Industries(미)
- Howard Industries(미)
- Virginia Transformer(미)
- SPX Transformer(미)
- Fortune Electric(대)
- Shihlin Electric(대)
- Chung Hsin Electric(대)
- Kirloskar Electric(인도)
- Servokon Systems(인도)
- CG Power(인도)
- Schneider Electric(프)
- BRUSH Group(영)
- Prolec GE(멕)

원자력발전(SMR)

발전소 운영
- **Constellation Energy(미)**
- Vistra Energy(미)
- Talen Energy(미)

SMR 설계, 개발
- **NuScale Power(미)**
- Oklo(미)
- Nano Nuclear Energy(미)
- TerraPower(미)
- X-Energy(미)
- **GE Vernova(미)**
- Rolls-Royce(영)
- 한전기술(한)
- CNNC(중)
- CGN Power(중)
- China Huaneng Group(중)
- State Power Investment(중)

우라늄 농축
- **Centrus Energy(미)**
- ASP Isotopes(미)
- Cameco(캐)
- CNNC(중)
- Rosatom/Tenex(러)
- Orano(프)
- Urenco(영,네,독)

SMR 설계·조달·시공(EPC)
- **현대건설(한)**
- DL이앤씨(한)
- 삼성물산(한)
- Fluor(미)
- Bechtel(미)
- AtkinsRéalis(캐)

SMR 제작
- **두산에너빌리티(한)**
- 비에이치아이(한)
- 우리기술(한)
- 태웅(한)
- BWX Technology(미)
- Curtiss-Wright(미)
- Mirion Technologies(미)

전력 케이블

중저압 전력 케이블
- 가온전선(한)
- LS에코에너지(한)
- 일진전기(한)
- 대원전선(한)
- Furukawa Electric(일)
- Qingdao Hanhe Cable(중)
- Apar Industries(인도)

초고압 전력 케이블
- **LS전선(한)**
- **대한전선(한)**
- NKT A/S(덴)
- Nexans S.A.(프)
- **Prysmian Group(이탈리아)**
- Hellenic Cable(그)
- Sumitomo Electric(일)
- Jiangsu Zhongtian Tech(중)
- TBEA(중)
- China XD Electric(중)
- Ningbo Orient Wires & Cables(중)
- Baosheng Cable(중)
- Grand Ocean Marine(중)